경영 분석

이성욱

MANAGEMENT
ANALYSIS

弘文社

사람의 건강을 상태는 진단하기 위하여 MRI 등의 영상자료를 통하여 진단하는 것과 마찬가지로 기업이 지속적이 성장하는 우량기업인지 여부를 분석하는 것은 재무제표를 분석하는 것이다.

재무제표는 기업의 경영활동 결과를 주기적으로 이해관계자에게 보고하는 정기 보고서이다. 이는 지난 반기 동안 더 나아가 1년 동안 경영활동, 즉 영업활동, 투자활동 및 재무활동을 통하여 거둬들인 이익은 얼마이고, 재무상태 및 보유현금의 상태가 어떻게 달라졌는지를 나타내 준다. 기업을 둘러싼 경영환경은 급격히 변화하고 기업간 경쟁은 치열해지면서 기업의 이해관계자들은 기업의 재무상태와 경영성과를 알고자 하며 더 나아가 기업의 지속가능성 및 기업의 미래가치에 대한 관심이 높아지고 있다. 따라서 기업의 이해관계자들은 기업의 우량기업 여부와 지속가능한 성장 및 기업의 미래가치를 평가하기 위해서는 재무제표가 전달하고자 하는 회계정보를 이해하고 해석하는 능력을 필요로 하고 있다.

본서는 그간 저자의 강의 및 연구활동, 실무경험, 각종 자격시험 출제를 통해 얻은 경험을 바탕으로 기업 이해관계자들의 니즈를 반영하여 경영분석을 처음 공부하는 학생들은 물론 기업의 실무자에 이르기까지 재무제표가 전달하고자 하는 회계정보를 활용한 재무분석, 레버리지분석 그리고 추정재무제표 작성 및 이를 활용한 미래의 투자 사업성과 및 기업가치 평가의 원리를 이해할 수 있는 능력을 배양하는 것을 목표로 하고 있다.

본서는 기업의 경영을 종합적으로 분석하기 위한 재무제표를 이해하기 위하여 먼저 회계의 기초개념과 재무제표의 관계를 이해하여 회계적 마인드를 적립할 수 있게 하였고, 이를 토대로 재무분석의 개념과 방법을 설명하고, 기업의 미래가치를 평가하기 위한 방안으로 추정재무제표 작성방법과 사례, 기업가치 평가원리를 설명하고 사례를 제시하였다. 특히 재무제표의 각 계정과목의 회계처리 사례, 재무분석 및 HOB모델 등에 사례분석을 위하여 삼성전자(주)와 SK하이닉스(주)의 실제 자료들을 활용하여 분석하고 해석하는 방법을 설명하는 데 중점을 두었다.

본서는 모두 3편 14장으로 구성되어있다.

제1편은 재무제표의 개념과 관계를 설명한다. 제1장과 제2장은 회계의 기초개념과 재무제표의 기본구조 및 관계를 다루는 회계의 총론에 해당된다. 이에서는 재무지식의 초보자들이 기업의 활동과 재무제표의 연결관계를 이해하고 재무제표의 틀을 이해할 수 있는 내용을 다루고 있다. 제3장에서 제6장까지는 재무상태표를 보유목적을 중심으로 유동자산과 비유동자산과 조달목적의 중심으로 유동부채, 비유동부채 및 자본으로 나누어 설명하고 있다. 제7장은 기업의 경영활동, 즉 재무활동, 투자활동 및 영업활동의 결과로 나타나는 경영성과를 다루는 손익계산서를 학습한다. 제8장은 기업의 경영활동에 따른 기업의 실제 현금흐름을 파악하고, 유동성 및 지급능력을 평가하며, 손익계산서의 한계를 보완하여 기업의 재무 건전성을 종합적으로 평가하는 현금흐름표를 학습할 것이다.

제2편에서는 제1편에서 재무제표를 보고 그 정보를 해석하기 위하여 회계의 기본개념과 재무제표가 가지는 의미와 이들 재무제표 간의 연계관계에 대하여 학습하였다. 그러나 실제로 금융감독원의 전자공시시스템에서 관심기업의 재무제표를 검색하여 다운받아 보면, 기업의 재무제표가 수많은 회계자료로 구성되어 복잡하기 때문에 재무제표를 해석하는 한계가 존재한다. 따라서 재무제표를 해석하기 위해서는 재가공할 필요가 있다. 재가공하는 방법을 제9장에서는 재무제표를 단순화하여 재작성하는 방법, 즉 공동형 재무제표 및 추세형 재무제표를 작성하여 기업의 종합저인 재무상태 및 기업성과를 해석하는 방법에 대하여 학습한다. 제10장에서는 재무제표의 계정들 간의 관계비율을 산출하는 방법, 즉 재무비율분석을 통하여 기업의 안정성, 수익성 등을 통하여 기업의 세부적인 재무상태 및 재무성과를 해석하는 방법을 학습한다. 제11장에서는 수익성관계비율인 투자수익률(ROI)과 자기자본순이익률(ROE)을 활용하여 사업부의 업적 및 기업의 각 부문의 경쟁력을 평가하는 방법에 대하여 학습하고자 한다.

제3편에서는 재무제표의 기본개념과 이들 간의 관계 및 기업의 재무건전성 및 경쟁력 평가에 대하여 학습하였다. 제3편에서는 경영분석의 이슈인 레버리지분석, 추정재무제표 작성 및 기업가치평가 방법에 대하여 학습하고자 한다. 제12장에서는 경영분석의 하나인 레버리지분석으로 기업의 위험인 영업위험, 즉 영업레버리지와 재무위험, 즉 재무레버리지에 대하여 학습하고, 기업의 미래 경영성과에 관심이 있는 이해관계자들이 최종적으로 필요로 하는 것은 기업의 질적 정보가 반영된 예측치이다. 즉, 미래 해당기업의 재무성과(매출액, 원가, 순이익, 현금흐름 등)에 대한 정보가 필요한 것이다. 따라서 제13장에서는 투자계획 수립, 즉 매출예측, 생산 및 재료구매 예측, 판매관리비예측 등의 영업예측과 자금조달 및 상환 현금흐름에 대한 재무예측 및 설비투자 등의 투자예측에 대하여 학습하고자 한다. 또한 기업의 미래 경영성과에 관심이 있는 이해관계자들이 최종적으로 필요로 하는 것은 기업의 질적 정보가 반영된 예측치를 통한 기업의 기업가치이다. 즉, 기업이 갖는 총체적인 가치를 금액으로 예측하는 것에 대한 관심을 가지고 있다. 이러한 기업가치는 단순히 주식시장의 시가총액만을 의미하는 것이 아니라, 기업을 인수할 때 실제로 필요한 총비용, 즉 주주와 채권자 모두에게 귀속되는 가치를 포괄하는 개념을 말한다. 따라서 제14장에서는 기업가치의 의의 및 평가방법 등을 학습하고 실무사례를 통하여 기업가치를 평가할 수 있도록 학습하고자 한다.

본서는 회계학을 학습하는 대학의 학부와 대학원의 재무제표와 경영분석 등의 교재나 부교재로 사용될 수 있을 뿐만 아니라 기업가치 평가나 M&A 등에 관심을 가지고 있는 실무자 등에게도 도움을 줄 수 있도록 노력하였다. 끝으로 어려운 여건에도 흔쾌히 출판을 허락해 주신 홍문사 임권규 대표님, 임진우 팀장님과 보기 좋은 편집을 위해 많은 노력을 기울여 주신 이경희 주간님께 감사드린다.

2026년 2월 한양대학교 ERICA 캠퍼스에서

이 성 욱

제1장 회계의 기초개념

제2장 재무제표(기업의 결산보고서)

제3장 유동자산(영업활동에 필요한 운전자본)

제4장 비유동자산(영업활동을 지원하는 설비투자)

제5장 부채(영업활동에 필요한 자본의 조달)

제7장 손익계산서(기업의 경영성과)

제8장 현금흐름표(기업의 자금사정)

제9장 공통형 재무제표(종합적인 경영평가)

제12장 레버리지분석(영업레버리지와 재무레버리지 분석)

제14장 기업가치 평가

CHAPTER 01

회계의 기초개념

제1절 회계정보의 사회적 기능 및 이해관계자
제2절 회계의 기준
제3절 회계의 원칙

회계의 기초개념

제1절 회계정보의 사회적 기능 및 이해관계자

1. 의의 및 사회적 기능

회계는 여러 가지로 정의할 수 있으나 미국공인회계사회의 회계용어공보(ATB: Accounting Terminology Bulletin) No. 1[1)]에서는 회계란 '거래 · 사상을 기록 · 분류 · 요약하고 그 결과를 해석하는 기술'로 정의하고 있으며 미국회계학회의 기초적 회계이론에 관한 보고서[2)](ASOBAT: A Statement of Basic Accounting Theory)에서는 회계란 '경제적 정보를 측정하고 전달하는 과정으로서 이해관계자의 경제적 의사결정에 유용한 정보를 제공하는 것'으로 정의하고 있다.

이를 요약하면 회계란 회계정보의 이용자인 이해관계자(투자자 및 주주, 신용공여자, 공급자, 소비자, 경영자, 종업원, 세무당국 및 재무분석가 등)에게 거래의 결과로 나타난 회계정보(기업의 재무상태, 경영성과 및 현금흐름 등)를 제공하여 자원의 효율적 배분에

---

1) Committee on Terminology, "Review and Resume", *Accounting Terminology Bulletin No.1* (New York: American Institute of Certified Public Accountants, 1961).

2) Committee to Prepare a Statement of Basic Accounting Theory, *A Statement of Basic Accounting Theory* (Evanston, III.: American Accounting Association, 1966).

이해관계자의 의사결정과정

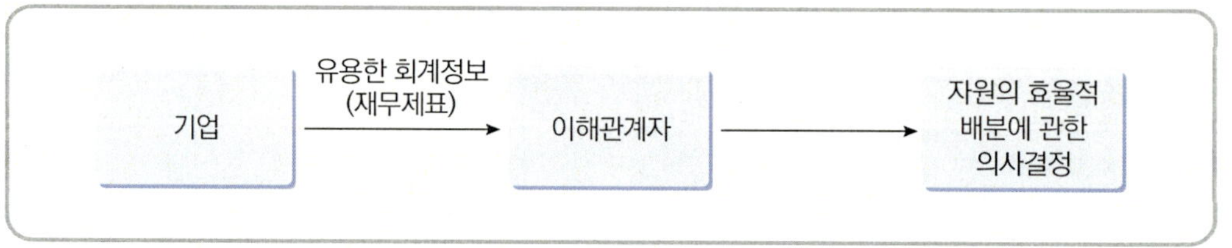

관한 경제적 의사결정을 할 수 있도록 도와주는 학문이라고 할 수 있다.

회계와 관련한 이해관계자의 의사결정과정은 위와 같다. 기업은 수익을 추구할 목적으로 자산을 운용하고 있으며 그 자산을 획득하기 위한 자금은 부채나 자본 등의 형태로 조달된다. 이러한 자산의 운용 또는 자금의 조달 등과 같은 경영활동에서 일어난 경제적 의사결정은 다양한 회계정보를 요구하게 된다.

회계정보는 기업 경영활동의 결과를 계량화하여 수치로 표현한 재무보고서의 형태로 제공된다. 따라서 기업의 활동으로부터 발생한 기업의 재산상태와 수익성이 이러한 재무보고서에 정확히 표시되어야만 이해관계자들이 회계정보를 믿고 의사결정에 활용할 수 있다. 즉, 재무보고서가 기업의 실상을 정확히 파악하여 나타낸다면 기업을 둘러싼 여러 이해관계자들이 기업에 대한 의사결정을 수행할 때 재무보고서를 적절하게 활용할 수 있다. 이러한 측면에서 회계정보는 크게 수탁책임에 대한 보고의 기능과 경제적 자원의 배분에 대한 기능을 갖는 것이라 할 수 있다.

수탁책임(stewardship responsibility)이란 자본을 수탁 받은 경영자가 자본을 제공한 주주의 위임에 따라 기업의 자원을 효과적으로 관리할 책임을 말한다. 즉, 수탁책임에 대한 보고의 기능이란 위탁자인 자본주는 수탁자인 경영자가 자신이 투자한 자본을 잘 관리하는지에 대한 책임을 묻기 위해 회계정보를 필요로 한다는 것이다.

경제적 자원은 한정되어 있기 때문에 자원의 배분과 이용은 어느 사회에서나 매우 중요한 의사결정과정을 필요로 한다. 따라서 회계에서도 기업의 이해관계자들이 자원배분에 대한 의사결정을 하는 데 필요한 정보를 제공하는 것을 주요목적으로 하고 있다. 특히 자본시장과 노동시장 등 기업 외부의 공급시장이 발달하면서 이러한 자원들을 활용하기 위한 회계정보의 중요성이 증대하고 있다.

2. 기업의 이해관계자

회계란 회계정보 이용자들에게 회계정보를 제공하여 이들로 하여금 기업과 관련된 경제적 의사결정을 할 수 있도록 도와주는 것이라 하였다. 기업은 다양한 이해관계자들이 존재하는데 대표적인 이해관계자로는 잠재적 투자자, 채권자, 납품업체, 고객, 정부기관 경영자, 종업원 등이 있다. 이들을 기업을 중심으로 구분을 하면 외부이해관계자와 내부이해관계자로 구분할 수 있다. 외부이해관계자는 기업의 외부에 있는 이해관계자들로 기업의 영업, 투자, 재무활동에 관한 정보에 관심을 갖는 이해관계자이고, 내부이해관계자는 기업의 내부에서 경영활동에 직접적으로 참여하는 이해관계자이다.

가. 외부이해관계자

(1) 투자자(잠재적 투자자)

기업이 발행한 주식을 매입하여 기업에 자본을 투자하는 경제주체를 투자자라 한다. 투자자들은 주식과 관련된 의사결정을 할 때 회계정보를 이용한다. 예를 들어, 보유하고 있는 주식을 계속 보유할지, 처분할지를 결정할 때, 혹은 관심 대상 기업의 주식을 구입할 것인지를 결정할 때 회계정보를 이용하여 의사결정을 한다. 기업의 이익이 높을수록 미래의 주가는 높아 질 것이며, 손실이 발생하거나 예상보다 이익이 낮게 나타난다면 미래 주가는 낮아 질 것이다. 기업의 이익은 회계정보이며 투자자들은 이러한 회계정보를 이용하여 기업에 투자결정에 대한 의사결정을 하게 된다.

(2) 신용공여자(채권자)

기업들에게 일정기간 동안에 자금을 대여하고 이자를 받으며 대여기간 만기에는 원금을 상환 받는 경제주체를 채권자라 한다. 신용공여자들은 기업에게 자금을 빌려주는 것과 관련되어 의사결정을 할 때 회계정보를 이용한다. 예를 들어, 기업이 은행에 대출신청을 하였을 때 은행은 채권자가 되며, 이때 은행은 기업의 부채상환과 관련된 채무이행능력을 판단하여 대출여부 및 이자율을 결정하게 되는데 이때 부채상환과 관련된 채무이행능력을 확인할 수 있는 정보가 회계정보이다. 즉, 기업의 이익이 높을수록 채무이행능력은 높으며, 기존의 채무규모가 작을수록 기업은 채무이행능력이 높아진다. 기업의 이익과 채무규모는 회계정보이며 채권자들은 이러한 회계정보를 이용하여 기업에 대출여부 및 이자율에 대한 의사결정을 하게 된다.

(3) 공급자(납품업체)

기업에게 원재료 등을 공급하는 경우 지속적인 거래와 신용거래가 이루어지는데, 이때 원재료를 공급한 납품업체는 지속적인 거래관계 유지 여부 및 신용 매출한 채권이 시간이 경과한 뒤 현금으로 보전되어야 하므로 지속적인 거래관계 및 신용거래를 유지하고 채권 보전을 확인하기 위하여 기업의 성장 및 존속 가능성에 관련한 회계정보를 이용하여 기업에 원재료 등을 납품하는 의사결정을 하게 된다.

(4) 고 객

기업 간의 거래에서 고객은 지속적인 거래관계와 기업이 제공하는 제품 및 서비스의 품질 측면을 확인하기 위하여 기업의 성장 및 존속 가능성에 관련한 회계정보를 이용하여 기업 간의 거래에 관련된 의사결정을 하게 된다.

(5) 정부기관

정부기관은 기업의 이익에 대해 세금을 부과하고 경제정책을 수립, 기업의 경영활동과 관련하여 규제와 관리를 한다. 이와 같은 의사결정시 의사결정의 기초자료로 회계정보를 이용한다.

나. 내부이해관계자

(1) 경영자

기업의 경영자는 여러 대안에 대해서 의사결정을 할 때 회계정보를 활용하게 된다. 예를 들어, 판매되는 제품의 가격을 인상 여부를 결정할 때, 손실이 나는 사업을 중지를 결정할 때 등과 같은 상황에서 회계정보를 이용하여 의사결정을 내리게 된다.

따라서 경영자가 선택하는 의사결정의 질은 회계정보의 질에 영향을 받는다. 경영자는 회계정보를 기초한 자신의 결정이 기업의 재무상태에 미치는 영향을 파악하고 있어야 한다.

(2) 종업원

종업원은 자신이 근무하는 회사의 고용의 안정성과 자신이 회사에 공헌한 정도와 회사의 지급능력을 고려해서 회사와 임금협상을 한다. 이와 같은 의사결정시 의사결정의 기초자료로 회계정보를 이용한다.

이와 같이 기업의 투자자, 채권자, 납품업체, 고객, 정부기관 및 경영자, 종업원 등의 이해관계자가 기업과 관련된 합리적인 판단이나 의사결정을 할 수 있도록 정보를 만들고 제공하는 것이 회계의 역할이다.

내부이해관계자인 경영자는 회계정보를 이용하는데 제약이 없지만, 외부이해관계자들은 회계정보를 이용하는데 제약이 따르므로 이를 해결하기 위해 기업들은 기간별로 재무제표를 공시하고 있다. 현재 우리나라의 일정 규모 이상(주식회사의 외부감사에 관한 법률에 의해 지정)의 기업들은 금융감독원의 전자공시시스템(http://dart.fss.or.kr)을 통하여 재무제표를 공시하고 있다. 이렇게 공시되는 회계정보는 재무회계정보이다.

3. 기업의 경영활동

기업은 기업이 제공하는 재화나 서비스의 제공형태에 따라 크게 세 가지로 분류할 수 있다. 그 첫째로 서비스를 제공하는 서비스업으로 금융업, 컨설팅업, 의료서비스업 등이 있다. 둘째로 재화를 구매하여 판매하는 유통업으로 롯데백화점과 같은 백화점, 이마트와 같은 할인마트 등이 있다. 마지막으로 재화를 생산하여 판매하는 제조업으로 삼성전자와 같은 전자산업, 현대자동차와 같은 자동차산업 등이 있다.

기업의 유형이나 규모는 다양하지만 모든 기업의 경영활동은 재무활동, 투자활동, 영업활동의 셋으로 이루어져 있다.

재무활동은 기업의 영업활동 및 투자활동에 필요한 운전자본과 설비투자자본을 조달하고 상환하는 활동을 말한다. 구체적으로 주식을 발행하여 자기자본을 조달하는 활동 그리고 회사채를 발행하거나 금융기관으로부터 자금을 차입을 통해 타인자본을 조달하고 상환하는 활동 등이 포함된다.

투자활동은 영업활동에 필요한 설비에 투자하는 활동을 말한다. 즉 공장을 건설하기 위한 토지를 구입하고 그 토지에 공장을 건설하고 생산설비를 구입하여 설치하는 일, 기타 영업활동에 필요한 차량운반구, 컴퓨터 등과 비품을 구입하는 일을 포함한다. 또한 그룹 내 계열사간 수직적 및 수평적 결합을 위한 지분투자 등이 포한된다.

영업활동을 기업의 본연의 목적인 수익창출을 위한 활동을 말한다. 영업활동에는 구체적으로 연구개발활동, 상품이나 원재료구매활동, 서비스운영 및 공장에서 재화를 생산하는 활동, 재화나 서비스의 판매 및 A/S활동 등이 포함된다.

이러한 경영활동의 결과는 정기적으로 사업보고서 등을 통해 이해관계자에 보고되는데 이때 경영활동별로 구분하여 보고된다. 기업의 경영성과를 보고하는 손익계산서의 경우 영업활동의 결과는 영업손익으로 표시되고 재무활동 및 투자활동의 결과는 영업외손익으로 표시된다. 현금흐름표도 기업의 세 가지 활동을 구분하여 영업활동에 의한 현금흐름, 투자활동에 의한 현금흐름 및 재무활동에 의한 현금흐름으로 구분하여 표시된다.

제2절 회계의 기준

1. 회계기준[3)]

회계는 기업의 이해관계자들이 합리적인 의사결정에 유용한 정보제공을 목적으로 하는 학문이라고 정의하였다. 이에 의하면 기업은 제공하는 회계정보가 회계정보 산출과 관련한 일정한 원칙이 정해져 있지 않다면 기업이 제공하는 회계정보를 이해관계자들은 신뢰하기 어려울 것이며, 회계정보를 제공하는 기업도 또한 일정한 원칙

3) 국제회계기준 국내 도입배경, 도입 로드맵, 주요특징 및 도입 필요성과 관련된 내용은 '금융감독원－회계포탈－국제회계기준개요'에서 내용을 발췌하여 작성하였다.

이 없다면, 회계정보 산출에 있어서 어떤 정보를 어떻게 산출해야 하는지를 쉽게 결정할 수 없을 것이다. 이렇게 일정한 원칙이 정해져 있지 않다면, 기업이 제공한 회계정보들은 모두 제 각각일 것이고, 이 정보를 해석하는 이해관계자의 경우 각 기업의 회계정보가 모두 달라 기업 간 비교가 어려울 것이다. 이러한 문제를 해결하기 위해 원칙을 제정하였는데 이를 회계기준이라 한다. 회계규정 자체, 구체적인 회계실무 지침, 또는 실무로부터 발전되어 광범위하게 인정되는 회계기준을 일반적으로 인정된 회계기준(Generally Accepted Accounting Principles, GAAP)이라 한다. 이와 같이 일반적으로 인정된 회계기준을 준수하여 산출된 회계정보는 공정하게 표시된 재무정보라고 인정한다.

기업이 제공하는 회계정보가 일반적으로 인정된 회계기준에 의해서 작성되었는지에 대한 검증은 외부의 독립적인 감사인에 의하여 검증한다. 이를 우리는 회계감사제도라고 한다. 회계감사는 기업이 제공하는 회계정보가 회계기준을 제대로 준수하여 작성되었는지 여부를 독립된 전문가가 검증함으로써 회계정보의 신뢰성 제고를 목적으로 이루어진다. 우리나라의 경우 '주식회사의 외부감사에 관한 법률(이하 외감법)'에 의하여 일정 규모 이상인 회사는 공인회계사에 의한 회계감사를 의무적으로 받도록 하고 있다. 그리고 기업이 사업보고서 및 반기보고서를 공시할 때 반드시 감사인의 감사를 받아서 공시하며 분기보고서를 공시할 때는 감사인의 검토를 받아서 공시해야 한다.

우리나라의 경우 상장법인과 금융회사는 한국채택국제회계기준(K-IFRS)을 의무적으로 적용하고 있으며,[4] 주식회사의 외부감사에 관한 법률의 적용대상기업 중 한국채택국제회계기준을 적용하지 않는 기업은 일반기업회계기준을 적용한다. 마지막으

회계기준 체계

회계기준	적용대상	외부감사	관련법령
한국채택국제회계기준	상장법인 · 금융회사 · 공기업	의무	주식회사 등의 외부감사에 관한 법률
일반기업회계기준	위에 해당되지 않는 외부감사대상기업		
중소기업회계기준	외부감사 대상 이외의 기업	면제	상법

4) K-IFRS를 적용하는 기업은 외감법(주식회사의 외부감사에 관한 법률)에 제시되어 있다.

로 외부감사 대상 이외의 주식회사의 경우는 중소기업회계기준을 적용한다.

회계기준위원회는 한국채택국제회계기준을 제정하거나 개정을 검토할 때 개념체계를 기반으로 한다. 개념체계는 외부이용자를 위한 재무제표의 작성과 표시에 있어 기초가 되는 개념을 정립한다. 개념체계에는 재무보고의 목적, 유용한 재무정보의 질적특성, 재무제표를 구성하는 요소의 정의, 인식 및 측정, 자본 및 자본유지 개념에 대한 사항들이 제시되어 있다.

그러나 개념체계는 한국채택국제회계기준이 아니므로 어떤 경우에도 특정 한국채택국제회계기준에 우선하지 아니한다. 현재 도입되어 적용되는 국제회계기준의 특징과 그 필요성을 살펴보면 다음과 같다.

가. 국제회계기준 주요 특징

(1) 대다수 국가의 공동 작업을 통해 제정되는 기준

IASB는 기준 제정과정에서 미국, 영국, 호주, 일본 등 세계 각국의 회계기준제정기구와 공동으로 작업을 수행한다.

(2) 원칙중심의 기준체계(principle-based standards)

상세하고 구체적인 회계처리 방법 제시보다는 회계담당자가 경제적 실질에 기초하여 합리적으로 회계처리할 수 있도록 회계처리의 기본원칙과 방법론을 제시(Principle-based)[5]하는 데 주력한다. 반면, US GAAP 등은 법률관계 및 계약의 내용에 따라 개별 사안에 대한 구체적인 회계처리 방법과 절차를 세밀하게 규정(Rule-based)하고 있다.

(3) 연결재무제표(consolidated financial statements) 중심

국제회계기준은 종속회사가 있는 경우 연결재무제표를 기본으로 하며 이에 따라 사업보고서 등 모든 공시서류가 연결재무제표 중심으로 작성한다.

5) 기업의 활동이 복잡해짐에 따라 예측가능한 모든 활동에 대해 세부적인 규칙을 제시하는 것은 불가능하며, 규칙의 자구해석에 지나치게 집중하는 경우 오히려 규제회피가 더욱 쉬워지는 문제가 발생하므로 회계기준 당국은 회계처리 적정성을 판단할 수 있는 충분한 원칙 및 근거를 제시하는 데 주력하여야 한다는 입장.

(4) 공정가치 평가(fair value accounting)

국제회계기준의 핵심내용은 자본시장의 투자자에게 기업의 재무상태 및 내재가치에 대한 의미 있는 투자정보를 제공하는 것이며 이를 위해 국제회계기준은 금융자산·부채와 유·무형자산 및 투자부동산에까지 공정가치 측정을 의무화 또는 선택 적용할 수 있도록 하고 있다.

나. 국제회계기준 도입 필요성

(1) 전세계적인 회계기준 단일화 추세에 적극 대응

자본시장이 글로벌화됨에 따라 국제적으로 통일된 회계처리기준에 대한 요구가 크게 증가하였고 2007년 3월 당시 EU, 호주, 캐나다 등 100여개국이 국제회계기준을 자국의 회계기준으로 수용 또는 수용할 예정이었다. 이에 우리나라도 세계적인 회계기준 단일화 추세에 적극 대응할 필요성이 제기되었다.

(2) 회계투명성에 대한 신뢰도 제고

외환위기 이후 정부는 기업회계 선진화를 위해 회계감독을 강화하고 제도개선을 지속적으로 실시하여 왔으나 기업의 재무상태와 영업성과를 나타내는 기초언어인 회계처리기준이 국제회계기준과 달라 외국인 등이 한국기업의 회계에 대하여 신뢰하지 못하는 한 원인이 되어 왔다. 이에 코리아 디스카운트의 원인 중 '회계기준 미흡' 요인을 제거하여 회계정보에 대한 대내외 신뢰도를 높일 필요성이 나타났다.

(3) 글로벌 기업들의 회계장부 이중 작성 부담 경감

국내기업이 해외증시에 상장할 경우 해당국가의 회계처리기준을 적용하여 재무제표를 다시 작성하고 외부감사도 받게 되므로 기업부담 발생하게 되지만, 국제회계기준 도입시 국내법규에 의한 재무제표를 국제자본시장에서 그대로 사용할 수 있게 되어 이중으로 회계장부를 작성하는 부담이 없어지게 된다.

제3절 회계의 원칙

1. 일반목적 재무보고의 목적

재무보고의 주된 목적은 투자 및 신용의사결정에 유용한 정보를 제공하는 것이다. 투자 및 신용의사결정에 유용한 정보란 투자로부터의 미래 현금흐름을 예측하기 위해 기업실체의 미래 현금흐름을 예측하는 데 유용한 정보라고 할 수 있다. 기업실체의 미래 현금흐름을 예측하기 위해서는 기업실체의 경제적 자원과 그에 대한 청구권, 그리고 경영성과 측정치를 포함한 청구권의 변동에 관한 정보가 제공되어야 한다. 즉, 재무보고는 기업실체의 재무상태, 경영성과, 현금흐름 및 자본변동에 관한 정보를 제공하여야 한다.

재무보고는 기업실체에 대한 현재 및 잠재의 투자자와 채권자가 합리적인 투자의사결정과 신용의사결정을 하는 데 유용한 정보 즉, 투자 또는 자금대여 등으로부터 받게 될 미래 현금의 크기, 시기 및 불확실성을 평가 등의 정보를 제공하여야 한다. 이러한 유용한 정보는 투자자와 채권자를 통하여 사회 전체적인 자원배분의 효율성을 높이는 데 기여한다.

2. 재무정보의 질적특성

재무정보가 유용하기 위해서는 일정한 질적특성을 갖추어야 한다. 즉, 질적특성은 유용한 재무정보와 그렇지 못한 정보를 구분하는 기준이다. 재무정보의 질적특성은 근본적 질적특성(fundamental qualitative characteristics)과 보강적 질적특성(enhancing qualitative characteristics)으로 구분된다.

가. 근본적 질적특성

재무정보가 유용하기 위해서는 목적적합해야 하고 나타내고자 하는 바를 충실하게 표현해야 하므로 근본적 질적특성은 목적적합성과 표현충실성이다.

(1) 목적적합성

목적적합한 재무정보는 이해관계자의 의사결정에 차이가 나도록 할 수 있다. 재무정보에 예측가치, 확인가치 또는 이 둘 모두가 있다면 그 재무정보는 의사결정에 차이가 나도록 할 수 있다. 예측가치는 미래 결과를 예측하기 위해 사용하는 절차의 투입요소이며, 확인가치는 과거 평가에 대한 피드백을 제공한다.

중요성 역시 목적적합성의 하위 속성이다. 정보가 누락되거나 잘못 기재된 경우 특정 보고기업의 재무정보에 근거한 이해관계자의 의사결정에 영향을 줄 수 있다면 그 정보는 중요한 것이다. 중요성은 기업의 특유한 측면의 목적적합성을 의미하므로 획일적인 계량 임계치를 정하거나 특정한 상황에서 무엇이 중요한 것인지를 미리 결정할 수 없다.

(2) 표현충실성

재무정보가 유용하기 위해서는 나타내고자 하는 현상을 충실하게 표현해야 한다. 완벽하게 표현충실성을 위해서는 서술에 세 가지의 특성 즉, 서술은 완전하고, 중립적이며, 오류가 없어야 한다.

완전한 서술은 필요한 기술과 설명을 포함하여 이해관계자가 서술되는 현상을 이해하는 데 필요한 모든 정보를 포함하는 것이다. 중립적 서술은 재무정보의 선택이나 표시에 편의가 없는 것이다. 충실한 표현은 모든 면에서 정확한 것을 의미하지는 않는다. 오류가 없다는 것은 현상의 기술에 오류나 누락이 없고, 보고 정보를 생산하는 데 사용되는 절차의 선택과 적용 시 절차상 오류가 없음을 의미한다.

나. 보강적 질적특성

비교가능성, 검증가능성, 적시성 및 이해가능성은 목적적합하고 충실하게 표현된

정보의 유용성을 보강시키는 질적특성이다. 보강적 질적특성은 만일 어떤 두 가지 방법이 현상을 동일하게 목적적합하고 충실하게 표현하는 것이라면 이 두 가지 방법 가운데 어느 방법을 현상의 서술에 사용해야 할지를 결정하는 데에도 도움을 줄 수 있다.

(1) 비교가능성

비교가능성은 이해관계자가 항목 간의 유사점과 차이점을 식별하고 이해할 수 있게 하는 질적특성이다. 다른 질적특성과 달리 비교가능성은 단 하나의 항목에 관련된 것이 아니다. 비교하려면 최소한 두 항목이 필요하다. 예를 들어 투자를 고민하고 있는 기업들의 성과를 비교가 가능하다면(기업 간 비교) 혹은 기업의 서로 다른 기간 동안의 성과의 비교가 가능하다면(기간 간 비교) 이 정보는 비교가능성이 높은 정보라 하겠다.

(2) 검증가능성

검증가능성은 합리적인 판단력이 있고 독립적인 서로 다른 관찰자가 어떤 서술이 표현충실성이라는 데, 비록 반드시 완전히 일치하지는 못하더라도, 의견이 일치할 수 있다는 것을 의미한다.

검증은 직접적 또는 간접적으로 이루어질 수 있다. 직접 검증은, 예를 들어, 현금을 확인하는 것과 같이, 직접적인 관찰을 통한 검증이며, 간접 검증은 모형, 공식 또는 그 밖의 기법에의 투입요소를 확인하고 같은 방법을 사용하여 그 결과를 재계산하는 것을 의미한다.

(3) 적시성

적시성은 의사결정자가 정보를 제때에 이용가능하게 하는 것을 의미한다. 일반적으로 정보는 오래될수록 유용성이 낮아진다.

(4) 이해가능성

이해가능성은 이해관계자가 정보를 쉽게 이해할 수 있어야 한다는 것이다. 정보를 명확하고 간결하게 분류하고, 특징지으며, 표시하면 이해가능성이 높아진다.

재무보고서는 사업 활동과 경제활동에 대해 합리적인 지식이 있고, 부지런히 정보를 검토하고 분석하는 이해관계자를 위해 작성된다.

3. 기본가정[6)]

가. 기업실체

기업실체의 가정이란 기업을 소유주와는 독립적으로 존재하는 회계단위로 간주하고 이 회계단위의 관점에서 그 경제활동에 대한 재무정보를 측정, 보고하는 것을 의미한다. 기업실체의 가정이 도입되는 근본적 이유는 소유주가 투자의 결과로서 당해 기업실체에 대해 갖고 있는 청구권의 크기와 그 변동을 적절히 측정하기 위함이며 소유주와 별도의 회계단위로서 기업실체를 인정하는 것이다.

나. 계속기업

계속기업의 가정이란 기업은 그 목적과 의무를 이행하기에 충분할 정도로 장기간 존속한다고 가정하는 것을 말한다. 따라서 기업은 그 경영활동을 청산하거나 중대하게 축소시킬 의도가 없을 뿐 아니라 청산이 요구되는 상황도 없다는 가정을 적용한다. 만약 기업의 중요한 경영활동이 축소되거나 기업을 청산시킬 의도나 상황이 존재한다면 계속기업을 가정한 회계처리방법과는 다른 방법이 적용되어야 한다.

다. 기간별 보고

기간별 보고의 가정이란 기업실체의 존속기간을 일정한 기간 단위로 분할하여 각 기간별로 재무제표를 작성하는 것을 말한다. 기업의 이해관계자는 지속적으로 의사결정을 해야 하므로 적시성이 있는 정보가 필요하게 된다. 이러한 정보수요를 충족시키기 위하여 기간별 보고가 도입될 필요가 있다. 따라서 기업의 존속기간을 일정한

6) 기본가정은 회계기준원의 일반기업회계기준의 개정(2019.12.4.)의 기본가정을 근간으로 작성하였음.

회계기간 단위로 구분하고 각 회계기간에 대한 재무제표를 작성하여 기간별로 재무상태, 경영성과, 현금흐름, 자본변동 등에 대한 정보를 제공하게 된다.

4. 재무제표 요소의 인식

인식은 재무제표 요소의 정의에 부합하고 일정한 인식기준을 충족하는 항목을 재무상태표나 손익계산서에 반영하는 과정을 말한다. 이 과정은 해당 항목을 서술하는 계정명칭과 화폐금액으로 기술하고 그 금액을 재무상태표 또는 손익계산서에 표시한다.

가. 자산의 인식

자산은 미래경제적 효익이 기업에 유입될 가능성이 높고 해당 항목의 원가 또는 가치를 신뢰성 있게 측정할 수 있을 때 재무상태표에 인식한다. 지출이 발생하였으나 당해 회계기간 후에는 관련된 경제적 효익이 기업에 유입될 가능성이 높지 않다고 판단되는 경우에는 재무상태표에 자산으로 인식하지 아니하며, 그러한 거래는 손익계산서에 비용으로 인식한다.

나. 부채의 인식

부채는 현재 의무의 이행에 따라 경제적 효익을 갖는 자원의 유출 가능성이 높고 결제될 금액에 대해 신뢰성 있게 측정할 수 있을 때 재무상태표에 인식한다.

다. 수익의 인식

수익은 자산의 증가나 부채의 감소와 관련하여 미래경제적 효익이 증가하고 이를 신뢰성 있게 측정할 수 있을 때 손익계산서에 인식한다. 이는 실제로 수익의 인식이 자산의 증가나 부채의 감소에 대한 인식과 동시에 이루어짐을 의미한다.

라. 비용의 인식

비용은 자산의 감소나 부채의 증가와 관련하여 미래경제적 효익이 감소하고 이를 신뢰성 있게 측정할 수 있을 때 손익계산서에 인식한다. 이는 실제로 비용의 인식이 부채의 증가나 자산의 감소에 대한 인식과 동시에 이루어짐을 의미한다.

5. 발생주의

재무제표는 발생기준에 따라 작성된다. 발생주의 회계는 재무회계의 기본적 특징으로서 재무제표의 기본요소의 정의 및 인식, 측정과 관련이 있다. 단, 현금흐름표는 발생기준에 따라 작성되지 않는다.

발생주의의 기본적인 논리는 발생기준에 따라 수익과 비용을 인식하는 것이다. 발생기준은 기업의 경제적 거래나 사건에 대해 관련된 수익과 비용을 그 현금유출입이 있는 기간이 아니라 당해 거래나 사건이 발생한 기간에 인식하는 것을 말한다.

발생주의 회계는 발생과 이연의 개념을 포함한다. 발생이란 현금 유출입이 이루어지지 않았으나 당해 거래나 사건이 발생한 기간의 경우로 현금유출입이 이루어지지 않았기 때문에 인식되는 자산과 부채의 계정과목은 미(未)자가 선행된다. 즉, 미수수익과 같이 미래에 수취할 금액에 대한 자산을 관련된 부채나 수익과 함께 인식하거나, 또는 미지급비용과 같이 미래에 지급할 금액에 대한 부채를 관련된 자산이나 비용과 함께 인식하는 과정을 의미한다. 발생주의 회계에 의하면, 재화 및 용역을 신용으로 판매하거나 구매할 때 자산과 부채를 인식하게 되고, 현금이 지급되지 않은 이자 또는 급여 등에 대해 부채와 비용을 인식하게 된다.

이연이란 현금 유출입이 이루어졌으나 당해 거래나 사건이 발생하지 않은 기간의 경우로 현금유출입이 이루어졌기 때문에 인식되는 자산과 부채의 계정과목은 선(先)자가 선행된다. 선수수익과 같이 미래에 수익을 인식하기 위해 현재의 현금유입액을 부채로 인식하거나, 선급비용과 같이 미래에 비용을 인식하기 위해 현재의 현금유출액을 자산으로 인식하는 것을 의미한다. 전자의 경우 수익의 인식은 관련 부채에 내재된 의무의 일부 또는 전부가 이행될 때까지 연기된다. 또한 후자의 경우 비용의 인식은 관련 자산에 내재된 미래 경제적 효익의 일부 또는 전부가 사용될 때까지 연기된다.

발생주의 회계에서는 현금 유·출입이 수반되지 않는 자산과 부채 항목이 인식될 수 있다. 그러므로 발생주의 회계와 현금주의 회계의 주된 차이는 수익과 비용을 인식하는 시점이 다르다는 데 있다. 기업이 재화 및 용역을 생산하기 위해 설비 등에 투자하는 기간과 생산된 재화 및 용역을 판매하여 수익으로 회수하는 기간은 일반적으로 일치하지 않는 경우가 많다. 설비투자에 현금이 지출되는 시점에서부터 판매된 제품의 대가가 현금으로 회수될 때까지는 상당한 기간이 소요될 수 있다. 그러므로 일년 정도의 짧은 기간에 대해 현금유입과 현금유출만을 단순 대비하는 것은 기업의 재무적 성과를 적절히 나타내지 못할 수 있다. 그러나 발생주의 회계에서는 회계기간별로 기업의 경영성과를 적절히 측정하기 위하여 발생과 이연의 절차를 통해 수익과 비용을 기간별로 관련시키고 동시에 자산과 부채의 증감도 함께 인식하게 된다.

6. 재무제표 요소의 측정

측정은 재무상태표와 포괄손익계산서에 인식되고 평가되어야 할 재무제표 요소의 화폐금액을 결정하는 과정이다. 재무제표를 작성하기 위해서는 다수의 측정기준이 다양한 방법으로 결합되어 사용된다.

가. 역사적원가

자산은 취득의 대가로 취득 당시에 지급한 현금 또는 현금성자산이나 그 밖의 대가의 공정가치로 기록한다. 부채는 부담하는 의무의 대가로 수취한 금액으로 기록한다.

나. 현행원가

자산은 동일하거나 또는 동등한 자산을 현재시점에서 취득할 경우에 그 대가로 지불하여야 할 현금이나 현금성자산의 금액으로 평가한다. 부채는 현재시점에서 그 의무를 이행하는 데 필요한 현금이나 현금성 자산의 할인하지 아니한 금액으로 평가한다.

다. 실현가능(이행)가치

자산은 정상적으로 처분하는 경우 수취할 것으로 예상되는 현금이나 현금성자산의 금액으로 평가한다. 부채는 이행가치로 평가하는데 이는 정상적인 영업과정에서 부채를 상환하기 위해 지급될 것으로 예상되는 현금이나 현금성 자산의 할인하지 아니한 금액으로 평가한다.

라. 현재가치

자산은 정상적인 영업과정에서 그 자산이 창출할 것으로 기대되는 미래 순현금유입액의 현재할인가치로 평가한다. 부채는 정상적인 영업과정에서 그 부채를 상환할 때 필요할 것으로 예상되는 미래 순현금유출액의 현재할인가치로 평가한다.

7. 금융감독원의 전자공시시스템

외감법에 적용받은 기업 등이 금융감독원의 전자공시시스템(data analysis, retrieval and transfer system, DART)에 공시서류를 인터넷으로 제출하면 기업의 이해관계자들은 기업의 재무정보를 획득하기 위하여 인터넷에서 금융감독원의 전자공시시스템을 접속하여 해당기업의 사업보고서 등을 검색하면 된다.

금융감독원의 전자공시시스템은 기업이 공시하는 정보를 외부이해관계자들이 쉽게 확인할 수 있도록 정보를 제공하는 웹사이트로 재무제표뿐만 아니라 기업의 다양한 정보가 공시된다.

전자공시스템의 처음 화면은 아래와 같다. 여기서 재무제표를 확인하고자 하는 회사명과 기간을 설정하고 정기공시를 클릭하면, 정기공시 항목이 열리는데 여기서

금융감독원의 전자공시시스템(DART)

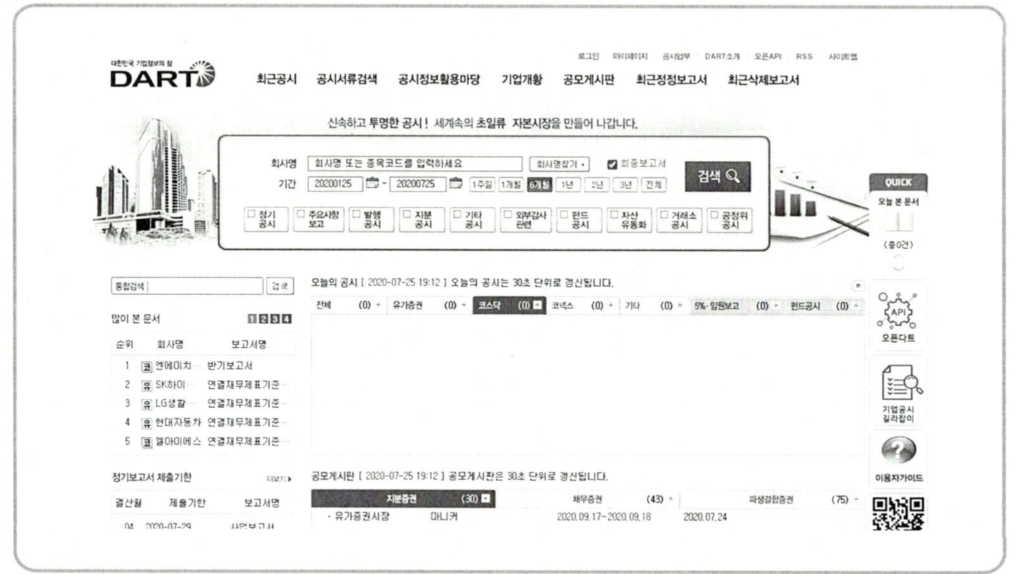

사업보고서(1년 단위 보고서), 반기보고서(6개월 단위 보고서), 분기보고서(3개월 단위 보고서)를 체크를 하고 검색을 실행하면 각 기간 동안의 재무제표를 확인할 수 있다.

예를 들어, 삼성전자의 최근 5개년 사업보고서를 검색하고자 경우 회사명에 삼성전자를 입력하고 기간은 검색하고자 하는 기간을 선택하며, 공시유형은 정기고시를 입력한다. 그러면 사업보고서, 반기보고서 및 분기보고서 등의 선택항목이 제시된다. 이때 사업보고서를 체크하고 검색을 클릭하면 최근 5개년의 사업보고서를 볼 수 있다. 그러면 다음의 그림과 같이 삼성전자의 사업보고서가 연도별로 제시된다.

금융감독원의 전자공시시스템(DART) 사업보고서 검색조건 화면

금융감독원의 전자공시시스템(DART) 사업보고서 검색결과 화면

만약 2024년 사업보고서를 검색하고자 하면 사업보고서(2024.12)를 클릭하면 아래 그림과 같이 사업보고서의 초기화면의 상단에 본문과 첨부가 제시되고, 왼쪽 창에

사업보고서의 사업보고서 선택

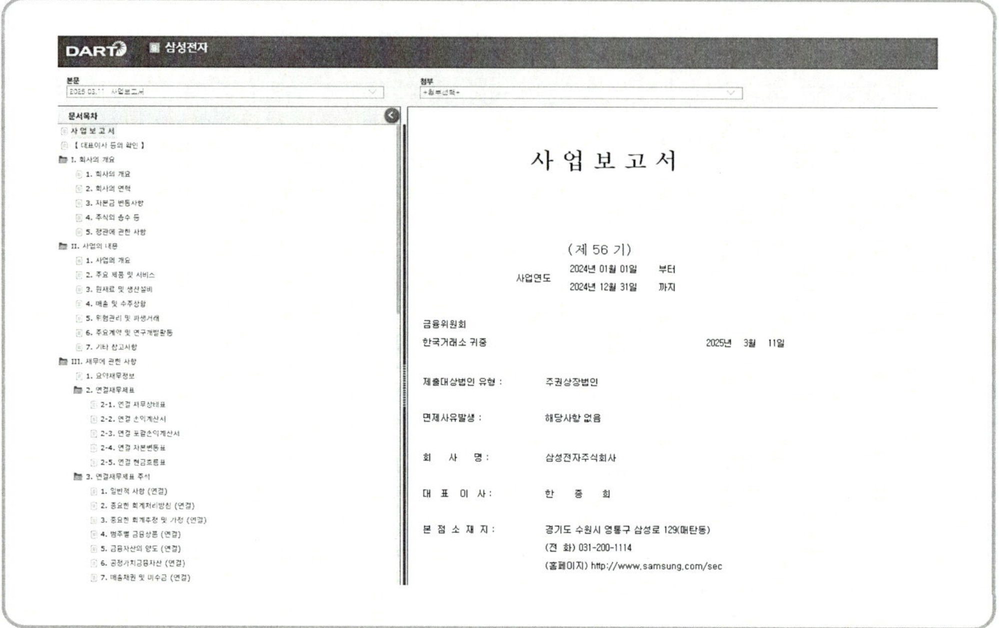

문서의 목차가 제시된다. 사업보고서라는 목차를 클릭하면 오른쪽과 같이 사업보고서가 제시된다.

사업보고서 초기화면의 상단의 ＋첨부선택＋을 클릭하면 감사보고서, 감사의 감사보고서, 내부감시 장치에 대한 감사의 의견서, 및 연결감사보고서 등이 제시된다. 이 중 '감사보고서'는 별도재무제표에 대한 감사보고서이고. '연결감사보고서'는 연결재무제표에 대한 감사보고서이다. 독립된 감사인의 감사보고서를 확인하기 위해서 감사보고서를 클릭한 다음 왼쪽의 '독립된 감사인의 감사보고서'를 클릭하면 독립된 감사인(공인회계사)의 감사의견을 확인할 수 있다.

사업보고서의 독립된 감사인의 감사보고서

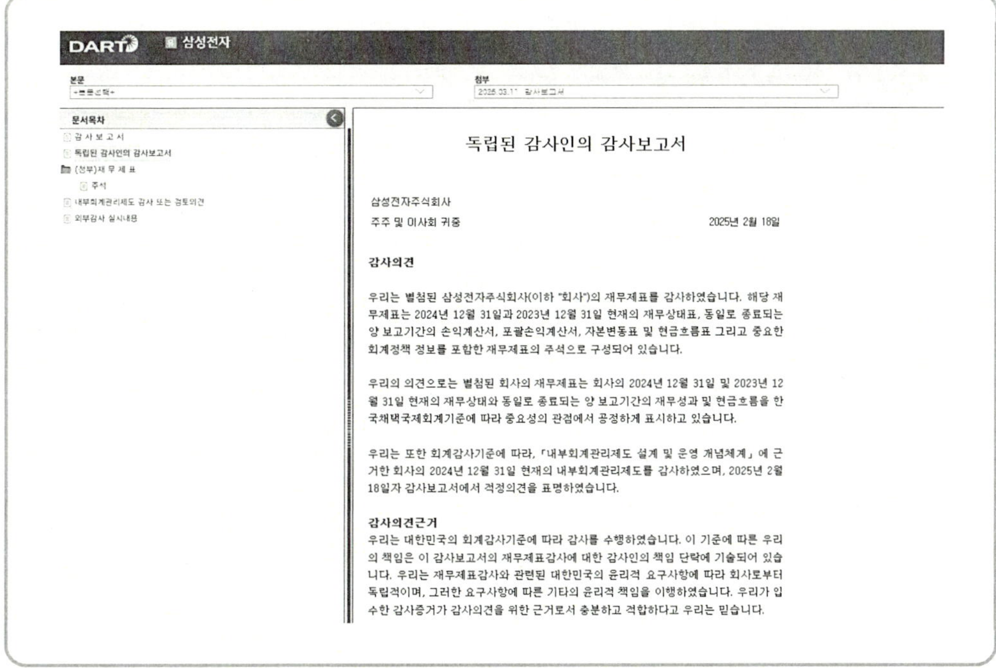

독립된 감사인의 감사보고서

삼성전자주식회사

주주 및 이사회 귀중 2025년 2월 18일

감사의견

우리는 별첨된 삼성전자주식회사(이하 "회사")의 재무제표를 감사하였습니다. 해당 재무제표는 2024년 12월 31일과 2023년 12월 31일 현재의 재무상태표, 동일로 종료되는 양 보고기간의 손익계산서, 포괄손익계산서, 자본변동표 및 현금흐름표 그리고 중요한 회계정책 정보를 포함한 재무제표의 주석으로 구성되어 있습니다.

우리의 의견으로는 별첨된 회사의 재무제표는 회사의 2024년 12월 31일 및 2023년 12월 31일 현재의 재무상태와 동일로 종료되는 양 보고기간의 재무성과 및 현금흐름을 한국채택국제회계기준에 따라 중요성의 관점에서 공정하게 표시하고 있습니다.

우리는 또한 회계감사기준에 따라, 「내부회계관리제도 설계 및 운영 개념체계」에 근거한 회사의 2024년 12월 31일 현재의 내부회계관리제도를 감사하였으며, 2025년 2월 18일자 감사보고서에서 적정의견을 표명하였습니다.

감사의견근거

우리는 대한민국의 회계감사기준에 따라 감사를 수행하였습니다. 이 기준에 따른 우리의 책임은 이 감사보고서의 재무제표감사에 대한 감사인의 책임 단락에 기술되어 있습니다. 우리는 재무제표감사와 관련된 대한민국의 윤리적 요구사항에 따라 회사로부터 독립적이며, 그러한 요구사항에 따른 기타의 윤리적 책임을 이행하였습니다. 우리가 입수한 감사증거가 감사의견을 위한 근거로서 충분하고 적합하다고 우리는 믿습니다.

재무제표 (기업의 결산보고서)

재무제표(기업의 결산보고서)

제1절 기업의 활동과 재무제표

기업의 목적은 수익을 창출하는 비즈니스 모델을 통해 지속적인 이익을 창출하는 것이다. 예를 들어 2차전지를 생산하여 판매하는 기업의 경우 조달된 자본을 활용하여 생산설비 및 운전자본에 투자하고 이를 활용하여 2차전지를 생산하고 생산된 전지를 판매하여 수익을 창출하는 것 등이 비즈니스 모형이다. 요약하면 투입된 원가 대비 더욱 큰 수익을 창출하여 지속적인 이익을 창출하려는 것이 기업의 목적이다. 이러한 목적 달성을 위해 기업이 수행하는 활동을 우리는 활동이라 한다.

기업의 활동을 크게 재무활동, 투자활동, 영업활동 3가지로 구분한다. 재무활동이란 기업이 필요한 자본을 조달하는 것이다. 이때 기업이 필요한 자본은 기업이라는 실체(entity)를 기준으로 기업의 내부 혹은 외부에서 조달할 수 있다. 기업은 기업의 소유자이기도 한 주식투자자들에게 주식을 발행하고 대신 현금을 받을 수 있다(유상증자). 주식투자자들은 기업의 소유주이기 때문에 기업 내부가 된다. 반면 금융기관에서 필요한 현금을 차입할 수도 있다. 이 경우 금융기관은 기업의 외부가 된다.

회계에서는 기업이 필요한 자원을 가져온 자본의 출처를 명시하기 위해 다른 용어를 사용한다. 주식이 거래되는 자본시장에서 주식투자자로부터 자본을 조달하는 것을 자기자본(자본)이라 한다. 반면에 금융기관과 같은 기업외부의 채권자로부터 자본을 조달한 것을 타인자본(부채)라고 한다. 즉 기업의 재무활동으로부터 조달된 자본은 '부채'와 '자본'으로 분류되는데, 이와 같은 재무활동의 결과는 재무제표 구성요소 중 '재무상태표'의 대변에 표기한다.

그런데 기업은 왜 재무활동을 수행해서 기업 내 · 외부로부터 자본을 조달했을까? 그것은 기업이 하고자 하는 사업을 실행하려고 할 때 필요한 설비를 구입하고 기업운영에 필요한 자본을 조달하는 것이다.[1] 예를 들어 2차전지를 만들어 판매하는 경우, 전지를 제조하는 기계, 원재료, 사람, 창고 등이 필요하다. 기업은 전지판매 사업을 실행하기 위해, 재무활동을 통해 조달된 자본으로 위와 같이 필요한 자원, 즉 설비자본에 투자하고 영업활동에 필요한 운전자본 등을 보유하는 활동을 투자활동이라 한다. 투자활동을 통하여 구입하여 보유하고 있는 설비 및 운전자본 등을 회계학에서는 '자산'이라고 한다. 자산도 재무제표 구성요소 중 '재무상태표'에 차변에 표기한다.

기업의 재무활동을 통해 자본을 조달하고 투자활동을 통하여 상품 혹은 제품을 제조하는데 필요한 설비를 보유하고 영업활동에 필요한 운전자본을 보유한 다음에는, 상품을 구매하거나 제품을 생산하고 판매하는 활동을 수행하게 된다. 예를 들어 '올 1년 동안 2차전지를 자원 ₩100,000을 투입하여 제조하였고, ₩150,000에 판매했다'라는 활동을 기업의 영업활동이라고 한다. 이러한 기업의 영업활동은 재무제표 구성요소 중 '손익계산서' 및 '재무상태표'에 대변에 표기한다.

이와 같이 기업의 경영활동을 최종적으로 요약한 보고서를 재무제표라 한다. 한국채택국제회계기준(K-IFRS)에 의한 재무제표의 종류는 재무상태표, 포괄손익계산서, 자본변동표, 현금흐름표, 주석으로 구분한다. 재무제표의 각 구성요소에서 제공되는 주요 정보는 다음 표에 제시되어 있다. 각각에 대한 보다 자세한 설명을 후술하기로 한다.

---

1) 그런데 기업이 재무활동을 열심히 해서 많은 돈을 조달한 다음 아무것도 하지 않는다면 어떻게 될까? 기업의 내부이용자에게는 배당, 외부이용자에게는 이자비용 등을 지출해야 되기 때문에 기업은 손해를 계속 보게 된다.

재무제표 구성요소와 제공하는 정보

재무제표	제공하는 정보
재무상태표	결산일 현재 시점의 재무상태에 관한 정보
손익계산서	회계기간(1년)의 경영성과에 관한 정보
자본변동표	회계기간(1년)의 자본의 크기와 그 변동에 관한 정보
현금흐름표	회계기간(1년)의 현금유출입 및 그 변동에 관한 정보
주석	유의적인 회계정책 및 재무제표에 대한 보충적 정보

제2절 재무상태표

1. 재무상태표의 의의

재무상태표(statement of financial position)는 대차대조표(balance sheet, B/S)라고 부르며, 일정시점의 기업의 재무상태를 파악하기 위하여 작성하는 나타내는 재무제표이다. 일정시점이란 재무상태표를 작성하는 기준일로서, 주로 결산일 즉 12월 31일이 되지만 반기말(6월 30일)이나 분기말(3월 31일, 9월 30일)이 되기도 한다. 재무상태표는 기업의 자본조달의 안정성, 설비자본 조달의 안정성과 상환능력, 즉 유동성 등에 관한 유용한 회계정보를 제공한다.

한국채택국제회계기준(K-IFRS)가 도입되면서 종전에 사용하고 있던 대차대조표를 재무상태표로 변경하였다. 다만 우리나라 상법이나 일반기업회계기준에서는 여전히 대차대조표로 사용하고 있다.

재무상태표는 자금의 조달상태와 운용상태에 대해서 보고한다. 기업이 필요한 자금을 빌려왔는지 혹은 주주들에게 투자를 받았는지에 대해서 정보를 제공함으로써 조달상태에 대한 보고를 하고 이렇게 조달된 자금이 어떻게 사용되었는지에 대해 정보를 제공함으로써 운용상태에 대한 보고를 하게 된다. 즉 재무상태표의 대변(왼쪽)에 인식되는 부채와 자본을 통하여 조달상태를 보고하게 되고, 차변(오른쪽)에 인식되는 자산을 통하여 운용상태를 보고하게 된다. 기업의 재무상태는 자산, 부채, 자본의 잔액으로 표현이 된다.

재무상태표의 형태와 구성요소를 그림으로 나타내면 다음과 같다.

재무상태표의 형태와 구성요소

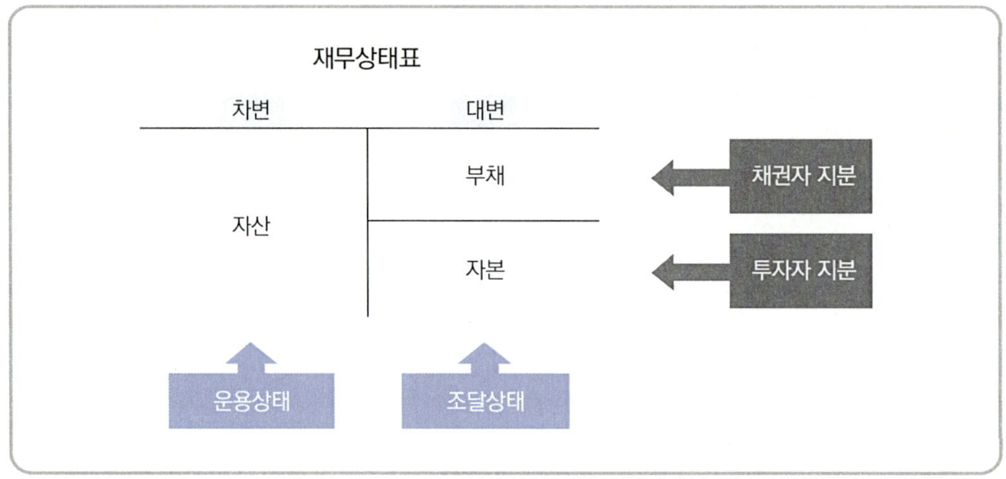

2. 재무상태표의 구조

재무상태표의 왼쪽을 차변이라 하고 오른쪽은 대변이라 한다. 재무상태표 대변에는 부채와 자본이 인식된다. 부채와 자본은 자금의 조달상태를 보고하는데, 필요한 자금을 제3자에게 조달한 경우에는 부채에 인식을 하고 주주들에게 투자를 받은 경우와 경영활동을 통하여 기업 내부에 유보된 금액을 자본으로 인식을 하게 된다. 부채는 제3자에게 자본을 조달하였으므로 추후 원금과 이자를 상환해야 하는 의무가 생기게 된다. 이 때문에 부채를 타인자본이라고도 한다. 자본은 투자자들이 투자를 한 것이므로 상환의무가 없으므로 자기자본이라고 한다. 기업의 재무구조를 평가할 때 부채와 자본의 구성비율을 비교하여 평가할 수 있는데, 부채보다 자본의 비율이 높으면 재무구조가 안정적이라고 평가하며, 자본보다 부채의 비율이 높은 경우에는 재무구조가 열악하다고 평가한다.

재무상태표 차변에는 자산이 인식된다. 자산은 운용상태를 보고한다. 즉 부채와 자본으로 조달된 자금이 어떻게 사용되었는지에 대한 보고가 자산의 운용상태에 관한 보고이다. 조달된 자금을 설비자본인 기계장치, 건물, 차량운반구 등과 운전자본인 현금과 재고자산(상품, 제품)과 같은 자산을 보유하게 된다.

재무상태표의 구조

재무상태표

자금의 운용상태		자금의 조달상태	
		부채	300
자산	1,000	자본	700
	1,000		1,000

재무상태표의 차변에는 자산이 인식되고 대변에는 부채와 자본인 인식된다. 또한 차변 자산의 합계는 ₩1,000이며, 대변의 부채와 자본의 합계 역시 ₩1,000으로 대변과 차변의 합계액은 항상 일치하게 된다. 이와 같이 재무상태표의 구조를 자산·부채·자본의 상호관계로 나타낸 항등식을 우리는 재무상태표등식 혹은 제1등식 이라고 한다. 이는 거래의 분류의 출발점이 된다.

재무상태표 등식:
자산=부채+자본

3. 자 산

자산(assets)은 과거 사건의 결과로 기업이 통제하고 있고, 미래경제적 효익이 기업에 유입될 것으로 기대되는 자원으로 정의한다. 이는 이론적으로 '경제적 가치가 있는 모든 재화와 권리'로 정의한다. 경제적 가치는 미래에 현금이 유입될 것으로 기대되는 가치를 의미한다.

재화는 상품, 제품, 비품, 차량운반구, 기계장치 및 건물을 의미하며, 권리는 외상으로 상품이나 제품을 판매하고 발생하는 매출채권 등이 있다. 상품이나 제품은 판매를 통하여 현금이 유입되고, 기계장치 및 건물 등은 매각을 목적으로 보유한 자산이 아니고 이를 활용하여 생산된 제품을 판매함으로써 그 대가가 현금으로 유입된다. 매출채권은 채권의 회수로 현금이 유입된다.

자산은 유동자산과 비유동자산으로 재무상태표에 구분 표시된다. 유동자산으로 분류하기 위해서는 다음의 조건 중 하나를 만족하면 된다. (1) 기업의 영업순환주기[2] 내에 현금화될 것으로 예상하거나, 영업순환주기 내에 판매하거나 소비할 의도가 있어 현금화가 가능한 것이다. (2) 주로 단기매매 목적으로 보유하고 있다. (3) 보고기간 후 12개월 이내에 현금화될 것으로 예상한다. (4) 현금이나 현금성자산으로서, 교환이나 부채 상환 목적으로의 사용에 대한 제한 기간이 보고기간 후 12개월 이상이 아니다.

재무상태표에서 유동자산 범위에 속하는 자산으로는 당좌자산, 재고자산 및 기타유동자산 등이 있다.

- 당좌자산은 운전자본으로써 회수과정을 거쳐 확정된 현금으로 전환이 용이하고 가치변동의 위험이 경미한 자산이다.
- 재고자산은 정상적인 영업활동과정에서 판매 목적으로 제조과정에 있는 자산이나 판매하기 위하여 보유하는 자산이다.
- 기타유동자산은 당좌자산이나 재고자산으로 구분되지 않는 유동자산으로 비영업활동과정에서 발생하는 채권과 발생주의 회계처리 과정에서 발생하는 계정이다.

비유동자산은 유동자산에 속하지 않는 그 밖의 모든 자산으로 재무상태표에서 비유동자산 범위에 속하는 자산으로는 유형자산, 무형자산 및 투자자산 등이다.

- 유형자산은 영업을 지원할 목적으로 1년 이상 보유하는 물리적 형태가 있는 자산이다.

2) 영업순환주기는 제조업의 경우에 제조과정에 투입될 재화와 용역을 취득한 시점부터 제품의 판매로 인한 현금의 회수완료시점까지 소요되는 기간을 나타낸다. 숙성과정이 필요한 업종이나 자본집약적인 업종의 경우에는 영업순환주기가 1년을 초과할 수도 있다. 반면에 대부분의 업종의 경우에는 영업주기가 1년 이내인 경우가 보통이다. 정상적인 영업주기가 명확하게 확인되지 않는 경우에는 1년으로 추정한다.

- 무형자산은 영업을 지원할 목적으로 1년 이상 보유하는 물리적 형태가 없는 자산이다.
- 투자자산은 기업의 여유자금을 가치증식 및 계열사 지배목적으로 1년 이상 보유하는 자산이다.

4. 부 채

부채(liabilities)는 과거 사건에 의하여 발생하였으며, 경제적 효익이 내재된 자원이 기업으로부터 유출됨으로써 이행될 것으로 기대되는 현재의무이다. 부채는 사업을 위해 조달하는 자본에 해당하기 때문에 이를 타인자본이라고도 한다.

부채 또한 유동부채와 비유동부채로 재무상태표에 구분 표시된다. 유동부채로 분류하기 위해서는 다음의 조건 중 하나를 만족하면 된다. (1) 영업순환주기 내에 결제될 것으로 예상하고 있다. (2) 주로 단기매매 목적으로 보유하고 있다. (3) 보고기간 후 12개월 이내에 결제하기로 되어 있다. (4) 보고기간 후 12개월 이상 부채의 결제를 연기할 수 있는 무조건의 권리를 가지고 있지 않다.

재무상태표에서 유동부채 범위에 속하는 부채로는 매입채무, 단기차입금 등이다.

- 매입채무는 기업의 주된 영업활동과 관련하여 발생한 채무로 외상매입금과 지급어음 등으로 구분된다.
- 단기차입금은 결산일 이후 1년 이내에 상환되어야 하는 차입금이다.

비유동부채는 유동부채에 속하지 않는 그 밖의 모든 부채이다.

위에 제시된 재무상대표에서 비유동부채 범위에 속하는 부체로는 장기차입금, 사채 등이다.

- 장기차입금은 결산일 이후 1년을 초과하여 상환되어야 하는 차입금이다.
- 사채는 기업이 장기의 자금을 조달하기 위하여 유가증권을 발행하여 차입하는 채무이다.

5. 자 본

자본(equity)은 기업의 자산에서 모든 부채를 차감한 잔여지분 혹은 순자산으로 정의 된다. 따라서 자본은 자산과 부채 금액의 측정에 따라 결정된다. 또한 자본은 부채와 마찬가지로 사업에 필요한 자본의 조달의 원천에 해당하기 때문에 자기자본이라도 한다. 따라서 자본은 주주의 지분이라고도 한다. 자본은 주주들이 출자한 자본금과 경영활동의 성과를 반영한 잉여금으로 구분된다.

재무상태표에서 자본 범위에 속하는 자본은 자본금과 잉여금 등이다.

- 자본금은 기업실체가 주식을 발행하였을 경우 주주들이 납입한 액면금액을 말한다.
- 잉여금은 발생원천에 따라 자본잉여금과 이익잉여금으로 구분할 수 있다. 자본잉여금은 기업의 이해관계자와의 자본거래에서 발생하는 잉여액이며 이익잉여금은 기업의 경영활동 성과로 얻어진 이익을 원천으로 하는 잉여금으로 기업이 해당기간에 벌어들인 이익에서 주주에 대한 배당 등의 금액을 차감한 잔액이다.

6. 재무상태표의 형식

재무상태표의 형식은 보고식과 계정식으로 구분된다. 보고식 재무상태표는 외부정보이용자들에게 공시할 때 사용하는 형식으로 자산, 부채, 자본의 순서로 작성하는 방식이며, 계정식 재무상태표[3]는 앞서 그림에서 제시한 것과 같이 차변에는 자산을, 대변에는 부채와 자본을 나타내는 방식이다.

3) 예시로 작성된 보고식 재무상태표는 기업에서 사용하는 모든 계정들이 기입되어 있지 않다. 즉, 기업에서 실제로 보고되는 재무상태표는 현재 제시되어 있는 계정들보다 더욱 많은 계정들로 구성되어 있다. 본 교재는 회계학을 공부하는 학생들을 위한 교재이므로 기업에서 사용되는 모든 계정을 재무상태표에 기입하지 않고 회계학 교재에서 주로 사용하는 계정들로 재무상태표를 작성하였다.

재무상태표(보고식)

제×기 20×2년 12월 31일 현재
회사명 제×기 20×1년 12월 31일 현재 (단위: 원)

과 목	당 기		전 기	
자 산				
유 동 자 산		×××		×××
현금및현금성자산	×××		×××	
매출채권	×××		×××	
재고자산	×××		×××	
…	×××		×××	
비 유 동 자 산		×××		×××
토지	×××		×××	
건물	×××		×××	
영업권	×××		×××	
산업재산권	×××		×××	
…	×××		×××	
자 산 총 계		×××		×××
부 채				
유 동 부 채		×××		×××
매입채무	×××		×××	
단기차입금	×××		×××	
…	×××		×××	
비 유 동 부 채		×××		×××
장기차입금	×××		×××	
사채	×××		×××	
…	×××		×××	
부 채 총 계		×××		×××
자 본				
자본금	×××		×××	
이익잉여금	×××		×××	
자 본 총 계		×××		×××
부 채 및 자 본 총 계		×××		×××

재무상태표(계정식)

회사명	제×기 20×2년 12월 31일 현재				(단위: 원)
자 산			부 채		
유 동 자 산		×××	유 동 부 채		×××
현금및현금성자산	×××		매입채무	×××	
단기금융상품	×××		단기차입금	×××	
매출채권	×××		비 유 동 부 채		×××
재고자산	×××		장기차입금	×××	
비 유 동 자 산		×××	사채	×××	
토지	×××		부 채 총 계		×××
건물	×××		자 본		
영업권	×××		자본금	×××	
산업재산권	×××		이익잉여금	×××	
…			자 본 총 계		×××
자 산 총 계		×××	부채 및 자본총계		×××

제3절 손익계산서

1. 손익계산서의 의의

손익계산서(income statement, I/S)란 일정기간 동안 발생한 경영성과를 보고하는 재무제표이다. 경영성과는 수익과 비용으로 측정이 된다. 기업의 경영성과를 측정하기 위해 한 회계기간(보통 1년)에 기업이 올린 모든 수익과 그 수익을 올리기 위하여 지출한 비용, 즉 수익에서 비용을 뺀 결과인 이익 혹은 손실을 표시한 계산서이다. 재무상태표는 일정시점을 기준으로 누적된 기업의 재무상태를 제공하는 정태적 보고서라면 손익계산서는 한 회계기간 동안의 경영성과를 제공하는 동태적 보고서이다.

2. 손익계산서의 구조

손익계산서의 왼쪽을 차변이라 하고 오른쪽은 대변이라 한다. 손익계산서 대변에는 수익, 차변에는 비용과 수익에서 비용을 차감한 이익을 계산하여 제공한다. 그러므로 손익계산서를 구성하는 요소는 수익과 비용으로 구분된다. 수익은 재화나 서비스 제공하고 받은 돈이나 미래에 현금유입이 되는 권리, 비용은 재화나 서비스를 제공하기 위하여 지불한 돈이나 미래에 현금유출이 이루어지는 의무라고 정의할 수 있다.

기업의 경영성과를 평가할 때 수익에서 이익의 비율을 초우량기업이나 경쟁사와 상대적 비율로 평가할 수 있는데, 수익에서 이익이 차지하는 비율이 초우량기업이나 경쟁사에 비하여 높으면 수익성이 높은 것으로 평가하며, 초우량기업이나 경쟁사에 비하여 낮으면 수익이 낮은 것으로 평가한다. 다음 그림에서 보는 것처럼 수익이 4,000원이고 비용이 2,000이라면 이익은 2,000이 된다. 이러한 경우 수익성은 50%로 평가할 수 있다. 이를 산식으로 표시하면 다음과 같은 손익계산서 등식 혹은 제2등식이라고 한다.

손익계산서 등식:
비용＋이익＝수익

손익계산서의 구조

손익계산서

비용	2,000	수익	4,000
이익	2,000		
	4,000		4,000

손익계산서의 대변은 수익으로 1년 동안 재화나 서비스를 제공하고 받은 돈이나 앞으로 받을 수 있는 돈이 얼마인가를 제공함으로써 기업이 벌어들인 돈이 얼마인가를 제공하고, 차변은 비용은 재화나 서비스를 제공하기 위하여 지불한 돈이나 앞으로

지불해야 돈이 얼마인지를 제공하여 기업이 돈을 벌기 위하여 쓴 돈이 얼마인가를 제공하며, 수익에서 비용을 차감한 이익을 제공한다. 이를 수치를 이용하여 설명하면 한 서점이 출판사로부터 책 1권을 10,000에 구매하기로 계약을 맺고 현금 8,000을 지급하고 나머지 2,000은 외상으로 하였다. 그리고 책 1권을 고객에게 20,000에 판매하기로 하고 15,000은 현금을 받고 나머지 5,000은 외상으로 하였다. 이때 수익은 20,000이고 비용은 10,000이며 이익은 10,000이다. 이와 같이 수익은 총액이고 이익은 비용을 차감하고 남은 순액이다.

수익과 수입 및 비용과 지출의 차이를 살펴보면 위의 예에서 수익은 20,000이지만 수입은 15,000이며, 비용은 10,000이지만 지출은 8,000이다. 즉 수입은 재화난 서비스를 제공하고 받은 돈이 수입이고 지출은 재화나 서비스를 제공하기 위하여 지불한 돈을 의미한다. 이는 발생주의와 현금주의의 차이에 의한 것이다.

수익(income)은 재화나 서비스를 제공하고 받은 돈이나 미래에 받을 권리이다. 재화나 서비스를 제공하고 수익이 발생하면 그만큼 자산이 증가한다. 위의 예에서 책이 판매되면 현금거래가 이루어졌으면 현금이라는 자산이 증가하고 외상거래가 이루어졌으면 매출채권이라는 자산이 증가한다. 자산이 증가하면 그 금액만큼 자본이 증가한다는 것은 재무상태표등식에서 확인하였다. 이와 같이 손익계산서의 수익이 발생하면 즉시 재무상태표의 자산과 자본이 증가하므로 두 재무제표는 서로 밀접한 관계를 가지고 있다. 수익은 영업활동의 결과로 발생하면 영업수익과 비영업활동, 즉 재무활동이나 재무활동의 결과로 발생하면 영업외수익으로 구분할 수 있다.

비용(expenses)은 재화나 서비스를 제공하기 위하여 지불한 돈이나 미래에 지불해야 할 의무이다. 재화나 서비스를 제공하고 수익을 얻기 위해서는 이에 상응하는 비용도 발생한다. 따라서 수익과 비용은 대응되어야 한다고 한다. 즉 위의 예에서 책의 판매되면 보유하고 있던 책이라는 재고자산이 감소하고 판매활동에 필요한 비용 즉 수수료 등이 발생하는 만큼 자산이 감소한다. 자산이 감소하면 그 금액만큼 자본이 감소한다. 비용 또한 영업활동과 관련하여 발생한 비용은 영업비용으로 이에는 매출원가와 판매관리비가 있고, 재무활동과 투자활동과 관련하여 발생한 비용은 영업비용으로 구분한다. 그 밖에 모든 경영활동의 결과로 발생하는 이익에 대하여 기업이 부담하는 법인세로 구분한다.

3. 손익계산서의 형식

손익계산서 형식도 보고식과 계정식으로 구분된다. 보고식은 정보의 이용자에게 경영활동별로 이익을 제공하는 형식으로 구분하여 단계적으로 보고한다. 대부분의 기업은 손익을 매출총이익, 영업이익, 경상이익(법인세차감전이익), 당기순이익으로 나누어 보고한다.

매출총이익 = 매출액 − 매출원가
영업이익 = 매출총이익 − 판매관리비
경상이익 = 영업이익 + 영업외수익 − 영업외비용
당기순이익 = 경상이익 − 법인세

매출액은 기업실체의 주된 영업활동의 즉, 상품의 매출 또는 서비스의 제공으로 인해 기업실체가 벌어들인 수익금액이다. 매출액은 총매출액에서 매출환입액 및 에누리를 차감하여 계산한다.[4] 매출원가는 제품, 상품 등의 매출액에 대응되는 원가로서 판매된 제품이나 상품 등에 대한 제조원가 또는 매입원가이다. 이는 기업의 영업활동 중 구매, 생산 및 운영의 활동에서 발생하는 원가이다. 매출총이익은 매출액에서 매출원가를 차감한 금액이다. 판매관리비는 제품, 상품, 용역 등의 판매활동과 기업의 관리활동에서 발생하는 비용으로서 매출원가에 속하지 아니하는 모든 영업비용을 포함한다. 판매관리비는 영업활동 중 경영관리 활동에서 발생하는 비용이다. 영업이익은 매출총이익에서 판매관리비를 차감한 금액으로써 기업의 영업활동 성과를 측정하는 중요한 지표이다. 영업외수익은 재무활동에서 발생하는 금융수익과 투자활동에서 발생하는 기타수익이며, 영업외비용은 재무활동에서 발생하는 금융비용과 투자활동에서 발생하는 기타비용이다. 영업외비용에서 영업외비용을 차감한 것을 순금융비용과 순기타비용이라고 하는데 이는 투자 및 재무활동의 성과를 평가하는 지표로도 이용된다. 그리고 경상이익에서 한 회계기간에 납부할 법인세액를 차감하여 산출한 이익이

4) 손익계산서에 보고되는 매출액은 순매출액으로 보고된다. 이에 순매출액 계산방법을 매출액 개념에 부가하여 설명하였으나 자세한 설명은 되어 있지 않다. 순매출액 계산과 관련된 설명은 3장에서 보다 자세히 설명된다.

당기순이익이다. 이는 최종적으로는 주주의 몫이 된다. 주주의 몫은 자본이므로 이 금액은 재무상태표의 자본에 포함된다.

손익계산서(보고식)

제×기 20××년 ×월 ×일부터 20××년 ×월 ×일까지
제×기 20××년 ×월 ×일부터 20××년 ×월 ×일까지

기업명 (단위: 원)

과 목	당 기		전 기	
매출액		×××		×××
매출원가		×××		×××
매출총이익		×××		×××
판매비와관리비		×××		×××
급여	×××		×××	
임차료	×××		×××	
감가상각비	×××		×××	
광고선전비	×××		×××	
보험료	×××		×××	
연구비	×××		×××	
경상개발비	×××		×××	
대손상각비	×××		×××	
……	×××		×××	
영업이익		×××		×××
금융수익		×××		×××
금융비용		×××		×××
기타수익		×××		×××
기타비용		×××		×××
법인세차감전순이익		×××		×××
법인세비용	×××		×××	
당기순이익		×××		×××

계정식 손익계산서는 차변에 수익을 표시하고 대변에는 비용과 당기순이익을 표시하는 형식으로 작성된다.

손익계산서(계정식)

회사명 제×기 20××년×월×일부터 20××년×월×일까지 (단위: 원)

매출원가		×××	매출액	×××
매출총이익		×××		
판매비와관리비		×××		
급여	×××			
임차료	×××			
감가상각비	×××			
광고선전비	×××			
보험료	×××			
대손상각비	×××			
영업이익		×××		
금융비용		×××	금융수익	×××
기타비용		×××	기타수익	×××
법인세차감전순이익		×××		
법인세비용	×××			
당기순이익		×××		
총비용과 이익			총수익	

K－IFRS에서는 손익계산서 대신 포괄손익계산서를 작성하도록 요구하고 있다. 당기순손익에 미실현보유손익을 의미하는 기타포괄손익까지를 포함하는 손익 즉 총포괄손익을 표시하기 때문에 포괄손익계산서라고 부른다. 기타포괄손익은 예를 들이 20×1년에 1억에 구매한 건물이 3년 후인 20×3년에 2억으로 상승하였다면 가치가 상승한 1억은 건물을 처분하지 않았기 때문에 건물재평가이익을 의미한다. K－IFRS에서는 이와 같이 미실현보유손익을 반영하도록 요구하고 있다.

총포괄손익＝당기순손익＋기타포괄손익

제4절 재무상태표와 손익계산서의 연결

재무상태표는 일정시점의 기업의 재무상태 정보를 제공하는 재무제표이고 손익계산서는 일정기간 동안의 기업의 경영성과 정보를 제공하는 재무제표이다. 수익과 비용 발생하면 동시에 자산, 부채 및 자본에도 변동이 발생한다. 따라서 재무상태표와 손익계산서는 밀접한 관계를 가지고 있다. 손익계산서에 산출된 당기순이익은 재무상태표 자본의 이익잉여금에 포함된다. 이를 자본변동표 등식 제3등식이라고 한다. 자본변동표 등식은 재무상태표와 손익계산서의 연계를 위해 필요한 등식이다. 재무상태표 계정 즉, 자산, 부채, 자본은 특정시점의 금액으로 저량개념(stock)이며, 손익계산서의 수익과 비용 그리고 이익은 일정기간 동안의 기업성과를 나타내는 금액으로 유량개념(flow)이다. 그러므로 기업의 영업기간을 1년으로 가정하였을 경우 재무상태표 계정들 중 자본은 기초(1월 1일) 자본금액과 기말(12월 31일) 자본금액이 각각 존재한다. 만일 기업이 영업활동을 하였다면, 기초 자본 금액과 기말 자본금액은 같을 확률보다는 다를 확률이 더욱 크다. 기초와 기말로 구분되어져 있는 시점은 유량개념의 손익계산서 계정으로 잇게 된다.

자본변동표 등식:
기말자본 = 기초자본 + 이익잉여금
= 기초자본 + 당기순이익 − 배당금
= 기초자본 + 수익 − 비용 − 배당금

제5절 기타의 재무제표

1. 자본변동표

자본변동표(statement of changes in equity)는 일정기간 동안의 자본의 크기와 그 변동에 관한 정보를 제공하는 재무제표이다. 자본을 구성하고 있는 자본금, 자본잉여금, 자본조정, 기타포괄손익누계액, 이익잉여금의 변동에 대한 포괄적인 정보를 제공하는 것을 목적으로 한다. 자본변동표에는 자본금, 자본잉여금, 자본조정, 기타포괄손익누계액, 이익잉여금(또는 결손금)의 각 항목별로 기초잔액, 변동사항, 기말잔액을 표시한다.

자본변동표

제×기 20×2년 1월 1일부터 20×2년 12월 31일까지
제×기 20×1년 1월 1일부터 20×1년 12월 31일까지

기업명 (단위: 원)

구 분	자본금	자본 잉여금	자본조정	기타포괄 손익누계액	이익 잉여금	총 계
20×2.1.1(보고금액)	×××	×××	×××	×××	×××	×××
유상증자	×××					×××
당기순이익					×××	×××
배당금					(×××)	(×××)
…						×××
20×2.12.31	×××	×××	×××	×××	×××	×××

2. 현금흐름표

현금흐름표(cash flows statement)는 일정 기간 기업의 현금흐름 즉 현금의 유입과 유출을 나타내는 보고서로 현금의 변동내용을 명확하기 보고하기 위해 작성되는 재무

제표이다. 현금흐름정보는 기업의 현금창출 능력을 평가하는 데 유용할 뿐만 아니라, 창출된 현금의 배분과 자금조달에 관련된 정보를 제공한다.

현금흐름표는 영업활동으로 인한 현금흐름, 투자활동으로 인한 현금흐름, 재무활동으로 인한 현금흐름으로 구분하여 표시하고, 이에 기초의 현금을 가산하여 기말의 현금을 산출하는 형식으로 표시한다. 현금흐름표에서 사용하는 현금의 개념은 현금 및 현금성 자산을 의미한다.

현금흐름표

제×기 20×2년 1월 1일부터 20×2년 12월 31일까지

제×기 20×1년 1월 1일부터 20×1년 12월 31일까지

기업명 (단위: 원)

과 목	당 기		전 기	
영업활동 현금흐름		×××		×××
매출등 수익활동으로부터의 유입액	×××		×××	
매입 및 종업원에 대한 유출액	×××		×××	
이자수익 유입액	×××		×××	
투자활동 현금흐름		×××		×××
투자활동으로 인한 현금유입액				
단기투자자산의 처분	×××		×××	
투자활동으로 인한 현금유출액				
현금의 단기대여	×××		×××	
재무활동 현금흐름		×××		×××
재무활동으로 인한 현금유입액				
사채의 발행	×××		×××	
재무활동으로 인한 현금유출액				
사채의 상환	×××		×××	
현금의 증가(감소)		×××		×××
기초의 현금		×××		×××
기말의 현금		×××		×××

3. 주 석

주석은 재무제표의 일부로서, 재무제표의 작성 기준과 구체적 회계정책에 대한 정보를 제공하며, 재무제표의 별도 부분으로 표시할 수 있다. 주석은 다음의 정보를 제공한다.

(1) 재무제표 작성 근거와 사용한 구체적인 회계정책에 대한 정보
(2) K-IFRS에서 요구하는 정보이지만 재무제표 어느 곳에도 표시되지 않는 정보
(3) 재무제표 어느 곳에도 표시되지 않지만 재무제표를 이해하는 데 목적적합한 정보

또한 주석에는 기업의 일반적인 내용도 공시되는데, 이를 살펴보면, 기업의 소재지와 법적 형태, 설립지 국가 및 등록된 본점사무소의 주소, 기업의 영업과 주요 활동의 내용에 대한 설명, 지배기업과 연결실체 최상위 지배기업의 명칭 등이 주석에 공시된다. 마지막으로 상법 등 관련 법규에서 이익잉여금처분계산서의 작성을 요구하는 경우에는 이익잉여금처분계산서를 주석으로 공시한다.

4. 중간재무제표

기업의 회계기간은 대부분 1년 단위이므로 1년에 한 번씩 연차재무제표를 작성하여 공시한다. 재무제표에 공시되는 정보들 중 적시성이 확보되어야 하는 정보들로 인하여 반기 또는 분기별로 재무제표를 작성하는 경우가 존재하는데 이를 중간재무제표라고 한다.

5. 연결재무제표

연결재무제표(consolidated financial statements)는 지배·종속관계에 있는 2개 이상의 기업을 하나의 실체로 보고 각각이 작성한 재무제표를 종합하여 하나의 재무제

표로 작성한 것이라고 할 수 있다. 일반적으로 지배한 기업이 다른 기업을 지배하기 위해서는 다른 기업이 발행하는 의결권이 있는 주식 50%를 초과하여 보유하거나 지분율이 50%를 초과하지 않더라도 기업의 실질적인 의사결정기구를 조정할 수 있다면 그 기업을 지배할 수 있다고 판단한다. 이 경우 다른 회사의 지분을 보유하면서 모회사의 역할을 하는 기업을 지배기업이라고 하고 모회사의 지배를 받는 자회사를 종속기업이라고 한다.

연결재무제표는 지배 · 종속관계에 있는 2개 이상의 기업이 작성한 각각의 재무제표를 하나로 합하여 작성하되, 지배기업이 종속기업을 소유한 경우, 지배기업과 종속기업 간의 내부거래를 제거하고 연결재무제표에서는 외부거래로 처리 중복을 방지합니다.

K－IFRS에서는 지배기업의 기본재무제표를 연결재무제표로 보고하되, 종속기업의 재무제표를 합산하기 전의 지배기업의 자신의 재무제표인 별도재무제표를 보고하도록 요구하고 있습니다. 별도재무제표는 연결재무제표를 작성하기 전에 지배기업의 재무제표를 이다. 전장에서 언급하였던 것처럼 금융감독원 전자공시시스템의 사업보고서에 표시되는 재무에 관한 사항 중 '연결재무제표'와 '재무제표'가 함께 표시되어 있는데 여기서 '재무제표'란 지배기업의 별도재무제표를 뜻합니다. 또한 종속기업이 없는 회사가 작성하는 재무제표는 개별재무제표라고 한다.

제6절 재무제표의 연계관계

재무제표들은 상호 독립적으로 작성되는 것이 아니라 일정한 관계에 의해 서로 연결되어 있다. 기초 재무상태표와 기말 재무상태표는 기초 시점과 기말 시점에 대한 결과를 보고하므로 기간 동안의 변동은 나타내지 못한다. 이러한 기간 동안의 변동은 포괄손익계산서, 자본변동표, 현금흐름표에 의해서 작성되어 보고가 되며 이를 바탕으로 작성된 기말 재무상태표는 기초 재무상태표와 차이가 발생하게 된다. 이들 간의 관계는 다음과 같다.

재무제표간의 연계관계

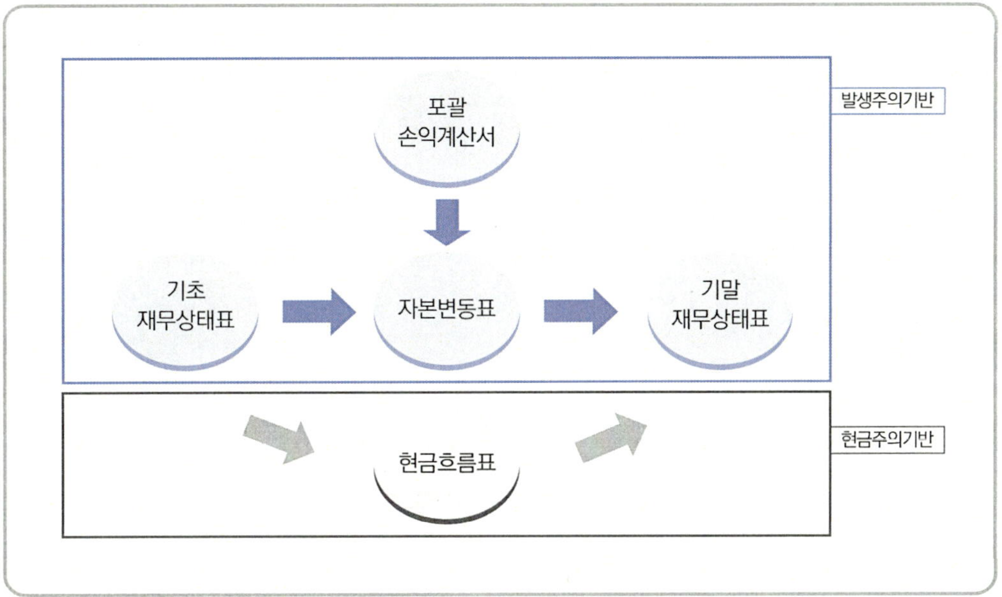

유동자산 (영업활동에 필요한 운전자본)

유동자산(영업활동에 필요한 운전자본)

지금까지 회계의 정의 및 기초개념 및 재무제표에 대하여 논하였다. 지금부터는 재무상태표, 손익계산서 및 현금흐름표 순으로 재무제표의 세부 계정과목 및 회계처리에 대하여 다루고자 한다.

재무상태표는 자산과 부채 및 자본으로 구분하고 자산에 대하여 먼저 논의하면 유동자산과 비유동자산으로 구분할 수 있다. 본장에서는 기업의 영업활동에 필요한 운전자본인 유동자산을 다루고자 한다.

유동자산은 영업활동에 필요한 운전자본으로써 1년 이내에 현금화가 가능한 자산이라고 정의하며, 이는 조달된 자본의 활용측면에서 영업활동에 필요한 운전자본을 운전자본으로 활용되고 있는지 평가할 수 있으며 또한 단기상환능력을 평가하는데 활용될 수 있다. 유동자산은 크게 당좌자산과 재고자산 및 기타유동자산으로 구분한다. 당좌자산은 운전자본으로써 회수과정을 거쳐 확정된 현금으로 전환이 용이하고 가치변동의 위험이 경미한 자산이고, 재고자산은 정상적인 영업활동과정에서 판매 목적으로 제조과정에 있는 자산이나 판매하기 위하여 보유하는 자산이다. 기타유동자산은 당좌자산이나 재고자산으로 구분되지 않는 유동자산으로 비영업활동과정에서 발생하는 채권과 발생주의 회계처리 과정에서 발생하는 계정이다.

유동자산의 분류

분류	계정과목
당좌자산	현금 및 현금성 자산, 단기금융상품, 매출채권, 단기대여금, 단기미수금, 대여금 등
재고자산	상품, 원재료, 재공품, 제품, 반제품, 저장품 등
기타유동자산	선급금, 선급비용, 선급법인세 등

제1절 당좌자산

1. 현금 및 현금성 자산

현금 및 현금성 자산은 유가증권, 매출채권 등과 같이 현금화가 가장 용이한 자산으로 분류된다. 현금이란 교환의 매개체로서 재화나 용역의 구입에 대한 일반적인 지불수단으로 이용되는 것이나 회계상의 현금은 일반적인 의미보다는 더 넓은 의미를 가진다. 즉, 현금 및 현금성 자산 계정은 지폐나 동전과 같은 통화뿐만 아니라 통화로 항상 전환하여 사용할 수 있는 타인발행 당좌수표, 자기앞수표, 우편환증서 등과 같은 통화대용증권과 요구불예금인 당좌예금 · 보통예금 및 현금성 자산을 포함하고 있다. 이 경우 현금성 자산이라 함은 유동성이 매우 높은 단기 투자자산으로서, 큰 거래비용 없이 확정된 현금으로 전환이 용이하고 이자율변동의 위험이 중요하지 않은 자산으로 정의된다. 예를 들면, 취득 당시 만기(또는 상환일)가 3개월 이내에 도래하는 정기예금 및 정기적금, CD(Certificate of Deposit, 양도성예금증서), CMA(Cash Management Account, 어음관리계좌), CP(Commercial Paper, 기업어음), RP(Repurchase Agreements, 환매채) 등을 취득하는 경우이다.

한편, 공표용 재무제표상에는 현금, 당좌예금 및 현금성 자산 등을 구분하지 않고 현금 및 현금성 자산 계정으로 표시하도록 하고 있다. 그러나 기업 내부적으로는 구분하여 회계처리하여야 할 것이다.

현금 및 현금성 자산으로 분류되는 항목

<table>
<tr><th>구분</th><th colspan="2">분류항목</th></tr>
<tr><td rowspan="2">현금 및 현금성 자산</td><td colspan="2">통화, 타인발행수표, 통화대용증권, 요구불예금 등</td></tr>
<tr><td>정기예금 및 정기적금, CMA, CD, CP, RP 등</td><td>취득일로부터 3개월 이내 만기도래</td></tr>
</table>

2. 당좌예금 및 당좌 차월

당좌예금은 요구불예금 종류의 하나이다. 기업이 은행과 당좌계약을 맺어 은행에 현금을 예입하고 필요에 따라 수표(이를 '당좌수표'라 함)를 발행하여 현금을 인출할 수 있는 예금을 말한다. 상품 · 물품 등의 대금지급에 수표를 사용함으로써 은행이 대금지급을 대행해 주는 셈이 되어 영업상 편리한 예금이다. 따라서 당좌예금은 그 성질상 자금의 예금과 인출이 빈번하여 그에 따른 출납사무를 정리하는 데에도 많은 시간과 비용이 들고, 예입된 자금도 안전성이 없어 은행의 자금조달원으로서의 기여도가 미미하여 당좌예금에 대해서는 이자를 지급하지 않는다. 현금 및 현금성 자산 범위에 당좌예금이 포함되지만, 회계기간 중 회계처리 시에는 현금계정과 분리하여 당좌예금계정을 사용하며, 회계보고를 위한 재무상태표를 작성 할 때는 현금 및 현금성 자산 계정에 포함시켜 보고한다. 당좌예금계좌에 현금을 입금하면 당좌예금 계정 차변에 기록하고, 당좌수표를 발행하게 되면 당좌예금 계정의 대변에 기록한다.

당좌수표는 당좌예금의 잔액의 범위에서만 발행해야 한다. 당좌예금의 잔액을 초과하여 당좌수표를 발행하게 되면, 은행이 지급을 거절하게 되는데 이 경우를 부도라고 한다. 일시적으로 자금이 부족하여 일어나는 부도를 막기 위하여 기업은 은행과 당좌예금 잔액을 초과하여 수표가 발행되어도 은행이 지급해 주는 계약을 체결하는데 이를 당좌차월(bank overdraft)이라고 한다. 기중에는 당좌차월이 발생하면 당좌차월 계정으로 회계처리를 하며, 보고기간 말 재무상태표에는 단기차입금 계정으로 보고한다.

3. 매출채권과 매입채무

매출채권은 외상매출금과 받을어음으로 구분되는데, 고객에게 재고자산이나 영업활동과 관련된 서비스를 제공하면서 그 대금을 나중에 받기로 한 경우에 발생되는 권리이다. 받을어음은 일반적인 영업활동으로 인해 발생한 어음상의 채권으로 금액, 만기, 지급장소 등이 명기되어 있다. K-IFRS에 따르면 외상매출금과 받을어음은 재무상태표에 표기 시 구분하지 않고 매출채권으로 통합하여 표시한다.

매출채권은 정상적인 거래를 통하여 현금으로 회수되고 장부에서 제거된다. 그러나 기업은 경우에 따라서 매출채권을 회수기일이 도래하기 전에 매출채권을 양도하기도 한다. 매출채권의 양도를 위하여 금융기관에 일정한 수수료를 내고 매출채권을 매각하는 것을 팩토링(factoring)이라고 한다. 팩토링 회계처리는 매출채권에 대한 위험과 보상이 기업에서 금융기관으로 이전되었는지에 따라 달라진다.

고객으로부터 대부납부가 이루어지지 않은 경우, 즉 대손이 발생하였을 때 그 손실을 누가 부담할 것인가에 관련되기 때문이다. 위험과 보상의 대부분이 금융기관으로 이전된 경우 매출채권의 양도를 상환청구권이 없는 매각거래로 보아 매출채권을 장부에서 제거하고 수수료는 매출채권처분손실로 인식한다. 반면에 매출채권 소유에 따른 위험과 보상의 대부분을 보유하고 있는 경우 매출채권을 담보로 제공한 차입거래로 보아 매출채권을 장부에서 제거하지 않고 단기차입금으로 인식하고 수수료는 이자비용으로 인식한다. 이때 발생하는 매출채권처분손실과 이자비용은 기업이 필요자금을 조달하는 재무활동이기 때문에 금융비용으로 분류한다.

지급채무(payables)는 기업이 타 실체에게 현금이나 재화 및 용역 등을 제공하여야 하는 의무이다. 발생원인에 따라 구분되는데 기업의 주된 영업활동과 관련하여 발생한 외상매입금과 지급어음 등의 채무를 매입채무(trade payables)라 하며, 기업의 주된 상거래 이외의 활동과 관련된 미지급금, 차입금, 선수금 등의 미지급 채무를 기타채무라 한다.

금융부채로 분류되는 차입금과 지급채무도 취득시점 이후의 후속 측정에 있어서 상각후원가법을 적용한다. 상각후원가[1]란, 금융자산이나 금융부채의 최초인식시점의

1) 상각후원가를 적용하는 회계처리는 후술하는 금융자산과 금융부채에서 보다 자세히 설명하기로 한다.

측정금액에서 상환된 원금을 차감하고, 최초인식금액과 만기금액의 차액에 유효이자율법을 적용하여 계산된 상각누계액을 가감한 금액으로, 손상차손이나 대손상각을 인식한 경우에는 그 금액을 차감한 금액을 말한다.

재무상태표에 표시되는 계정을 단순화하기 위하여 공시되는 재무제표상에는 외상매출금과 받을어음을 구분하지 않고 총액을 매출채권으로 표시하고, 외상매입금과 지급어음도 구분하지 않고 총액을 매입채무로 표시하도록 규정하고 있으나, 기업 내부적으로는 순수한 외상(신용)거래와 어음거래를 구분하여 회계처리를 해야 한다.

기업이 거래처와의 신용거래 즉, 외상으로 상품을 구매하였다면, 매입채무로 인식하고, 결제일에 결제가 이루어졌다면 매입채무를 제거한다.

4. 받을어음과 지급어음

어음에는 약속어음(promissory note)과 환어음(bill of exchange)의 두 종류가 있는데 일반적 상거래에서는 약속어음이 대부분이며 약속어음은 국내거래뿐만 아니라 국제거래에도 사용되나 환어음은 국제거래의 결제수단 이외에는 별로 사용되지 않고 있다. 받을어음은 기업이 재화나 용역을 제공하고 약속어음을 받기로 한 어음으로 유동자산에 속한다. 받을어음은 재무상태표에 매출채권으로 보고된다.

약속어음의 액면에는 여러 가지 정보들이 기재되어 있다. 액면금액은 어음발행인이 지급기일(만기일)에 지급하기로 약정한 금액을 의미한다. 액면이자율은 만기일까지 지급하기로 약정한 연이자율이다. 지급기일은 만기일이라고도 하는데 약정된 액면금액을 지급해야 하는 기간을 의미한다.

어음은 액면에 이자 표기 여부에 따라 이자부어음과 무이자부어음으로 구분된다. 이자부어음(interest bearing note)은 발행인이 어음기간에 일정률의 이자를 지급하고 만기일에 액면금액 또는 원금을 지급할 것을 약정하는 어음이고, 무이자부어음(non-interest bearing note)은 발행인이 만기일에 단지 액면금액만을 지급할 것을 약정하는 어음이다.

약속어음 양식

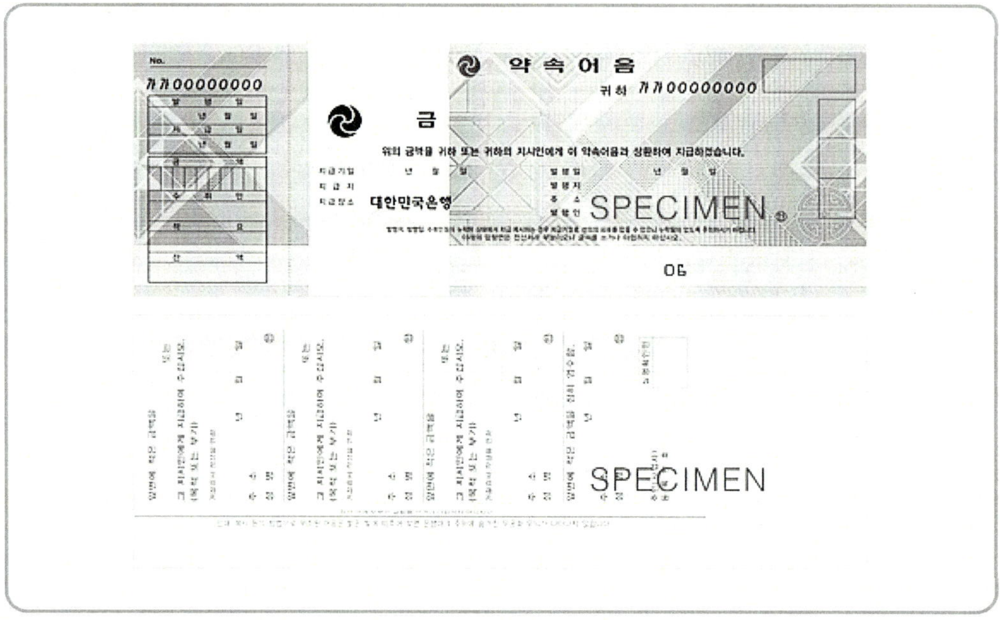
No.
가가00000000

약속어음
귀하 가가00000000

금

위의 금액을 귀하 또는 귀하의 지시인에게 이 약속어음과 상환하여 지급하겠습니다.

지급기일 년 월 일
지급지
지급장소 대한민국은행

발행일 년 월 일
발행지
주소
발행인 SPECIMEN

06

SPECIMEN

출처: 한국조폐공사

이자부 어음의 이자 계산을 예를 들면 액면금액 ₩1,000,000, 이자율 5%, 120일 만기일 경우 이자는 다음과 같이 계산된다.

이자 = 액면금액 × 연이자율 × (어음의 기간/365)
16,438 = 1,000,000 × 0.05 × 120/365

한편, 2005년 9월부터 전자어음의 발행 및 유통에 관한 법률에 근거하여 전자어음이 사용이 의무화되고 있다. 외부감사대상 주식회사의 경우 약속어음 발행 시 종이어음은 발행이 불가하며, 전자어음으로만 발행되어야 한다. 전자어음은 발행인, 수취인, 금액들의 어음 정보를 전자문서 형태로 작성하고, 전가어음관리기관의 전산시스템에 등록하여, 유통하는 어음이다. 전자어음은 전자유가증권으로서 기존 종이어음과 같이 이용된다.

전자어음의 특징은 전자어음관리기관에 등록해야 하며, 약속어음에 한정된다. 백지 어음의 발행과 배서는 불가능하며, 지급지는 금융기관으로 한정된다. 배서횟수는

20회로 제한된다.

약속어음 흐름

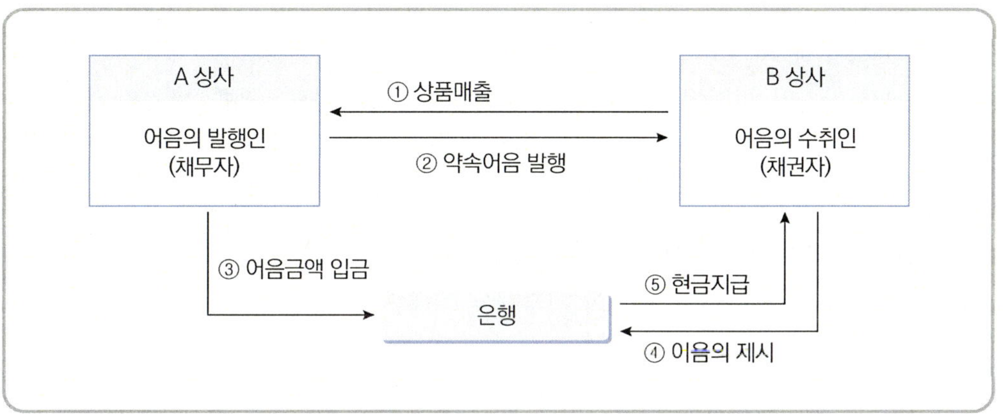

기업이 재화와 용역을 제공한 대가로서 거래처에서 약속어음을 받았을 경우에는 받을어음(notes receivable)으로 기록하고, 반대로 어음을 발행한 거래처는 지급어음(notes payable)으로 기록한다.

기업이 재화와 용역을 제공하고 어음을 수령한 경우 추후에 현금을 받을 수 있는 권리를 받을어음이라고 하며 매출채권으로 기록한다. 이때 기록되는 금액은 어음의 액면금액으로 어음의 만기일이 되면 어음의 수취인은 어음을 거래은행에 제시하고 현금을 수령하게 된다. 또한 기업이 재화나 용역을 구입하고 약속어음을 발행하여 거래처에 지급한 경우 이를 지급어음이라 한다.

약속어음의 관련당사자의 관계를 표시하면 다음과 같다.

약속어음의 관련 당사자

약속어음
- 발행인(채무자) ································ 어음금액의 지급인
- 수취인(채권자) ································ 어음금액의 수취인

가. 어음의 양도

어음의 배서양도란 어음소지인이 어음 뒷면에 서명날인하여 어음상의 채권을 타인에게 양도하는 것을 말한다. 배서양도에는 세 가지의 경우가 있는데 첫째, 만기일에 거래은행에 대금추심(대금회수)을 의뢰하기 위한 추심위임배서양도, 둘째, 일반 상거래에서 만기일 이전에 자금의 결제수단으로서 배서양도, 셋째, 만기일 이전에 자금의 융통을 위하여 금융기관에 어음의 할인을 의뢰하면서 배서양도한 경우를 들 수 있다.

어음소지인이 만기일에 대금지급지의 은행에 직접 방문하여 배서양도하고 어음대금을 회수할 수 있으나 대부분의 경우에는 거래은행에 의뢰하여 추심위임 배서양도하고 대금을 추심(회수)하게 된다.

일반 상거래에서 만기일 이전에 자금의 결제수단으로서 소지하고 있는 받을어음을 타인에게 배서양도하거나 어음소지인이 자금의 융통을 목적으로 소지한 받을어음을 은행에서 할인한 경우가 있는데 이 경우 만일 어음발행인(채무자)이 만기일에 어음금액을 지급하지 않으면 부도처리되어 배서인이 어음소지인(피배서인) 또는 은행에 어음금액의 상환의무를 지게 되고 동시에 배서인은 자기보다 앞의 배서인 또는 어음발행인(채무자)에게 상환청구권을 행사하게 된다.

한편, 자금의 융통을 목적으로 소지한 받을어음을 은행에서 할인한 경우가 있는데 양도하면서 받을어음 소유에 따른 위험과 보상을 금융기관에 이전하는 경우 받을어음을 제거하는 회계처리를 한다. 반면 받을어음 소유에 따른 위험과 보상을 기업이 계속 보유하는 경우는 자금을 차입하는 것으로 보아 받을어음을 제거하지 않는 차입거래로 회계처리를 한다.

나. 어음의 부도

만기일에 채무자(어음금액의 지급인)가 어음금액을 결제하지 못하면 어음소지인이 제시한 어음 또는 배서양도 한 어음은 은행에서 지급거절이 되는데 이때 지급거절 되어 부도처리 된 어음을 부도어음(dishonored notes receivable)이라고 한다.

약속어음 발행인이 만기일에 어음을 결제하지 못한다면 받을어음은 부도처리 된다. 부도처리 된 어음은 일반 어음과 구분하여 관리해야 하기 때문에 부도어음계정으로 대체한다. 부도어음을 재무상태표에 인식하는 경우에는 매출채권계정에 합산되어 보고한다. 또한 주석에 매출채권에 포함된 부도어음 가액을 보고한다.

다. 지급어음

일반 상거래에서 예를 들어, 상품을 매입하고 발생한 채무를 결제하기 위하여 어음을 발행한 경우 매입채무로 인식하고, 어음의 만기일이 되면 어음의 발행인은 어음대금은 일반적으로 당좌예금계좌에서 출금되기 때문에 당좌예금계정을 감소시키면서, 지급어음을 제거하는 회계처리를 해야 한다.

5. 대손상각(손상차손)

기업의 회계연도 말에 보유하고 있는 매출채권은 차기에 모두 현금으로 회수하는 것은 불가능하다. 몇몇의 매출거래처의 재무상태의 악화 등으로 인하여 매출채권의 회수가 불가능한 경우가 생기기 때문이다. 이와 같이 매출채권이 회수불가능하게 되는 것을 대손이라고 하며, 그 채권은 회수불능채권이라고 한다. 회수불능채권은 대손상각비로 회계처리 된다. 회수불능 매출채권에 대한 회계처리 방법으로 직접법과 간접법(충당금설정법)이 있다.

가. 직접법

직접법은 매출채권이 실제로 회수 불가능하게 되었을 때 그 손실금액을 대손상각비로 인식하고 매출채권을 직접 차감하는 방법이다. 직접법은 대손상각비를 추정치를 사용하는 것이 아니라 실제 회수불능이 확정되면, 이를 기준으로 매출채권을 직접 차감하기 때문에 객관적이라는 장점이 있다. 그러나 직접법은 실제로 회수불능이 확정되기 전에는 대손비용을 인식하지 않으므로 회계연도와 매출이 발생하는 회계연도가 불일치하는 수익 · 비용 대응의 문제가 발생하는 단점이 있다. 또한 실제로 회수불능이 확정된 시점에 대손 회계처리를 하므로 매출이 발생하는 회계연도에는 매출채권이 과대계상 될 수 있으며, 기말 매출채권이 회수가능한 금액으로 평가되지 않는다는 단점이 있다. 이러한 단점으로 인하여 K－IFRS에서는 직접법은 인정되지 않는다.

나. 간접법

간접법은 충당금설정법이라고도 하는데 이는 회계연도 말에 회수가 불확실하다고 추정되는 금액을 예상하여 대손상각비로 인식하고 이를 대손충당금으로 설정하는 방법이다.[2] 대손충당금을 인식하기 위해서는 대손을 추정해야 하는데 K－IFRS는 대손추정을 위하여 기대신용손실법을 허용하고 있다. 기대신용손실법은 매 보고기간 말에 매출채권의 신용위험이 유의적으로 증가하였는지를 판단하고 미래 전망 정보를 포함하여 합리적으로 뒷받침될 수 있는 모든 정보를 고려하여 기대신용손실을 추정하는 방법이지만 매출채권의 경우는 기대신용손실을 측정할 때 충당금 설정률표(provision matrix)를 즉 연령별분석법을 이용하는 실무적 간편법을 허용하고 있다. 예를 들면 충당금 설정률표는 매출채권의 연체 일수에 따라 고정된 충당률을 설정할 수 있다. 즉 연체가 없는 경우에 1%, 연체 일수가 30일 미만인 경우에 2%, 30일 초과 90일 미만인 경우에 3%, 90일과 180일 사이인 경우에 20% 등으로 충당률을 설정할 수 있다.

간편법에 대한 대손충당금 설정사례를 살펴보면 다음과 같다

(주)ERICA는 다수의 거래처와 신용거래를 하고 있다. 20×1년 말 현재 (주)ERICA는 ₩3,000,000의 매출채권 잔액을 보유중이며, 매출채권의 기대신용손실을 추정하기 위하여 연령분석법을 이용한다. 20×1년 말 연령분석에 의한 충당금 설정률표는 다음과 같다.

2) K－IFRS에서는 '대손상각비'라는 용어 대신 '손상차손', '대손충당금'이라는 용어 대신에 '손실충당금'이라는 용어를 사용한다. 이는 대손회계는 기본적으로 손상회계의 일부이므로 보다 큰 범위의 용어를 사용한 것이다. 그러나 본 서에서는 실무용어인 '대손상각비', '대손충당금'이라는 용어를 사용한다. 본서 추후에 소개되는 '대손충당금환입' 역시 K－IFRS에서는 '손상차손환입'이라는 용어를 사용하지만 같은 이유로 '대손충당금환입'으로 사용한다.

	연체되지 않음	1~30일 연체	31~60일 연체	61~90일 연체	91일 이상 연체
기대손실률	0.5%	2%	5%	10%	20%
매출채권 장부금액	₩2,000,000	₩350,000	₩200,000	₩150,000	₩300,000

(주)ERICA의 매출채권의 회수가능 예상액을 계산하기 위해서는 기대신용손실을 이용하여 대손충당금이 먼저 계산되어져야 한다. 기대신용손실은 충당금 설정률표에 각 상황별로 표기된 기대손실률과 매출채권 장부금액의 곱으로 계산된다.

	기대손실률	매출채권 장부금액	기대신용손실
연체되지 않음	0.5%	₩2,000,000	₩10,000
1~30일 연체	2%	350,000	7,000
31~60일 연체	5%	200,000	10,000
61~90일 연체	10%	150,000	15,000
91일 이상 연체	20%	300,000	60,000
합계		₩3,000,000	₩102,000

(주)ERICA의 20×1년 말 각 상황별 기대신용손실의 합계가 ₩102,000이므로 재무상태표에 인식되는 대손충당금 역시 ₩102,000이며, 매출채권의 장부금액은 ₩2,898,000이 된다.

대손충당금은 매출채권을 차감하는 계정으로 자산을 차감시키기 때문에 대변에 기록하며 차변에는 대손상각비로 기록된다. 대손상각비는 판매관리비로서 당기비용 처리한다. 이를 부분 재무상태표에 표시하면 다음과 같다.

재무상태표

(주)ERICA 20×1년 12월 31일 현재

유동자산		
매출채권	3,000,000	
대손충당금	(102,000)	
	2,898,000	

대손충당금을 이용하여 매출채권을 간접 차감시키는 회계처리를 한다. 대송충당금을 이용하여 간접 차감하는 이유는 회수되지 않을 것으로 예상은 되지만 현재 매출채권의 대손이 확정되어 있는 것은 아니기 때문이다.

매출채권의 회수가 불가능해지면 대손확정을 위해 회계처리를 한다. 대손이 확정된 매출채권은 대손충당금과 우선 상계처리하며, 대손충당금이 부족한 경우에는 부족한 금액을 대손상각비로 처리한다.

대손처리한 매출채권을 추후에 회수하게 되면 회수를 기록하게 위해서 첫째, 매출채권의 대손확정 회계처리를 취소하는 역분개를 이용하여 매출채권을 회복시킨다. 둘째, 매출채권 회수와 관련된 일반적인 회계처리를 한다.

6. 당좌자산의 회계처리 사례

삼성전자의 현금 및 현금성 자산은 보유중인 현금, 요구불예금 및 취득일 현재 확정된 금액의 현금으로 전환이 용이하고, 가치변동의 위험이 경미한 매우 유동적인 단기투자자산으로 구성되어 있다.

금융자산은 금융자산의 관리를 위한 사업모형과 금융자산의 계약상 현금흐름 특성에 근거하여 분류하고, 계약상 현금흐름이 원금과 이자에 대한 지급만으로 이루어져 있는지를 평가할 때, 회사는 해당 상품의 계약조건을 고려하고 있다. 또한 미래전망 정보에 근거하여 상각후원가로 측정하거나 기타포괄손익-공정가치로 측정하는 채무상품에 대한 기대신용손실을 평가한다.

매출채권은 유의적인 금융요소를 포함하는 경우를 제외하고는 최초에 거래가격으로 인식하며, 유효이자율을 적용한 상각후원가에서 손실충당금을 차감하여 측정하고 있으며, 손실충당금은 채권의 최초 인식 시점부터 전체기간 기대신용손실을 인식하는 간편법을 적용한다.

삼성전자는 당기 및 전기 중 은행과의 매출채권 팩토링 계약을 통해 매출채권을 할인하고, 매출채권 팩토링 거래에서 제공한 매출채권은 위험과 보상을 삼성전자가 보유하므로 금융자산의 제거요건을 충족하지 않아 차입거래로 회계처리 하였다. 따라서 이러한 거래에서 인식한 금융부채는 재무상태표에 '단기차입금'으로 분류하고 있다. 할인된 매출채권의 장부금액을 11조 1,110억으로 공시하고 있다.

삼성전자의 2024년 재무제표(별도) 주석에서 제시된 당좌자산, 즉 현금및현금성자산, 단기금융상품 및 매출책권의 금융자산의 분류에 의하여 상각후원가 측정 금융자산으로 분류하고 있다.

삼성전자의 범주별 금융상품-당좌자산

(단위: 백만원)

	상각후원가 측정 금융자산	기타포괄손익-공정가치 측정 금융자산	당기손익-공정가치측정 금융자산	계
현금 및 현금성자산	1,653,766	0	0	1,653,766
단기금융상품	10,187,991	0	0	10,187,991
매출채권	33,840,357	0	0	33,840,357

삼성전자의 2024년 재무제표(별도) 주석에서 제시된 매출채권의 기대신용손실을 추정하기 위한 세부내역을 살펴보면 기간경과 및 손상되지 않은 매출채권은 33조 3,746억원으로 98.3%를 차지하고 있다. 그러나 기간은 경과하였으나 손상되지 않은 매출채권은 4,048억원으로 1.2%를 차지하고 있으며, 손상된 매출채권은 1,879억원으로 0.6% 수준이다.

삼성전자의 매출채권의 기대신용손실 추정자료

(단위: 백만원, %)

구분	금액	비율
기간경과 및 손상되지 않은 매출채권	33,374,582	98.3%
기간이 경과하였으나 손상되지 않은 매출채권	404,847	1.2%
31일 이하	404,847	1.2%
손상된 금융자산	187,905	0.6%
31일 초과 90일 이하	71,780	0.2%
90일 초과	116,125	0.3%
합계	33,967,334	100.0%

삼성전자의 2023년도 매출채권에 대한 기대손실금액은 584억이었으나 2024년

매출채권 기대손실금이 12,670억으로 추정되어 당기에 인식된 대손충당금환입는 682억이었다.

삼성전자의 매출채권과 손상차손

(단위: 백만원)

	기초 손상차손누계	대손상각(환입)	기말 손상차손누계
매출채권	58,740	(68,237)	126,977

삼성전자의 2024년도 매출채권의 총장부금액은 33조 9,673억이고 기대손실 추정액이 12,670억으로 매출채권의 장부금액은 33조 9,673억원으로 공시되었다.

삼성전자의 매출채권과 손상차손

(단위: 백만원)

	총장부금액	손상차손누계	장부금액
매출채권	33,967,334	(126,977)	33,840,357

제2절 재고자산

1. 재고자산의 의의

재고자산(inventory)은 기업이 정상적인 영업활동과정에서 판매 목적으로 제조과정에 있는 자산이나 판매하기 위하여 보유하는 자산이다. 재고자산은 1년 이내에 혹은 차기 영업활동과정 내, 즉 정상적인 영업활동 주기 내에 상품이나 제품이 판매되어 현금으로 전활 될 것으로 예상할 수 있으므로 유동자산으로 분류한다.

기업유형에 따라 재고자산의 종류는 다르다. 상품매매기업의 주요 재고자산은 상품이며, 제조기업의 재고자산은 원재료, 재공품, 제품 등이 있다.

- 상품: 판매를 목적으로 구입한 상품, 미착상품, 적송품 등으로 하며, 부동산 판매업에 있어서 판매를 목적으로 소유하는 토지, 건물 기타 이와 유사한 부동산은 이를 상품에 포함하는 것으로 한다.
- 원재료: 원료, 재료, 매입부분품, 미착 원재료 등으로 한다.
- 재공품: 제품 또는 반제품의 제조를 위하여 제조과정에 있는 것으로 한다.
- 제품: 판매를 목적으로 제조한 생산품, 부산물 등으로 한다.

기업에서는 자산을 종류나 형태로 구분하지 않고 보유목적에 따라 분류한다. 부동산 개발회사의 경우 건물을 판매목적으로 건물을 보유중인 경우 이 건물은 재고자산이지만, 영업을 지원하기 위하여 사용목적으로 건물을 보유중인 경우 이 건물은 유형자산이 된다. 또한 시세차익을 거두기 위하여 즉 투자를 목적으로 건물을 취득한 경우는 이는 투자부동산이 된다.

2. 재고자산과 매출원가 및 매출총이익

기업의 유형은 기업이 수행하는 주된 영업활동에 따라 구분된다. 고객에게 용역을 제공하고 수익을 창출하는 서비스업, 상품의 매입 및 판매를 통해 수익을 창출하는 유통업, 기업에서 제조한 제품을 생산 판매하여 수익을 창출하는 제조업으로 구분된다. 유통업의 예로는 백화점, 홈쇼핑, 인터넷쇼핑 등이 있다.

인터넷쇼핑몰이라고 가정하고 영업활동을 예를 들면, 우선 인터넷쇼핑몰이 판매할 상품이 기업에 존재하지 않는다면, 상품을 구매할 것이다. 이때 현금을 지급하여 상품을 구매할 수도 있고, 신용매입거래를 할 수도 있다. 신용매입거래가 발생하였다며 매입채무라는 부채가 발생하게 되는데 일정기간 후에 매입대금을 현금으로 지급해야 한다. 판매할 상품이 기업에 재고로 존재한다면, 소비자들에게 상품을 판매할 것이다. 이때 소비자들에게 현금을 납입 받아 상품을 판매할 수도 있고, 신용판매거래를 할 수도 있다. 신용판매거래가 발생하였다며 매출채권이라는 자산이 발생하게 되는데 일정기간 후에 판매대금을 현금으로 회수하게 된다. 상품을 소비자에게 판매하게 되면 수익이 발생하는데 이때 수익을 매출액이라 한다. 동시에 상품이 기업에서 유출되므로 비용이 발생하는데 이때의 비용을 매출원가라 한다. 매출원가는 판매된 상품의 취득원가를 나타낸다. 즉 인터넷쇼핑몰 (주)ERICA가 ₩400,000의 상품을 구입하여 소비자에게 ₩800,000에 판매하였다면, 매출액은 ₩800,000이 되고 매출원가는 ₩400,000이 된다. 매출액 ₩800,000에서 매출원가 ₩400,000을 차감한 ₩400,000을 매출총이익이라고 한다. 이를 부분 손익계산서로 표시하면 다음과 같다.

부분 손익계산서	
매출액	₩800,000
매출원가	400,000
매출총이익	400,000

매출원가는 재고자산과 관련이 있다. 재고자산은 전기에 판매하고 남은 기초재고자산에서 시작하여 당기 중에 상품을 구매하면 증가하고, 상품을 판매하면 감소하며, 기말에 재고자산이 남아있으면 기말재고자산이 된다. 기초재고자산에 당기매입재고자산을 합한 금액을 판매가능재고자산이라고 한다. 즉, 판매가능재고자산 중 판매되었다면, 이를 매출원가로 인식하게 되고 판매가능재고자산 중 기말시점에서도 아직 판매되지 못하였다면, 기말재고자산으로 남아 다음 기간으로 이월된다. 이를 그림

재고자산의 원가배분

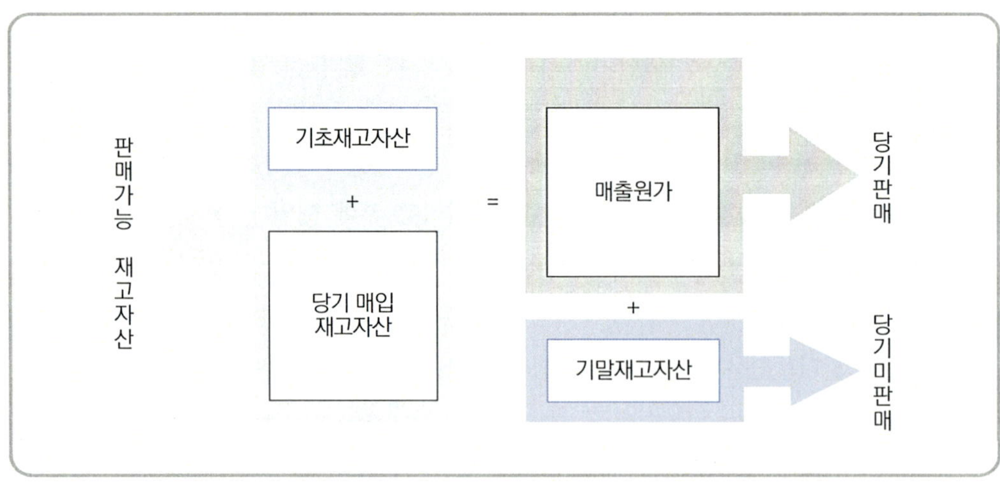

으로 나타내면 위와 같다.

예를 들면, 인터넷쇼핑몰 (주)ERICA가 기초에 ₩20,000의 상품을 보유하고 있었으며, 당기 기간 중에 상품 ₩80,000을 추가로 구입한 경우 판매가능 재고자산은 기초재고자산 ₩20,000과 당기 매입 재고자산 ₩80,000의 합계인 ₩100,000이 된다. 당기 중 ₩90,000의 상품을 소비자에게 판매했다면 매출원가는 ₩90,000이 되고 아직 판매하지 못한 ₩10,000은 기말재고자산이 된다. 이를 재고자산계정에 표시하면 다음과 같다.

재고자산

기초재고	20,000	매출원가	90,000
당기매입	80,000	기말재고	10,000
	100,000		100,000

재고자산은 자산계정이므로 기초재고자산은 차변에 나타난다. 또한 당기에 재고자산을 매입하면 재고자산이 증가하게 되었으므로 당기매입 역시 차변에 기록이 된다. 재고자산을 판매하면 재고자산이 감소하게 되었으므로 대변에 기록이 된다.

3. 재고자산의 수량 결정

기말재고자산은 다음의 등식과 같이 재고에 물류창고 등 창고에 남아있는 재고수량에 판매단가를 곱하여 산출한다.

기말재고 자산 = 재고수량 × 판매단가

재고자산의 관리와 기말재고자산의 수량파악을 위한 방법으로는 계속기록법과 실지재고조사법이 있다.

가. 계속기록법

계속기록법(perpetual inventory system)은 재고자산의 매입과 매출을 계속 기록함으로써 매출수량이 먼저 파악되고 자동적으로 기말 재고수량이 산출된다. 계속 기록함으로써 항시 장부상 기말수량을 알 수 있다. 계속기록법을 적용할 경우 매출원가가 먼저 결정이 되고, 기말재고자산이 나중에 결정된다. 또한 언제든지 기초시점부터 특정시점까지 발생한 매출원가뿐만 아니라 현재 보유하고 있는 재고자산을 쉽게 파악할 수 있다. 이러한 관계를 그림과 등식으로 나타내면 다음과 같다.

계속기록법

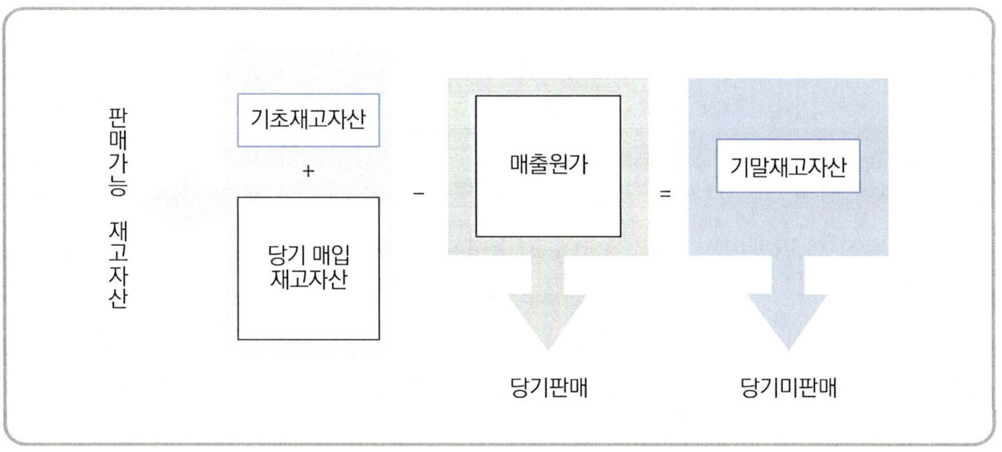

기초재고자산+당기매입재고자산−매출원가=기말재고자산

계속기록법의 회계처리는 다음과 같다. 재고자산을 매입할 경우 계속기록법에서는 상품계정에 직접 기록한다. 따라서 취득원가로 차변에 상품이 기록된다. 이때 현금을 지급하면 대변에 현금을 기록하고, 외상으로 상품을 매입하면 대변에 매입채무를 기록한다. 재고자산의 매출 시 매출과 매출원가를 동시에 기록한다. 상품을 매출할 경우 매출(수익)을 대변에 기록한다. 이때 현금을 납입 받으면 차변에 현금을 기록하고, 외상으로 상품을 매출하면 차변에 매출채권을 기록한다. 동시에 상품이 판매되어 감소하므로 대변에 상품을 기록하며, 차변에는 매출원가를 기록한다. 계속기록법을 사용할 경우 상품을 매매할 때마다 상품 계정의 증감을 기록하기 때문에 기말에 수정분개는 불필요하다.

나. 실지재고조사법

실지재고조사방법(periodic inventory system)은 결산일에 재고조사를 통하여 기말 재고수량을 실제로 파악하고 기말 재고수량을 제외한 나머지 수량을 판매된 것으로 간주하는 방법으로 실사법이라고도 한다.

실사법에 의해 재고자산의 수량을 파악하는 경우 먼저 기말 재고수량이 확정되고, 판매가능수량에서 기말 재고수량을 차감하여 매출수량을 계산한다. 이러한 관계를 그림과 등식으로 나타내면 다음과 같다.

실지재고조사법

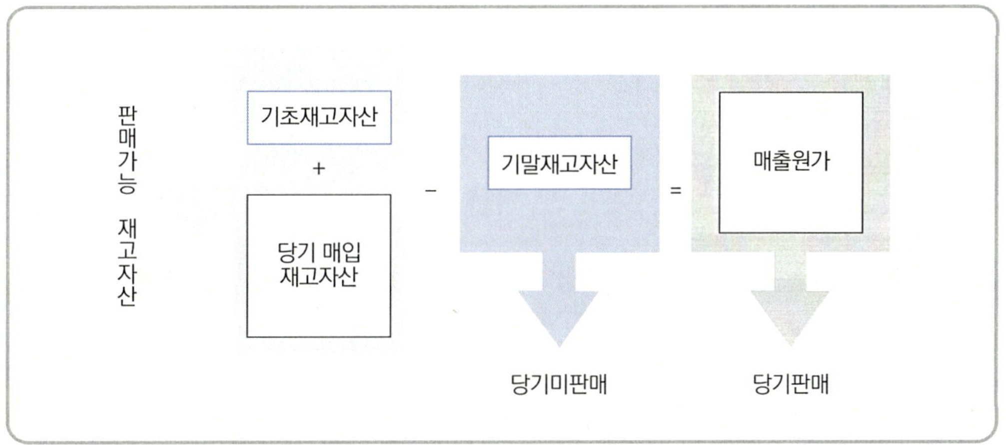

기초재고자산 + 당기매입재고자산 − 기말재고자산 = 매출원가

실지재고조사법의 회계처리는 다음과 같다. 계속기록법에서는 재고자산의 매입 시 상품계정에 직접 기록하였지만, 실지재고조사법에서는 상품의 매입 시 매입이라는 임시계정에 기록한다. 따라서 취득원가로 차변에 매입을 기록하며, 이때 현금을 지급

하면 대변에 현금을 기록하고, 외상으로 상품을 매입하면 대변에 매입채무를 기록한다. 계속기록법에서는 매출과 매출원가를 동시에 기록하였지만, 실지재고조사법에서는 매출에 대한 회계처리만 수행하고 매출원가는 회계처리는 수행하지 않는다. 따라서 재고자산을 판매한 경우 매출(수익)을 대변에 기록한다. 이때 현금을 납입 받으면 차변에 현금을 기록하고, 외상으로 상품을 매출하면 차변에 매출채권을 기록한다. 실지재고조사법을 사용하면 재고자산을 구입과 매출하였을 경우 상품계정을 회계처리 하지 않았으며, 매출원가 역시 회계처리 하지 않았다. 따라서 기말 결산시점에서 실사를 통하여 기말재고자산을 파악하고 매출원가를 계상하기 위하여 수정분개를 수행해야 한다. 수정분개는 다음과 같이 이뤄진다. 첫 번째, 기초상품에 대한 회계처리로써, 기초상품을 대변에 기록하고 매출원가를 차변에 기록한다. 두 번째, 기간 중에 매입한 상품에 대한 회계처리로써, 매입계정은 임시계정이므로 이를 제거하기 위하여 대변에 기록하며 이때 매출원가를 차변에 기록한다. 세 번째, 기말 상품에 대한 회계처리로써, 실지재고조사를 통해서 파악된 기말상품재고액을 차변에 기입하고 대변에는 매출원가를 기록한다.

4. 재고자산의 단가 결정

재고조사방법에 의하여 기말재고자산의 수량이 결정되면 이 수량에 곱할 재고자산의 단가가 결정되어야 하는데 재고자산의 단가는 재고자산을 매입할 때마다 항상 동일하지는 않은 것이 일반적이므로 보유하고 있는 재고자산의 단가를 결정하기 위해서는 일정한 가정이 필요하게 된다.

매입단가를 적용하기 위해서 재고자산의 원가가 일정한 흐름을 갖고 있다고 가정한 뒤 단가 적용순서를 결정하고 이를 바탕으로 판매상품과 기말재고자산 계산에 적용하는 방법을 원가흐름의 가정이라고 한다.

원가흐름을 통상적으로 상호 교환될 수 없거나 특정 프로젝트별로 생산되는 항목은 개별법을 적용하고, 개별법으로 원가를 결정할 수 없는 재고자산의 원가는 평균법(총평균법, 이동평균법), 선입선출법, 후입선출법을 적용하여 원가를 산정한다.

가. 개별법

개별법(specific identification method)은 재고자산을 매입가격별 수량과 판매가격별 수량을 개별적으로 식별하고 기록하여 재고자산의 가격을 결정하는 방법으로서 이 방법은 취급품목이 적고 귀금속 등과 같은 고가상품에 적용될 수 있는 방법이다.

개별법은 실제물량흐름과 일치하고 수익과 비용의 대응이 이상적으로 이루어진다는 장점이 있으나 거래가 빈번하고 여러 가지 상품을 취급하는 경우에는 실무적으로 실행이 번거로운 단점이 있다.

나. 평균법

평균법(average cost method)은 기초에 보유하고 있는 재고자산과 회계기간 중에 매입한 재고자산이 구별 없이 판매 또는 사용된다고 원가흐름을 가정하여 평균원가를 사용하는 방법이다. 평균원가는 기초 재고자산의 원가와 회계기간 중에 매입한 재고자산의 원가를 평균하여 산정한다. 재고자산의 원가를 평균하는 방법에 따라 총평균법과 이동평균법으로 구분된다. 평균법은 실무적으로 편리하고 이익조정의 여지가 없다는 장점이 있으나 실제의 물량흐름의 방향과 일치하지 않고 수익과 비용의 대응이 이상적이지 않다는 단점이 있다.

(1) 총평균법

총평균법(weighted average method)은 실지재고조사법을 적용한 경우에 나타나는 평균법이다. 한 회계기간의 기말시점에서 전체 판매가능상품액을 전체 재고수량으로 나누어서 총평균단가를 산정하고, 이 단가를 기말재고수량과 당기판매수량에 공통적으로 적용하여 기말재고금액과 매출원가금액을 산정하는 방법이다. 따라서 총평균법을 사용하게 되면 재고자산의 평균취득 단가는 기말시점에 한 번만 산정하게 되므로 계속기록법에서는 사용할 수가 없고, 실지재고조사법에서만 사용이 가능하다.

$$총평균단가 = \frac{전체\ 판매가능상품액}{전체재고수량} = \frac{기초재고액 + 당기매입액}{기초재고수량 + 당기매입수량}$$

(2) 이동평균법

이동평균법(moving average method)은 계속기록법을 적용한 경우에 나타나는 평균법이다. 재고자산을 매입할 때마다 매입직전의 단가에 새로 구입한 재고자산의 구입금액을 가산하고 이를 판매가능수량으로 나누어 평균 취득단가를 산정하고, 다음 재고자산을 매입할 때까지 이 단가를 판매한 수량에 대한 단가로 적용하는 방법이다. 따라서 이동평균법을 사용할 경우 되면 재고자산을 매입할 때마다 평균 취득단가를 산정하게 되므로, 실지재고조사법에서는 사용할 수가 없고, 계속기록법에서만 사용이 가능하다.

$$이동평균단가 = \frac{직전재고액 + 신규매입액}{직전재고수량 + 신규매입수량}$$

다. 선입선출법

선입선출법(FIFO: First-In First-Out method)은 원가흐름을 먼저 매입한 재고자산이 먼저 판매된다고 가정하는 방법으로서 매출원가는 오래 전의 매입원가가 적용되고 기말재고자산에 적용되는 단가는 최근의 매입원가가 적용된다.

선입선출법은 실제 물량흐름의 방향과 일치하고 기말재고액은 시가인 현행원가(current costs)를 나타낸다는 장점이 있으나 물가상승시 매출원가가 낮게 표시되어 수익(매출)과 비용(매출원가)의 대응이 적절하지 않다는 단점이 있다.

라. 후입선출법[3)]

후입선출법(LIFO: Last−In First−Out method)의 원가흐름은 나중에 매입한 상품이 먼저 판매되는 것으로 가정하는 방법으로 매출원가는 최근의 매입원가가 적용되고 기말재고자산에 적용되는 단가는 오래 전의 매입원가가 적용된다.

후입선출법은 물가상승시 매출원가가 높게 표시되어 수익(매출)과 비용(매출원가)의 대응이 적절하고 기말재고자산이 낮게 계상됨으로써 이익이 낮게 계상되어 세제상 혜택이 있는 장점이 있으나 기말재고자산이 현행원가를 나타내지 못하며 이익이 낮게 표시되어 경영성과가 낮게 평가되는 단점이 있다.

5. 재고자산의 측정

가. 재고자산의 취득원가

재고자산의 취득원가는 매입가액에 매입부대비용을 가산해서 결정한다. 여기서 매입부대비용은 매입운임, 하역료, 보험료, 매입관련 제세공과금 등이다.

재고자산 취득원가 = 매입가액 + 매입부대비용

(1) 재고자산의 매입환출 및 에누리, 매입할인

재고자산을 매입한 뒤에 거래처에게 재고자산의 결함이나 파손 등의 이유로 반품을 하거나 재고자산의 값을 깎아 달라고 요청하는 경우가 발생한다. 매입한 재고자산의 결함이나 파손 등의 이유로 거래처에게 반품하는 것을 매입환출(purchases returns)이라 한다. 매입한 상품의 결함이나 파손이 크지 않아서 반품하는 대신 재고자산의 대금을 깎는 것을 매입에누리(purchases allowance)라 한다.

매입할인(purchase discount)은 외상으로 재고자산을 매입한 뒤에 매입채무를 조

3) 「한국채택국제회계기준」에서는 원칙적으로 후입선출법을 인정하지 않고 있다.

기에 상환해서 대금의 일부를 감액 받는 혜택이다. 예를 들어, 5/10, n/30이라는 조건은 상품 매입일부터 10일 이내에 외상대금을 지급하면 매입채무의 5%를 할인받으며, 30일 이내까지 매입채무 전액을 모두 지불해야 한다는 것이다.

매입환출, 매입에누리, 매입할인은 모두 매입액에서 차감되어 순매입액을 결정하게 되는데 이를 수식으로 나타내면 아래와 같다.

순매입액 = 총매입액 − 매입환출 − 매입에누리 − 매입할인

실지재고조사법을 사용하여 회계처리를 할 경우, 매입환출, 매입에누리, 매입할인은 매입을 차감하는 계정으로 각각의 계정을 사용하여 회계처리를 한 뒤에 결산수정분개를 통하여 매입을 차감하는 회계처리 방법을 사용할 수도 있고, 매입계정을 직접 감소시키는 회계처리 방법을 사용할 수도 있다. 계속기록법을 사용하여 회계처리를 할 경우는 매입계정을 별도로 사용하지 않기 때문에 상품계정을 직접 감소시키는 회계처리 방법을 사용한다.

(2) 재고자산의 매출환입 및 에누리, 매출할인

상품을 판매한 뒤에 거래처로부터 상품의 결함이나 파손 등의 이유로 반품이나 상품의 값을 깎아주어야 하는 경우가 발생한다. 판매된 상품의 결함이나 파손 등의 이유로 거래처로부터 반품 받는 것을 매출환입(sales returns)이라 한다. 판매된 상품의 결함이나 파손이 크지 않아서 반품 받는 대신 상품의 대금을 깎아주기도 하는데 이를 매출에누리(sales allowance)라 한다.

매출할인(sales discount)은 외상으로 상품을 판매한 뒤에 매출채권을 조기에 회수하기 위하여 거래처로부터 일정기간 이내에 매출채권을 회수하게 되면 일정액을 깎아주는 혜택이다. 예를 들면 5/10, n/30이라는 조건은 상품 판매일부터 10일 이내에 외상대금을 회수하면 매출채권의 5%를 할인해 주며, 30일 이내까지 외상대금 전액을 모두 지불해야 한다는 것이다.

매출환입, 매출에누리, 매출할인은 모두 매출을 감소시키는 항목들이므로 손익계산서에 매출액을 보고 시 총매출액에서 매출환입, 매출에누리, 매출할인을 차감한 순

매출액으로 보고해야 한다.

순매출액＝총매출액－매출환입 및 에누리－매출할인

매출환입 및 에누리, 매출할인을 회계처리 할 경우 각각의 계정을 사용하여 회계처리를 한 후에 결산 수정분개를 통하여 매출을 차감하는 회계처리 방법을 사용할 수도 있고, 매출환입 및 에누리, 매출할인으로 구분하지 않고 매출에서 직접 감소시키는 회계처리 방법을 사용할 수도 있다.

6. 재고자산의 평가

가. 재고감모

계속기록법만 사용하면 재고자산감모손실은 기말재고에 포함되고, 실지재고조사법만 사용하면 매출원가에 포함된다. 일반적으로 실무에서는 계속기록법과 실지재고조사방법의 단점을 보완하기 위하여 양방법을 병용(倂用)하는 것이 일반적이다. 실사한 기말재고와 계속 기록한 장부상의 기말재고를 비교하여 차이가 발생하면 재고자산감모손실(loss from inventory shrinkage)로 회계처리해야 한다.

일반기업회계기준에서는 재고자산의 도난 · 분실 · 파손 등으로 인한 재고자산감모손실에 관한 회계처리는 경상적으로 발생한 감모손실, 즉 원가성이 있으면 매출원가에 산입시키고 비경상적인 감모손실, 즉 원가성이 없으면 재고자산감모손실로 별도 분류하도록 하고 있다. K－IFRS에서는 모든 감모손실은 감모가 발생한 기간에 비용으로 인식하도록 하고 있으므로 기업의 회계정책에 따라 매출원가나 기간비용으로 처리할 수 있다.

나. 저가법

한편, 일반기업회계기준은 재고자산의 평가에 원가주의를 채택하고 있으나, 다만 시가가 취득원가보다 하락할 경우에는 의무적으로 시가로 평가(저가기준 평가)하도록 하였다. 이는 평가이익은 계상하지 않고 평가손실만 계상하는 보수주의에 의한 규정이다.

보수주의(conservatism accounting)은 여러 가지 의미로 표현될 수 있으나, 수익과 자산은 과대평가 되지 않고 부채나 비용은 과소평가 하지 않으며 회계사건에 대해 충분히 위험을 인식해서 재무상태를 견고히 하게 하는 회계처리 관습이다.

기업회계기준에서는 재고자산의 평가를 저가법으로 하는 경우 제품, 상품 및 재공품의 시가는 순실현가능가액을 말하며 생산과정에 투입될 원재료의 시가는 현행대체원가로 하도록 규정하고 있다. 이 경우 순실현가능가액은 추정 판매가액에서 판매시까지 정상적으로 발생하는 추정비용을 차감한 가액을 의미한다.

재고자산평가손실＝(단위당원가－단위당 순실현가치)×실지재고수량

한편, K－IFRS에서는 저가법에 따라 평가하는 경우 발생한 평가손실은 발생한 기간에 비용으로 인식하도록 하고 있으므로 기업의 회계정책에 따라 매출원가나 기간비용으로 처리할 수 있고, 일반기업회계기준에서는 매출원가로 처리하도록 규정되어 있다. 또한 인식한 평가손실만큼 기업의 재고자산의 금액이 감소했다는 것을 알 수 있도록 재고자산의 차감계정으로 표시한다.

재고자산의 차감계정인 재고자산평가충당금은 대손충당금 계정처럼 자산의 차감항목으로 취득원가를 기록하면서 재무보고일 시가와의 차이를 보여주는 방법이다. 만약 재고자산을 기초에 ₩100에 취득했었고 기말에 재고자산의 순실현가능가액이 ₩90이었다면, 기말 재고자산 금액을 ₩90으로 하지 않는다. 대신 재고자산 ₩100, 재고자산평가충당금 ₩10을 자산의 차감항목으로 인식해서 재무제표 이용자들이 현재 기업의 재고자산 장부금액이 ₩90이라는 것을 알 수 있게 한다.

부분재무상태표

재고자산	₩100	
재고자산평가충당금	(10)	90

재고자산평가충당금이라는 계정에서 평가라는 단어는 기업이 재고자산을 실현한 것이 아니라 기말에 시가로 평가를 했기에 평가라는 단어가 사용되었다. 유사한 예로 향후 공부할 금융자산평가이익 계정과목도 기업이 보유한 금융자산을 기말에 평가하기에 평가라는 단어가 들어간다. 충당이라는 단어는 금액이 미래에 변할 수 있을 때 주로 사용된다. 유사한 예로 앞에서 공부할 대손충당금이라는 계정과목도 자산(매출채권)의 차감항목으로서 매출채권 중 미래에 현금으로 회수불가능한 금액을 의미하는데, 그 금액이 변할 수 있기에 사용된다.

저가법의 적용에 따른 평가손실을 초래했던 상황이 해소되어 새로운 시가가 장부가액보다 상승한 경우에는 최초의 장부가액을 초과하지 않는 범위 내에서 평가손실을 환입하고 매출원가에서 차감하여야 한다.

7. 재고자산 추정

가. 소매재고법

소매재고법(retail inventory method)은 매가환원법 또는 매가재고법이라고도 불리는 것으로 재고자산에 관한 자료를 소매가격으로 기록 · 보존하였다가 기말에 일정한 수정과정을 통하여 원가로 환산하는 방법이다.

소매재고법은 이익률이 유사하고 품종변화가 심한 다품종 상품을 취급하는 유통업에서 실무적으로 다른 원가측정법을 사용할 수 없는 경우에 흔히 사용한다. 소매재고법에서 재고자산의 원가는 재고자산의 판매가격을 적절한 총이익률을 반영하여 환원하는 방법으로 결정한다. 이때 적용되는 이익률은 최초판매가격 이하로 가격이 인하된 재고자산을 고려하여 계산하는데, 일반적으로 판매부문별 평균이익률을 사용한다.

일반적으로 소매재고법을 사용하기 위해서는 다음의 자료가 필요하다.

① 기초재고자산의 원가와 소매가

② 당기매입분의 원가와 소매가

③ 소매가로 표시된 당기매출액

이를 상품계정으로 표시하면 다음과 같다.

상품(원가)

기초	×××	매출원가(?)	
매입	×××	기말(?)	

상품(매가)

기초	×××	매출	×××
매입	×××	기말(계산가능)	

위와 같은 자료가 주어졌을 때 원가율은 다음과 같이 계산한다.

$$\text{원가율}(\%) = \frac{\text{원가로 표시된 판매가능한 총재고자산(기초}+\text{매입)(A)}}{\text{소매가로 표시된 판매가능한 총재고자산(기초}+\text{매입)(B)}}$$

소매재고법에 의한 기말재고자산(원가)과 매출원가의 추정은 다음과 같은 단계를 거쳐 산출한다.

1단계: 소매가로 표시된 기말재고자산의 계산(기초+매입−매출)

2단계: 원가율을 산정한다.

3단계: 원가율에 의한 기말재고자산(원가)을 추정한다.

기말재고자산(원가)=기말재고자산(소매가)×원가율

4단계: 매출원가를 추정한다.

매출원가=기초재고(원가)+매입(원가)−기말재고자산(원가)

나. 매출총이익률법

매출총이익률법(gross profit method)은 매출액과 매출원가와의 비율에 의하여 기말재고액을 역산하는 방법이다. 즉, 매출총이익률을 이용하여 매출총이익을 계산한 후 이를 매출액에서 차감하여 매출원가를 구하고 판매가능액(기초재고액과 당기순매입액의 합계)에서 매출원가를 차감하여 기말재고액을 계산하는 방법이다.

매출총이익률법에 의한 기말재고자산은 다음과 같은 단계를 거쳐 산출된다.

1단계: 매출총이익률에 의한 매출총이익을 산출한다.

매출총이익＝매출액×매출총이익률

2단계: 매출원가를 계산한다.

매출원가＝매출액－매출총이익

3단계: 매출원가에서 판매가능상품을 공제하여 기말재고자산을 추정한다.

매출원가＝기초상품＋매입－기말상품(?)

(기초상품＋매입: 판매가능상품)

기말상품＝매출원가－(기초상품＋매입)

손익계산서

1. 매출액	
2. 매출원가(①＋②－③)	2단계 계산
① 기초상품	
② 매입	
③ 기말상품(?)	3단계 계산
3. 매출총이익(1－2)	1단계 계산

8. 재고자산 회계처리 사례

삼성전자는 재고자산의 단위원가를 평균법에 따라 결정하고 있으며, 제품과 재공품의 원가는 원재료비, 직접노무비 및 기타 직접원가와 정상조업도에 근거한 관련 제조간접비로 이루어지며, 유휴 생산설비 원가나 폐기비용은 제외하고 있다.

삼성전자는 재고자산의 평가를 취득원가와 순실현가능가치 중 낮은 금액으로 측정하고 있으며, 순실현가능가치는 정상적인 영업과정에서의 추정 판매가격에서 적용 가능한 변동 판매비용을 차감한 금액으로, 판가의 하락 또는 완성시까지의 원가 상승을 반영하는 저가법 평가와 재고의 과잉 또는 진부화로 인한 가치의 하락을 반영하는 과잉/진부화평가의 2가지 평가방법을 적용하고 있다.

삼성전자의 감모손실은 1,500억으로 2024년 기간비용으로 인식하였다.

삼성전자의 재고자산 세부내역

(단위: 백만원)

	총장부금액	재고자산 평가충당금	장부금액
제품 및 상품	6,374,009	(774,903)	5,599,106
반제품 및 재공품	20,944,352	(1,802,857)	19,141,495
원재료 및 저장품	4,561,944	(552,073)	4,009,871
미착품	403,643	0	403,643
합계	32,283,948	(3,129,833)	29,154,115

제3절 기타의 채권과 채무

1. 발생주의에 따른 채권과 채무

경제적 사건을 회계 거래로 인식하고 측정하는 시기에 따라 현금주의 기준과 발생주의 기준으로 구분할 수 있다. 현금주의 기준과 발생주의 기준은 서로 대비되는 기준이다. 현금주의 기준은 현금의 수취와 지출을 수익과 비용의 인식기준으로 하는 회계처리 방법으로 현금의 수취와 지급의 시점이 기준이 된다. 즉 현금주의 기준은 재화와 용역을 제공하더라도 현금의 수취가 이루어지지 않으면 수익으로 인식하지 않으며, 재화와 용역을 제공받더라도 현금의 지급이 이루어지지 않으면 비용으로 인식하지 않는다.

발생주의 기준은 현금의 수취와 지출과는 관계없이 기업의 재무에 영향을 줄 수 있는 사건이 발생한 기간에 수익과 비용을 인식하는 회계처리 방법이다. 즉 발생주의 기준은 재화와 용역을 제공하는 사건이 일어났을 때 수익으로 인식하며, 재화와 용역을 제공받는 사건이 일어났을 때 비용으로 인식한다. 발생주의 기준을 사용하게 되면 차기의 것을 미리 주거나 받았을 때와 전기의 것을 후에 주고받았을 경우 실제로 주고받은 시점에 관계없이 그것이 어느 기간의 손익에 해당하는지를 구분하여 그 기간의 손익으로 처리하게 된다. 이러한 발생주의 기준은 현금주의 기준에 비해서 경영성과 평가에 더 나은 근거를 제공하므로 K－IFRS에서는 발생주의 기준을 채택하고 있다.

가. 선급비용과 미지급비용

회계기간 중의 타 실체에게 미래의 비용금액을 미리 지급하면 현금의 감소를 기록하는 분개를 한다. 선급비용은 회계기간 말 현금유출액기 모두 비용으로 발생하지 않았을 경우 발생주의 기준에 따라 기간 미경과분에 해당하는 비용을 차기로 이연하기 위해 사용하는 자산계정이다. '선급비용'은 포괄적인 명칭의 계정과목으로 수익이 발생하는 각 상황별로 계정과목의 명칭을 달리할 수 있다. 예를 들면, 보험료를 미리 지급한 선급금액은 '선급보험료'라는 계정과목을 사용할 수 있고, 임차료를 미리 지급한 선급금액은 '선급임차료'라는 계정과목을 사용하면 된다.

미지급비용은 회계기간 중에 비용이 이미 발생하였으나 현금유출이 이루어지지 않아 회계처리를 하지 않았을 경우 발생주의 기준에 따라 기간경과분에 해당하는 비용을 당기에 인식할 때 사용하는 부채계정이다. 미지급비용이 대변에 기입되며, 발생한 비용은 차변에 기입된다. 대변에 기입된 '미지급비용'은 포괄적인 명칭의 계정과목으로 비용이 발생하는 각 상황별로 계정과목의 명칭을 달리할 수 있다. 예를 들면, 종업원들의 급여 미지급액은 '미지급급여'라는 계정과목을 사용할 수 있고, 광고비의 미지급액은 '미지급광고비'라는 계정과목을 사용하면 된다.

나. 미수수익과 선수수익

미수수익은 회계기간 중에 수익이 이미 발생하였으나 현금유입이 이루어지지 않아 회계처리를 하지 않았을 경우 발생주의 기준에 따라 기간경과분에 해당하는 수익을 당기에 인식할 때 사용하는 자산계정이다. 미수수익이 차변에 기입되며, 발생한 수익이 대변에 기입된다. 차변에 기입된 '미수수익'은 포괄적인 명칭의 계정과목으로 수익이 발생하는 각 상황별로 계정과목의 명칭을 달리할 수 있다. 예를 들면, 예금의 이자 미수액은 '미수이자'라는 계정과목을 사용할 수 있고, 임대수익의 미수액은 '미수임대료'라는 계정과목을 사용하면 된다.

회계기간 중의 타실체로부터 미래의 수익금액을 미리 받으면 현금의 증가를 기록하는 분개를 한다. 선수수익은 회계기간 말 현금유입액이 모두 수익으로 실현되지 않았을 경우 발생주의 기준에 따라 기간 미경과분에 해당하는 수익을 차기로 이연하기 위해 사용하는 부채계정이다. '선수수익'은 포괄적인 명칭의 계정과목으로 수익이 발생하는 각 상황별로 계정과목의 명칭을 달리할 수 있다. 예를 들면, 임대료를 미리 받은 선수금액은 '선수임대료'라는 계정과목을 사용할 수 있고, 이자수익을 미리 받은 선수금액은 '선수이자'라는 계정과목을 사용하면 된다.

2. 기타채권과 채무

기업이 정상적인 영업활동과정에서 판매 목적으로 보유하고 있는 영업대상인 재고자산을 신용으로 판매 및 구매하는 거래에서 발생하는 채권 · 채무를 매출채권과 매입채무라 하고, 기업이 정상적인 영업활동과정에서 판매 목적 이외의 목적으로 보유하고 있는 자산, 즉 영업대상이 아닌 재화를 신용으로 판매하거나 구매하는 거래에서 발생하는 채권 · 채무를 기타채권과 채무로 분류한다. 기업의 회계연도 말에 보유하고 있는 기타채권 또한 역시 기타채권의 회수가 불가능한 경우 대손회계처리를 매출채권과 동일하게 처리해야 한다. 이때의 손실금액은 기타의 대손상각비로 처리하고 영업외 비용의 기타비용으로 구분한다.

가. 미수금과 미지급금

미수금은 기업이 정상적인 영업활동과정에서 판매 목적 이외의 목적으로 보유하고 있는 자산의 처분거래에서 즉 영업활동이 아닌 투자활동에서 발생하는 미회수채권으로서 유가증권, 비유동자산 등의 처분으로 발생한 채권을 말하며, 현행 K-IFRS에서는 미수금을 유동자산으로 분류하고 있다. 가령 비품으로 보유하고 있던 자산을 처분하면서 현금을 수령하지 못한 경우에는 미수금 계정으로 인식하고, 시간이 경과한 후 수령하지 못한 비품 대금을 현금으로 수령하게 되면, 미수금을 제거하고 현금의 수취로 인식한다.

미지급금은 기업이 정상적인 영업활동과정에서 판매 목적 이외의 목적으로 보유하고 있는 자산의 처분거래에서 즉 영업활동이 아닌 투자활동에서 발생하는 미지급채무(미지급비용 제외)로서 유가증권, 고정자산 등의 취득으로 발생한 채무를 말하며, 현행 K-IFRS에서는 미지급금을 유동부채로 분류하고 있다. 가령 비품으로 구입하면서 현금을 지급하지 못한 경우에는 미지급금 계정으로 인식하고, 시간이 경과한 후 지급하지 못한 비품 대금을 현금으로 지급하게 되면, 미지급을 제거하고 현금의 지출을 인식한다.

미수금과 미지급금은 매출채권과 매입채무와 회계처리가 상당히 유사하다. 이는 매출채권과 매입채무는 기업이 정상적인 영업활동과정에서 판매목적인 재고자산의 거래에서 사용되는 계정이고, 미수금과 미지급금은 기업이 정상적인 투자활동과정에서 판매 목적 이외의 목적인 자산의 거래에서 사용되는 계정이기 때문이다.

나. 선급금과 선수금

현행 K-IFRS에서는 선급금을 '상품, 원재료 등의 매입을 위하여 선급한 금액'으로, 선수금은 '수주공사, 수주품 및 기타의 거래에서 발생한 선수액'으로 정의하고 선급금은 유동자산으로, 선수금은 유동부채로 구분하고 있다. 가령 상품 주문을 하면서 계약금 형식으로 상품가액의 일부를 미리 현금으로 지급하는 경우 계약금을 선급금으로 회계처리하고, 위와 반대로 상품을 주문하는 기업으로부터 상품가액의 일부를 미리 현금으로 지급받는 경우 계약금을 선수금으로 회계처리해야 한다.

다. 대급금과 예수금

대급금이란 기업이 다른 거래처 등을 위해 대신 지급해 준 금액으로 나중에 회수할 수 있는 채권으로 대표적인 예로는 부가가치세가 있다. 즉 상품이나 비품 매입시 발생하는 부가가치세를 처리하는 계정으로, 일반적으로 부가가치세는 매입가액의 10% 해당액을 부가세(매입부가세)는 최종소비자를 대신하여 지급(대급)하였다가 매출시 부담한 세액을 차감하는 방법으로 차감하거나 나중에 세무서로부터 환급받는 채권이므로 부가세대급금으로 처리한다.

예수금이란 기업이 일시적으로 맡아서 나중에 지급하는 부채인데 현행 K-IFRS은 '일반적 거래에서 발생한 일시적 제예수액'으로 정의하고 있으며, 유동부채에 속한다. 이에는 부가세예수금과 급여지급시 근로소득세, 국민연금, 건강보험료 등을 차감하고 지급한 경우에 발생한다. 부가세예수금은 상품 등의 매출시 발생하는 부가가치세를 처리하는 계정으로, 일반적으로 부가가치세는 공급가액의 10% 해당액을 부가세(매출부가세)는 나중에 세무서에 납부할 채무이므로 부가세예수금으로 처리한다. 또한 기업이 직원의 급여를 지급하면서 근로소득세를 차감하고 직원의 급여를 지급하였다면, 이때 급여에서 차감 된 근로소득세 등이 예수금이 된다. 기업은 이 근로소득세를 직원을 대신하여 일시적으로 맡아서 보관하는 것이므로 이를 예수금으로 처리할 수 있으며, 위와 같은 상황을 회계처리 하기 위해서는 소득세예수금 계정을 사용하여 회계처리를 하면 된다. 기업이 맡아두고 있던 근로소득세를 관할세무서에 납부하게 되는 경우 소득세예수금을 제거하고 현금을 납입하면 된다.

라. 가지급금과 가수금

가지급금은 현금이 지급되었으나 계정과목과 금액을 확정할 수 없을 때 일시적으로 처리하는 자산계정을 말한다. 예를 들어 사원의 출장으로 인한 여비를 선급하고 추후 정산하도록 하는 경우를 말한다.

가수금은 현금은 받았으나 계정과목과 금액을 확정할 수 없어 일시적으로 처리하는 부채계정이다.

가지급금 또는 가수금 등의 미결산항목은 실무에서 회계기간 중에 사용하는 계정과목이므로 재무제표에 나타낼 수 없다. 따라서 결산시점에는 그 내용을 나타내는 적절한 과목으로 대체해야 한다.

마. 선급법인세와 미지급법인세

법인세는 당기순이익에 대하여 납부하는 세금이다. 법인세를 계산하기 위해서 재무회계에서는 손익계산서를 작성하여 수익에서 비용을 차감함으로써 당기순이익을 구한다면, 세법에서는 익금에서 손금을 차감해 각 사업연도 소득금액을 계산한다. 수익과 익금의 개념은 대체로 유사하지만 완전히 같지 않으며, 비용과 손금의 개념도 이와 마찬가지이다. 따라서 재무회계상의 재무제표를 세법에 맞게 바꾸는 세무조정이 이루어진다. 이러한 세무조정이 이루어진 이후 납부할 법인세가 확정된다. 그러나 세법은 기업은 중간에 법인세의 일부를 납부하는 중간예납제도가 있다. 이에 따라 선급법인세는 회계기간 중 법인세를 미리 납부한 금액으로서 법인세 중간예납액, 이자소득에 대해 원천징수 당한 원천징수액을 처리하는 계정이며, 회계말 세무조정이 끝나고 법인세가 확정되면 그 금액에서 중간예납했던 선급법인세를 차감한 후 차액을 미지급법인세로 처리한다. 이 미지급법인세는 다음해 3월 말에 세무서에 납부함으로써 제거된다.

비유동자산 (영업활동을 지원하는 설비투자)

비유동자산(영업활동을 지원하는 설비투자)

비유동자산은 영업활동의 지원할 목적으로 1년 이상 보유하는 유형자산과 무형자산이 있으며, 기업의 여유자금을 금융수익을 올리기 위해 1년 이상 보유할 것을 목적으로 보유하는 금융상품과 가치증식 목적으로 다른 회사의 주식과 채권에 장기간 투자하는 자산을 포함한다. 또한 다른 회사를 지배목적으로 목적으로 다른 회사의 주식을 일정비율 이상을 보유한 자산을 모두 포함하고 있다.

비유동자산은 1년 즉 장기간 보유하는 자산으로 크게 영업활동을 지원할 설비자본인 유형자산 및 무형자산과 기업의 여유자금을 가치증식 목적 및 계열사를 지배목적으로 보유하는 투자자산으로 구분할 수 있다. 이에 따라 자본의 조달목적에 따라 조달된 자본이 그 목적에 적합하게 활용되고 있는지에 대한 평가하는데 활용될 수 있다. 즉 설비자본을 조달할 목적으로 조달된 장기자본이 영업활동을 지원목적으로 보유하는 유형자산과 무형자산으로 활용되고 있는지를 평가할 필요가 있다. 또한 다른 나라와 달리 우리나라는 기업집단으로 기업을 운영하기 때문에 적은 자본으로 이러한 운영형태를 유지하기 순환투자가 많이 이루어짐에 따라 관계기업투자주식 및 종속기업투자주식의 비중이 약 20~25% 수준으로 높은 비중을 차지하고 있다.

재무비율 분류

분류	계정과목
유형자산	토지, 건물, 기계장치, 차량운반구, 비품, 건설중인자산
무형자산	산업재산권, 저작권, 어업권, 광업권 개발비, 영업권
투자자산	투자부동산, 당기손익－공정가치 측정 금융자산, 기타포괄손익－공정가치 측정 금융자산, 상각후원가 측정 금융자산, 관계기업투자주식, 종속기업투자주식, 장기금융상품, 장가대여금 등
기타비유동자산	장기매출채권, 장기미수금, 보증금, 이연법인세 등

제1절 유형자산의 의의 및 인식

1. 유형자산의 정의 및 취득원가

유형자산은 재화나 용역의 생산이나 제공, 타인에 대한 임대 또는 관리활동에 사용할 목적으로 보유하는 물리적 형태가 있는 자산으로서 한 회계기간을 초과하여 사용할 것이 예상되는 자산을 의미한다. 즉 영업활동을 지원할 목적으로 1년 이상 보유하고 있는 물리적 형태가 있는 자산을 말한다. 유형자산으로 인식되기 위해서는 자산으로부터 발생하는 미래경제적 효익이 기업에 유입될 가능성이 높으며, 자산의 원가를 신뢰성 있게 측정할 수 있어야 한다. 유형자산이 인식될 때에는 원가로 측정된다.

자산은 3장에서도 언급한 바와 같이 보유목적에 따라 분류합니다. 동일한 건물이라도 기업이 판매목적, 즉 영업의 대상의 되면 재고자산으로 분류하고, 기업의 제공하는 재화를 생산하는 건물로 보유하거나 재화를 판매하는 물류창고로 활용할 목적 즉 영업을 지원할 목적으로 보유하면 유형자산으로 분류한다. 그리고 이를 시세차익이나 임대목적, 즉 투자목적으로 보유하면 투자자산이 투자부동산으로 분류한다.

보유목적	자산의 분류	계정과목
영업대상 영업지원 시세차익 등	재고자산 유형자산 투자자산	상품 건물 투자부동산

유형자산이 인식될 때에는 원가로 측정되는데, 원가란 자산을 취득하기 위하여 자산의 취득시점이나 건설시점에서 지급한 현금 또는 현금성 자산이나 제공한 기타 대가의 공정가치이다.

유형자산의 취득원가는 유형자산을 매입하거나 건설할 때 최초로 드는 원가뿐만 아니라 후속적으로 유형자산을 의도된 목적에 사용가능한 상태로 만들 때까지 소요된 모든 지출이 포함된다. 예를 들어 기계장치를 구입했다면, 취득원가는 기계장치 구입가격에 사용할 장소로 운반하고 설치되는 운송비와 시운전비가 기계장치의 취득원가에 포함된다. 토지의 경우 토지 취득 당시 낡은 건물이 딸려 있었는데 토지를 사용하기 위하여 이 건물을 철거해야 한다면 건물 철거에 소용되는 비용 역시 토지의 취득원가에 포함된다.

유형자산의 취득원가=구입가격+취득부대비용

유형자산을 기업이 직접건설하거난 제작하는 경우 건설 및 제작에 소요되는 직접재료 매입원가, 전환(가공)원가 및 기타원가를 포함한다. 기타원가 중 건설 및 제작에 필요한 자금 중 일부를 차입한 경우 이때 발생하는 이자비용도 유형자산의 원가에 포함된다. 이러한 이자비용을 차입원가 또는 건설자금이자라고 하며 이를 금융비용 자본화라고 한다.

2. 유형자산의 자본적 지출과 수익적 지출

유형자산의 증축과 개량은 생산능력의 증대나 내용연수의 연장, 상당한 원가절감 또는 품질 향상을 가져오는 경우로 이때 지출 금액이 유형자산의 인식조건을 충족하게 되면 유형자산의 장부금액에 산입 한다. 이러한 지출을 자본적 지출이라 한다. 자본적 지출의 예를 들면 본래의 용도를 변경하기 위한 개조, 엘리베이터 또는 냉·난방장치의 설치, 빌딩 등에서 피난실설 등의 설치, 재해 등으로 인하여 건물, 기계, 설비 등의 멸실 또는 훼손되어 당해 자산의 본래의 용도에 이용가치가 없는 것의 복구 등이다.

유형자산의 내용연수기간 중에 수선, 증축, 개량 등이 있을 수 있다. 일상적인 수선·유지와 관련하여 발생하는 원가는 해당 유형자산의 장부금액에 포함하지 않고, 발생시점에 비용으로 인식한다. 수익에 대응하여 비용으로 계상되므로 수익적 지출이라고도 한다. 일상적인 수선·유지과정에서 발생하는 원가는 주로 노무비와 소모품비로 구성되며 사소한 부품원가가 포함될 수도 있다. 예를 들어 건물 또는 벽의 도장, 파손된 유리나 기와의 대체, 기계의 소모된 부속품의 대체와 벨트의 대체, 재해를 입은 자산에 대한 외장의 복구, 도장, 유리의 삽입 등이다.

	자본적 지출	수익적 지출
요건	① 미래의 경제적 효익 증가 ② 내용연수의 연장	① 현재의 경제적 효익 유지 ② 소액의 지출
회계처리	자산(건물 등)으로 처리	비용(수선유지비)로 처리

3. 감가상각의 의의 및 방법

가. 감가상각의 의의

유형자산은 사용 또는 시간의 경과, 진부화 및 부적응 등의 이유로 해당 자산의 가치감소 또는 원가의 소멸이 발생하게 되는데 이와 같은 자산원가의 소멸 등을 수익과 대응시키기 위해서 합리적이고 체계적으로 자산원가를 배분하는 과정을 감가상각(depreciation)이라고 하고, 매년 배분되는 비용을 감가상각비라고 한다.

감가상각의 본질은 수익과 비용을 대응시키기 위하여 자산의 사용기간 동안 취득원가를 체계적으로 배분하는 절차입니다. 여기서 감가상각의 의미는 유형자자산이 사용 및 시간의 경과와 진부화로 가치가 감소하였기 때문에 감가라는 용어를 사용하고, 상각이라는 용어는 일정금액을 일정기간 동안 체계적으로 배분하는 것을 의미한다. 따라서 유형자산이 일정기간 동안 수익창출에 기여하는 과정에서 가치의 감소를 비용으로 체계적으로 배분하기 때문에 감가상각이라고 한다.

유형자산의 감가상각대상금액은 내용연수에 걸쳐 체계적인 방법으로 배분한다. 감가상각의 대상은 모든 유형자산이 대상이 된다. 그러나 미래의 경제적 효익이 감소되지 않는 토지와 건설 중인 자산은 제외된다.

감가상각의 도입배경은 19세기 영국의 철도회사에서 유래되었다. 당시 산업화로 호황을 누리던 철도산업이 감가상각의 개념이 없어서 초기에 많은 투자로 많은 손실이 발생하여 지속적으로 배당을 할 수 없어 자본조달의 어려움이 발생하였다. 따라서 이러한 문제를 해결하기 위해 감가상각의 개념을 도입하여 초기 투자액을 내용연수 기간에 나누어 감가상각비로 인식하면 첫해부터 이익이 발생하여 배당을 지급할 수 있게 되었다. 따라서 철도산업이 자본조달이 가능해졌다. 이와 같이 감가상각비의 개념의 출현은 영국 철도산업의 발전에 기여하였다.

나. 감가상각비의 요소

감가상각비의 계산과 관련된 요소에는 취득원가, 잔존가치, 내용연수, 감가상각 방법이 포함되어 있다. 잔존가치는 자산이 이미 오래되어 내용연수 종료시점에 도달하였다는 가정 하에 자산의 처분가치를 뜻한다. 즉 처분가치는 처분으로부터 현재 획득할 금액에서 추정 처분 부대원가를 차감한 금액의 추정치이다. 그렇지만 미래의 처분가치를 추정하기 어렵고 오히려 철거비용이 더 발생하는 경우가 있어서 우리나라 법인세법에서는 유형자산의 잔존가치를 없는 것으로 규정하고 있다.

내용연수는 유형자산의 미래 경제적 효익이 감소하는 기간으로 기업이 자산을 사용할 수 있을 것으로 예상하는 기간이나 자산에서 얻을 것으로 예상하는 생산량 또는 이와 비슷한 단위 수량을 의미한다. 실무적으로는 내용연수 추정이 어려워 대부분의 기업들은 법인세법이 제시하는 내용연수를 사용하고 있습니다.

감가상각대상금액은 유형자산의 취득원가에서 잔존가치를 차감한 금액이다. 감가상각비를 방법은 유형자산의 미래경제적 효익의 예상 소비형태를 반영하는 방법으로 유형자산의 감가상각대상금액을 내용연수 동안 체계적으로 배부하여 회계처리방식에는 직접법과 간접법이 있다.

직접법은 내용연수 동안 체계적으로 배부된 감가상각비를 유형자산에서 직접차감하는 방식으로 처리하는 방식이고, 간접법은 내용연수 동안 체계적으로 배부된 감가상각비를 유형자산에서 직접차감하는 방식으로 처리하지 않고 감가상각누계라는 계정을 활용하여 매년 누적으로 표시하는 방식이다. K－IFRS는 간접법을 채택하고 있다.

이와 같이 간접법으로 처리하는 방식을 선택한 이유는 유형자산의 경우 기업이 영업활동을 지원하는 자산으로 기업이 영업활동을 하는 데 있어서 필수불가결한 자산이기 때문에 내용연수가 종료되면 유사한 자산에 거액의 재투자가 이루어져야 한다. 거액의 재투자에 필요한 현금유출에 대한 정보를 이해관계자에게 제공하기 위하여 재무상태표에 취득원가 및 감가상각누계를 표시하기 위한 것이다.

유형자산은 감가상각을 통해서 가치의 감소를 인식하는데, 가치가 감소되면 기초 장부가액과 기말 장부가액은 차이가 나게 된다. 즉 기말 장부가액은 기초 장부가액에서 감가상각비를 차감하여 계산하거나, 취득원가에서 감가상각누계액을 차감하여 계산한다. 이렇게 산출된 장부가액이 기말 장부가액으로 기말 재무상태표에 반영된다.

다. 감가상각방법

유형자산의 감가상각방법은 자산의 미래경제적 효익이 소비될 것으로 예상되는 형태를 반영한다. 유형자산의 감가상각대상금액을 내용연수 동안 체계적으로 배부하기 위해 다양한 방법을 사용할 수 있다. 이러한 감가상각방법에는 정액법, 가속상각법과 생산량비례법이 있다.

정액법은 잔존가치가 변동하지 않는다고 가정할 때 자산의 내용연수 동안 매 기간 일정액의 감가상각액을 계상하는 방법이다. 가속상각법은 자산을 초기에는 많이 상각하고 기간이 경과함에 따라 적게 상각하는 방법으로 내용연수 동안 감가상각액이 매 기간 감소하는 방법이다. 생산량비례법은 자산의 예상조업도 또는 예상생산량에 기초하여 감가상각액을 계상하는 방법이다.

감가상각방법은 해당 자산에 내재되어 있는 미래 경제적 효익의 예상 소비형태를 가장 잘 반영하는 방법을 선택하고, 예상 소비형태가 달라지지 않는 한 매 회계기간에 일관성 있게 적용한다.

정액법은 감가상각대상금액을 자산의 내용연수 동안에 매기 균등하게 배분하여 상각하는 방법이다.

가속상각법은 유형자산의 내용연수 초기에 감가상각비가 많이 계상되고 기간이 경과함에 따라 감가상각비가 줄어드는 방법으로 정률법과 연수합계법 등이 있다. 정률법은 유형자산의 연초의 장부가액에 일정한 상각률(정률)을 곱하여 연감가상각비를 계산하는 방법이다. 연초의 장부가액은 취득원가에서 전년 말까지의 감가상각누계액을 차감하여 계산한다. 법인세법에 의하여 정률법을 적용할 경우 상각률을 계산할 때 잔존가치를 5%로 가정 산정한다. 이를 법인세법 시행규칙에서는 내용연수별 정률이라고 한다. 이와 같이 정률을 이용할 경우 마지막 연도의 감가상각비는 정률을 적용하는 대신에 '연초 장부금액'을 마지막 연도의 감가상각비로 계산한다. 연수합계법(sum－of－years'－digits method)은 감가상각대상금액에 그 연도의 상각률을 곱하여 감가상각비를 계산한다. 연수합계법과 정률법의 차이는 상각률에서 나타나는데 정률법의 상각률은 매 기간 같은 크기의 상각률을 사용하지만, 연수합계법의 상각률은 매 기간 감소하여 감가상각비가 감소하게 된다.

생산량비례법(units of production method)은 유형자산의 미래경제적 효익의 감소가 기간의 경과에 의해 계산하는 것이 아니라 총생산량이나 사용량에 의해서 감가상각비를 계산하는 방법이다. 생산량비례법은 내용연수 동안의 총생산량(총사용량)을 추정하여 감가상각대상금액을 총생산량(총사용량)으로 나누어 단위당 감가상각비를 계산한 뒤, 당해 연도의 생산량(사용량)을 곱하여 연간 감가상각비를 계산한다.

생산량비례법으로 계산되는 연간 감가상각비는 당해 연도의 실제 생산량(사용량)에 의해 크기가 결정된다. 당해 연도의 실제 생산량(사용량)이 많으면 감가상각비가 크게 계산되고, 당해 연도의 실제 생산량(사용량)이 적으면 감가상각비는 적게 계산된다.

4. 회계기간 중의 유형자산의 취득

기업이 유형자산을 취득할 때 항상 1월 1일에 취득하는 일은 드물 것이다. 즉 유형자산은 회계기간 중에 어느 때라도 취득하게 될 것이며, 유형자산을 취득하여 사용하게 되면, 유형자산의 감가상각처리를 해야 할 것이다. 회계기간 중에 취득한 유형자산의 감가상각비를 인식하기 위해서는 사용한 기간에 배분하여 감가상각비를 인식하면 되는데 사용기간을 일별로 계산할 수도 있고, 월별로 계산할 수도 있다. 계산의 편의로 인하여 사용기간을 월별로 계산하는 월할상각이 널리 사용된다. 월할상각은 유형자산을 구입한 월부터 감가상각을 시작하는 방법으로 연 단위 감가상각비를 산출한 다음 12개월 중 사용한 기간에 배분하여 감가상각비를 산출하게 된다.

5. 감가상각 추정의 변경

유형자산의 잔존가치와 내용연수는 적어도 매 회계연도 말에 재검토한다. 재검토결과 추정치가 종전 추정치와 다르다면 새로운 추정치로 변경해야 하는데 이를 회계추정의 변경이라 한다.

유형자산의 감가상각방법은 적어도 매 회계연도 말에 재검토한다. 자산에 내재된 미래경제적 효익의 예상되는 소비형태가 유의적으로 달라졌다면, 달라진 소비형태를 반영하기 위하여 감가상각방법을 변경하는데 이 역시 회계추정의 변경으로 회계처리를 해야 한다.

내용연수, 잔존가치 등을 새로운 추정치로 변경하는 경우, 이미 인식한 감가상각비는 소급하여 수정하지 않고, 전진적 조정법을 통하여 새로운 추정치를 사용하는 시점부터 변경된 추정치를 이용하여 감가상각비를 계산하면 된다.

6. 유형자산의 평가

K－IFRS에 따르면 유형자산의 평가는 원가모형과 재평가모형 중에서 선택하여 적용할 수 있다. 원가모형은 취득원가에서 감가상각누계액을 차감한 장부가액으로 평가하는 방법이고, 재평가 모형은 공정가치로 평가하는 방법이다. 실무적으로는 공정가치 측정의 어려움과 비용 때문에 원가모형을 선호하는 기업이 대부분이다.

유형자산의 평가는 토지, 건물, 기계장치, 차량운반구, 비품 등 유형자산의 분류별로 적용해야 한다. 개별자산별로 원가모형과 재평가모형을 선택적으로 적용할 수 없다. 즉 건물은 원가모형을 적용하고, 토지 등 나머지 유형자산에 대해서는 재평가모형을 선택할 수 있다. 그러나 건물를 원가모형으로 평가하기로 선택한 경우는 기업이 소유하고 있는 모든 건물에 대하여 원가모형을 적용해야 한다. 또한 원가모형이나 재평가모형으로 평가를 정한 이후에는 원칙적으로 다른 모형으로 평가방법을 변경할 수 없다.

재평가모형을 적용하여 평가하는 경우 재평가손익이 발생한다. 즉 공정가치가 장부금액보다 클 경우에는 재평가이익이 발생하고, 반대로 공정가치가 장부금액보다 작을 경우에는 재평가 손실이 발생한다. 재평가이익 발생하면 재무상태표의 차변에 해당자산의 장부금액을 증액시켜 주고 동시에 대변의 자본항목 중 기타포괄손익누계액의 재평가잉여금으로 인식한다. 손익계산서에는 재평가이익이 미실현보유이익 이므로 당기의 손익으로 반영하지 않고 기타포괄손익으로 인식한다. 이와 반대로 재평가손실이 발생하면 재무상태표의 해당자산을 감액처리하고, 손익계산서에서는 당기의 손익, 즉 금융비용으로 처리한다. 이와 같이 재평가이익은 기타포괄손익으로 인식하고 재평가손실은 당기손익인 금융비용으로 처리하는 것은 보수주의에 입각하여 인식하기 때문이다.

재평가이익을 계상하였던 기업이 재평가손실이 발생한 경우 재평가잉여금을 한도로 재평가잉여금을 제거하고, 손실이 재평가잉여금보다 큰 경우에는 한도를 초과하는 금액은 재평가손실로 금융비용으로 인식한다. 반대로 이전에 재평가손실은 인식하였던 기업이 재평가이익 발생한 경우에는 이전에 재평가손실로 인식했던 금액을 한도내에서 금융수익으로 인식하고 한도를 초과한 금액은 기타포괄손익누계의 재평가잉여금으로 처리한다.

7. 유형자산의 손상차손

K－IFRS에 의하면 유형자산의 손상차손은 유형자산이 진부화, 물리적 손상 등에 따라 공정가치가 급격히 하락하는 등에 의하여 자산의 회수가능금액이 장부금액에 미

달하는 경우 장부금액을 회수가능액으로 조정하고 그 차액을 의미한다. 이때의 회수가능액은 자산을 처분하여 수취할 것으로 예상되는 금액에서 처분 부대원가를 차감한 즉 순공정가치와 자산을 계속적인 사용과 처분에서 기대되는 미래의 순유입액을 추정하고, 이를 적절한 할인율로 할인한 현재가치, 즉 사용가치 중 큰 금액으로 결정된다. 이는 재고자산을 저가기준으로 평가하는 것과 동일하다.

원가모형에서 손상차손은 손상차손이 발생하면 손익계산서에 손상차손으로 금융비용으로 인식하고, 재무상태표에서는 해당 자산에서 손상차손누계액으로 간접 차감한다. 이후 회수가능액이 회복될 경우 손상차손환입으로 금융수익으로 인식한다. 손상차손환입은 회수가능액에서 손상을 인식 후의 장부금액을 차감한 금액이다. 단, 회수가능액은 손상을 인식하지 않았을 경우의 장부금액을 한도로 한다. 손상차손을 인식 후의 감가상각비는 손상차손을 반영한 후의 장부금액과 잔여 내용연수로 산출한다.

재평가모형 하에서 손상차손은 재평가를 먼저 적용한 후 손상차손을 인식한다. 이때 재평가잉여금이 있다면, 이 재평가잉여금을 감소시키고, 재평가잉여금을 초과하는 금액은 손상차손으로 금융비용으로 인식한다. 손상차손을 인식한 후 손상환입이 발생하는 경우 이전 회기에서 이미 손상차손으로 반영한 금액을 손상차손 환입으로 금융수익으로 인식한다. 단, 손상차손 환입금액을 초과하는 자산 증가분이 있다면 이를 재평가잉여금으로 인식한다.

8. 유형자산의 제거

유형자산은 처분하는 때, 또는 사용이나 처분을 통하여 미래경제적 효익이 기대되지 않을 때 제거한다. 유형자산을 제거하면 유형자산의 순매각금액과 장부금액의 차이를 유형자산처분손익으로 인식한다. 이때 순매각금액이 장부금액보다 크다면 유형자산처분이익이 발생하며, 순매각금액이 장부금액보다 작다면 유형자산처분손실이 발생한다. 이와 같이 유형자산의 유형자산의 제거로 인하여 발생하는 손익, 즉 유형자산처분손익으로 금융손익으로 인식한다. 재무상태표에서는 해당 자산의 감가상각누계액과 손상차손누계액도 함께 제거한다. 이때 해당자산과 관련된 재평가잉여금이 있는 경우에는 매각과 동시에 손익이 실현되었기 때문에 기업의 선택에 따라 기타포괄손익누계액에서 이익잉여금으로 대체할 수 있다.

유형자산을 매각하기로 결정하고, 1년 이내에 매각될 것으로 기대하는 경우에는 유형자산에서 매각예정비유동자산으로 재분류하고 이를 유동자산으로 구분표시한다. 즉 매각할려고 내놓은 부동산은 매각되기 전이라도 더 이상 유형자산으로 분류하지 않는다.

9. 유형자산의 회계처리 사례

삼성전자는 제품의 생산 등 자산을 경영진이 의도한 목적으로 사용할 수 있게 되었다고 판단된 시점을 기준으로 감가상각에 대한 회계처리를 실시하고, 감가상각방법은 감가상각 대상(취득원가에서 잔존가액을 차감한 가액)에 삼상전자가 추정한 추정내용연수에 걸쳐 정액법으로 상각하고 있다. 토지는 상각되지 않으며, 자본화차입금이자를 포함한 장기건설자산의 취득에 사용된 원가는 관련 자산의 추정내용연수 동안 상각하고 있다.

삼성전자의 2024년 재무제표(별도) 주석에서 제시된 유형자산은 151조 4,469억이다.

삼성전자의 유형자산 변동

(단위: 십억원)

구분	토지	건물 및 구축물	기계장치	건설중인 자산	기타	합계
기초장부가액	7,881	26,564	69,493	34,675	1,966	140,579
취득/자본적지출	181	4,757	38,412	(3,208)	1,229	41,370
감가상각비	(2)	(2,464)	(27,214)	–	(605)	(30,285)
처분/폐기	(17)	(114)	(26)	–	(8)	(165)
손상	–	(0)	(4)	–	(1)	(5)
기타	1	(13)	166	(0)	(201)	(47)
기말장부가액	8,044	28,730	80,827	31,467	2,379	151,447

자산별로 삼성전자가 사용하고 있는 추정내용연수와 상각방법은 다음과 같다.

삼성전자의 자산별로 추정내용연수와 상각방법

	내용연수		상각방법
	하한	상한	
건물 및 구축물	15	30	정액법
기계장치	5	5	정액법
기타	5	5	정액법

제2절 무형자산의 의의 및 인식

1. 무형자산의 정의와 인식

무형자산은 물리적 실체는 없지만 식별가능한 비화폐성자산이다. 무형자산은 다음과 같은 특성을 갖고 있다. 첫째, 구체적인 형태, 즉 물리적인 실체가 존재하지 않고 기업의 법률적 · 경제적인 권리나 미래에 기대되는 효익의 형태로 존재한다. 둘째, 유형자산과는 달리 다른 목적으로 대체하여 사용하기가 곤란하다. 즉 영업활동을 지원할 목적으로 1년 이상 보유하고 있는 물리적 형태가 없는 자산을 말한다.

어떤 항목을 무형자산으로 재무상태표에 표시하기 위해서는 해당 항목이 자산의 정의를 만족하여야 함은 물론 자산의 일반적인 인식기준을 충족하여야 한다. 이러한 인식조건은 무형자산에도 동일하게 적용됨은 물론이지만, 무형자산의 경우에는 물리적 형체가 존재하지 않기 때문에 이러한 인식요건이 매우 중요한 문제가 될 것이다. 이하에서는 이러한 인식요건에 대하여 보다 구체적으로 설명한다. 무형자산으로 인식하기 위해서는 ① 식별이 가능하고 ② 통제가 가능해야 하며, ③ 미래 경제적 효익의 유입이 가능해야 한다는 세 가지 요건이 충족되어야 한다. 식별가능성은 자산이 분리가능하여야 한다. 즉 기업의 의도와는 무관하게 기업에서 분리하거나 분할할 수 있고, 개별적으로 식별가능한 자산이나 부채와 함께 매각, 이전, 교환할 수 있어야 한다는 것이고, 통제가능성은 법적인 권리에 의하여 무형자산의 미래의 경제적 효익을 확보할 수 있고 그 효익에 대한 제3자의 접근을 제한할 수 있어야 한다는 것을 의미한다. 또한 자산으로부터 발생하는 미래 경제적 효익이 기업에 유입될 가능성이 높아야 무형자산으로 인식할 수 있다. 무형자산의 미래 경제적 효익은 제품의 매출, 용역수익, 원가절감, 또는 자산의 사용에 따른 기타 효익의 형태로 발생한다. 예를 들면, 제조과정에서 지적재산을 사용하면 미래 수익을 증가시키기보다는 미래 제조원가를 감소시킬 수 있다. 미래 경제적 효익이 기업에 유입될 가능성은 무형자산의 내용연수 동안의 경제적 상황에 대한 경영자의 최선의 추정치를 반영하는 합리적이고 객관적인 가정에 근거하여 평가하여야 한다.

2. 무형자산의 취득 및 종류

무형자산을 최초로 인식할 때에는 취득원가로 측정한다. 그러나 무형자산은 다른 자산과 동일하게 외부로부터의 취득되기도 하지만, 개발비와 같이 내부적으로 창출한 무형자산이 최초로 인식되기도 한다.

외부로부터 개별 취득하는 무형자산의 취득원가는 구입가격과 해당 무형자산을 기업이 의도한 목적에 사용할 수 있도록 준비하는 데 직접 관련되는 원가, 예를 들면 전문가 수수료, 검사비용 등을 포함하여야 한다.

이러한 특징을 가진 무형자산을 다음과 같은 계정으로 분류할 수 있다.

- 산업재산권: 법률에 의하여 일정기간 독점적, 배타적으로 이용할 수 있는 권리로서 특허권, 실용신안권, 의장권 및 상표권 등으로 한다.
- 저작권: 저작자가 자기가 저작한 저작물에 대해 복제, 번역, 방송 등을 독점적으로 이용할 수 있는 권리
- 라이센스(license): 다른 기업의 특정한 제품 등을 독점적으로 사용하여 수익을 창출할 수 있는 권리
- 프랜차이즈(franchise): 특정한 상호나 상표를 사용하여 상품이나 제품 등을 판매, 제조할 수 있는 권리
- 소프트웨어(software): 특정한 소프트웨어를 구입하기 위해 지출한 비용
- 광업권: 광업법에 의해 등록된 일정한 광구에서 등록을 한 광물과 동 광상 중

부존하는 다른 광물을 채굴하여 취득할 수 있는 권리로 한다.

- 어업권(입어권을 포함한다): 수산업법에 의하여 등록된 일정한 수면에서 어업을 경영할 권리로 한다.
- 차지권(지상권을 포함한다): 임차료 또는 지대를 지급하고 타인이 소유하는 토지를 사용 · 수익할 수 있는 권리로 한다.
- 개발비: 신제품, 신기술 등의 개발과 관련하여 발생한 비용(소프트웨어 개발과 관련된 비용을 포함한다)으로서 개별적으로 식별가능하고 미래의 경제적 효익을 확실하게 기대할 수 있는 것으로 한다.
- 영업권: 해당 기업이 동종업종의 타 기업에 비해 특히 유리한 여건을 바탕으로 초과수익을 기대할 수 있을 때 이에 대한 재무적인 평가금액을 의미한다.

무형자산은 사업상 비슷한 성격과 용도를 가진 종류별로 분류하여 표시한다. 다만, 재무제표 이용자에게 더 목적 적합한 정보를 제공할 수 있다면 무형자산의 종류는 더 큰 단위로 통합하거나 더 작은 단위로 구분할 수 있다.

가. 개발비

기업은 지속적인 성장, 즉 계속기업으로 되기 위하여 매 회기에 신제품, 신기술 등의 개발과 관련된 많은 연구개발에 투자한다. 연구개발에 관련된 투자는 대부분 미래 경제적 효익의 증대를 위한 투자라고 할 수 있다. 그러나 최근 4차산업과 관련된 많은 AI 및 양자컴퓨터 기업들의 사례에서 보는 바와 같이 미래에 대한 불확실성이 매우 높기 때문에 연구개발활동이 반드시 미래 경제적 효익을 창출할 것으로 기대할 수 없다. 따라서 K-IFRS에서는 연구개발비가 무형자산의 인식요건을 충족하는지를 평가하기 위하여 무형자산의 창출과정을 연구단계와 개발단계로 구분한다. 무형자산을 창출하기 위한 내부 프로젝트를 연구단계와 개발단계로 구분할 수 없는 경우에는 그 프로젝트에서 발생한 지출은 모두 연구단계에서 발생한 것으로 본다.

연구단계에서 발생하는 지출은 무형자산으로 인식하지 않는다. 내부 프로젝트의 연구단계에서는 미래 경제적 효익을 창출할 무형자산이 존재한다는 것을 제시할 수 없기 때문에, 내부 프로젝트의 연구단계에서 발생한 지출은 발생시점에 연구비용으로 인식하고 손익계산서에 판매 및 일반관리비에 포함한다. 연구 활동의 예는 다음과 같다. 첫째, 새로운 지식을 얻고자 하는 활동, 둘째, 연구결과나 기타 지식을 탐색, 평가, 최종 선택, 응용하는 활동, 셋째, 재료, 장치, 제품, 공정, 시스템이나 용역에 대한 여러 가지 대체 안을 탐색하는 활동, 마지막으로 새롭거나 개선된 재료, 장치, 제품, 공정, 시스템이나 용역에 대한 여러 가지 대체 안을 제안, 설계, 평가, 최종 선택하는 활동으로 구분한다.

개발단계는 연구단계보다 훨씬 더 진전되어 있는 상태이기 때문에 어떤 경우에는 내부프로젝트의 개발단계에서는 무형자산을 식별할 수 있으며, 그 무형자산이 미래 경제적 효익을 창출할 것임을 제시할 수 있다. 개발활동의 예는 다음과 같다. 첫째, 생산이나 사용 전의 시제품과 모형을 설계, 제작, 시험하는 활동, 둘째, 새로운 기술과 관련된 공구, 지그, 주형, 금형 등을 설계하는 활동, 셋째, 상업적 생산 목적으로 실현가능한 경제적 규모가 아닌 시험공장을 설계, 건설, 가동하는 활동, 마지막으로 신규 또는 개선된 재료, 장치, 제품, 공정, 시스템이나 용역에 대하여 최종적으로 선정된 안을 설계, 제작, 시험하는 활동으로 구분한다.

개발단계 즉 새로운 또는 현저히 개량된 재료, 장치 등의 신제품을 생산하기 위하여 연구 결과나 기타 지식을 계획적으로 수행하는 활동과정에서 지출하는 금액은 미래 경제적 효익이 기업에 유입될 가능성이 높고, 그 금액이 신뢰성 있게 측정할 수 있다는 자산의 인식요건을 충족한 경우에 한하여 개발비로 인식하고 재무상태표의 무형자산에 분류한다. 개발 활동에서 지출한 금액이 이러한 자산의 인식요건을 충족하지 못한 경우에는 경상개발비로 인식하고 제조원가명세서의 제조간접원가나 손익계산서에 판매 및 일반관리비에 포함한다.

연구개발 활동에서 창출한 무형자산의 원가는 일반적인 인식기준을 최초로 충족한 이후에 발생한 자산의 창출, 제조 및 사용 준비에 직접 관련된 지출과 합리적이고 일관성 있게 배분된 간접 지출을 모두 포함한다.

구분	계정과목	내용	회계처리
연구단계	연구비	연구단계에 발생하는 모든 연구비용	판매 및 일반관리비
개발단계	경상개발비	자산의 인식요건을 충족한 개발비	제조원가 또는 판매 및 일반관리비
	개발비	자산의 인식요건을 충족한 개발비	무형자산

삼성전자는 연구 및 개발활동을 기술의 상용화 수준에 따라 3단계로 체계화하여 운영하고 있다. 미래 성장엔진에 필요한 핵심 요소 기술은 삼성전자의 종합연구소인 삼성종합기술원(SAIT)에서 선행 개발하고 있다. 삼성종합기술원은 전사 차원에서 유망 성장 분야에 대한 연구개발 방향 제시와 주력 사업의 기술 경쟁력 강화, 창의적 R&D 체제를 구축하기 위한 연구개발 활동을 수행하고, 3~5년 내 중장기 미래 유망 기술은 Samsung Research, 반도체연구소 등의 각 부문 연구소에서 개발하고 있습니다. 또한 향후 1~2년 내 시장에 선보일 상품화 기술은 각 부문 산하 사업부 개발팀에서 개발하고 있다.

참고로 2024년 말 삼성전자, SK하이닉스, 현재자동차 및 기아자동차의 연구 개발활동과 관련된 지출한 비용은 다음과 같다.

사례기업의 연구개발비 지출 내역

		삼성전자	SK하이닉스	현대자동차	기아자동차
매출액		209,052	55,736	79,061	63,257
연구개발비 지출액	개발비(자본화)	0	418	1,690	1,176
	판관비 등(비용화)	30,158	4,055	2,616	2,100
	총 지출액	30,158	4,472	4,306	3,277
매출액 대비 총 지출액		14.4%	8.0%	5.4%	5.2%

재무제표(별도)기준으로 삼성전자는 매출액 대비 14.4%, SK하이닉스는 8.0%, 현대자동차는 5.4%, 기아자동차는 5.2% 수준을 연구개발비로 지출하고 있다. 4차 산업의 혁명과 관련된 IT 기업인 삼성전자 및 SK하이닉스는 연구개발비용을 매출액 8% 이상을 투자하고 있는 것으로 나타났다. 그리고 대기업들은 연구개발비의 지출액의 66% 이상을 손익계산사의 당기비용인 판관비로 등으로 인식하여 절세의 효과를 보고 있는 것으로 판단된다.

나. 영업권

영업권이란 해당 기업이 동종업종의 타 기업에 비해 특히 유리한 여건을 바탕으로 초과수익을 기대할 수 있을 때 이에 대한 재무적인 평가금액을 의미한다. 권리금이라고 말하며, 기업의 우수한 인적자원이나 경영능력, 높은 사회적 명성이나 좋은 평판, 우수한 기술력 유리한 지리적 위치를 가질 경우 개별적으로 표현할 수 없는 이러한 가치의 총합으로 보기도 한다.

이러한 영업권은 다른 기업실체를 매수 또는 합병하는 사업결합의 경우에 발생할 수 있고, 해당 기업이 자신의 이러한 가치를 평가하여 계상할 수도 있는데 후자와 같은 상황을 내부창출 영업권이라 한다. 내부창출 영업권의 경우에는 영업권의 취득원가를 신뢰성 있게 측정, 평가할 수 없고, 무형자산의 인식조건에 부합하지 않기 때문에 K-IFRS에서는 이를 인정하지 않고 있다.

따라서 재무상태표에 표시될 수 있는 영업권은 기업실체가 다른 기업을 흡수합병하거나 영업을 양수하는 등 사업결합을 통하여 지불하는 대가가 피합병기업 또는 피인수기업의 순자산가치를 초과한 금액에 대해서 영업권으로 계상하도록 규정하고 있다.

영업권의 인식은 인수합병과정에서 인수기업이 인수대가로 지불하는 금액 중 피인수기업 순자산의 공정가치를 초과하는 금액을 영업권으로 인식한다.

2024년 10월 글로벌 브랜드 컨설팅 전문업체 인터브랜드가 발표한 '글로벌 100대 브랜드'에 따르면 삼성전자의 브랜드 가치는 전년 대비 10% 성장한 1천8억달러(약 136조 3,320억원)로 세계 5위를 차지하였고, 현대차는 브랜드 가치 230억달러(약 31조 1,075억원)를 기록하며 세계 30위에 올랐다고 발표하였다.[1] 또한 넷플릭스 오리지널 시리즈 '오징어게임' 시즌2가 전세계적으로 흥행하면서, 미디어 연구소 K엔터테크허브는 오징어게임2 공개로 인해 생긴 직간접적 구독자 증가, 광고 매출 상승, 굿즈와 콜라보레이션 등 부가 사업으로 인한 수익 등을 시장 가치로 환산하면 제작비 대비 최소 10배 이상의 수익인 1조 5,000억원을 예상한다"[2]고 주장하고 있지만 이들 관련기업 모두 무형자산으로 인식하지 못한다. 이는 내부창출 영업권이기 때문이다.

3. 무형자산의 상각 및 제거

무형자산의 회계처리는 내용연수에 따라 다르다. 내용연수가 유한한 무형자산은

1) "삼성전자, 브랜드가치 첫 1천억달러 돌파 … 현대차는 세계 30위(종합)"(연합뉴스, 2024.10.10)
2) "오징어게임2로 1.5조 벌어? … 넷플릭스 수익 예상치 두고 갑론을박"(동아일보, 2025.01.05)

상각하고, 내용연수가 비한정인 무형자산은 상각하지 아니한다. 내용연수가 유한한 무형자산의 상각은 유형자산과 마찬가지로 자산원가의 소멸 또는 자산가치의 감소분을 수익에 대응하여 합리적이고 체계적으로 배분한다. 즉 무형자산의 상각대상금액은 그 자산의 추정내용연수 동안 체계적인 방법에 의하여 비용으로 배분한다. 무형자산의 상각 본질은 수익과 비용을 대응시키기 위하여 자산의 사용기간 동안 취득원가를 체계적으로 배분하는 절차이기 때문에 유형자산과 감가상각 마찬가지로 상각이라는 용어를 사용한다.

무형자산의 상각방법은 자산의 경제적 효익이 소비되는 행태를 반영한 합리적인 방법이어야 한다. 무형자산의 상각대상금액을 내용연수 동안 합리적으로 배분하기 위해 정액법, 정률법, 연수합계법, 생산량비례법 등을 사용할 수 있다. 그러나 실무에서는 정액법을 많이 사용하고 있다. K－IFRS에서는 무형자산의 상각액을 유형자산과 달리 상각누계액을 사용하지 않고 해당 자산에서 직접 차감하는 직접법을 채택하고 있다. 이와 같이 직접법으로 처리하는 방식을 선택한 이유는 무형자산은 기업이 영업활동을 지원하는 자산이지만 유형자산과 달리 기업이 영업활동을 하는 데 있어서 필수불가결한 자산이 아니기 때문이다. 무형자산을 보유하면 기업의 영업활동에 도움이 되지만, 보유하고 있지 않다고 해서 기업의 영업활동을 할 수 없는 것이 아니기 때문에 기업은 무형자산에 대한 재투자를 할 필요는 없다. 따라서 기업은 무형자산에 대한 재투자가 선택적으로 이루어지기 때문이다. 예를 들어 붕어빵 장수가 붕어빵을 굽는 붕어빵 기계는 보유해야만 붕어빵 장수를 할 수 있지만, 초기에 붕어빵 장사를 할 때는 고객유치차원에서 '황금잉어빵'이라는 프랜차이즈로 이용하여 장사를 하기 때문에 프랜차이즈 비용을 지불하고 매년 상각한다. 그러나 상각기간이 끝나는 시점에 어느 정도 명성을 얻어 '황금잉어빵'이라는 브랜드를 가지지 않고도 붕어빵 장사를 할 수 있다고 판단이 되면 그 시점에 다시 프랜차이즈 계약을 하지 않는 선택을 한다.

무형자산의 상각은 자산이 사용가능한 때부터 시작하고, 잔존가치는 없는 것을 원칙으로 한다. 무형자산 상각비는 해당 무형자산의 사용목적에 따라 제조원가 또는 판매비와 일반관리비의 항목으로 분류하도록 하여야 한다.

K－IFRS에 의하면 산업재산권이나 저작권처럼 독점적 · 배타적인 권리를 부여하고 있는 관계 법령이나 계약에 정해진 경우에는 그 내용연수에 걸쳐 상각하면 되지만, 콘도나 골프장 회원권 또는 사업결합으로 취득한 영업권은 내용연수가 비한정인

무형자산으로 보아 상각하지 않고, 대신에 매년 기말에 손상검사를 실시한다. 자산의 손상은 회수가능액이 장부금액에 못 미치는 경우에 자산의 장부금액을 회수가능액으로 감액하는 것을 의미한다. 이렇게 감소된 금액은 손익계산서에 손상차손으로 인식하고 금융비용으로 처리한다.

또한 상각하지 않는 무형자산은 내용연수가 비한정이라는 평가가 계속하여 정당한지를 매 회계기간에 검토한다. 평가 결과 비한정이 정당화 되지 못하게 된다면, 비한정 내용연수를 유한 내용연수로 변경해야 하며, 변경시점부터 상각을 해야 한다.

무형자산의 평가도 유형자산과 마찬가지로 원가모형과 재평가모형 중에서 선택할 수 있다. 재평가모형을 선택하여 발생하는 재평가손익의 회계처리 또한 유형자산과 동일하게 처리한다.

무형자산은 처분하거나, 미래경제적 효익이 기대되지 않을 때 제거한다. 무형자산의 제거로 생기는 이익이나 손실은 순매각금액과 장부금액의 차이로 산정한다. 그 이익이나 손실은 자산을 제거할 때 당기손익으로 인식한다.

4. 무형자산의 회계처리에 대한 사례

삼성전자의 2024년 재무제표(별도) 주석에서 제시된 무형자산의 회계처리 사례는 다음과 같다. 영업권을 제외한 무형자산은 역사적 원가로 최초 인식하고, 원가에서 상각누계액과 손상차손누계액을 차감한 금액으로 표시하고 있으며, 영업권은 사업의 취득시점에 회사가 식별가능 순자산에 대해 공정가치를 초과하여 지급한 대가를 무형자산으로 계상하고 있다.

특허권, 상표권 및 기타무형자산 등 한정된 내용연수를 가지는 무형자산은 추정 내용연수 동안 정액법에 따라 상각하고 있으며, 회원권은 이용 가능 기간에 대하여 예측가능한 제한이 없으므로 내용연수가 한정되지 않아 상각하지 않고, 회원권의 시장가치 하락 등 손상 징후 발견 시 합리적으로 추정하여 손상에 대한 회계처리가 이루어지고 있다. 그러나 2024년 재무제표(별도)에는 영업권은 존재하지 않는다.

삼성전자의 무형자산 변동

(단위: 백만원)

	산업재산권	개발비	회원권	기타 무형자산	합계
기초장부가액	1,287,798	–	196,827	8,955,586	10,440,211
개별취득	270,328	–	13,531	2,213,977	2,497,836
상각	(236,511)	–	–	(2,195,761)	(2,432,272)
처분 · 폐기	(33,661)	–	–	(16,040)	(49,701)
손상	–	–	(826)	–	(826)
기타	(741)	–	–	42,449	41,708
기말장부가액	1,287,213	–	209,532	9,000,211	10,496,956

무형자산의 상각비의 약 83.6% 제조원가로 나머지 16.4%는 판매 및 일반관리비를 분류하고 있다.

삼성전자 무형자산 상각비의 기능별 분류

(단위: 백만원)

	제조원가명세서	판매비 및 일반와관리비 등	기능별 항목 합계
무형자산상각비	2,034,159	398,113	2,432,272
비중	83.6%	16.4%	100.0%

제3절 투자자산의 종류와 평가

투자자산은 가치증식목적으로 보유하는 자산으로 금융상품, 유가증권 및 부동산 등이 그 대상이 된다.

금융상품은 은행 등 금융권에서 취급하는 상품으로 거래당사자 어느 한쪽에게는 금융자산이 생기게 하고 거래상대방에게 금융부채나 지분상품이 생기게 하는 모든 계약이다. 이에는 현금으로 전환이 용이하고 이자율 변동에 따른 가치변동의 위험이 경미한 금융상품으로서 취득 당시 만기일이 3개월 이내인 상품은 당좌자산의 현금성자산으로, 취득시 만기가 1년 이내인 상품은 당좌자산의 단기금융상품으로, 1년을 초과하는 상품은 투자자산의 장기금융상품으로 인식한다.

기업은 보유하는 유가증권에는 주식과 채권으로 구분할 수 있다. 주식은 다른 기업의 지분을 의미하므로 지분증권이라고도 하며, 배당수익과 시세차익을 통하여 가치증식을 보유목적으로 보유하거나 또는 다른 기업의 중요한 영향력을 행사하거나 지배를 목적으로 보유한다. 채권은 채무증권이라고도 하는데 기업이 발행하는 회사채, 정부 등이 투자한 투자기관, 국가나 지방자치 단체에서 발행하는 국공채 등으로 구분할 수 있다. 채권은 이자수익이나 시세차익을 목적으로 보유한다.

부동산은 기업이 시세차익이나 임대수익을 목적으로 보유하는 토지나 건물 등을 보유하는 것으로 투자부동산이라고 한다.

1. 가치증식을 목적으로 보유하는 유가증권 인식

유가증권을 가치증식목적으로 보유하는 경우 우리나라의 회계기준, 즉 일반회계기준과 K-IFRS은 분류기준과 계정과목에서 약간의 차이를 두고 있다. 일반회계기준은 유가증권의 보유목적과 보유기간에 따라 3가지로 분류하고 있으며, K-IFRS는 유가증권만을 따로 구분하지 않고, 유가증권뿐만 아니라 장·단기 매출채권 및 대여금 등 모든 금융자산을 대상으로 평가방법과 평가손익의 회계처리 방법에 따라 3가지로 분류한다.

2. 일반회계기준에 의한 가치증식 목적으로 보유하는 유가증권의 인식

일반회계기준에 따르면 유가증권을 증권시장에 상장 여부와 보유목적, 투자기간에 따라 단기매매증권, 매도가능증권, 만기보유증권으로 분류한다.

가. 단기매매증권

단기매매증권은 유가증권을 단기자금 운용목적으로 1년 이내에 처분을 목적으로 취득한 경우 당좌자산으로 인식한다. 즉 단기매매차익을 목적으로 일시적으로 유가증권을 보유하는 경우에 이에 해당한다. 단, 지분증권의 경우는 유가증권시장에 상장되어 있는 증권이어야 한다. 단기매매증권의 취득과 관련된 거래비용은 취득원가에 포함하지 않고 당기비용으로 인식한다.

단기매매증권의 평가는 결산일 현재 공정가치[3]로 평가한다. 단기매매증권을 공정가치로 평가함으로써 발생하는 장부금액과의 차액은 미실현보유손익이지만 단기매매증권평가손익으로 손익계산서의 금융손익으로 인식한다. 또한 취득한 후에 발행회사로부터 현금으로 배당이나 이자를 수령하는 경우 수령하는 현금을 배당금수익이나 이자수익으로 손익계산서의 금융수익으로 인식한다.

보유하고 있던 단기매매증권을 처분할 경우 장부금액과 순처분가액을 비교하여 그 차액을 단기매매증권처분손익으로 인식하여 손익계산서의 금융비용으로 인식한다. 순처분가액은 처분가액에서 처분과 관련하여 발생하는 처분수수료 및 증권거래세 등의 거래비용을 차감한 금액을 말한다.

나. 매도가능증권

매도가능증권은 단기매매증권이나 만기보유증권으로 분류되지 않는 유가증권 모두를 매도가능증권으로 인식한다. 매도가능증권의 인식한 유가증권의 평가는 결산일 현재의 공정가치로 평가한다. 단, 매도가능증권 중 증권시장에 상장되지 않은 지분증권의 공정가치를 신뢰성 있게 측정할 수 없는 경우에는 취득원가로 평가한다.

매도가능증권을 공정가치로 평가함으로써 발생하는 장부금액과의 차액은 매도가능증권평가손익으로 재무상태표의 자본계정인 기타포괄손익누계에 인식하고, 당해 매도가능증권에 대한 기타포괄손익누계액은 그 매도가능증권을 처분하거나 손상차손을 인식하는 시점에 일괄하여 당기손익에 반영한다.

3) 공정가치란 주된 시장에서의 정상거래에서 자산을 매도하면서 수취하게 될 가격으로 정의한다. 자산의 거래가격은 자산을 취득하면서 지급한 가격을 말하는데, 일반적으로 최초 인식시점에서 거래가격은 공정가치와 동일하다.

손상차손 회복이 매도가능증권의 회수가능액이 취득원가보다 작은 경우에는, 손상차손을 인식할 것을 고려하여야 한다. 손상차손의 발생에 대한 객관적인 증거가 있는지는 매 결산일마다 평가하고 그러한 증거가 있는 경우에는 손상차손이 불필요하다는 명백한 반증이 없는 한, 회수가능액을 추정하여 손상차손을 인식하여야 한다. 손상차손금액은 손상차손으로 손익계산서의 금융비용으로 인식한다.

손상차손의 회복이 손상차손 인식 후에 발생한 사건과 객관적으로 관련된 경우에 다음과 같이 회계처리 한다. ① 공정가치로 평가하는 매도가능증권의 경우에는 이전에 인식하였던 손상차손 금액을 한도로 하여 회복된 금액을 금융수익으로 인식한다. ② 원가로 평가하는 매도가능증권의 경우에는 회복된 금액을 당기이익으로 인식하되, 회복 후 장부금액은 취득원가를 초과하지 않도록 한다.

보유하고 있던 매도가능증권을 처분할 경우 장부금액과 처분가액을 비교하여 그 차액에 기타포괄손익누계액에 포함되어 있는 미실현보유손익을 가감한 금액을 매도가능증권처분손익으로 손익계산서의 금융비용으로 인식한다.

다. 만기보유증권

만기가 존재하는 채무증권을 만기까지 보유할 목적으로 취득한 경우에 만기보유증권으로 분류한다. 만기보유증권은 투자자산으로 분류하되, 만기가 1년 이내에 도래하는 채무증권의 경우는 유동자산으로 분류한다.

만기보유증권의 평가는 상각후원가로 평가하여 재무상태표에 표시한다. 만기보유증권을 상각후원가로 측정할 때에는 장부금액과 액면금액의 차이를 상환기간에 걸쳐 유효이자율법에 의하여 상각하여 취득원가에 가감하고 이자수익으로 인식한다. 유효이자율법이란 매기 이자수령 시 사채의 장부가액에 유효이자율을 곱한 금액과 표시이자의 차이 금액을 상각하여 이를 장부금액에 가감하고, 장부가액에 유효이자율을 곱한 금액 이자수익으로 인식하는 방법이다. 이때 상각된 금액이 가감된 만기보유증권의 장부가액을 상각후원가라 한다.

상각후원가 및 유효이지율법에 대하여 구체적인 사례를 들어 설명하면 다음과 같다.

액면가액 ₩100,000원, 표시이자율 연 8%, 유효이자(시장이자)율 연 10%, 만기는

3년, 이자수취는 매년 말에 수취하는 조건의 채무증권을 연초에 ₩95,026에 취득하여 만기까지 보유하였다고 가정하자. 이는 ₩95,026을 대여하고 3년 후에 ₩100,000을 회수하는 것과 같습니다. 이때 대여한 금액과 회수하는 금액, 즉 취득원가와 액면금액의 차이 ₩4,974은 선수이자에 해당한다. ₩4,794을 3년간의 이자수익에 해당하므로 발생주의에 적용하여 3년에 걸쳐 매년이자수익으로 배분하여야 한다. 이때 3년간의 이자수익으로 배분하는 방법은 유효이자율법에 의하여 배분한다. 1년차에 ₩95,026을 대여하였기 때문에 취득 당시 시장이자율에 의하여 발생되는 이자는 ₩9,503이나 실제 수취이자는 ₩8,000이므로 발생이자와 수취이자의 차이인 ₩1,503을 선이자수익에서 상각하고, 이를 장부가액에 가산하여 기말 만기보유증권의 장부가액은 ₩96,529이 된다. 2년차에는 ₩96,529을 대여하였기 때문에 취득당시 시장이자율에 의하여 발생되는 이자는 ₩9,653나 실제 수취하는 이자는 ₩8,000이므로 발생이자와 수취이자의 차이인 ₩1,653을 선이자수익에서 상각하고, 이를 장부가액에 가산하여 기말 만기보유증권의 장부가액은 ₩98,182이 된다, 3년차에는 ₩98,182을 대여하였기 때문에 취득 당시 시장이자율에 의하여 발생되는 이자는 ₩9,818이나 실제 수취하는 이자는 ₩8,000이므로 발생이자와 수취이자의 차이인 ₩1,818을 선이자수익에서 상각하고, 이를 장부가액에 가산하여 기말 만기보유증권의 장부가액은 ₩100,000이 된다. 취득당시 선수이자인 ₩4,904은 1차년도 말에 실제 수취하는 표시이자 외에 ₩1,503을 이자수익으로 인식하였기 때문에 이를 차감하여 ₩3,471으로 감소할 것이다. 2차년도 말에는 선수이자는 ₩1,818으로 감소하고, 3차연도 말에는 선수이자는 ₩0이 된다. 이와 같이 선수이자가 줄어드는 것을 상각이라고 하고 상각된 금액을 장부가액에 가산하기 때문에 K−IFRS에서는 이를 상각후원가 측정 금융자산이라고 한다. 이를 표로 나타내면 다음과 같다.

일자	유효이자 (시장이자)	표시이자	상각액	미상각잔액	만기보유증권 장부가액
20×1. 1. 1				4,674	95,026
20×1. 12. 31	9,503[1]	8,000	1,503[2]	3,471[3]	96,529[4]
20×2. 12. 31	9,653	8,000	1,653	1,818	98,182
20×3. 12. 31	9,818	8,000	1,818	0	100,000

95,026×10%[1], (9,503−8,000)[2], (4,674−1,503)[3], (95,026+1,503)[4]

만기보유증권의 회수가능액이 만기보유증권의 상각후원가보다 작은 경우에는, 손상차손을 인식할 것을 고려하여야 한다. 손상차손의 발생에 대한 객관적인 증거가 있는지는 보고기간 종료일마다 평가하고 그러한 증거가 있는 경우에는 손상차손이 불필요하다는 명백한 반증이 없는 한, 회수가능액을 추정하여 손상차손을 인식하여야 한다. 손상차손금액은 손상차손으로 손익계산서의 금융비용으로 인식한다.

손상차손의 회복이 손상차손 인식 후에 발생한 사건과 객관적으로 관련된 경우에는 회복된 금액을 손상차손환입으로 금융수익으로 인식하되, 회복 후 장부금액이 당초에 손상차손을 인식하지 않았다면 회복일 현재의 상각후원가가 되었을 금액을 초과하지 않도록 한다.

유가증권의 분류

구분	대상	보유목적	평가방법
단기매매증권	지분 · 채무증권	단기투자	공정가치
매도가능증권	지분 · 채무증권	장기투자	공정가치
만기보유증권	채무증권	만기까지 보유	상각후원가

3. K-IFRS에 의한 가치증식 목적으로 보유하는 금융자산의 인식

가. 금융자산의 분류

금융자산은 다음 두 가지 사항 모두에 근거하여 금융자산이 후속적으로 당기손익-공정가치 측정 금융자산(FVPL금융자산), 기타포괄손익-공정가치 측정 금융자산(FVOCI금융자산) 및 상각후원가 측정 금융자산(AC금융자산)으로 분류하고 있다. 즉 ① 금융자산의 관리를 위한 사업모형, ② 금융자산의 계약상 현금흐름 특성

금융자산의 관리를 위한 사업모형은 3가지로 구분된다. 첫째, 계약상 현금흐름을 수취하기 위해 자산을 보유하는 것이 목적인 사업모형, 둘째, 계약상 현금흐름의 수취와 금융자산의 매도 둘 다를 통해 목적을 이루는 사업모형, 셋째, 그 밖의 사업모형, 이러한 사업모형의 예로는 자산의 매도를 통해 현금흐름을 실현할 목적으로 금융

자산을 관리하는 경우이다.

금융자산의 계약상 현금흐름 특성이란 특정일에 원금과 원금잔액에 대한 이자 TNCNL(이하 '원리금 수취')만을 이루어진 현금흐름(solely payments of principal and interest: SPPI)을 의미한다. 예를 들어 계약상 현금흐름 특성을 갖춘 금융자산은 매출채권, 회사채 혹은 국공채와 갖은 채무증권 등이다. 그러나 매출채권 혹은 채무증권이라 하더라도 만기 이전에 회수되거나 처분될 가능성이 있는 경우에는 현금흐름 특성을 갖추지 못한 금융자산으로 분류한다. 또한 기업이 보유하고 있는 타 기업의 주식 즉 지분증권은 만기와 처분대가가 정해지지 않기 때문에 계약상 현금흐름 특성을 갖추지 못한 금융자산으로 분류한다. 본서에서는 금융자산의 표기하는 것이 너무 길기 때문에 이하에서는 약어로 표기하기로 한다.

나. 지분증권의 분류

지분증권의 경우 원금과 이자로만 구성되어 있지 않으므로, 금융자산의 계약상 현금흐름 특성을 고려할 필요가 없으며, 금융자산의 관리를 위한 사업모형만 고려하면 된다. 지분증권의 경우 모두 매도목적으로 분류되어 FVPL금융자산으로 분류한다. 그러나 당기손익－공정가치로 측정되는 지분증권에 대한 특정투자에 대하여 후속적인 공정가치 변동을 기타포괄손익으로 표시하도록 최초 인식시점에 선택할 수도 있다. 이러한 경우 FVOCI금융자산으로 분류한다. 다만, 한번 선택하면 이를 취소할 수 없다.

다. 채무증권의 분류

채무증권의 경우 금융자산의 관리를 위한 사업모형과 금융자산의 계약상 현금흐름 특성에 따라 분류한다. 그러나 채무증권은 특정일에 원금과 원금잔액에 대한 이자 수취만을 이루어진 현금흐름, 즉 계약상 현금흐름 특성을 충족하고 있기 때문에 금융자산의 관리 위한 사업모형에 의하여 분류할 수 있다.

금융자산이 계약상 현금흐름을 수취하기 위해 자산을 보유하는 것이 목적인 사업모형을 충족하였다면 상각후원가 측정 금융자산으로 분류하고, 금융자산이 계약상 현금흐름의 수취와 금융자산의 매도 둘 다를 통해 목적을 이루는 사업모형을 충족하였다면 FVOCI금융자산으로 분류한다. 그리고 AC금융자산으로 분류되지 않았거나, FVOCI금융자산으로 분류되지 않은 금융자산은 FVPL금융자산으로 분류한다.

적용기준		지분증권	채무증권
계약상 현금흐름 특성		×	○
관리를 위한 사업모형	현금흐름을 수취 목적	−	AC금융자산
	현금흐름을 수취목적 및 매도목적	−	FVOCI금융자산
	매도목적[1)]	FVPL금융자산[2)]	FVPL금융자산[3)]

1) 매도목적은 지분증권에 적용된다.
2) 예외적으로 기타포괄손익－공정가치 측정금융자산으로 분류가능(단, 한번 지정하면 이후 변경 불가)
3) 채무증권의 경우는 상각후원가 측정 금융자산이나 또는 기타포괄손익－공정가치 측정 금융자산에 속하지 않는 경우 당기손익－공정가치 측정 금융자산으로 분류된다.

라. 당기손익–공정가치 측정 금융자산(FVPL금융자산)

FVPL금융자산은 최초 인식 시점에 공정가치로 측정한다. 그리고 당기손익－공정가치 측정 금융자산의 취득과 관련된 거래비용(예: 매매수수료 등)은 취득원가에 포함하지 않고 당기비용으로 인식한다. 채무증권을 이자지급일 사이에 취득하는 경우 채무증권의 매입금액에는 직전 이자지급일부터 취득일까지의 경과이자가 포함되어 있다. 따라서 채무증권의 구입금액 중 직전 소유자의 보유기간에 대한 경과이자는 미수이자의 과목으로 구분하고, 취득원가에서 제외한다. 그리고 FVPL금융자산의 평가는 매 회기 말의 공정가치로 평가하고, 그 평가결과 발생하는 평가손익을 금융손익으로 인식한다.

지분증권을 취득하는 경우 현금배당이 발생하며, 현금배당을 수취한 권리가 발생하는 시점에 배당수익으로 금융수익으로 인식한다. 채무증권을 FVPL금융자산으로 분류하는 경우에는 표시이자로 이자수익을 인식한다. 이는 FVPL금융자산의 경우 평가손익을 당기손익으로 인식하므로 유효이자율로 이자수익을 인식하는 방법과 표시이자로 이자수익을 인식하는 방법의 평가이익과 이자수익을 합한 당기손익은 두 방법이 일치하므로 이자계산이 간단한 표시이자수익을 인식하는 방법을 적용한다.

FVPL금융자산의 경우 처분손익은 처분시점의 공정가치로 측정한 후 수취한 대가와 처분일의 공정가치로 평가한 장부금액의 차이를 처분손익으로 인식한다. 다만, FVPL금융자산은 평가손익을 당기손익으로 인식하기 때문에 처분일에 공정가치로 평가후 처분하는 회계처리를 하는 경우와 처분일에 공정가치로 평가하지 않고 처분하는 회계처리의 처분으로 인한 당기손익에 미치는 효과는 동일하다. 따라서 당FVPL금융자산의 처분손익은 순처분가에서 처분일 회기의 기초장부가액을 차감한 금액을 FVPL 금융자산 처분손익으로 인식하면 된다.

마. 기타포괄손익-공정가치 측정 금융자산(FVOCI금융자산)

FVOCI금융자산은 최초 인식 시점에 공정가치로 측정하고, FVOCI금융자산의 취득과 관련된 거래비용(예: 매매수수료 등)은 취득원가에 가산한다. 채무증권을 이자지급일 사이에 취득하는 경우 채무증권의 매입금액에는 직전 이자지급일부터 취득일까지의 경과이자가 포함되어 있다. 따라서 채무증권의 구입금액 중 직전 소유자의 보유기간에 대한 경과이자는 미수이자의 과목으로 구분하고, 취득원가에서 제외한다.

FVOCI금융자산은 기말에 공정가치로 평가한다. 공정가치로 평가시 나타나는 평가손익은 기타포괄손익으로 인식한다. 여기서 주의할 점은 최초 금융자산평가이익을 인식하고 다음 회계기간에 공정가치가 하락하여 금융자산평가손실을 인식해야 할 경우, 전기에 계상하였던 금융자산평가이익을 먼저 감소시키고, 초과하는 금액을 금융자산평가손실로 인식해야 한다. 반대로 최초 금융자산평가손실을 인식하고 다음 회계기간에 공정가치가 상승하여 금융자산평가이익을 인식해야 할 경우, 전기에 계상하였던 금융자산평가손실을 먼저 감소시키고, 초과하는 금액을 금융자산평가이익으로 인식해야 한다.

지분증권을 취득하는 경우 현금배당이 발생하며, 현금배당을 수취한 권리가 발생하는 시점에 배당수익으로 금융수익으로 인식한다. 채무증권 경우 보유기간의 이자수익을 인식하며, 이자수익은 유효이자율법에 따라 인식한다.

FVOCI금융자산은 처분하는 처분시점에서 FVOCI금융자산의 공정가치 평가를 통해 금융자산평가손익을 기타포괄손익으로 먼저 인식하고, 처분회계처리를 수행한다. FVOCI금융자산은 자산이 처분하게 되면 기타포괄손익에 대한 처리가 지분상품과 채무상품에 차이가 있음에 유의하여야 한다. 지분상품의 경우 자산이 제거되면서 기타포괄손익을 후속적으로 당기손익으로 재분류하지 않으며, 자본 내에서 다른 항목으로 대체할 수 있다.[4] 이 경우 기타포괄손익누적금액은 미처분이익잉여금으로 대체된다. 반면, 채무상품의 경우 자산이 제거되면서 재분류조정이 이루어져, 기타포괄손익누적금액은 당기손익으로 재분류된다.

바. 상각후원가 측정 금융자산(AC금융자산)

금융자산은 최초 인식 시점에 공정가치로 측정한다. 따라서 AC금융자산도 최초 인식 시점에 공정가치로 측정한다. AC금융자산은 미래현금흐름의 시기와 금액을 명확히 확인할 수 있으므로 미래현금흐름의 현재가치를 측정하여 공정가치로 사용한다. 채무증권에 대한 투자라 함은 타실체가 발행한 사채를 취득하여 보유하는 것이므로 이후에는 사채에 투자한 투자자를 중심으로 AC금융자산을 설명한다. 사채의 권면에는 액면금액, 표시이자율, 이자지급일, 상환일이 기재되어 있다. 권면에 기재된 사항을 이용하여 사채 발행가액을 산정하게 되는데 이렇게 산정된 발행가액이 공정가치가 된다. AC금융자산 취득 관련된 거래비용은 취득원가에 가산한다. 거래비용은 대리인, 고문, 중개인 및 판매자에게 지급하는 수수료와 중개수수료, 감독기구와 증권거래소의 부과금 및 양도세 등이 포함된다.

AC금융자산은 만기까지 이자수익을 인식하며, 이자수익은 유효이자율법에 따라 인식한다. AC금융자산은 유효이자율법을 사용하여 상각후원가로 측정한다. 상각후원가는 미래현금흐름을 최초의 유효이자율로 현재가치하는 방법이며, 이러한 경우 공정가치변동으로 인한 평가손익이 발생하지 않는다.

AC금융자산의 처분손익은 처분가에서 처분비용을 차감한 순처분가에서 처분시점의 상각후원가와의 차액으로 측정하고 차액을 당기손익으로 인식한다.

4) 기타포괄손익-공정가치 측정금융자산을 처분하는 경우 기타포괄손익으로 처리한 금융자산평가손익 누계액은 다른 자본계정으로 대체할 수는 있으나 당기손익으로 재분류할 수는 없다.

사. 채무증권의 손상

지분증권의 경우 원금과 이자로만 구성되어 있지 않으므로, 금융자산의 계약상 현금흐름 특성을 고려할 필요가 없기 때문에 손상규정을 적용하지 않는다. 따라서 손상의 대상이 되는 금융자산은 채무증권이 해당된다. 또한 FVPL금융자산은 신용위험의 증가가 공정가치 하락에 반영되어 평가손실을 당기손익으로 반영하기 때문에 별도의 손상차손을 인식하지 않는다.

FVOCI금융자산과 상각후원가 측정 금융자산으로 분류된 채무증권에 대하여 기대손실모형에 의거 손상을 인식한다. 기대신용손실은 금융자산의 신용손실을 개별 채무불이행 발생 위험으로 가중평균한 신용손실을 말하고, 기대신용손실은 12개월 기대신용손실과 전체기간 기대신용손실로 구분된다.

최초 인식 후에 금융상품의 신용위험이 유의적으로 증가하지 아니한 경우에는 회기말 이후 12개월 내에 발생 가능한 기대신용손실에 해당하는 금액으로 손실충당금을 측정하고, 최초 인식 후에 금융상품의 신용위험이 유의적으로 증가한 경우와 신용이 손상된 경유에는 매 회기 말에 전체기간에 발생 가능한 기대신용손실에 해당하는 금액으로 손실충당금을 측정한다. FVOCI금융자산의 손실충당금은 기타포괄손익에서 인식하고, 재무상태표에서 금융자산의 장부금액을 감소시키지 않는다. 이 경우 재무상태표상의 장부가액과 공정가치가 다르게 표시되는 것을 방지하기 위하여 전 회기연도에 인식했던 기타포괄손익을 줄이면서 손상차손을 인식하기 때문에 자산의 장부가액은 공정가치로 표시된다.

회기말에 인식해야 하는 금액으로 손실충당금을 조정하기 위한 기대신용손실액 또는 기대신용손실환입액은 손상차손과 손상환입액으로 당기손익으로 인식한다.

이자수익은 원칙적으로 금융자산의 총장부가액에 유효이자율을 적용하여 인식한다. 다만, 신용이 손상된 금융자산의 경우 상각후원가에 이자수익을 적용하여 인식한다. 신용이 손상된 금융자산은 최초 발생시점이나 매입할 때 신용이 손상되어 있는 금융자산의 경우에는 최초 인식시점부터 상각후원가에 신용조정 유효이자율을 적용한다.

4. 가치증식 목적으로 보유하는 금융자산의 회계처리에 대한 사례

삼성전자의 2024년 재무제표(별도) 주석에서 제시된 금융자산의 회계처리 사례는 다음과 같다. 금융자산은 금융자산의 관리를 위한 사업모형과 금융자산의 계약상 현금흐름 특성에 근거하여 분류하고, 계약상 현금흐름이 원금과 이자에 대한 지급만으로 이루어져 있는지를 평가할 때, 삼성전자는 해당 상품의 계약조건을 고려하고 있다.

삼성전자는 손상에 대하여 미래 전망 정보에 근거하여 상각후원가로 측정하거나 기타포괄손익-공정가치로 측정하는 채무상품에 대한 기대신용손실을 하고 있다. 단, 매출채권에 대해 채권의 최초 인식 시점부터 전체기간 기대신용손실을 인식하는 간편법을 적용하고 있다.

2024년 삼성전자의 금융자산의 범주를 살펴보면 금융자산은 총 53조 4,978억 규모이며, 이중 AC금융자산이 50조 9,478억으로 95.2%, FVOCI금융자산이 2조 1,763억으로 4.1%, 그리고 FVPL금융자산은 3,737억 0.7% 수준이다.

재무제표에는 계정과목을 확인해 본 결과 상각후원가 측정 금융자산은 중 매출채권이 33조 8,404억으로 66.4%이며, 현금 및 현금성자산이 1조 6,538억으로 3.2%으로 나타났다. AC금융자산의 당좌자산으로 구성되어 있으며, FVOCI금융자산과 FVPL금융자산은 투자자산항목으로 구성되어 있음을 확인할 수 있다.

삼성전자의 범주별 금융상품

(단위: 백만원)

	AC금융자산	FVOCI금융자산	FVPL금융자산	계
현금 및 현금성자산	1,653,766	0	0	1,653,766
단기금융상품	10,187,991	0	0	10,187,991
매출채권	33,840,357	0	0	33,840,357
FVOCI금융자산	0	2,176,346	0	2,176,346
FVPL금융자산				0
기타	5,265,647	0	373,681	5,639,328
계	50,947,761	2,176,346	373,681	53,497,788

5. 관계기업, 공동기업 및 종속기업 투자

K－IFRS에서는 투자자가 유의적인 영향력을 보유하는 기업을 관계기업이라고 한다. 유의적인 영향력이란 피투자자의 재무정책과 영업정책에 관한 의사결정에 참여할 수 있는 능력이다. 통상적으로 기업이 직접 또는 간접으로 피투자자에 대한 의결권의 20% 이상을 소유하고 있다면 유의적인 영향력을 보유하는 것으로 본다.

둘 이상의 당사자들이 공공지배력을 보유하는 약정을 약정의 공동지배력을 보유하는 당사자들이 그 약정의 순자산에 대한 권리를 보유하는 경우 이러한 약정을 공동기업이라 한다.

투자기업이 피투자기업의 지분 중 50%를 초과·취득하여 지배력을 획득하는 경우, 피투자기업은 종속기업이 되며 종속기업투자를 보유하는 지배기업은 주재무제표인 연결재무제표를 작성한다. 연결재무제표는 지배기업과 종속기업을 하나의 경제실체로 보고 각각의 재무제표를 결합하여 작성한다. 이때 지배기업은 종속기업에 대해 지배력을 가지는데 진다.

K－IFRS 제1110호(연결재무제표)는 투자자가 피투자자에 대한 관여로 변동이익에 노출되거나 변동이익에 대한 권리가 있고, 피투자자에 대하여 자신의 힘으로 그러한 이익에 영향을 미칠 능력이 있을 경우 피투자자를 지배한다고 한다. 따라서 의결권의 과반수가 있다는 것만으로 또는 위험과 효익에 대한 노출이 있다는 것만으로는 지배력이 있다고 할 수 없다. 변동이익은 위험과 보상에 대한 노출을 말한다. 연결재무제표에 종속기업투자는 표시되지 않는다. 그 이유는 연결재무제표 작성과정에서 종속기업투자주식은 종속기업 자본과 상계 제거되기 때문이다.

별도재무제표를 작성할 때, 관계기업, 공동기업에 대한 투자자산은 원가법, K－IFRS 제1109호(금융자산)에 따른 방법, 즉 금융자산의 회계처리 및 제1028호에서 규정하는 지분법 중 어느 하나를 선택하여 회계처리한다.

지분법이란 투자자산을 최초에 원가로 인식하고, 취득시점 이후 발생한 피투자자의 순자산 변동액 중 투자자의 몫을 해당 투자자산에 가감하여 보고하는 회계처리 방법이다. 즉 피투자자의 당기순손익 중 투자자의 몫은 투자자의 당기손익으로 인식하고, 피투자자에게서 받은 분배액은 투자자산의 장부금액을 줄여준다.

피투자자의 순자산변동이 기타포괄손익의 증감으로 발생하는 경우에도 그러한 자본 변동분 중 투자자의 지분에 해당하는 금액을 투자자산의 장부금액에 반영하는 것이 필요할 수도 있다. 기타포괄손익의 증감이 발생하는 경우로는 유형자산의 재평가나 외화환산차이 등이 있다. 이러한 피투자자 기타포괄손익의 변동액 중 투자자의 몫은 투자자의 기타포괄손익으로 인식한다.

지분법의 이해를 돕기 위해 사례를 살펴보면, A기업이 B기업의 보통주 발행주식의 25%를 ₩1,000,000원에 취득하여 보유하고 있다고 가정한다. 회기말 B기업이 ₩100,000의 당기순이익을 보고하면 이 경우 A기업은 ₩100,000의 25%에 해당하는 ₩25,000을 지분법이익으로 인식한다. 이는 A기업의 관계기업투자주식 계정은 B기업의 순자산을 의미하는 것이므로, B기업이 당기순이익을 보고하면 B기업의 순자산이 증가하게 되었기 때문에 A기업의 순자산을 증가시켜 주는 것이다. 또한 기초에 B기업이 ₩10,000의 배당을 결정하고 현금으로 지급했다면, A기업은 ₩10,000의 25%에 해당하는 ₩2,500을 관계기업투자주식 계정에서 차감해 준다. 이는 B기업이 배당을 하면 B기업의 순자산이 감소하였기 때문에 A기업의 관계기업투자주식 계정을 감소시켜 주는 것이다. 따라서 취득시점의 관계기업투자주식은 장부금액은 ₩1,000,000이고, 결산 후의 장부금액은 ₩1,025,000이며, 배당금을 수령한 후의 관계기업투지주식의 장부금액은 ₩1,022,500으로 변동될 것이다.

투자자는 매 회기 말 관계기업의 지분변동액에 대해 지분법을 적용한 후, 손상차손의 발생에 대한 객관적인 증거가 있는지를 평가하고, 회수가능가액이 장부금액에 미달하면 그 미달액을 장부금액에서 차감하고 손상차손으로 당기손실을 인식한다. 인식된 손상차손은 관계기업에 대한 투자자산의 장부금액의 일부를 구성하는 영업권을 포함하는 어떠한 자산에도 배분하지 않는다. 또한 이러한 투자자산의 회수가능가액이 후속적으로 증가하면, 손상차손을 인식하지 않았을 경우의 장부금액을 한도로 히여 손상차손의 환입을 당기이익으로 인식한다.

6. 관계기업·공동기업 투자자산의 회계처리에 대한 사례

삼성전자의 2024년 재무제표(별도) 주석에서 제시된 관계기업 · 공공기업 투자자산 회계처리 사례는 다음과 같다. 기업회계기준서 제1110호 '연결재무제표'에 의한 지배회사인 삼성전자는 별도재무제표에서 종속기업, 관계기업 및 공동기업에 대한 투자를 기업회계기준서 제1027호 '별도재무제표'에 따라 원가법으로 처리하고 있다. 또한 종속기업, 관계기업 및 공동기업 투자에 대한 객관적인 손상의 징후가 있는 경우, 종속기업, 관계기업 및 공동기업 투자의 회수가능액과 장부금액과의 차이는 손상차손으로 인식하고 있다.

삼성전자의 관계기업 및 공동기업 투자금액 변동

(단위: 백만원)

	2024년	2023년	2022년
기초	57,392,438	57,397,249	56,225,599
취득	336,648	108,300	1,272,296
처분	(315,306)	(144,317)	(164,503)
손상환입	13,416	31,206	63,857
기말	57,427,196	57,392,438	57,397,249

삼성전자는 2024년 관계기업 및 공동기업 투자금액은 3,366억이고 처분은 3,153억으로 순투자금액은 213억이었으며, 손상환입은 134억으로 처리하여 기말잔액은 57조 4,272억이다.

삼상전자의 관계기업별 투자 현황은 다음과 같다. 삼성전자의 관계기업의 구성은 수직적 결합형태로 생산에 필요한 부품을 공급을 담당하는 삼성전기와 IT시스템을 정비를 담당하는 삼성에스디에스로 구성되어 있다. 그리고 광고를 담당하는 제일기획과 신사업에 투자로 삼성바이오로직스를 계열사로 구성되어 있다. 이들 회사는 발행주식기준 20% 이상을 보유하고 있으며, 전자부품을 공급하는 삼성SD는 유통주식수 기준으로 20% 이상을 보유하고 있다.

삼성전자의 관계기업별 현황

(단위: 백만원)

기업명	삼성전기(주)	삼성 에스디에스(주)	삼성바이오로직스(주)	삼성SDI(주)	(주)제일기획
관계의 성격	모듈 등 전자부품의 생산 및 공급	컴퓨터 프로그래밍, 시스템 통합·관리 등	신사업 투자	2차전지 등 전자부품의 생산 및 공급	광고 대행업
발행 주식수 기준 지분율(%)	23.70%	22.60%	31.20%	19.60%	25.20%
유통 주식수 기준 지분율(%)				20.60%	
유동자산	5,891,746	9,003,787	5,518,118	10,334,313	2,754,194
비유동자산	6,900,656	4,234,543	11,818,179	30,263,032	568,459
유동부채	3,056,861	2,495,409	3,853,188	10,855,694	1,594,190
비유동부채	719,688	1,037,472	2,578,432	8,174,413	251,659
매출	10,294,103	13,828,232	4,547,322	16,592,249	4,344,257
계속영업손익	640,865	756,997	1,083,316	544,239	207,515
세후중단영업손익	38,265	–	–	55,051	–
기타포괄손익	349,340	144,625	(9,132)	722,676	76,571
총포괄손익	1,028,470	901,622	1,074,184	1,321,966	284,086
주식수(주)	17,693,084	17,472,110	22,217,309	13,462,673	29,038,075
시장가치	2,190,404	2,232,936	21,084,226	3,332,012	492,195
장부금액	445,244	560,827	1,595,892	1,242,605	491,599

주: 영업손익은 관계기업별 지배기업의 소유주에 귀속될 손익임.

7. 투자부동산

투자부동산은 임대수익이나 시세차익을 얻기 위하여 보유하는 부동산이다. 투자부동산은 기업이 보유하고 있는 부동산(토지, 건물(또는 건물의 일부분))으로 다른 자산과는 거의 독립적으로 현금흐름을 창출한다. 다만, 다음 목적으로 보유하는 부동산은 제외한다. 영업을 지원할 목적으로 재화나 용역의 생산 또는 제공이나 관리목적에 사용하거나, 영업의 대상으로 통상적인 영업활동과정에서의 판매를 위해서 보유하고 있는 부동산은 제외된다.

투자부동산으로 인식가능한 경우는 장기 시세차익을 얻기 위해서 보유한 토지, 장래 사용목적을 결정하지 못한 채 보유한 토지, 직접 소유하고 운용리스로 제공하는 건물, 운용리스[5]로 제공하기 위해 보유하는 미사용 건물, 미래에 투자부동산으로 사용하기 위하여 건설 혹은 개발 중인 부동산 등이다.

투자부동산의 인식요건은 투자부동산에서 발생하는 미래 경제적 효익의 유입 가능성이 높고 투자부동산의 원가를 신뢰성 있게 측정할 수 있을 때 자산으로 인식할 수 있다. 투자부동산은 최초 인식시점에 원가로 측정한다. 투자부동산의 원가에는 취득하기 위하여 최초로 발생한 원가와 후속적으로 발생한 추가원가, 대체원가 또는 유지원가를 포함한다. 투자부동산과 관련하여 일상적으로 발생하는 유지원가는 투자부동산의 인식요건을 충족한 경우의 지출금액에 대해서만 자본적 지출로 인식하고 이외에는 '수선유지'하는데 목적이 있으므로 원가가 발생하였을 때 비용으로 인식한다. 예를 들면 원래의 벽을 인테리어 벽으로 바꾸는 경우에는 대체하는 데 소요되는 원가가 인식기준을 충족한다면 원가발생 시점에 투자부동산의 장부금액에 인식하고, 대체되는 부분의 장부금액은 이 K-IFRS의 제거 규정에 따라 제거한다.

투자부동산을 인식 후 측정하는 방법으로는 원가모형과 공정가치 모형 중 하나를 선택하여 적용한다. 다만, 운용리스부동산에 대한 권리를 투자부동산으로 분류한 경우는 반드시 공정가치 모형을 적용하여 평가하여야 한다.

투자부동산에 대하여 원가모형을 선택한 경우에는 최초 인식 이후 모든 투자부동산에 대하여 원가모형으로 측정한다. 최초 인식 이후 투자부동산의 평가방법을 원가모형으로 선택한 경우에는 모든 투자부동산에 대하여 원가모형으로 측정한다. 매회기말에 투자부동산의 원가를 내용연수에 걸쳐 상각하고, 자산손상에 따른 손상차손 및 손상차손환입규정이 적용된다.

투자부동산에 대하여 공정가치모형을 선택한 경우에는 최초 인식 후 모든 투자부동산을 공정가치로 측정한다. 공정가치는 매각이나 다른 형태의 처분으로 발생할

---

5) 리스자산의 소유에 따른 위험과 보상의 대부분을 이전하지 않는 리스는 운용리스로 분류한다.

수 있는 거래원가를 차감하지 않고 산정하며, 매 회기 말 현재의 시장상황을 반영한다. 투자부동산의 공정가치 변동으로 발생하는 손익은 발생한 기간의 당기손익에 반영하고, 상각 자산의 경우 감가상각비를 인식하지 않는다.

또한 투자부동산에 대하여 모든 기업은 공정가치모형을 사용하던 원가모형을 사용하던 공정가치를 산정하여야 한다. 이는 원가모형을 적용하여도 투자부동산의 공정가치를 주석으로 기재하여야 하기 때문이다.

투자부동산을 처분하거나, 투자부동산의 사용을 영구히 중지하고 처분으로도 더 이상의 경제적 효익을 기대할 수 없는 경우에는 제거(재무상태표에서 삭제)한다. 투자부동산의 폐기나 처분으로 생기는 손익은 순처분금액과 장부금액의 차액이며 폐기하거나 처분한 기간에 당기손익으로 인식한다.

투자부동산 측정방법 비교

	원가모형	공정가치모형
측정기준	원가	공정가치
평가손익	–	기타손익
감가상각	실시함	해당사항 없음
손상회계	적용함	해당사항 없음
주석	공정가치 공시	–

8. 투자부동산의 회계처리에 대한 사례

현대자동차는 임대수익이나 시세차익을 얻기 위하여 보유하고 있는 부동산은 투자부동산으로 분류하고 있으며, 취득시 발생한 거래원가를 가산하여 최초 인식시점에 원가로 측정하며, 최초 인식 후 원가에서 감가상각누계액과 손상차손누계액을 차감한 금액을 장부금액으로 표시하고 있다. 후속원가는 자산으로부터 발생하는 미래 경제적 효익이 기업에 유입될 가능성이 높으며, 그 원가를 신뢰성 있게 측정할 수 있을 때에 한하여 자산의 장부금액에 포함하거나 적절한 경우 별도의 자산으로 인식하고 있으며, 대체된 부분의 장부금액은 제거하고 있다.

현대자동차의 투자부동산의 평가는 원가모형을 적용하고 있으며, 토지에 대해서는 감가상각을 하지 않으며, 토지를 제외한 투자부동산은 경제적 내용연수에 따라 25~50년 동안 정액법으로 상각하고 있다. 현재자동차의 2024년 재무제표(별도)에 표시된 투자부동산의 장부금액은 118,011백만원이다.

현대자동차의 투자부동산 장부금액

(단위: 백만원)

	토지	건물	구축물	계
취득원가	44,310	183,044	18,629	245,983
기초감가상각누계	0	113,638	8,932	122,570
감가상각비	0	4,995	407	5,402
기말감가상각누계	0	118,633	9,339	127,972
장부금액	44,310	64,411	9,290	118,011

현재자동차의 투자부동산의 공정가치 평가는 독립된 평가인에 의해 수행되었으며, 회사는 투자부동산 최초 인식 시 수행한 공정가치 평가 이후 공정가치 변동이 중요하지 않은 것으로 판단하고 있습니다. 한편, 투자부동산의 공정가치는 가치평가기법에 사용된 투입변수에 기초하여 수준 3으로 분류하고 있고, 공정가치 측정에 사용된 가치평가기법은 원가접근법 등이며, 원가접근법 적용시 건물 구조, 설계 등과 부대설비 현황 및 감가상각 기간을 고려하여 산정한 재조달원가로 공정가치를 측정하였다. 2024년 재무제표(별도)에 공시된 투자부동산의 공정가치는 194,110백만원으로 재무상태표에 표시된 원가보다는 76,099백만원이 높다.

현대자동차의 투자부동산 공정가치

(단위: 백만원)

	토지	건물	구축물	계
당기말	44,310	134,304	15,496	194,110
전기말	44,310	134,304	15,496	194,110

제4절 기타비유동자산

기타비유동자산은 유형자산, 무형자산, 투자자산에 속하지 않는 비유동자산으로 보증금, 장기매출채권 및 장기미수금, 이연법인세자산 등이 있다. 일반기업회계기준 '재무제표작성과 표시 I'의 실무지침에 따르면 기타비유동자산은 이연법인세자산과 기타로 표시한다. 이연법인세자산은 차감할 일시적차이 등으로 인하여 미래에 경감될 법인세부담액으로서 미래의 현금흐름을 예측하는 데 유용한 정보를 제공하므로 구분 표시하고, 기타는 보증금, 장기선급비용, 장기선급금, 장기미수금 등을 이며, 이들 자산은 투자수익이 없고 다른 자산으로 분류하기 어려워 기타로 통합하여 표시한다. 다만 이들 항목이 중요한 경우에는 별도 표시한다.

1. 보증금의 종류 및 회계처리

K-IFRS에서는 사무실 및 공장건물의 임차 시 지급하는 임차보증금, 전세권, 하자보증금, 영업보증금(입찰보증금, 계약보증금, 수입보증금) 등을 보증금계정으로 처리한다. 보증금은 원금을 소멸시키지 아니하고 이자수익에 대신하여 경제적 효익을 얻는 것으로서 감가상각의 대상이 아니며, 재무상태표에 공시할 때에는 보증금항목으로 일괄 묶어서 공시한다. 임대차계약에 따른 중개인 수수료, 계약서 작성비용, 인지대 및 임차권을 등기한 경우의 등록세 등의 제비용은 지급수수료 등의 계정과목으로 당기비용으로 인식한다.

임차보증금과 전세권은 원가배분을 필요로 하지 않으므로 기간 경과에 따라 상각하지 않고, 최초 발생 시 측정한 금액은 계약기간 중 변경에 의한 증액이나 계약상의 특정 사유로 인한 감액을 제외하고는 계약 종료 시점까지 동일금액으로 작성해야 한다. 또한 전세기간 임대차기간이 도래해도 임차보증금과 전세권은 유동자산으로 분류하지 않는다. 즉 K-IFRS는 계속기업을 가정하고 있고 이러한 가정 하에서 기업은 임대차기간 이후에도 계속 영업활동을 영위해야 하므로 계약을 갱신하거나 혹은 유사한 자산을 구입하거나 신축을 해야 한다. 이러한 과정에서 기업은 더 많은 자금을 부담해야 하므로 결국 현재의 임차보증금은 최소한의 고정적 투자금액으로 보고 있기 때문이다.

영업보증금은 영업 목적을 위하여 제공한 거래보증금, 입찰보증금 및 하자보증금을 말하고, 거래보증금은 기업간의 거래가 통상 외상으로 이루어지므로 수요자 간에 계속적인 거래를 보증하기 위하여 일방이 타방에 대하여 예치해 놓은 금액을 말한다. 상품공급자 또는 건설업자가 매입자 또는 시공주에 대하여 공사계약을 담보할 목적으로 납부하는 보증금이고 공매에 입찰하기 위하여 예치하는 보증금입니다. 보증기간이 경과하면 다시 반환받을 권리가 있는 금액만을 영업보증금으로 처리하고 보증계약과정서 발생하는 부대비용은 당기비용으로 인식한다. 영업보증금은 다른 보증금과 달리 보고기간 종료일로부터 1년 이내에 실현되는 경우에 유동자산으로 분류한다.

2. 장기매출채권과 장기미수금의 인식

장기매출채권과 장기미수금은 미래에 회수할 채권으로 회수기일이 1년 이상인 매출채권 및 미수금을 장기매출채권과 장기미수금으로 분류하고, 현재가치계산을 해야 한다.

장기매출채권과 장기미수금이 발생하면 전액 수익으로 인식하지 않고 장기채권이 회수되는 기간 동안 유효이자율법으로 상각하여 이자수익을 인식하기 때문에 상각후원가 측정 금융자산으로 분류한다.

장기매출채권과 장기미수금 매출채권과 미수금과 동일하게 회계연도 말에 회수가 불확실하다고 추정되는 금액을 예상하여 대손상각비로 인식하고 이를 대손충당금으로 설정한다. 대손충당금을 인식하기 위해서는 대손을 추정해야 하는데 K-IFRS는 대손추정을 위하여 기대신용손실법을 허용하고 있다. 기대신용손실법은 매 보고기간 말에 매출채권의 신용위험이 유의적으로 증가하였는지를 판단하고 미래 전망 정보를 포함하여 합리적으로 뒷받침될 수 있는 모든 정보를 고려하여 기대신용손실을 추정하는 방법이지만 매출채권의 경우는 기대신용손실을 측정할 때 충당금 설정률표(provision matrix)를 이용하는 실무적 간편법을 허용하고 있다. 예를 들면 충당금 설정률표는 매출채권의 연체 일수에 따라 고정된 충당률을 설정할 수 있다. 즉 연체가 없는 경우에 1%, 연체 일수가 30일 미만인 경우에 2%, 30일 초과 90일 미만인 경우에 3%, 90일과 180일 사이인 경우에 20% 등으로 충당률을 설정할 수 있다.

3. 이연법인세회계의 회계처리

이연법인세회계는 법인세비용과 법인세부담액과의 차이를 계산하여 이연법인세자산 또는 이연법인세부채로 계상하는 것으로 법인세비용을 발생주의에 따라 인식하고 법인세비용과 법인세부담액과의 차이를 대응의 원칙에 따라 차기 이후의 회계연도에 배분하는 절차이므로 법인세기간배분회계라고도 한다.

이연법인세는 기업회계와 세무회계의 차이에 의하여 발생한 세금효과를 이연하는 것을 의미한다. 기업회계는 발생주의에 의한 수익과비용대응의 원칙에 손익계산서를 작성하는 데 반하여 세무회계는 권리의무 확정주의에 의하여 기업의 소득을 계산하기 때문에 발생한다. 권리의무 확정주의란 특정회기에 수취할 권리가 확정된 수익(세법상 익금)에서 그 기간에 지급할 의무가 확정된 비용(세법상 손금)을 차감하여 회기의 과세표준을 산정하는 것을 말한다.

기업회계와 세무회계의 차이는 일시적 차이와 영구적인 차이로 구분할 수 있다. 일시적 차이는 기업회계기준과 법인세법의 인식기준의 차이로 발생하는 차이로 회계연도에 회계이익과 과세소득 사이에 차이가 발생하였으나 차기 이후에 소멸되는 차이를 말한다. 즉 차이발생이 미래 기간의 과세소득에 영향을 미치지 않는 차이를 말한다.

일시적 차이는 수익 · 비용이 회계이익의 결정에 포함되는 시기와 과세소득의 결정에 포함되는 시기가 상이함에 따라 발생하는 일시적차이와 수익 · 비용에는 포함되지 않지만 자산 · 부채의 최초인식 또는 공정가치에 의한 평가 등(예컨대, 지분증권의 공정가치 평가)으로 인하여 자산 · 부채의 장부가액과 세무가액에 차이를 가져오는 일시적차이로 구성된다. 이와 같이 일시적 차이가 발생하면 이연법인세자산과 이연법인세부채로 인식한다. 이연법인세부채는 나중에 납부하여야 할 세금상당액으로서 부채로 분류하고, 차기 이후 발생하는 이연법인세자산과 상계하거나 또한 부채이기 때문에 미래과세소득의 존재 여부에 관계없이 전액을 인식한다. 가산할 일시적 차이라 하는 이연법인세부채는 미래기간의 과세소득을 증가시키고, 그 결과 미래에 부담하게 될 법인세부담액을 증가시키는 효과를 가지는 일시적 차이가 발생할 때 이연법인세부채로 인식하고, 차감할 인식적 차이라 하는 이연법인세자산은 미래기간의 과세소득을 감소시키고 그 결과 미래에 부담하게 될 법인세부담액을 감소시키는 효과를 가지는 일시적 차이가 발생할 때 이연법인세자산으로 인식한다.

이연법인세자산은 미래기간의 과세소득이 충분하여 차감할 일시적 차이를 활용할 수 있는 가능성(법인세효과의 실현가능성)이 거의 확실한 경우에만 인식한다.

가. 법인세효과의 실현가능성이 거의 확실한 경우

① 다음의 회계기간에 소멸될 것으로 예상되는 가산할 일시적 차이가 충분한 경우

② 차감할 일시적 차이가 소멸될 기간에 과세소득이 충분할 것으로 예상되는 경우(당기를 포함한 최근 3년간 계속하여 경상이익이 발생한 회사로서 차기 이후 예상연평균경상이익이 각 회계연도에 소멸되는 차감할 일시적 차이 및 세무상 결손금을 초과하는 경우)

③ 미래 적절한 기간에 과세소득이 나타날 수 있도록 세무정책이 가능한 경우

나. 법인세효과의 실현가능성이 낮은 경우

① 당기를 포함한 최근 3년간 계속하여 결손금이 발생한 경우

② 누적적인 경상손실로 인하여 재무회계상 당기 말 현재 완전자본잠식 상태인 경우

K-IFRS는 자산 · 부채법에 따라 일시적 차이의 발생에 따른 법인세효과를 이연법인세자산 또는 이연법인세부채로 인식세율변동이 확정된 경우 이연법인세의 계산에 변동된 세율을 적용하며, 이미 계상되어 있는 이연법인세에 대하여도 변동된 세율에 따라 재계산하여 이를 수정하고 수정금액은 당해 회계연도의 법인세비용에서 조정하고 있다.

또한 기업회계기준과 법인세법의 견해차이로 발생하는 차이로 한 회계연도에 회계이익과 과세소득 사이에 차이가 발생하였으나 차기 이후에 소멸되지 않는 차이인

영구적인 차이의 경우는 이연법인세 문제가 발생하지 않는다.

이연법인세자산에 대한 간단한 사례를 살펴보면, 20×1년도 6월 30일에 1,000,000원을 연 6%의 이자율에 1년 후에 원리금을 상환하기로 약정하고 은행에서 대출하였다고 가정한다. 이 경우 20×1년도 12월 31일 결산일에 기업회계에서는 발생주의에 의하여 각 30,000원을 20×1년과 20×2년의 이자비용으로 인식하지만 세무회계에서는 권리의무 확정주의를 따르기 때문에 이자를 지불하는 의무가 확정되는 시기가 대출상환 시점인 20×2년도로 보고 20×2년도에 60,000원을 이자비용으로 인식한다. 이와 같은 수익과 비용의 발생시점과 권리의무 확정시점이 다른 차이를 일시적인 차이라고 하고, 이러한 일시적인 차이를 이연법인세자산과 이연법인세부채로 인식한다. 만약에 위의 예시기업의 법인세차감전이익이 20×1년 및 20×2년 동일하게 60,000이며, 세무조정 항목이 이자비용만 존재하고 법인세율은 20%라고 가정하면, 20×1년도의 법인세비용은 기업회계에서는 12,000원(60,000×20%)을 인식하지만, 세무회계에서는 권리확정주의에 의하여 과세표준이 90,000원이므로 세무서에 납부하는 세금은 18,000(90,000×20%)원이 된다. 이 차이인 6,000원은 당 연도에 납부하고 차 연도에 납부하지 않아도 되는 세금이므로 이연법인세자산으로 인식한다. 그리고 20×2년도에는 법인세비용을 기업회계에서는 12,000을 인식하지만, 세무회계에서는 권리확정주의에 의하여 과세표준이 30,000원이므로 납부해야 할 세금은 6,000원이 된다. 20×2년도의 법인세비용은 12,000원이 비용으로 인식되지만 세금은 6,000원 납부하기 때문에 이 차이인 6,000원 전년도에 이미 납부하였기 때문에 이연법인세자산을 차감하여 인식한다.

4. 기타비유동자산의 회계처리에 대한 사례

삼성전자의 2024년 재무제표(별도) 주석에서 제시된 기타비유동자산에 대한 회계처리 방침은 별도의 언급이 없다. 따라서 금융자산 및 매출채권에 대한 회계처리방침을 통하여 유추할 수 있다. 기타비유동자산중 금융자산은 금융자산의 관리를 위한 사업모형과 금융자산의 계약상 현금흐름 특성에 근거하여 분류하고, 계약상 현금흐름이 원금과 이자에 대한 지급만으로 이루어져 있는지를 평가할 때, 삼성전자는 해당 상품의 계약조건을 고려한다. 미수금에 대한 손실충당금은 채권의 최초 인식 시점부터 전체기간 기대신용손실을 인식하는 간편법을 적용한다.

삼성전자의 기타자산 분류

(단위: 백만원)

	유동자산	비유동자산	합계
미수금	3,249,731	9,680	3,259,411
기타	2,852,581	4,505,533	7,358,114
합계	6,102,312	4,515,213	10,617,525

삼성전자의 2024년 재무제표(별도) 주석에서 제시된 기타자산은 미수금이 3조 2,594억이며, 그 밖의 기타자산는 7조 3,581억이다. 이중 유동자산은 6조 1,023억이고 비유동자산은 4조 5,152억이다.

삼성전자의 2024년 재무제표(별도) 주석에서 제시된 기타자산 중 금융자산은 5조 6,393억이고 비금융자산은 4조 9,782억이다. 금융자산 중 AC금융자산은 5조 2,657억이며, FVPL금융자산은 3,739억이다.

삼성전자의 기타자산 분류

(단위: 백만원)

	AC금융자산	FVPL금융자산	합계
금융자산	5,265,647	373,681	5,639,328
비금융자산			4,978,197
합계	5,265,647	373,681	10,617,525

삼성전자는 종속기업, 관계기업 및 공동기업 투자지분과 관련된 가산할 일시적 차이에 대하여 소멸 시점을 통제할 수 있고 예측가능한 미래에 일시적 차이가 소멸하지 않을 가능성이 높은 경우를 제외하고 이연법인세부채를 인식하고 있으며, 이러한 자산으로부터 발생하는 차감할 일시적 차이에 대하여 일시적 차이가 예측가능한 미래에 소멸할 가능성이 높고 일시적 차이가 사용될 수 있는 과세소득이 발생할 가능성이 높은 경우에만 이연법인세자산을 인식하고 있다.

삼성전자의 이연법인세자산 증감 내역

(단위: 백만원)

	일시적 차이	미사용 세무상결손금	미사용 세액공제	자본에 직간접가감하는 이연법인세	이연법인세자산(부채)순액
기초이연법인 세자산 (부채)	1,860,860	928,705	6,339,250	802,543	9,931,358
이연법인세자 산(부채) 증감	547,094	(928,705)	4,658,032	125,653	4,402,074
기말인연법인 세자산 (부채)	2,407,954	0	10,997,282	928,196	14,333,432

삼성전자의 2024년 재무제표(별도) 주석에서 제시된 이연법인세자산의 증감은 일시적 차이, 미사용 세무상 결손금, 미사용세액공제 및 자본에 기간접적으로 가감하는 이연법인세로 구분하여 관리하고 있다. 일시적 차이는 토지재평가, 관계기업 및 공동기업투자, 감가상각누계액, 미수수익, 충당부채 및 미지급비용, 외화평가조정, 자산손상, 퇴직급여 및 기타로 구성된다. 저본에 직접 가감하는 이연법인세는 FVOCI금융자산과 순확정급여자산(부채) 재측정요소로 구성된다. 일시적 차이에서는 가산할 일시적 차이에서 차감할 일시적 차이로, 즉 미래에 부담하게 될 법인세부담액을 증가시키는 효과에서 미래에 부담하게 될 법인세부담액을 감소시키는 효과로 전환되었다.

CHAPTER 05

부채
(영업활동에 필요한 자본의 조달)

부채(영업활동에 필요한 자본의 조달)

지금까지 재무상태표의 자산에 대하여 논하였다. 본장에서는 기업의 영업활동에 필요한 자본의 조달인 부채를 다루고자 한다.

부채(liabilities)는 과거 사건에 의하여 발생하였으며, 경제적 효익이 내재된 자원이 기업으로부터 유출됨으로써 이행될 것으로 기대되는 현재의무이다. 부채는 영업활동을 위해 조달하는 자본에 해당하기 때문에 이를 타인자본이라고도 한다. 부채(liability)란 과거 사건의 의하여 발생하였으며 미래에 타실체에게 경제적 효익이 내재된 자원 즉 현금이나 상품 등을 제공해야 하는 현재의 의무라고 정의하고 있으나, 또한 본서에서는 기업의 활동 중의 하나인 재무활동으로서 영업에 필요한 자본의 조달이라고 명명하고자 한다. 기업은 기본적으로 영업활동에 필요한 운전자본은 유동부채로 조달하고, 영업활동을 지원하는 설비 등을 자본에 필요한 자금은 장기자본인 비유동부채와 자본으로 조달한다.

운전자본의 조달과 관련된 유동부채는 조달된 운전자본을 어떻게 운용하고 있는가를 설명한 '제3장 유동자산(영영활동에 필요한 운전자본)'에서 언급하였기 때문에 본장에서는 비유동부채를 중심으로 설명하고자 한다. 비유동부채는 금융부채인 일반사채와 특수사채, 비금융부채인 충당부채와 우발채무, 이연수익과 정부보조금, 리스자산과 리스부채, 순확정급여자산(부채), 계약자산과 계약부채를 포함하고 있다.

제1절 부채의 분류

1. 유동성에 의한 분류

일반적으로 부채는 유동성에 의하여 유동부채와 비유동부채로 분류하여 재무상태표에 구분 표시한다. 유동부채로 분류하기 위해서는 다음의 조건 중 하나를 만족하면 된다. ① 영업순환주기 내에 결제될 것으로 예상하고 있다. ② 주로 단기매매 목적으로 보유하고 있다. ③ 보고기간 후 12개월 이내에 결제하기로 되어 있다. ④ 보고기간 후 12개월 이상 부채의 결제를 연기할 수 있는 무조건의 권리를 가지고 있지 않다. 재무상태표에서 유동부채 범위에 속하는 부채로는 매입채무, 단기차입금 등이다.

- 매입채무는 기업의 주된 영업활동과 관련하여 발생한 채무로 외상매입금과 지급어음 등으로 구분된다.
- 단기차입금은 결산일 이후 1년 이내에 상환되어야 하는 차입금이다.

  비유동부채는 유동부채에 속하지 않는 그 밖의 모든 부채이다. 위에 제시된 재무상태표에서 비유동부채 범위에 속하는 부채로는 장기차입금, 사채 등이다.
- 장기차입금은 결산일 이후 1년을 초과하여 상환되어야 하는 차입금이다.
- 사채는 기업이 장기의 자금을 조달하기 위하여 유가증권을 발행하여 차입하는 채무이다.

유동부채와 비유동부채

분류	계정과목
유동부채	매입채무, 단기차입금, 단기미지급금, 선수금, 선수수익, 미지급비용, 미지급법인세 등
비유동부채	사채, 장기차입금, 장기매입채무, 장기미지급금, 장기선수금, 인연수익, 퇴직급여충당부채, 제품보증충당부채, 이연법인세부채 등

2. 의무부담의 확실성에 따른 분류

부채는 의무부담의 확실성에 따라, 즉 부채의 존재, 금액의 측정가능성, 지급시기의 확정 여부에 따라 확정부채와 추정부채로 구분한다. 확정부채는 부채의 존재, 금액, 지급시기 및 대상이 확정된 부채로서 매입채무나 차입금 등이 이에 속한다.

추정부채는 부채는 존재하지만 금액, 지급시기 및 대상이 미확정된 부채로 추정이 필요한 부채이다. 이에는 퇴직급여충당부채, 제품보증충당부채 등이 있다. 또한 채무의 존재 및 금액이 미래에 특정 사건의 발생 여부에 따라 결정되는 우발부채가 있으며 이에는 계류중인 소송사건 등이 포함된다.

3. 계약의 의무 여부에 따른 분류

금융자산으로 상환하기로 하는 계약상의 의무 여부에 따라 금융부채와 비금융부채로 구분할 수 있다. 금융부채는 거래상대방에게 현금 또는 다른 금융자산을 지급하거나 불리한 조건으로 금융자산을 교환해야 하는 계약상의 의무이다. 금융부채의 세부계정은 사채, 매입채무, 미지급금, 차입금 등이다. K－IFRS에서는 최초 인식 후 모든 금융부채는 유효이자율법을 사용하여 상각후원가로 측정한다. 다만, 당기손익인식금융부채, 금융자산의 양도가 제거 조건을 충족하지 못하거나 지속적 관여접근법이 적용되는 경우에 발생하는 금융부채, 금융보증계약, 시장이자율보다 낮은 이자율로 대출하기로 한 약정 등의 금융부채는 제외한다.

비금융부채는 금융자산으로 상환하기로 하는 계약상의 의무를 충족하지 못하는 부채로 거래상대방에게 인도되는 것이 재화와 용역을 인도해야 하는 부채이다. 비금융부채의 세부계정으로는 선수금, 선수수익, 충당부채 등이다.

제2절 부채의 평가

부채는 자산과 달리 직접적으로 시장가격의 변동이 발생하지 않고, 환율 및 이자율의 변동에 의하여 평가금액이 달라지기 때문에 일반적으로 부채는 상환하기 위해서 미래에 제공해야 할 재화나 용역의 현재가치로 평가해야 한다. 단, 유동부채의 속성상 만기금액(명목가액)으로 평가해도 중요성 관점에서 큰 문제가 없으므로 일반적으로 만기금액으로 평가한다.

1. 화폐의 시간가치

화폐의 시간가치(time value of money)는 어떤 한 단위의 화폐단위가 시간적 요인에 따라 다른 가치를 가지게 되는 것을 의미한다. 현재의 ₩10,000과 1년 후의 ₩10,000은 동일한 금액이라고 해도 그 가치가 다르다. 미래의 불확실성으로 인해 빨리 화폐를 소유하는 것을 선호하기 때문에 가치가 달라지는 것이다.

화폐의 시간가치는 이자율과 기간이라는 요소에 영향을 받는다. 예를 들어, 오늘 ₩1,000을 은행예금(연 이자율 10%)에 넣어둔다면, 1년 뒤에는 원금 ₩1,000과 이자 ₩100을 수령하게 된다. 이렇듯 현재의 ₩1,000과 1년 뒤 ₩1,100은 가치가 같게 된다. 동일한 금액이라면 현재의 가치가 미래의 가치보다는 크다는 것을 의미한다.

가. 단일금액의 미래가치

단일금액의 미래가치란 현재의 금액과 동일한 가치를 갖게 되는 미래 특정시점의 금액이다. 예를 들어 현재의 ₩1,000과 1년 뒤의 ₩1,100의 가치를 가질 경우 1년 후의 ₩1,100은 현재의 ₩1,000의 미래가치가 된다. 즉 미래가치는 현재의 금액(₩1,000)에 이자(₩100)가 합쳐져서 나타나게 되는 금액(₩1,100)이다. 이자를 계산하는 방법에는 두 가지 방법이 존재한다. 하나는 단리방식이고 다른 하나는 복리방식이다. 이 두 가지 방식의 가장 큰 차이점은 '이자발생분에 이자를 계산하는가? 계산하지 않는가?'에 의해서 차이가 난다. 우선 단리방식은 이자발생분에 대해서 이자를 계산하지 않고 원금에 대한 이자를 계산하며, 복리방식은 이자가 발생할 때마다 원금에 합하여 새로운 원금에 대하여 이자를 계산하는 방식이다.

단리방식과 복리방식의 비교를 위해서 한 가지 상황을 가정을 하면, 20×1년 1월 1일에 이자 연 10%, 3년 만기 정기예금에 ₩1,000을 입금하였다. 이럴 경우 매년 이자발생액과 만기일에 수령하게 되는 원금과 이자를 확인하면 다음과 같다.

단리방식

일자	이자발생액	정기예금의 가치
20×1. 12.31.	1,000×10%=100	1,000+100=1,100
20×2. 12.31.	1,000×10%=100	1,100+100=1,200
20×3. 12.31.(만기일)	1,000×10%=100	1,200+100=1,300

복리방식

일자	이자발생액	정기예금의 가치
20×1. 12.31.	1,000×10%=100	1,000+100=1,100
20×2. 12.31.	1,100×10%=110	1,100+110=1,210
20×3. 12.31.(만기일)	1,210×10%=121	1,210+121=1,331

만기일의 단리방식과 복리방식의 정기예금의 가치를 살펴보면, 단리방식일 경우 ₩1,300원, 복리방식일 경우 ₩1,331원으로 나타났다. 복리방식이 단리방식에 비하여 이자가 ₩31원이 더 많은 것으로 나타났으며 이는 이자발생분을 원금에 산입하여 계산하게 되어서 나타나게 되는 차이라고 할 수 있다. 일반적으로 기업은 결제권을 갖는 제1금융권이 아니기 때문에 단리빙식은 사용되지 않고, 복리빙식이 사용되기 때문에 미래가치계산은 복리방식을 사용한다. 복리방식 미래가치 계산을 그림으로 나타내면 다음과 같다.

원금이 1,000원일 경우 1기간 이후의 미래가치는 1,100원(1,000×1.1)이고, 2기간 이후의 미래가치는 1,210원($1{,}000\times1.1^2$)이며, 3기간 이후의 미래가치는 1,331원($1{,}000\times1.1^3$)이 된다.

미래가치 계산 과정

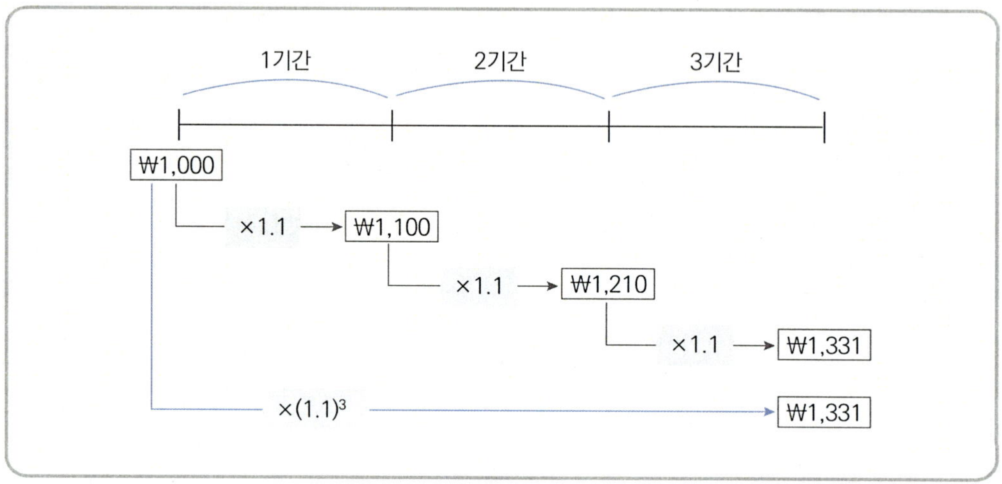

미래가치를 FV(future value), 이자율을 r, 기간을 n이라 표기할 경우, 위의 식을 일반화하면 $FV = PV(1+r)^n$ 로 현재의 현금흐름을 미래가치로 전환하기 위해서는 $(1+r)^n$을 곱하면 된다. 이렇게 식을 사용해서 미래가치를 계산할 수도 있다.

나. 단일금액의 현재가치

현재가치(present value)의 계산이란 미래에 발생하게 될 화폐가치를 현재시점에서의 화폐가치로 환산하는 계산방법이다. 미래가치의 계산과정을 역으로 생각하면 현재가치를 계산할 수 있다.

앞서 제시된 미래가치 사례에서 이자율은 10%, 기간은 3기간으로 원금 ₩1,000을 예금했을 때 3년 뒤에는 ₩1,331원을 받을 수 있었다. 현재가치 사례에서 역시 이자율은 10%이고 기간을 3기간으로 가정하고 3년 후 ₩1,331원을 받기 위해서 현재 얼마를 예금하여야 하는가를 계산하는 과정을 그림으로 나타내면 다음과 같다.

3년 뒤에 받고자 하는 금액이 1,331원이었으므로 이를 이용하여, 1기간 이전의 현재가치는 1,210원($1,331 \times \frac{1}{1.1} = 1,210$)이고, 2기간 이전의 현재가치는 1,100원($1,331 \times \frac{1}{(1.1)^2} = 1,100$)이며, 3기간 이전의 현재가치는 1,000원($1,331 \times \frac{1}{(1.1)^3} = 1,000$)이 된다.

현재가치 계산 과정

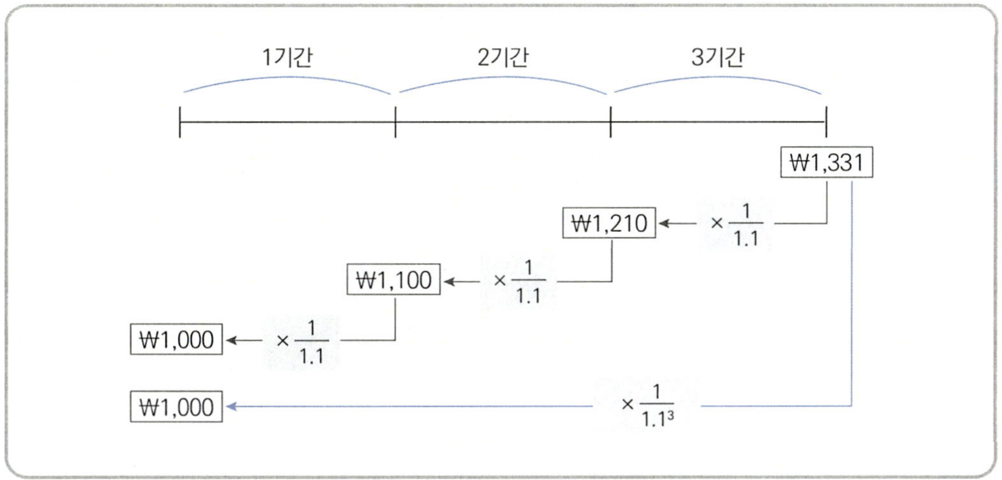

현재가치를 PV(present value), 이자율을 r, 기간을 n이라 표기할 경우, 위의 식을 일반화 하면 $PV = FV \times \frac{1}{(1+r)^n}$ 로 미래의 현금흐름을 현재가치로 전환하기 위해서는 $(1+r)^n$으로 나누면 된다.

다. 연금의 미래가치

연금(annuities or pension)이란 매 기간 일정한 금액이 반복적으로 발생하는 현금흐름을 일컫는다. 연금의 미래가치계산(future value of annuity)이란 특정기간 동안 일정금액을 연말에 계속적으로 지급한다면 특정기간 말에 그 가치가 얼마인가를 계산하는 방법을 말한다.

예를 들어, 매년 말 100원씩 3년 만기의 적금을 부의면 3년 후에 찾는 금액이 얼마인가를 계산하는 것이 연금의 미래가치이다. 이자율은 10%로 가정한다. 이렇게 일정기간 일정한 금액을 주거나 받는 것을 우리는 연금이라고 한다. 이 상황에서 3년 후에 찾는 금액을 계산하고자 하면 이때 연금의 미래가치를 적용한다. 이 계산을 그림으로 나타내면 다음과 같다.

연금미래가치 계산과정

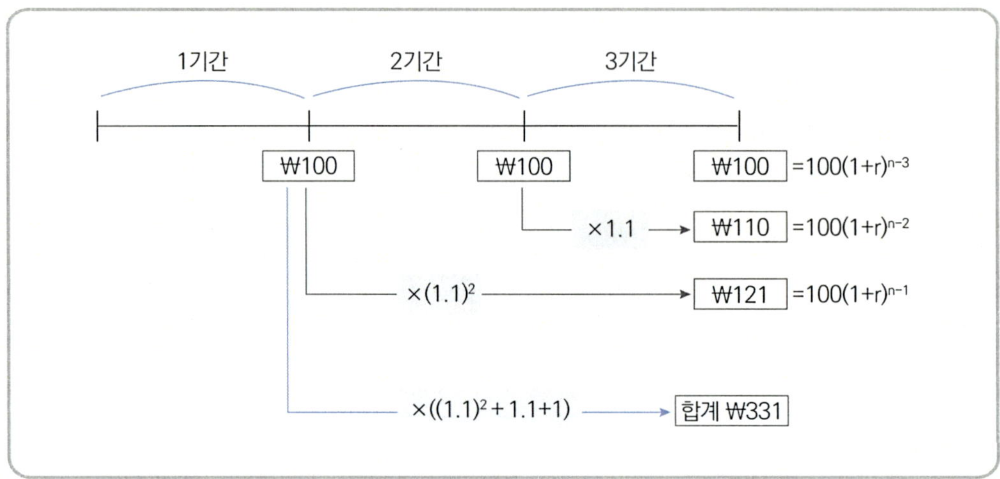

1기간 말 연금의 미래가치는 121원(100×1.12)이고, 2기간 말 연금의 미래가치는 110원(100×1.1)이며, 3기간 말 연금의 미래가치는 100원(100×1)이다. 따라서 마지막 3년 기말에 측정된 적금의 가치는 매년 말 연금가치들의 합계로 321원 $(100\times(1.1)^2+1.1+1)$을 되돌려 받을 수 있다. 연금의 미래가치를 FVA(future value of an annuity) 연금 A, 이자율을 r, 기간을 n으로 표기할 경우, 위의 식을 일반화하면 $FVA = A[(1+r)^{n-1}+(1+r)^{n-2}+\cdots+(1+r)^0] = A[\frac{(1+r)^n-1}{r}]$으로 매년 말에 연금형태로 예금하는 연금에 $[(1+r)^n-1]/r$을 곱하면 된다.

라. 연금의 현재가치

연금의 현재가치(present value of annuity)란 일정기간 동안 매년 말에 일정금액을 지급하는 경우 이 미래금액들의 현재가치의 합계를 말한다.

예를 들어, 매년 말에 100원을 연금을 받기 은행에 얼마를 예치해야 하는가를 계산하는 것이 연금의 현재가치이다. 이자율을 10%로 가정하고 현재 예치하여야 할 금액을 계산하고자 하면 이때 연금의 현재가치를 적용한다. 이 계산을 그림으로 나타내면 다음과 같다.

연금 현재가치 계산과정

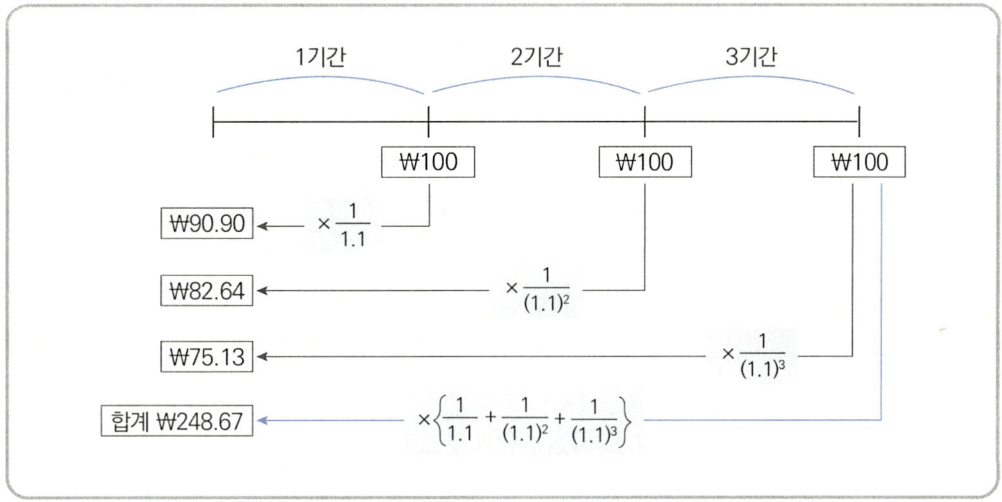

1기간 말 연금의 현재가치는 90,90원($100 \times \frac{1}{1.1}$)이고, 2기간 말 연금의 현재가치는 82.64원($100 \times \frac{1}{(1.1)^2}$)이며, 3기간 말 연금의 현재가치는 75.13원($100 \times \frac{1}{(1.1)^3}$)으로 현재 시점에서 예치해야 할 금액은 3년 동안 연금가치들의 총 합계액은 248.67원($100 \times (\frac{1}{1.1} + \frac{1}{(1.1)^2} + \frac{1}{(1.1)^3})$)이 된다. 연금의 현재가치를 PVA(present value annuity), 연금을 A, 이자율을 r, 기간을 n으로 표기할 경우, 위의 식을 일반화하면 $PVA = A[\frac{1}{1+r} + \frac{1}{(1+r)^2} + \cdots + \frac{1}{(1+r)^n}] = A[\frac{(1+r)^n - 1}{r(1+r)^n}]$로 연금에 $[(1+r)^n - 1]/[(1+r)^n - 1]/r(1+r)^n$을 곱하면 된다.

2. 유효이자율법과 상각후원가

4장에서 만기보유증권 및 AC금융자산은 장부금액과 액면금액의 차이를 상환기간에 걸쳐 유효이자율법에 의하여 상각하여 취득원가에 가감하고 이자수익으로 인식한다고 설명하였다. 사채의 유효이자율법이란 매기 이자지급 시 사채의 장부가액에 유효이자율을 곱한 금액과 표시이자의 차이 금액을 상각하여 사채할인발행차금에 가감하고, 사채의 장부가액에 유효이자율을 곱한 금액을 이자비용으로 인식하는 방법이다.

사채의 상각후원가 및 유효이지율법에 대하여 구체적인 사례를 들어 설명하면 다음과 같다. 액면가액 100,000원, 표시이자율 연 8%, 유효이자(시장이자)율 연 10%, 만기는 3년, 이자지불은 매년 말에 지불하는 조건의 사채를 연초에 95,026원에 발행하였다고 가정하자. 이는 95,026원을 차입하고 3년 후에 100,000원을 상환하는 것과 같다. 이때 차입한 금액과 상환하는 금액, 즉 취득원가와 액면금액의 차이 4,974원은 사채할인발행차금이 되고, 즉 선급이자에 해당한다. 4,794원을 3년간의 이자비용에 해당하므로 발생주의에 적용하여 3년에 걸쳐 매년 이자비용으로 배분하여야 한다. 이때 3년간의 이자비용으로 배분하는 방법은 유효이자율법에 의하여 배분한다. 따라서 1년차에 95,026원을 차입한 것과 같기 때문에 발행 당시 시장이자율에 의하여 발생되는 이자는 9,503원이나 실제 지급이자는 8,000원이므로 발생이자와 지급이자의 차이인 1,503원을 사채할인발행차금에서 상각한다. 이때 사채할인발행차금의 잔액은 3,471원으로 감소하고, 기말 사채의 장부가액은 96,529원이 된다. 따라서 2년차에는 96,529원을 차입한 것과 같기 때문에 발행 당시 시장이자율에 의하여 발생되는 이자는 9,653원이나 실제 지급하는 이자는 8,000원이므로 발생이자와 지급이자의 차이인 1,653원을 사채할인발행차금에서 상각한다. 이때 사채할인발행차금의 잔액은 1,818원으로 감소하고, 기말 사채의 장부가액은 98,182원이 된다. 3년차에는 98,182원을 차입한 것과 같기 때문에 발행 당시 시장이자율에 의하여 발생되는 이자는 9,818원이나 실제 지급하는 이자는 8,000원이므로 발생이자와 지급이자의 차이인 1,818원을 사채할인발행차금에서 상각한다. 이때 사채할인발행차금의 잔액은 0원이 되고, 기말 사채의 장부가액은 100,000원으로 상환할 금액 100,000과 일치하게 된다. 이와 같이 사채할인발행차금이 줄어드는 것을 상각이라고 하고 상각된 금액에 의하여 매년 사채의 장부가액이 증가하기 때문에 부담하는 이자비용이 늘어난다. 따라서 유효이자율법을 적용하면 사채장부가액에 비례하여 매년 부담하는 이자도 늘어나기 때문에 이자비용의 기간별 배분이 합리적으로 이루어지는 장점이 있다. 이를 표로 나타내면 다음과 같다.

일자	유효이자 (시장이자)	표시이자 (현금이자)	상각액	미상각잔액	사채 장부가액
20×1. 1. 1				4,674	95,026
20×1. 12. 31	9,503[1)]	8,000	1,503[2)]	3,471[3)]	96,529[4)]
20×2. 12. 31	9,653	8,000	1,653	1,818	98,182
20×3. 12. 31	9,818	8,000	1,818	0	100,000

95,026×10%[1)], (9,503−8,000)[2)], (4,674−1503)[3)], (95,026+1,503)[4)]

제3절 사 채

1. 사채의 의의

기업이 설비투자를 위하여 장기자본을 통하여 조달하는데 그 조달방법으로는 자기자본과 타인자본을 통하여 조달한다. 자기자본은 자본시장에서 투자자를 대상으로 주식이라는 유가증권을 발행하여 조달하는 유상증자가 있으며, 타인자본을 조달하는 방법은 금융기관을 통한 차입하는 장기차입금과 자본시장에서 투자자를 대상으로 채권이라는 유가증권 즉 회사채를 발행하여 조달하는 방법이 있다.

회사채(bonds)란 기업이 장기의 자금을 조달하기 위하여 유가증권을 발행하여 차입하는 채무이다. 발행된 사채는 일정기간 후에 액면금액을 상환하고 정기적으로 액면이자율로 확정된 이자를 지급하기로 약정되어 있다.

2. 사채의 발행

회사가 발행한 사채를 취득한 채권자는 주식에 투자한 주주와는 달리 회사경영과 이익배당에는 참여할 수 없다. 한편, 채권자를 보호하기 위하여 상법에서는 사채의 총액을 최종의 재무상태표에 의하여 회사에 현존하는 순재산액의 4배를 초과하지 못하도록 규정하고 있다.

발행된 사채권에는 액면가액, 연이자율, 이자지급일, 만기일이 표시된다. 여기서 연이자율은 사채이자율(coupon rate) 또는 표시이자율(stated interest rate)이라고 하는 것으로 사채권에 표시된 이자율이다. 표시이자율과는 다른 개념으로 유효이자율(effective interest rate)은 사채발행의 시점에서 만기가액을 얻을 수 있는 투자수익률이다. 이는 사채발행 당시의 시장이자율(market interest rate)과 사채발행과 관련하여 사채발행을 대행하는 증권회사 등에 지급하는 수수료가 발생하는데 이를 사채발행비를 고려한 이자율이다. 사채발행비가 기업이 조달하는 실질적인 금액을 감소시키기 때문에 사채발행가액에서 차감하고, 이 때문에 사채발행차금은 증가하여 기업이 부담하는 이자율은 시장이자율보다 높아진다. 이처럼 기업이 실질적으로 부담하는 이자율을 유효이자율이라고 한다.

사채의 발행가액은 사채의 공정한 시장가치이며 사채를 발행함으로써 미래에 지급해야 할 현금흐름, 즉 사채원금과 이자비용의 현재가치(present value)의 합계액을 의미한다. 사채 발행가액 계산과정을 그림으로 나타내면 다음과 같다.

사채 발행가액 계산과정

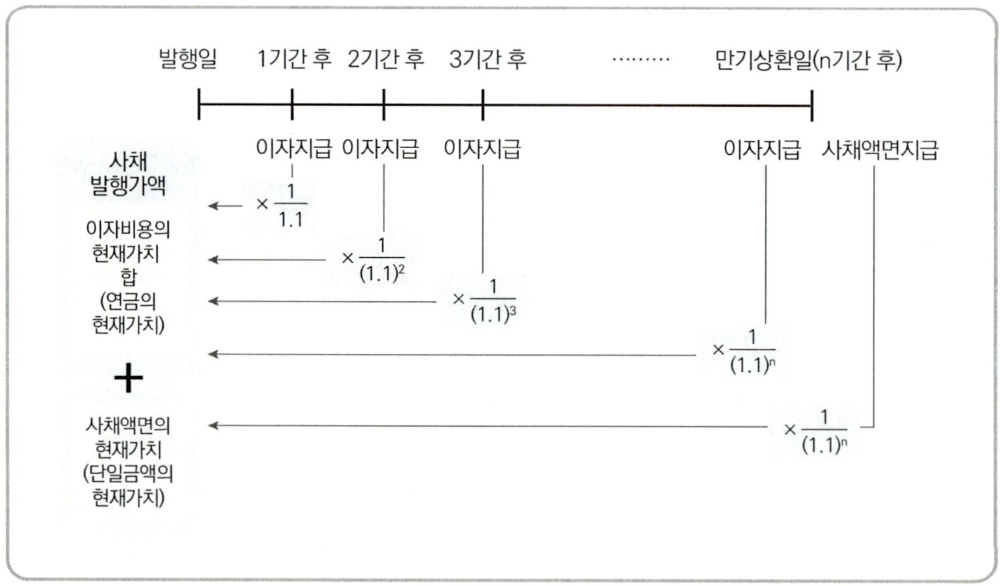

위 그림을 살펴보면 사채의 발행가격은 사채액면의 현재가치(단일금액의 현재가치)와 이자비용의 현재가치(연금의 현재가치) 합으로 계산된다. 즉 사채의 발행사액은 사채액면은 만기상환일에 한 번만 지급하기 때문에 단일금액의 현재가치로 계산하고, 이자는 매 기간 말에 지급을 해야 하므로 연금의 현재가치로 계산하여 그 합으로 계산한다.

사채 발행가액＝사채액면의 현재가치(단일금액의 현재가치)＋기간 별 지급이자의 현재가치(연금의 현재가치)

사채는 액면발행, 할인발행, 할증발행 세 가지 형태로 구분된다. 액면발행(issued at par)은 사채의 표시이자율과 유효이자율이 동일한 경우에 발행되는 사채로 사채의 액면가액과 발행가액이 동일하게 발행된다.

할인발행(issued at discount)은 사채가 액면가액보다 낮은 발행가액으로 발행된 경우로, 이 경우 유효이자율이 표시이자율보다 높게 되어 사채할인발행차금이 나타나므로 이를 상각하는 회계처리를 해야 한다. 사채할인발행차금은 사채를 차감하는 평가계정[1]이다. 예를 들어 기업이 발행하는 사채의 표시이자율이 시장이자율보다 낮으면 투자자들이 투자를 하지 않으므로 기업은 시장이자율의 수익률을 보장하는 금액까지 액면금액보다 낮은 금액으로 할인발행하게 된다. 이때 할인된 발행가액과 액면금액과의 차이를 사채할인발행차금이라고 하고 이는 투자자에게 지급하는 선이자의 개념이다. 할증발행(issued at premium)은 사채가 액면가액보다 높은 발행가액으로 발행된 경우로, 이 경우 유효이자율이 표시이자율보다 낮게 되어 사채할증발행차금이 나타나므로 이를 환입하는 회계처리를 해야 한다. 사채할증발행차금은 사채를 가산하는 평가계정이다. 이를 요약하면 다음과 같다.

1) 평가계정은 주된 계정에 부속된 계정을 말하며 주계정의 현재가치를 평가하기 위하여 존재한다.

사채의 발행형태

구분	상황	발행가액과 액면가액 비교
① 액면발행	시장이자율＝표시이자율	발행가액＝액면가액
② 할인발행	시장이자율＞표시이자율	발행가액＜액면가액
③ 할증발행	시장이자율＜표시이자율	발행가액＞액면가액

3. 사채의 이자비용 계산

사채가 액면가액과 다르게 할인발행 또는 할증발행된 경우 사채할인(할증)발행차금이 발생하게 되는데 이는 사채의 차감(부가)계정으로서 사채로부터 차감(부가)한 상각후가액을 재무상태표가액으로 표시하여야 한다.

또한 이와 같이 발생한 사채할인(할증)발행차금에 대한 회계처리를 K－IFRS에서는 유효이자율법을 적용하여 사채의 발행시부터 최종상환시까지의 기간에 상각 또는 환입하고 동 상각 또는 환입액을 사채이자에 가감하도록 규정하고 있다.

이해를 돕기 위하여 다음과 같은 사례를 중심으로 이자비용 및 사채할인발행차금상각에 대하여 설명하고자 한다.

(주)ERICA는 다음과 같은 조건으로 사채를 발행한다.
발행일: 20×1. 1. 1, 액면금액: ₩100,000, 표시이자율은: 8%(이자는 매년 말 지급) 시장이자율: 10%(사채발행비는 0으로 가정), 만기일: 20×3. 12. 31

위 사례의 사채와 관련하여 현금유출입을 그림으로 표시하면 다음과 같다. 즉 사채발행가액은 95,026원의 현금이 유입되고, 그 후 3년에 걸쳐 매년 말 8,000원의 현금이자와 3년 후 만기일에 원금 100,000원이 유출된다. 따라서 사채의 3년간의 이자는 현금이자 24,000원과 선이자인 사채할인발행차금 4,974원의 합계금액인 28,974원이다. 이는 원리금 상환액 124,000원에서 발행일에 유입된 95,026을 차감한 금액과 일치한다.

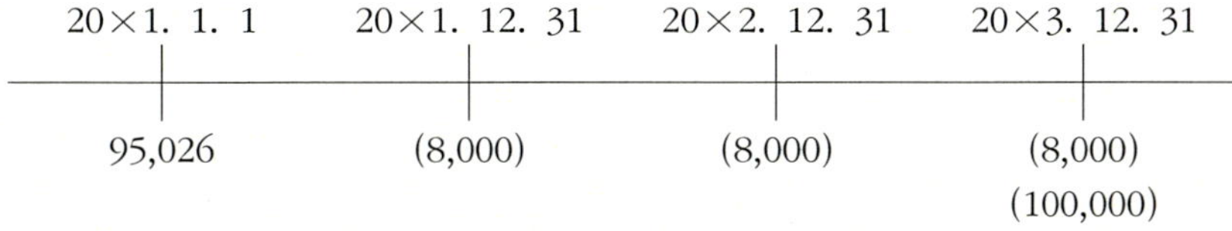

사채를 할인발행 할 경우 발행가액보다 더 많은 금액을 만기에 액면가액으로 상환하게 되므로 그 차액 즉 사채할인발행차금만큼이 추가로 지급되는 이자비용에 해당된다. 따라서 할인발행을 할 경우 사채발행인이 실제로 부담하는 이자비용은 현금지급액에 사채할인발행차금을 가산한 금액으로 이루어진다.

사채할인발행차금도 유효이자율법(effective interest method)에 의하여 상각한다. 이는 사채의 장부가액에 유효이자율을 곱하여 매년 기업이 실질적으로 부담하는 이자비용을 계산한 다음 표시이자율에 의하여 지급되는 현금이자를 차감하여 사채할인발행차금 상각액을 산정한다. 유효이자율법에 의하면 사채의 장부금액은 점차 증가함에 따라 매년 유효이자도 증가하지만 현금이자는 일정하게 지급하게 되므로 상각액은 매년 증가하게 된다.

유효이자율법에 의한 사채할인발행차금상각

① 유효이자=사채 기초 장부가액×유효이자율

② 현금이자=사채 액면금액×표시이자율

③ 사채할인발행차금상각=유효이자−현금이자

이에 대한 상각표를 작성하면 다음과 같다.

일자	유효이자	표시이자	치금 상각액	미상각 잔액	시체 장부가액
20×1. 1. 1.				4,974	95,026
20×1. 12. 31.	9,503*1	8,000	1,503*2	3,471	96,529*3
20×2. 12. 31.	9,653	8,000	1,653	1,818	98,182
20×3. 12. 31.	9,818	8,000	1,818	0	100,000
	28,974	24,000	4,974	−	−

*1 95,026×10%, *2 (9,503−8,000), *3 (95,026+1,503)

4. 사채의 상환

사채의 만기가 도래하여 상환할 경우에는 액면발행, 할인발행 및 할증발행에 관계없이 액면금액을 상환하게 된다.

사채의 만기상환 이외에 상환에는 조기상환이 있다. 사채의 조기상환이란 사채를 만기일 이전에 상환하는 경우를 나타낸다. 이때 사채의 상환가액과 사채의 장부가액이 일치하지 않으므로 사채상환에 따른 손익이 발생하게 된다. 사채상환손익은 사채 조기상환 가액에서 사채의 장부가액을 차감하여 계산하며, 당기손익으로 분류한다. 또한 사채가 할인발행 혹은 할증발행 되었다면, 조기상환일 현재 미상각된 사채할인발행차금 또는 사채할증발행차금을 제거해야 한다.

사채상환손익＝사채 조기상환가액－사채 장부가액

5. 사채(금융부채)의 회계처리에 대한 사례

현대자동차의 2024년 재무제표(별도) 주석에서 제시된 금융부채 회계처리 사례는 다음과 같다. 금융부채는 사업결합에서 취득자의 조건부대가이거나 단기매매항목이거나 최초 인식시 당기손익인식항목으로 지정할 경우에 해당하지 않는 경우 후속적으로 유효이자율법을 사용하여 상각후원가로 측정한다. 현대자동차는 회사의 의무가 이행, 취소 또는 만료된 경우에만 금융부채를 제거하고, 제거되는 금융부채의 장부금액과 지급하거나 지급할 대가의 차이는 당기손익으로 인식하고 있다.

현대자동차는 무보증 공모로 3~7년 만기 사채를 발행하고 있다. 사채1의 경우는 조기상환이 하였고, 사채1은 만기가 1년 이내로 유동성사채로 재분류되었다. 따라서 현대자동차의 사채의 장부가액은 3,297억이다.

현대자동차 사채의 내역

(단위: 백만원)

	사채1	사채2	사채3	사채4	사채5	합계
발행일	’20.05.08	’20.05.08	’21.02.09	’21.02.09	’21.02.09	
만기일	’25.05.08	’27.05.08	’24.02.09	’26.02.09	’28.02.09	
표시이자	1.81%	1.92%	0.00%	1.48%	1.73%	
액면금액	130,000	80,000	0	180,000	70,000	460,000
사채할인 발행차금						(314)
유동성사채						(129,962)
장부가액						329,724

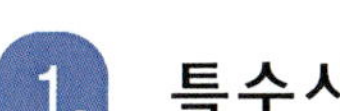

제4절 특수사채 및 외화표시 채권채무

1. 특수사채

기업이 설비투자를 위하여 회사채(bonds)를 발행하고 이자를 지급하여야 하는데 신용도가 높지 않은 기업의 경우 보증을 위한 수수료 지급 등으로 자금조달 비용이 상승하게 된다. 따라서 이러한 이자비용을 감소시키기 위하여 특정한 선택권을 부가하는 특수사채를 발행하게 된다. 특수사채는 보통 주식전환 등의 선택권을 부가하고 있어 낮은 이자율이나 또는 무이자로 발행되기 때문에 이자비용부담이 감소하고 추후 자본으로 전환이 가능하다. 이에는 전환사채(convertible bond, CB), 신주인수권부사채(bond with warrants, BW), 교환사채 등이 있다.

전환사채(convertible bond, CB)는 다른 종류의 증권 특히, 주식으로 전환할 수 있는 권리가 부가된 사채로 이는 일반사채와 마찬가지로 확정이자를 지급하지만, 일정한 조건 아래 발행회사의 주식으로 전환할 수 있는 선택권, 즉 전환권이 부여된 사채이다. 전환사채는 투자자에게 수익성과 기업에의 참가가능성이라는 두 가지 이점을 부여함으로써 투자유인을 제공하고 있는데, 즉 전환사채의 소유자는 주식시세가 전환가액을 상회하는 경우 주식으로 전환하여 이익을 얻을 수 있고, 유리한 전환의 기회가 없을 경우에는 사채를 계속 보유하여 상환을 받을 수 있다. 한편, 발행자의 입장에서도 전환사채의 액면이자율이 보통사채보다 낮고, 주식으로 전환된 경우에는 상환부담이 경감되므로 유리한 점이 있다.

신주인수권부사채(bond with warrants, BW)는 신주인수권이 부가된 사채라고 할 수 있는데, 먼저 신주인수권이 무엇인지에 대하여 먼저 알아보면, 신주인수권이란 기업이 유상증자를 할 경우에 다른 투자자에 우선하여 신주를 인수할 수 있는 권리를 말한다. 상법에서는 주주의 신주인수권을 원칙적으로 법적인 권리로 규정하고 다만 예외적으로 정관에 의하여 주주의 신주인수권을 제한하거나 제3자에게 신주인수권을 부여할 수 있음을 규정하고 있다. 신주인수권부사채란 사채발행 후 일정기간 내에 미리 약정된 가격, 즉 신주인수가격으로 발행회사에 일정한 수 또는 금액에 해당하는 신주의 교부를 청구할 수 있는 권리가 부여된 사채이다. 이러한 신주인수권부사채는 신주인수권 행사에 의한 주식매입으로 자본이득을 기대할 수 있으므로 낮은 표면이자율로도 발행이 가능하기 때문에 기업측면으로 볼 때 자금조달이 용이하고 투자자 측면에서는 주가가 상승하면 시가 이하로 주식을 매입할 수 있게 되는 이점이 있다. 그 외에도 발행회사 주식의 시세나 재무구조의 우량도에 따라서 사채의 발행금리를 조정할 수 있는 장점도 가지고 있다.

전환사채와 비교하여 보면 전환사채의 경우 전환권을 일단 행사하면 사채권자로서의 지위가 소멸되지만, 신주인수권부사채의 경우 신주인수권을 행사하여도 사채 자체는 소멸되지 않으며, 전환사채와는 달리 신주인수권부사채의 경우에는 사채와 신주인수권을 일체로 혹은 별개로 나누어서 발행할 수도 있다.

교환사채(exchangeable bond, EB)는 발행 기업이 특정 조건에 따라 다른 기업의 주식으로 교환할 수 있는 권리를 부가된 사채이다. 이는 투자자에게 고정된 이자수익을 제공하면서도, 발행 기업이 보유한 다른 회사의 주식으로 교환할 수 있는 기회를 제공한다. 교환사채는 일반적으로 기업이 자금을 조달하는 방법 중 하나로 사용되며, 발행 기업이 보유한 자산을 활용할 수 있는 수단이기도 하다.

2. 외화표시 채권채무

외화표시 채권은 발행 기업이 외국 통화로 이자를 지급하고 원금을 상환하는 채권으로 이자는 외화로 지급되며, 이는 환율에 따라 원화로 환산 시 변동할 수 있다. 또한 환율 변동에 따른 위험이 존재하고, 외화가치가 하락하면 이자와 원금의 환산 가치가 줄어들 수 있다. 외화 표시 채권은 환 헤지 목적이나 다양한 통화에 대한 투자 다변화를 위해 사용될 수 있다.

외화표시 채무는 외국 통화로 차입한 부채로, 외화로 이자를 지급하고 원금을 상환하는 채무로 외화로 이자를 지급하며, 이는 환율 변동에 따라 원화로 환산 시 비용이 달라질 수 있다. 또한 환율 변동으로 인해 부채의 원화 가치가 변동할 수 있으며, 외화가치가 상승하면 상환 부담이 커질 수 있으며 환율 변동에 따라 자산 및 부채의 평가가 필요하다.

외화표시 채권과 채무는 발생 시점의 환율로 평가되고 이후 회계기간마다 현재 환율 즉 현행환율로 재평가하여 환산손익을 당기손익으로 인식한다. 이는 외화표시 채권과 채무의 공정가치 변동을 반영하며, 환율이 상승하면 환차익, 하락하면 환차손이 발생한다. 특정한 경우, 외화환산손익이 기타포괄손익으로 반영될 수 있습니다. 예를 들어, 해외 자회사의 재무제표를 환산할 때 발생하는 환산차손익은 기타포괄손익으로 처리된다.

외화표시 채권과 채무를 회수 및 상환할 때 적용되는 환율이 장부에 기록된 환율과 다를 경우, 환율 변동에 따라 외화차익 또는 외화차손이 발생한다. 이때 발생하는 외화차손익은 손익계산서에 당기손익으로 반영된다. 따라서 기말에 평가하는 과정에서 발생하는 외화환차손익은 미실현보유손익이고, 채권채무를 회수 및 상환과정에서 발행하는 외화환산손익은 실현손익이다. 이 모든 외화차손익을 손익계산서의 금융손익으로 인식한다.

3. 외화표시 채권채무 회계처리에 대한 사례

삼성전자의 2024년 재무제표(연결) 주석에서 제시된 외화환산은 연결회사 내 개별기업의 재무제표에 포함되는 항목들을 각각의 영업활동이 이루어지는 주된 경제 환경에서의 기능통화를 적용하여 측정하고 있으며, 지배회사의 기능통화는 대한민국 원화이며 연결재무제표는 대한민국 원화로 표시하고 있다.

연결회사의 표시통화와 다른 기능통화를 가진 모든 연결회사 내 개별기업의 경영성과와 재무상태는 다음과 같은 방법으로 연결회사의 표시통화로 환산하고 있다. ① 자산과 부채는 보고기간종료일의 마감환율로 환산하고 있으며, ② 손익계산서의 수익과 비용은 해당 기간의 평균환율로 환산한다. 단, 이러한 평균환율이 거래일의 전반적인 누적환율효과에 대한 합리적인 근사치가 아닐 경우에는 해당 거래일의 환율로 환산하고 있다. 또한 ③ 위 ①, ②의 환산에서 발생하는 외환차이는 기타포괄손익으로 인식하고 있다. 2024년 재무제표(연결) 해외사업장환산외환차이는 18조 6,150억이다.

삼성전자의 2024년 재무제표(별도) 주석에서 제시된 외화환산은 재무제표에 포함되는 항목들을 회사의 영업활동이 이루어지는 주된 경제환경에서의 기능통화인 대한민국 원화를 적용하여 측정하고 있으며, 재무제표는 대한민국 원화로 표시하고 있다. 삼성전자의 2024년 별도포괄손익계산서에 인식된 외화차이 금융수익은 7조 3,216억이고 외화차이 금융비용은 7조 2,806억으로 인식하고 있다.

제5절 충당부채와 우발부채

1. 충당부채

충당부채는 지출하는 시기 또는 금액이 불확실한 부채이다. 다음 제시되는 요건을 모두 충족하는 경우에 인식한다.

① 과거사건의 결과로 현재의무가 존재한다.

② 해당 의무를 이행하기 위하여 경제적 효익이 있는 자원을 유출할 가능성이 높다.[2)]

2) 유출할 가능성이 높다라는 것은 유출이 발생하지 않을 가능성보다 높은 것을 의미하므로 유출할 가능성이

③ 해당 의무를 이행하기 위하여 필요한 금액을 신뢰성 있게 추정할 수 있다.

충당부채는 결제에 필요한 미래 지출의 시기 또는 금액에 불확실성이 있다는 점에서 매입채무와 미지급비용과 같은 그 밖의 부채와 구별된다.

충당부채는 제품보증충당부채, 복구충당부채, 지급보증충당부채, 손실부담계약충당부채, 구조조정충당부채 등이 있다. 앞서 열거된 충당부채 중 제품보증충당부채의 사례를 통하여 충당부채의 회계처리를 확인해 보도록 하자.

제품보증충당부채란 판매자가 구매자에게 제품의 품질과 성과를 보증하는 제품보증에 대하여 애프터서비스비용 등 추가적 비용의 발생을 예상하여 미리 설정하는 충당부채이다. 즉 제품보증 서비스를 제공할 때 비용으로 인식하는 것이 아니라, 제품을 판매한 기간의 결산시점에서 발생기준에 따라 제품보증의 의무를 부담한다고 인식하는 충당부채를 설정하게 된다. 충당부채를 회계처리 할 때 상대계정은 비용으로 인식한다. 이후 제품보증 서비스를 실제로 제공하게 되어 현금 등의 자산이 사용될 경우 제품보증충당부채를 감소시키면서, 현금 등의 자산을 감소시키면 된다.

2. 우발부채

충당부채에 비하여 불확실 정도가 더욱 큰 경우 우발부채라 한다. 즉, 우발부채는 과거사건으로 생겼으나, 기업이 전적으로 통제할 수는 없는 하나 이상의 불확실한 미래 사건의 발생 여부로만 그 존재 유무를 확인할 수 있는 잠재적 의무이거나, 과거사건으로 생겨난 현재의무이지만 그 의무를 이행하기 위하여 자원이 유출될 가능성이 매우 높지가 않거나 또는 그 가능성은 매우 높으나 당해 의무를 이행하여야 할 금액을 신뢰성 있게 추정할 수 없는 경우에 우발부채라 한다.

우발부채는 기업이 특정 사건의 발생 여부에 따라 미래에 발생할 수 있는 잠재적인 부채를 의미하는 것으로 현재는 의무가 없지만, 특정 조건이 충족될 경우 발생할 가능성이 있는 채무를 말한다. 우발부채는 주로 다음과 같은 상황에서 발생합니다. ① 기업이 피소된 경우에 소송 결과에 따라 발생할 수 있는 배상 책임, ② 기업

50%를 초과함을 의미한다.

충당부채와 우발부채 비교

구분	충당부채	우발부채
현재의무	존재	존재 유무 확인 할 수 없는 잠재적 의무
경제적효익이 내재된 자원의 유출가능성	높음	높지 않음
금액의 신뢰성 있는 추정	추정 가능	추정 불가능
회계처리	부채로 인식	부채를 인식하지 않고 주석으로 공시

이 제3자에게 보증을 서거나 담보를 제공한 경우에 해당 의무가 발생할 수 있는 상황, ③ 특정 계약에서 발생할 수 있는 의무(예: 계약 해제 시 발생할 수 있는 손해배상), ④ 환경오염 등으로 인해 발생할 수 있는 복구비용 또는 처벌금 등이다.

우발부채는 다음과 같은 방식으로 회계 처리된다. 우발부채는 현재 의무가 아니므로, 확정된 채무와는 다르게 처리되며, 우발부채는 특정 사건의 발생 가능성이 높고, 그 금액이 신뢰성 있게 측정될 수 있는 경우에만 인식할 수 있다. 이 경우에는 충당부채로 인식한다. 우발부채는 투자자와 이해관계자에게 관련 위험을 인식시키기 위하여 재무제표에 직접 반영되지 않지만 주석을 통해 공시해야 한다.

3. 충당부채 및 우발부채 회계처리에 대한 사례

가. 충당부채

삼성전자의 2024년 재무제표(별도) 주석에서 제시된 충당부채는 판매보증, 기술사용료, 장기성과급 및 기타로 구분하여 계상하고 있다.

삼성전자는 출고한 제품에 대한 품질보증, 교환, 하자보수 및 그에 따른 사후서비스 등으로 인하여 향후 부담할 것으로 예상되는 비용을 보증기간 및 과거 경험률 등을 기초로 추정하여 충당부채로 설정하고 있으며, 협상 진행 중인 기술사용계약과 관련하여 향후 지급이 예상되는 기술사용료를 추정하여 충당부채로 계상하고 있다.

지급시기 및 금액은 협상결과에 따라 변동될 수 있음을 공시하고 있다. 또한 임원을 대상으로 부여연도를 포함한 향후 3년간의 경영실적에 따라 성과급을 지급하는 장기성과 인센티브를 부여하고 향후 지급이 예상되는 금액의 경과 기간 해당분을 충당부채로 계상하고 있다.

기타 충당부채로는 생산 및 판매를 중단한 제품에 대하여 향후 부담할 것으로 예상되는 비용 등을 추정하여 충당부채로 계상하고 있으며, 온실가스 배출과 관련하여 해당 이행연도분 배출권의 장부금액과 이를 초과하는 배출량에 대해 향후 부담할 것으로 예상되는 비용을 추정하여 충당부채로 계상하고 있다.

삼성전자 충당부채의 내역

(단위: 백만원)

	판매보증	기술사용료	장기성과급	기타	합계
기초	673,951	1,815,938	713,719	3,750,227	6,953,835
순전입(환입)	801,454	1,337,893	202,630	2,384,980	4,726,957
사용	(718,775)	(532,481)	(262,023)	(1,575,488)	(3,088,767)
기타	0	172,551	0	95,388	267,939
기말	756,630	2,793,901	654,326	4,655,107	8,859,964

나. 우발부채와 약정사항

삼성전자의 2024년 재무제표(별도) 주석에서 제시된 우발부채와 약정사항은 채무지급보증, 계약이행지급보증, 무역금융 · 상업어음할인 및 외상매출채권담보대출 등의 약정, 무역금융 약정, 외상매출채권담보대출 약정 및 발생하지 않은 유 · 무형자산의 취득을 위한 약정 등으로 구분하여 공시하고 있다. 이 외에도 2024년도말 현재 삼성전자는 다수의 회사 등과 정상적인 영업과정에서 발생한 소송, 분쟁 및 규제기관의 조사 등이 진행중에 있는데, 이에 따른 자원의 유출금액 및 시기는 불확실하며 삼성전자의 경영진은 이러한 소송 등의 결과가 삼성전자의 재무상태에 중요한 영향을 미치지 않을 것으로 판단하여 공시하지 않고 있다.

삼성전자 2024년도 말 현재 해외종속기업의 자금조달 등을 위하여 제공하고 있는 채무보증 내역은 다음과 같다.

삼성전자 해외종속기업 채무보증 내역

(단위: 백만원)

차입기업	SETK	기타	합계	계약이행보증
보증처	BNP 외	기타		
보증종료일	2024-12-16			
차입금(원화)	675,675	-	675,675	-
차입금(외화)	-	-	-	-
약정금액(원화)	1,392,090	10,518,247	11,910,337	532,893

삼성전자 2024년도 말 현재 해외종속기업의 계약이행을 위하여 제공하고 있는 지급보증 한도액은 532,839백만이고, 우리은행 외 4개 은행과 무역금융 · 상업어음할인 및 외상매출채권담보대출 등의 약정을 맺고 있으며 동 약정에 대한 통합한도액은 10,667,500백만으로 공시하고 있다. 이외에도 회사는 신한은행 외 18개 은행과 한도액 US$8,898백만의 무역금융 약정을 체결하고 있으며, 외상매출채권담보대출 등과 관련하여 기업은행 외 4개 은행과 한도액 506,249백만의 외상매출채권담보대출 약정 등을 맺고 있다고 공시하고 있다. 또한 발생하지 않은 유 · 무형자산의 취득을 위한 약정액은 7,335,536백만을 공시하고 있다.

제6절 이연수익과 정부보조금

1. 이연수익

이연수익(Deferred Revenue)은 기업이 재화나 서비스를 제공하지 않았음에도 불구하고 미리 받은 금액으로 부채로 인식되며, 기업이 재화나 서비스를 제공해야 할 의무가 있다. 이연수익은 최근 유행하고 있는 구독서비스 및 고객충성제도에 의한 포인트 시스템에서 나타난다.

구독 서비스는 고객에게 지속적인 가치를 제공하고, 기업에게는 안정적인 수익 모델을 제공하기 때문에 이 모델은 다양한 산업에서 성공적으로 활용되고 있으며, 장기적으로 지속적인 관계를 통하여 고객과의 충성도를 높일 수 있다.

예를 들어, 디지털콘텐츠(예: Netflix)나 클라우드 기반 소프트웨어(예: Adobe Creative Cloud, Microsoft 365) 및 정기적으로 제품이 배송되는 서비스(예: 마켓컬리) 등과 같은 구독서비스에서 기업이 연간 구독료를 선불로 수령한 경우 이 구독료는 서비스를 제공하는 동안 발생주의에 따라 수익으로 전환되기 전까지 이연수익으로 인식된다.

고객충성제도에 의한 포인트 시스템은 기업이 고객의 반복 구매를 유도하고, 고객 충성도를 높이기 위해 설계된 프로그램으로 고객이 상품이나 서비스를 구매할 때마다 포인트를 적립하고, 이 포인트를 나중에 할인이나 혜택으로 교환할 수 있는 방식이다. 포인트 시스템은 고객이 구매할 때마다 일정 비율의 포인트를 적립해 주고(예: 1,000원 구매 시 10포인트 적립), 적립된 포인트는 향후 구매 시 할인으로 사용하거나, 특정 상품과 교환할 수 있도록 한다. 그러나 포인트에는 유효 기간이 있을 수 있으며, 일정 기간 내에 사용하지 않으면 소멸한다.

이와 같은 포인트 제도는 고객이 반복적으로 구매하도록 유도하고, 고객의 구매 패턴과 선호도를 분석하여 마케팅 전략을 개선하는 데 활용할 수 있다. 또한 고객이 포인트를 통해 혜택을 경험함으로써 브랜드에 대한 충성도가 높아질 수 있다.

포인트 제도의 회계처리는 고객이 포인트를 적립할 때, 해당 포인트의 가치는 이연수익으로 인식한다. 이는 고객에게 제공해야 할 혜택에 대한 의무를 나타낸다. 고객이 포인트를 사용하여 할인받거나 상품을 교환할 때 이연수익이 차감하고 수익으로 인식한다.

이연수익은 수익을 올바른 회계기간에 인식하도록 하여 발생주의 원칙을 준수하며, 이해관계자들에게 향후 의무와 수익 인식 시기를 명확히 제공하는 특징을 가지고 있다. 또한 이연수익은 사전에 유입된 현금의 현황을 제공하여 유동성 평가에 도움을 준다.

2. 정부보조금

정부보조금은 기업의 영업활동과 관련하여 과거나 미래에 일정한 조건을 충족하였거나 충족할 경우 기업에게 지급하는 금전적 지원이다. 보조금의 유형으로는 자산취득을 위한 보조금과 수익 보전을 위한 보조금이 있다. 이를 자산관련 보조금과 수익관련 보조금이로고 한다.

자산관련 보조금은 정부로부터 자산을 취득하기 위해 지원받는 금액으로, 회계처리 방법은 자산차감법과 이연수익법으로 나누어진다.

자산차감법은 자산의 장부금액에서 보조금을 차감하는 방법이다. 이 방법에 의하면 보조금은 감가상각 자산의 내용연수에 걸쳐 감가상각비를 감소시키는 방식으로 당기순손익에 인식된다. 예를 들어 기업이 기계장치를 100만원에 취득하고 정부로부터 보조금을 20만원을 받았다면 기계장치의 장부가액은 80만원이 되고 매년 감가상각비는 이 금액을 기준으로 산정한다. 따라서 이 방법에 의하면 자산의 가액은 낮게 표시되어 연도별 감가상각비는 줄어들어 기업의 이익은 줄어든 감가상각비만큼 높게 산정된다.

이연수익법은 보조금을 이연수익 즉 부채로 인식하여 자산의 내용연수에 걸쳐 체계적으로 당기순이익에 인식하는 방법이다. 이 방법에 의하면 보조금은 자산의 내용연수에 걸쳐 수익으로 인식되고 별도의 부채가 계상된다. 예를 들어 기업이 20만원의 보조금을 받았다면, 이 금액은 이연수익으로 처리되어 매년 일정 금액이 수익으로 인식된다. 따라서 이 방법으로 처리하면 별도의 부채가 계상되어 재무제표에 영향을 미치고 체계적으로 수익이 인식된다. 자산관련 보조금의 회계처리는 자산차감법과 이연수익법 두 가지 방법이 있으며, 각 방법은 장단점이 있다. 자산차감법은 실무에서 더 많이 사용되며, 이연수익법은 보다 체계적인 수익 인식을 제공하고 있다. 이러한 회계처리 방법을 통해 기업은 자산취득 시 재정적 도움을 받을 수 있다.

수익관련 보조금은 자산관련 보조금 이외의 보조금으로, 특정 비용을 보전하기 위해 지급되는 경우가 많으며, 이 보조금은 기업의 영업활동과 직접적인 관련이 있을 수 있다.

수익관련 보조금을 수령한 경우에는 당기의 손익에 반영한다. 다만, 수익관련 보조금을 사용하기 위하여 특정의 조건을 충족해야 하는 경우에는 그 조건을 충족하기 전에 받은 수익관련 보조금은 선수수익으로 인식한다.

수익관련 보조금은 대응되는 비용이 없는 경우 회사의 주된 영업활동과 직접적인 관련성이 있으면 영업수익으로, 그렇지 않으면 영업외수익으로 인식한다. 반면 수익관련 보조금이 특정의 비용을 보전할 목적으로 지급되는 경우에는 당기손익에 반영하지 않고 특정의 비용과 상계처리한다. 예를 들어, 공공성이 많은 재화나 용역을 제공하는 무연탄채굴회사나 버스회사로 하여금 매출가격이 매출원가에 미달하는 재화나 용역을 계속 제공하게 할 목적으로 지급되는 보조금은 영업수익으로 회계처리하고, 벤처회사의 신기술개발을 지원하기 위해 지급되는 보조금은 영업외수익으로 회계처리 한다. 반면 저가로 수입할 수 있는 원재료를 국내에서 구입하도록 강제하는 경우에 지급되는 수익관련 보조금은 제조원가에서 차감한다.

3. 정부보조금 회계처리에 대한 사례

SK하이닉스는 2024년 재무제표(별도) 주석에서 제시된 정부보조금에 대한 회계처리를 다음과 같다. 비유동자산을 취득 또는 건설하는 데 사용해야 한다는 기본조건이 부과된 정부보조금을 기계장치를 취득할 때 수령하였으며, 기계장치의 장부금액을 계산할 때, 정부보조금을 차감하고 감가상각자산의 내용연수에 걸쳐 당기손익으로 인

SK하이닉스 기계장치 장부금액 구성내역

(단위: 백만원)

	취득원가	감가상각누계액	손상차손누계액	정부보조금	장부금액
기초잔액	78,492,621	(55,003,335)	(157,439)	(4,556)	23,327,291
취득					9,653,443
처분 및 폐기					(20,862)
감가상각					(7,097,888)
대체					2,043,868
기말잔액	89,477,376	(61,416,223)	(147,267)	(8,034)	27,905,852

식하고 있다. 또한 수익관련 보조금은 정부보조금으로 보전하려 하는 관련원가를 비용으로 인식하는 기간에 걸쳐 관련비용에서 차감하는 방법으로 당기손익으로 인식하고 있다.

제7절 리스자산과 리스부채

리스(Lease)는 기업이 영업활동에 필요한 자산을 직접 취득하지 않고, 자산의 소유자에게 사용료(리스료)를 지급하고 거래상대방으로부터 해당 자산을 일정기간 동안 사용할 수 있는 권리를 이전받는 계약을 의미한다. K-IFRS에서는 리스를 "대가와 교환하여 자산(또는 기초자산)의 사용권을 일정 기간 이전하는 계약"으로 정의하고 있다.

리스를 식별함에 있어서 K-IFRS에서는 리스계약이나 리스를 포함하는 계약에서 계약의 각 리스요소를 리스가 아닌 요소(이하 '비리스요소'라고 한다)와 분리하여 리스로 회계처리 하도록 하고 있다. 단, 실무적 간편법을 적용하는 경우에는 분리하지 않도록 하고 있다.

1. 리스이용자의 회계처리

리스이용자는 리스개시일에 사용권자산과 리스부채를 인식한다.

사용권자산(right-of-use asset)의 최초측정은 사용권자산을 원가로 측정하고, 사용권자산의 원가에는 ① 리스부채 최초 측정금액, ② 리스개시일이나 그 전에 지급한 리스료(받은 리스 인센티브는 차감), ③ 리스이용자가 부담하는 리스개설직접원가, ④ 리스 조건에서 따라 기초자산을 원상복구에 소요되는 원가추정치 등이 포함된다.

사용권자산의 후속측정은 리스이용자가 투자부동산에 대해서 공정가치모형을 적용하는 경우에는 모든 투자부동산에 대해서 공정가치모형을 적용해야 하므로 투자부동산의 정의를 충족하는 사용권자산에 대해서도 공정가치모형을 적용한다, 또한 사용권자산이 유형자산의 재평가모형을 적용하는 유형자산의 유형에 관련되는 경우에도 리스이용자는 그 유형자산의 유형에 관련되는 모든 사용권자산에 재평가모형을 적용하기로 선택할 수 있다. 이와 같은 측정모형 중 어느 하나를 적용하지 않는 경우에는 리스이용자는 리스개시일 후에 원가모형을 적용하여 사용권자산을 측정한다.

리스이용자는 리스가 리스기간 종료시점 이전에 리스이용자에게 기초자산의 소유권을 이전하는 경우나 또는 사용권자산의 원가에 리스이용자가 매수선택권을 행사할 것임이 반영되는 경우, 리스이용자는 리스개시일부터 기초자산의 내용연수 종료시점까지 사용권자산을 감가상각한다. 그 밖의 경우에는 리스이용자는 리스개시일부터 사용권자산의 내용연수 종료일과 리스기간 종료일 중 이른 날까지 사용권자산을 감가상각한다. 사용권 자산의 장부가액이 회수가능액을 초과하는 경우 손상차손을 인식한다.

리스부채의 최초측정은 리스개시일에 그날 현재 지급되지 않은 리스료의 현재가치로 리스부채를 측정한다. 이때 리스의 내재이자율을 쉽게 산정할 수 있는 경우에는 내재이자율로, 내재이자율을 쉽게 산정할 수 없는 경우에는 리스이용자의 증분차입이자율을 사용하여 리스료를 할인한다. 리스부채의 최초측정 리스료에는 ① 리스계약에 따라 지급해야 할 고정 리스료, ② 지수나 요율에 따라 달라지는 변동 리스료, ③ 잔존가치보증에 따라 리스이용자가 지급할 것으로 예상되는 금액, ④ 리스이용자가 매수선택권을 행사할 것이 상당히 확실한 경우 그 매수선택권의 행사가격, ⑤ 리스기간이 리스이용자의 종료선택권 행사를 반영하는 경우에 그 리스를 종료하기 위하여 부담하는 위약금 등을 포함한다.

리스부채를 최초 측정한 후에는 리스부채에 대한 이자비용 및 지급한 리스료 반영하여 유효이자율법에 의하여 리스부채를 측정한다. 이때 유효이자율은 당초 리스부채를 최초 측정할 때 사용한 할인율을 의미한다.

리스이용자는 리스개시일 후에 리스료에 생기는 변동을 반영하기 위하여 리스부채를 재평가한다. 리스이용자는 사용권자산을 조정하여 리스부채의 재평가 금액을 인식한다. 그러나 사용권자산의 장부금액이 영(0)으로 줄어들고 리스부채 측정치가 그보다 많이 줄어드는 경우에 리스이용자는 나머지 재측정 금액을 당기손익으로 인식한다.

리스부채의 재평가는 다음과 같이 적용된다. 리스이용자는 리스개시일 후에 리스기간에 변경 및 기초자산을 매수하는 선택권 평가에 변동이 있는 경우에 수정 할인율로 수정 리스료를 할인하여 리스부채를 재평가한다. 또한 잔존가치보증에 따라 지급할 것으로 예상되는 금액에 변동 및 리스료를 산정할 때 사용한 지수나 요율(이율)의 변동으로 생기는 미래 리스료에 변동이 있는 경우에 수정 리스료를 할인하여 리스부채를 재평가한다. 이때 리스료의 변동이 변동이자율의 변동으로 생긴 경우가 아니라면 변경되지 않은 원래 할인율을 사용하고, 리스료의 변동이변동이자율의 변동으로 생긴 경우라면 그 이자율 변동을 반영한 수정 할인율을 사용한다.

2. 리스제공자의 회계처리

리스제공자는 기초자산의 소유에 따른 위험과 보상의 대부분의 이전 여부에 따라 금융리스와 운용리스로 분류한다. 금융리스는 리스자산의 소유에 따른 위험과 보상의 대부분이 리스이용자에게 이전되고, 리스기간이 자산의 경제적 내용연수의 대부분을 차지하며, 리스이용자는 자산의 잔존가치를 포함한 모든 위험을 부담하는 경우이다. 운용리스는 리스제공자가 리스자산의 소유에 따른 위험과 보상의 대부분이 유지하며, 리스기간이 자산의 경제적 내용연수보다 짧고, 리스이용자는 자산의 유지보수 및 관리에 대한 책임을 지지 않는다.

금융리스의 최초측정은 리스제공자가 내재이자율로 계산한 리스 순투자와 동일한 금액을 수취채권으로 표시하고, 리스 순투자 측정 시, 리스개설직접원가를 포함한다. 리스개시일 이후 리스제공자는 금융리스 순투자에 대해 유효이자율법을 적용하여 리스채권의 회수액과 이자수익을 인식한다. 리스채권은 리스료 회수와 함께 상각되며, 이 과정에서 손상검토가 필요하며, 리스제공자는 리스총투자 계산에 사용된 추정 무보증잔존가치를 정기적으로 검토해야 하여 이 가치가 감소할 경우에 리스제공자는 리스기간에 걸쳐 수익 배분액을 조정하고 발생된 감소액을 즉시 인식한다. 리스 종료 시, 리스제공자는 기초자산을 회수하고, 잔존가치에 대한 검토를 수행하고 이 과정에서 리스채권의 손상 여부도 확인한다.

운용리스의 리스제공자는 정액 기준이나 다른 체계적인 기준으로 운용리스의 리스료를 수익으로 인식한다. 다른 체계적인 기준이 기초자산의 사용으로 생기는 효익이 감소되는 형태를 더 잘 나타낸다면 리스제공자는 그 기준을 적용한다. 리스제공자는 리스료 수익 획득 과정에서 부담하는 감가상각비를 포함한 원가를 비용으로 인식한다.

리스제공자는 운용리스 체결 과정에서 부담하는 리스개설직접원가를 기초자산의 장부금액에 더하고 리스료 수익과 같은 기준으로 리스기간에 걸쳐 비용으로 인식하고, 한다.

운용리스에 해당하는 감가상각 대상 기초자산의 감가상각 정책은 리스제공자가 소유한 비슷한 자산의 보통 감가상각 정책과 일치해야 한다. 리스제공자는 감가상각비를 유형자산과 무형자산의 감가상각 계산에 따라 계산한다. 또한 리스제공자는 운용리스의 대상이 되는 기초자산이 손상되었는지를 판단하고, 자산손상의 규정을 적용하여 식별되는 손상차손을 인식한다.

3. 리스자산과 리스부채 회계처리에 대한 사례

SK하이닉스는 리스이용자로서 2024년 재무제표(별도) 주석에서 제시된 리스자산과 리스부채에 대한 회계처리를 다음과 같다. 리스부채는 리스개시일 현재 지급되지 않은 리스료의 현재가치로 최초 측정하고, 이때 사용하는 할인율은 증분차입이자율이다. SK하이닉스는 일부 단기리스 및 소액 기초자산 리스에 대하여 사용권자산과 리스부채를 인식하지 않고, 이 리스에 관련되는 리스료를 리스기간에 걸쳐 정액 기준에 따라 비용으로 인식하고 있다.

리스요소를 포함하는 계약의 약정일이나 재평가일에 SK하이닉스는 각 리스요소와 비리스요소의 상대적 개별 가격에 기초하여 계약 대가를 배분한다. 그러나 회사는 리스이용자에 해당하는 일부 유형의 계약에서는 비리스요소를 분리하지 않는 실무적 간편법을 선택하고, 리스요소와 비리스요소를 하나의 리스요소로 보아 회계처리하고 있다. 또한 투자부동산의 정의를 충족하지 않는 사용권자산을 별도의 항목으로 표시하고 있다.

SK하이닉스 사용권자산 장부금액 구성내역

(단위: 백만원)

	투자부동산			구축물		
	취득원가	상각누계	장부금액	취득원가	상각누계	장부금액
기초	180,877	(46,530)	134,347	1,311,036	(220,216)	1,090,820
증가			16,485			204,842
기타			0			0
감가상각			(26,555)			(107,477)
기말	192,890	(68,613)	124,277	1,510,874	(322,689)	1,188,185
	기계장치			차량운반구		
	취득원가	상각누계	장부금액	취득원가	상각누계	장부금액
기초	780,598	(94,465)	686,133	21,540	(3,249)	18,291
증가			52,070			9,082
기타			0			(3,091)
감가상각			(198,301)			(9,295)
기말	802,099	(262,197)	539,902	25,109	(10,122)	14,987
	기타유형자산			합계		
	취득원가	상각누계	장부금액	취득원가	상각누계	장부금액
기초	22,551	(13,781)	8,770	2,316,602	(378,241)	1,938,361
증가			0			282,479
기타			0			(3,091)
감가상각			(7,517)			(349,145)
기말	22,550	(21,297)	1,253	2,553,522	(684,918)	1,868,604

SK하이닉스 리스부채 장부금액 구성내역

(단위: 백만원)

리스부채	공시금액
기초장부금액	2,386,005
증가	232,560
기타	(3,134)

이자비용	88,742
상환	(527,785)
환율변동	99,075
기말장부금액	2,275,463
유동 리스부채	506,373
비유동 리스부채	1,769,090

제8절 퇴직연금제도-확정급여자산과 확정급여부채

퇴직금은 근로기준법에서는 종업원의 계속근속연수 1년에 대하여 30일분 이상을 퇴직금으로 계산하여 적립하도록 되어 있어, 적어도 1년에 한 달분 이상을 퇴직급여충당부채로 적립해야 한다. 퇴직급여는 종업원들이 과거에 근로를 제공하여 발생하게 되는 현재의 의무이다. 만일 종업원이 퇴직을 하게 되는 경우 자원의 유출가능성이 거의 확실하며, 그 금액 역시 신뢰성 있게 추정할 수 있기 때문에 충당부채의 요건을 충족한다.

퇴직급여충당부채(allowance for sererance pay)란 종업원의 퇴직시 지급되는 퇴직금을 예상하여 설정하는 추정부채의 준비액이다. 퇴직급여충당부채는 당기 말에 기업에 근무하는 모든 임직원들의 퇴직을 가정했을 경우 지급해야 하는 퇴직급추계액에서 퇴직급여충당부채 기말잔액을 차감한 잔액을 발생주의와 수익과 비용 대응의 관점에서 퇴직급여(당기비용)과 퇴직급여충당부채로 인식한다.

퇴직급여충당부채 설정액 = 퇴직금 추계액 - 퇴직급여충당부채 기말잔액

2005년 퇴직연금제도의 시행에 따라 새로운 회계문제가 대두되었다. 퇴직연금제도는 기업이 근로자의 퇴직급여를 금융기관에 위탁하여 운용한 뒤 근로자가 퇴직할

때, 연금이나 일시금으로 주는 제도이다.

퇴직연금제도는 급여의 형태와 기여금의 산정방식에 따라 확정기여형과 확정급여형으로 구분된다. 각 제도에 특성에 대하여 비교하면 다음과 같다.

확정기여형과 확정급여향의 비교

	확정기여형	확정급여형
개념	기업의 퇴직급여 부담금 수준이 사전에 결정되고, 근로자가 적립금 운용실적에 대하여 책임	근로자의 퇴직연금이 사전에 결정되고, 기업이 적립금 운용실적에 대하여 책임
기여금	확정(근로자의 연 임금총액의 1/12 이상)	산출기초율(수익률, 승급 등) 변경시 변동
지급보장	운용방법은 원리금 보장상품 등 안정적 운영	의무적립금 제도(퇴직충당부채의 60%) 건전성 등
회계처리	부채로 인식하지 않음	부채로 인식함

1. 확정기여형 퇴직연금제도

확정기여형(Defined Contribution) 퇴직연금제도는 퇴직급여의 지급을 위하여 기업이 부담하여야 할 부담금의 수준이 사전에 결정되어 있는 퇴직연금제도로, 확정기여형 퇴직연금제도에서는 근로자가 적립금의 운용에 대한 책임을 진다. 근로자는 퇴직연금규약에서 금융기관이 제시하는 운용방법 가운데서 선택하여 운용하면서 운용결과에 대해서 책임을 진다. 확정기여형 퇴직연금제도에서는 적립금이 사용자와 독립되어 개인 명의로 적립되므로 근로자의 입장에서는 기업이 도산해도 수급권이 100% 보장된다. 또한 기업의 입장에서는 퇴직급여에 대한 부담금이 일정하게 정해져 있으므로 효율적인 재정관리를 할 수 있고, 적립금 운용실적에 대하여 책임을 지지 않는다는 장점이 있다.

기업의 퇴직급여 기여금 수준이 사전에 결정되고, 근로자가 적립금 운용실적에 대하여 책임을 진다. 기업기여금은 연간 임금의 1/12 이상으로 적립하고, 또는 근로자가 추가납입이 가능하다. 종업원의 퇴직급여는 적립금 운용실적에 따라 차이가 있다.

확정기여형 퇴직연금제도를 설정한 경우에는 당해 회계기간에 대하여 회사가 납부할 기여금을 퇴직급여로 당기비용으로 인식하고, 퇴직연금운용자산, 퇴직급여충당부채 및 퇴직연금미지급금은 인식하지 아니한다.

2. 확정급여형 퇴직연금제도

확정급여형(Defined Benefit) 퇴직금연금제도는 근로자가 지급받을 급여의 수준이 사전에 결정되어 있는 퇴직연금제도로, 기업이 퇴직급여와 관련된 적립금의 운용을 책임지는 형태이므로 적립금의 운용실적에 따라 기업이 부담해야 하는 기여금이 변동하게 된다. 근로자는 퇴직 후 일정한 금액을 정기적으로 받을 수 있어서 안정적이다. 확정급여형 퇴직연금제도에서는 기업이 부담금의 40%까지는 사내에 적립할 수 있으며, 기업이 도산하는 경우에는 외부에 적립된 60%만 퇴직연금으로 보장받을 수 있다.

확정급여형 퇴직연금제도의 회계처리는 다음 절차를 따른다. 첫째로 과소적립액과 초과적립액을 산정한다. 이는 확정급여채무를 종업원이 당기와 과거 기간에 제공한 근무용역의 대가로 획득한 급여에 대한 기업의 궁극적인 원가를 보험수리적 기법(예측단위적립방식)을 사용하여 신뢰성 있게 추정되고, 추정된 확정급여채무의 현재가치에서 사외적립자산의 공정가치를 차감한다. 둘째, 순확정급여부채(자산)의 인식이다. 이는 과소적립액(확정급여채무가 사외적립자산의 공정가치가보다 크다)의 경우는 순확정급여부채로 인식하고, 초과적립액(확정급여채무가 사외적립자산의 공정가치가보다 적다)에는 자산인식상한 한도에서 확정급여채무를 차감한 금액을 순확정급여자산으로 인식한다. 셋째로 당기손익으로 인식되는 금액, 즉 당기근무원가, 과거근무원가와 정산 손익 및 순확정급여부채(자산)의 순이자를 결정한다. 마지막으로 기타포괄손익으로 인식되는 순확정급여부채(자산)의 재측정요소를 결정한다. 재측정요소는 보험수리적 손익, 순확정급여부채(자산)의 순이자에 포함된 금액을 제외한 사외적립자산의 수익 및 순확정급여부채(자산)의 순이자에 포함된 금액을 제외한 자산인식상한효과의 변동 등을 포함한다.

3. 퇴직연금제도에 대한 회계처리에 대한 사례

삼성전자의 2024년 재무제표(별도) 주석에서 제시된 퇴직연금제도에 대한 회계처리를 다음과 같다. 삼성전자는 확정급여제도와 확정기여제도를 포함하는 다양한 형태의 퇴직연금제도를 운영하고 있다. 확정급여제도와 관련하여 재무상태표에 계상된 부채(자산)는 보고기간종료일 현재 확정급여채무의 현재가치에 사외적립자산의 공정가치를 차감한 자산인식상한을 한도로 하는 초과적립액이며, 확정급여채무는 매년 독립된 보험계리인에 의해 예측단위적립방식에 따라 산정하였다.

삼성전자 순확정급여 부채(자산)

(단위: 백만원)

	전부 또는 부분적 기금이 적립	전부 기금이 적립되지 않는	기금적립 합계
채무의 현재가치	13,152,202	25,500	13,177,702
사외적립자산의 공정가치			(15,427,494)
순확정급여부채(자산)			(2,249,792)

삼성전자의 2024년 재무제표(별도)이 확정급여채무의 현재가치는 13조 1,777억이고 사외에 적립된 자산의 공정가치는 15조 4,275억으로 순확정급여급여 자산은 2조 2,498억이었다.

삼성전자 순확정급여 부채(자산)의 세부내역

(단위: 백만원)

	채무의 현재가치	사외적립자산 공정가치	순확정급여부채(자산)
기초	11,982,327	(15,728,024)	(3,745,697)
당기근무원가	1,053,582		1,053,582
이자비용(수익)	642,716	(858,360)	(215,644)
재측정요소		141,532	141,532
– 인구통계학적가정 변동	0		0

– 재무적가정의 변동	538,347		538,347
기타사항에 의한 효과	124,814		124,814
사용자의 기여금		0	0
급여지급액	(1,178,887)	1,021,978	(156,909)
기타	14,803	(4,620)	10,183
기말	13,177,702	(15,427,494)	(2,249,792)

삼성전자의 2024년 재무제표(별도)이 확정급여채무의 현재가치는 전년도에 비하여 1조 1,954억이 증가하였으며, 사외적립자산의 공정가치는 3,005억이 감소하여 순확정급여자산이 1조 4,959억이 감소하였다.

삼성전자 당기손익에 포함되는 퇴직급여비용

(단위: 백만원)

	매출원가	판매 및 관리비	합계
당기근무원가			1,053,582
순이자비용(수익)			(215,644)
합계	336,493	501,445	837,938

삼성전자의 2024년 재무제표(별도)이 손익계산서에 공시된 당기근무원가가 1조 536억이고, 순이자비용이 2,158억으로 퇴직급여비용은 8,379억을 인식하였다. 이중 3,365억은 매출원가에 5,145억은 판매관리비로 인식하고 있다.

제9절 계약자산과 계약부채 및 미청구공사와 초과청구공사

2018년 K–IFRS 1115호의 개정된 수익인식기준서에는 구 수익인식기준서에 존재하지 않는 계약자산과 계약부채라는 항목을 제시하고 있다.

1. 계약자산

계약자산은 고객이 대가를 지급하기 전이나 지급기일 전에 기업이 고객에게 재화나 용역의 이전을 수행할 경우 기업은 계약자산으로 인식하도록 하고 있습니다. 일반적으로 재화의 판매의 경우 재화의 이전이 발생한 때 매출채권 계정과목을 사용하여 자산으로 인식한다. 이러한 매출채권은 판매자가 무조건적으로 받을 수 있는 권리인 수취채권이며, 이는 신용위험, 즉 고객에게 재화를 팔았으나 돈을 받지 못할 위험이 따른다. 그러나 계약자산은 신용위험과 수행위험이 함께 따른다. 수행위험은 기계장치를 제작하고 설치하기로 한 계약에서 기계장치를 제작하고 설치해 주지 못할 위험을 말한다.

다만, 재화의 판매의 경우라 하더라도 다음의 사례와 같은 경우 계약자산(미청구채권)이 발생할 수 있다. 예를 들어, 재화를 1차로 이전하고, 그 후속 재화를 이전한 경우에 한하여 1차와 2차의 대가를 받을 수 있는 무조건적인 권리가 생기는 경우 1차 재화를 이전한 시점에 K-IFRS1115에서 정하는 계약자산과 수익을 인식하며, 2차 재화를 이전하여 권리가 확정되는 시점에 계약자산을 매출채권으로 대체한다. 따라서 계약자산은 고객에게 제공한 서비스가 완료되었을 때 수익으로 인식한다.

2. 계약부채

계약부채는 기업이 고객에게 재화나 용역을 이전하기 전에 고객에게서 받은 대가로서 고객에게 재화나 용역을 이전해야 하는 기업의 의무를 말한다. K-IFRS 1115호에서는 계약부채란 용어를 사용하였으나, 재화의 판매와 관련하여 돈을 선수취하는 경우 일반적으로 선수금으로 인식하는데 선수금이 계약부채와 동일하다고 볼 수 있다. 그러나 계약의 취속가능 여부에 따라 차이가 발생한다. 취소가능한 계약의 경우에는 계약내용과 관계없이 실제 대가를 수령할 경우에 계약부채를 인식하기 때문에 선수금과 계약부채가 동일하지만, 취소가불가능한 계약의 경우에는 계약내용에 의하여 선수금을 받지 않고 수취채권과 계약부채를 인식하기 때문에 선수금과 동일하지 않다. 따라서 계약부채는 서비스가 제공될 때 수익으로 인식한다.

3. 미청구공사와 초과청구공사

미청구공사는 계약에 따라 수행된 공사 중 아직 청구되지 않은 금액을 의미한다. 이는 일반적으로 공사가 완료되었으나, 고객에게 청구하지 않은 금액으로 미청구공사라는 자산으로 인식된다. 이 금액은 매출로 인식되기 전에 자산으로 처리되며, 공사가 완료된 후 고객에게 청구될 때 매출로 전환된다.

초과청구공사는 계약에 따라 청구된 금액이 실제 공사비용을 초과하는 경우를 의미한다. 이는 고객에게 청구한 금액이 실제로 발생한 비용보다 많을 때 발생하는 것으로 초과청구공사라는 부채로 인식된다. 이 경우 초과청구된 금액은 고객에게 반환되거나, 향후 공사에 대한 비용으로 상계될 수 있다.

미청구공사와 초과청구공사는 건설이나 조선업과 같은 수주산업에서 수익인식을 공사진행률에 의하여 인식하기 때문에 발생한다. 예를 들어 20×1년 1월 초에 10억짜리 선박을 수주하고 착공시 착수금으로 20%를 청구하고 선박이 50% 완성되었을 때 50%를 청구할 수 있으며 완성되었을 나머지 30%를 청구할 수 있는 계약조건으로 계약이 이루어졌다. 20×1년 말에 공사가 30% 진행되었다면 공사는 30% 진행되었지만 수취한 금액은 2억원이므로 차변에 현금 2억원과 청구하지 못한 금액 1억원은 미성공사로 인식하고, 대변에 매출로 3억원을 인식한다. 이때 미성공사는 수취해야 할 돈을 수취하지 못하였기 때문에 공사미수금으로 간주하여 자산으로 인식한 것이다. 만약에 20×2년 말에 공사가 50% 진행되었다면 20×2년에는 20%의 공사가 진행되었지만 수취한 금액은 5억원이므로 차변에 현금 5억원을 인식하고, 20×2년에는 공사가 20% 진행되었기 때문에 대변에 매출 2억원, 그리고 전년도 공사미수금 1억원을 미청구공사 회수 및 2억원은 공사진행률을 초과하여 수취한 금액이므로 초과청구공사 2억원을 부채로 인식한다. 이때 초과청구공사는 선수금과 같은 성격으로 아직 용역을 제공하지 않았는데 미리 수취한 금액이기 때문에 부채로 인식한 것이다.

미청구공사는 공사를 했음에도 불구하고 공사대금을 수취하지 못한 경우이기 때문에 부실화 가능성이 존재하기 때문에 손상회계처리가 요구된다. 미청구공사의 손상차손은 미청구공사금액이 감소할 때 발생하는 손실을 의미한다. 이는 발주업체와 협의되지 않은 비용의 증가로 인해 발생한 경우 발주업체에서 해당 공사비용을 지급하지 않으려 할 수 있다. 또 발주업체가 부도날 경우 미청구공사의 대손 위험은 아주 크다. 따라서 K-IFRS 및 일반기업회계기준의 건설계약과 관련해 미청구공사금액(손상차손누계액 차감 전)과 손상차손누계액을 공시하도록 하고 있다.

4. 고객과의 계약에서 생기는 수익 회계처리 사례

삼성전자의 2023년 재무제표(별도) 주석에서 제시된 고객과의 계약에서 생기는 수익에 대한 회계처리는 다음과 같다. 삼성전자의 수익은 재화의 판매에 대하여 받았거나 받을 대가의 공정가액에서 부가가치세, 반품, 판매장려금 및 가격 할인액 등을 차감한 순액으로 표시하고 있다.

가. 수행의무의 식별

삼성전자는 고객과의 계약에 따라 재화 및 용역에 대한 통제를 이전할 의무가 있으며, 무역조건 CIF 등에 따라 제품 및 상품을 수출하는 경우, 고객에게 재화의 통제가 이전된 이후 제공하는 운송서비스(보험 포함)를 별도의 수행의무로 인식한다.

나. 한시점에 이행하는 수행의무

삼성전자의 수익은 주로 재화의 판매에서 발생하고 있으며, 재화의 통제가 고객에게 이전되는 시점에 수익을 인식하고 있다.

다. 기간에 걸쳐 이행하는 수행의무

용역 수행 경과에 따른 결과물을 고객이 직접 통제하게 되는 소프트웨어 판매, 운송용역, 설치용역 등의 경우, 기간에 걸쳐 수익을 인식하고 있다.

라. 변동대가

삼성전자는 인센티브, 판매장려금, 매출에누리 등 다양한 판매촉진 정책을 운영하고 있으며, 이러한 판매촉진 정책으로 인해 고객과 약속한 대가에 변동가능성이 있는 경우, 고객으로부터 이미 받았거나 받을 대가 중 권리를 갖지 않을 것으로 예상하는 변동대가를 기대값 또는 가능성이 가장 높은 금액 중 보다 신뢰성 있는 방법으로 추정하고 있다. 변동대가의 추정치는 관련 불확실성이 해소될 때 이미 인식한 누적수익금액 중 유의적인 부분을 되돌리지 않을 가능성이 매우 높은 금액까지만 거래가격에 포함하며, 관련 매출이 발생한 시점과 고객에게 변동대가를 지급하기로 결정한 시점 중 늦은 시점에 수익 및 계약부채를 인식한다. 삼성전자는 고객에게 제품 판매 후 고객이 반품할 것으로 예상되는 제품에 대해 경험률에 기초한 기대값 방법으로 반품율을 예측하여 계약부채를 인식하고 있습니다. 고객이 반품 권리를 행사할 때 고객으로부터 제품을 회수할 권리를 가지므로 그 자산을 계약자산으로 인식하고 해당 금액만큼 매출원가를 조정한다. 제품을 회수할 권리는 제품의 과거 장부금액에서 제품을 회수하는데 드는 원가를 차감하여 측정한다.

삼성전자 계약부채

(단위: 백만원)

구분	기초	기말
계약부채	1,491,085	1,559,287

* 계약부채는 선수금, 미지급비용, 기타유동부채 등에 포함되어 있다.

한편, 삼성전자가 2024년 기초 계약부채 잔액 중 당기에 수익으로 인식한 금액은 2,815억이다.

자본
(영업활동을 지원하는 설비자본의 조달)

자본(영업활동을 지원하는 설비자본의 조달)

제1절 자본의 의의와 분류

1. 자본의 의의

자본(equity)이란 주주 또는 출자자가 납입한 납입자본과 경영활동의 결과로 생겨난 잉여금의 합계액을 의미한다. 또한 자본은 회계주체의 소유자인 주주에게 귀속될 소유주지분을 의미하며 자산총액에서 부채총액을 차감한 잔여지분을 말한다.

또한 본서에서는 기업의 활동 중의 하나인 재무활동으로서 영업에 필요한 자본의 조달이라고 명명하고자 한다. 기업은 기본적으로 영업활동에 필요한 운전자본은 유동부채로 조달하고, 영업활동을 지원하는 설비 등을 지본에 필요한 지금은 장기지본인 비유동부채와 자본으로 조달한다. 설비자본의 관련된 비유동부채는 '제5장 부채(영업활동에 필요한 자본의 조달)'에서 언급하였기 때문에 본장에서는 자본을 중심으로 설명하고자 한다.

2. 자본의 분류

자본은 법률적 관점에서 볼 때 법정자본과 잉여금으로 분류되고, 경제적 관점에서 볼 때 주주가 불입한 납입자본과 유보이익으로 분류된다. 납입자본은 주주가 기업에 불입한 금액으로 자본금에 주식발행초과금을 가산하고 주식할인발행차금을 차감한 금액이며, 유보이익은 기업활동에 의해 창출된 이익 중에서 사외로 유출되지 않고 사내에 유보된 부분이다. 기업회계기준서에서는 자본을 크게 납입자본, 이익잉여금 및 기타자본요소로 분류하고 있다. 이러한 분류를 통해서 재무제표 이용자들에게 목적접합한 정보를 제공하게 된다.

일반기업회계기준에서는 자본을 자본금, 자본잉여금, 자본조정, 기타포괄손익누계액, 이익잉여금으로 분류하고 있으며, K-IFRS에서는 자본을 크게 납입자본, 이익잉여금 및 기타자본구성요소의 세 가지로만 분류하고 있다.

자본은 나라마다 상이한 법률이나 정부의 규제로 K-IFRS에서도 자본에 대한 구체적인 회계처리가 제시되어 있지 않고 K-IFRS 제1001호 '재무제표의 작성과 표시'에서 자본의 분류하는 문항으로 처리되고 있다. 따라서 본 장의 자본과 관련된 설명은 일반기업회계기준과 상법에서 제시하는 내용을 기반으로 자본과 관련된 내용과 자본의 회계처리의 설명하고자 한다. 이에 따라 본서의 사례기업인 삼성전자, SK하이닉스, 현대자동차 및 기아자동차의 자본항목을 살펴보면 다음과 같다.

사례기업의 자본 구분

삼성전자	SK하이닉스	현대자동차	기아자동차
자본금	자본금	자본금	보통주자본금
우선주 자본금	자본잉여금	자본잉여금	자본잉여금
보통주자본금	기타자본	기타자본항목	기타자본
주식발행초과금	기타포괄손익누계	기타포괄손익누계	기타포괄손익누계
이익잉여금	이익잉여금	이익잉여금	이익잉여금
기타자본항목			

삼성전자의 기타자본항목은 FVOCI금융자산평가손익, 순확정급여부채(자산) 재측

정요소 및 기타로 구성되어 있으며, SK하이닉스는 자기주식과 주식선택권 및 기타로 구성되어 있다. 반면 현대자동차는 자기주식으로 구성되어 있는데 이는 주식기준보상제도의 일환으로 경영 성과에 따라 지급하기 위한 자기주식과 주가안정을 목적으로 보유한 자기주식으로 구성되어 있으며, 기아자동차는 감자차익, 기타자본잉여금 및 자기주식으로 구성되어 있다.

제2절 자본금

자본금(capital stock)은 원시투자원본 또는 투자원본의 증감을 말하며 보통주자본금과 우선주자본금으로 구분 표시된다. 보통주(common stock)란 회사가 발행한 여러 종류의 주식 중 기준이 되는 주식을 말한다. 또한 우선주(preferred stock)란 보통주에 비하여 이자나 이익의 배당 또는 잔여재산청구에 있어서 우선적인 권리가 부여된 주식을 말하는데 다음과 같은 종류가 있다.

- 이익배당우선주: 보통주를 가진 주주가 배당을 받기 전에 일정률의 배당을 우선적으로 받을 수 있는 권리가 부여된 주식, 누적적 우선주와 참가적 우선주로 구분된다.
- 전환우선주: 우선주를 가진 주주가 본인의 의사에 따라 보통주로 전환할 수 있는 권리가 부여된 주식
- 상환우선주: 회사가 일정한 요건을 갖추면 회사의 이익으로 해당 주식을 소각할 수 있는 권리가 부여된 주식

자본금은 주주의 납입자본 중에서 상법의 규정에 따라 정관에 자본금으로 확정되어 있는 금액으로 1주당 액면금액에 발생주식총수를 곱하여 산출된다. 상법에서 채택하고 있는 수권자본제도(authorized capital system)에 따라 회사가 발행할 수 있는 주식의 총수를 정관에 정하고 그 범위 내에서는 주주총회의 결의나 정관의 변경 없이도 이사회의 결의만으로 주식을 발행할 수 있도록 하고 있다. 또한, 주식회사의 자본

은 발행주식의 액면총액으로 하도록 규정되어 있다.

1. 자본금의 증자

가. 유상증자

유상증자란 회사의 자본금이 증가되면서 회사의 자산도 증가되는 경우로 실질적 증자라고도 한다. 이 경우 주식의 발행가액이 액면가액과 일치하는가의 여부에 따라 다음의 세 경우가 나타난다. 첫째, 액면발행은 발행하는 주식의 액면가액과 발행가액이 일치하는 경우로 발행가액만큼 자본금이 증가하게 된다. 둘째, 할증발행은 발행하는 주식의 액면가액을 초과하여 발행가액이 결정되는 경우로 발행주식의 액면가액은 자본금으로, 액면가액과 발행가액의 차액은 주식발행초과금(premium on common stock)으로 자본잉여금으로 분류한다. 셋째, 할인발행은 발행하는 주식의 액면가액에 미달하여 발행가액이 결정되는 경우로 발행 주식의 액면가액은 자본금으로, 액면금액과 발행가액의 차액은 우선적으로 주식발행초과금의 범위 내에서 상계처리하고, 미상계 잔액이 있는 경우에 주식할인발행차금(discounts on stock issuance)으로 자본조정으로 분류한다. 따라서 주식할인발행차금은 자본을 차감하는 계정이 된다. 단, 주식발행초과금 잔액이 존재하는 경우에는 주식발행초과금을 먼저 상계처리하고 주식할인발행차금을 설정한다.

기업이 발행하는 주식 중 액면이 없는 주식 즉, 무액면주식을 발행할 수도 있다. 무액면주식을 발행하는 경우 상법에 의하면 자본금을 이사회에서 결정해야 한다. 이때의 자본금은 주식 발행금액의 1/2 이상을 자본금으로 설정해야 한다. 발행금액에서 자본금을 차감한 금액은 주식발행초과금으로 인식하게 된다. 한편, 현실적으로 주식의 대금 전액이 일시에 납입되고, 동시에 주식이 발행되는 경우는 드물고, 일반적인 유상증자의 경우는 청약(subscription)에 의해 주식이 발행된다. 청약은 주식을 인수하여 주주가 되겠다는 의사표시로 주식을 인수하고자 하는 투자자가 발행금액의 일부를 증거금으로 납부하게 되는데 이를 주식청약 대금이라 하며, 신주청약증거금[1])으로 회

1) 청약기일이 경과된 신주청약증거금은 신주납입액으로 충당될 금액은 자본조정으로 분류한다.

계처리를 한다.

주식의 대금은 현금으로 납입되는 것이 원칙이나 때로는 현금 이외의 다른 자산으로 납입되는 경우가 있는데 이를 현물출자라고 한다. 이 경우 현물출자로 취득한 자산의 공정가치를 주식의 발행가액으로 한다. 따라서 취득한 자산의 공정가치가 발행되는 주식의 액면가액과 다른 경우에는 할인 혹은 할증발행과 같은 회계처리가 필요하게 된다.

나. 무상증자

무상증자란 회사의 자본금은 증가되지만 회사의 자산은 증가되지 않고 잉여금이 감소하는 경우로 형식적인 증자라고 한다. 즉 무상증자로 주식을 발행하게 되면 자본금은 증가하지만, 현금의 납입이 없으므로 자본총계의 변동은 없다. 무상증자로 자본금이 증가하는 경우는 주식발행초과금의 자본전입이나, 이익준비금의 자본전입 등이 있다.

2. 자본금의 감자

가. 유상감자

유상감자란 자본금이 감소되면서 회사의 자산도 감소하는 실질적인 감자를 의미한다. 유상감자는 자본금의 감소로 인해 환급 또는 소멸된 주식의 대가를 주주에게 지급하는 것이다. 실질적 감자는 기업규모를 축소하거나 합병해서 당사회사의 재산상태를 조정할 때 등의 경우에 행해진다.

실질적인 감자의 방법으로는 주금액의 일부를 주주에게 반환하는 주금액의 환급방법과 회사가 일부 주식을 매입하여 소멸시키는 주식의 매입소각 방법이 있다. 이 경우 감소되는 자본금의 액면금액과 환급금액의 차이를 감자차익(손)으로 분류하고 감자차익은 자본잉여금으로 감자차손의 경우에는 감자차익과 상계하고 남는 금액은 자본조정으로 하여 자본에서 차감하여 표시하도록 하고 있다.

나. 무상감자

무상감자란 자본금이 감소되지만 회사의 자산은 감소되지 않은 형식적인 감자를 의미한다. 형식적인 감자는 거액의 이월결손금을 보전하기 위하여 사용되며, 감자차익은 이월결손금 상계이후의 금액이 된다. 단, 무상감자의 경우 대가가 없기 때문에 감자차손은 발생하지 않는다.

3. 액면분할과 액면병합

액면분할은 주가가 너무 높아져 소액 투자자들이 접근하기 어려운 경우, 액면분할을 통해 주가를 낮추고 유동성을 높이는 것이 주된 목적으로 주식의 액면가를 줄이고, 그에 따라 주식 수를 늘리는 과정이다. 예를 들어, 액면가가 500원이던 주식을 2.5주로 나누면 액면가는 200원이 된다. 액면분할의 장점은 주식 수가 늘어나면서 거래가 활발해져 유동성이 증가 및 낮아진 주가는 소액 투자자들이 쉽게 접근할 수 있도록 하여 더 많은 투자자들이 참여할 수 있다. 반면 액면분할의 단점은 액면분할 후 주가가 다시 상승할 경우 주가의 변동성이 커질 수 있으며, 또한 액면분할은 주식 수와 액면가의 비율을 조정할 뿐, 기업의 실질 가치는 변하지 않는다는 점을 들 수 있다.

삼성전자는 2018년 3월, 50대 1 비율로 액면분할을 결정 후 주가는 액면분할 전 260만원 전후이었으나 액면분할 후에는 주당 가격이 5만원 전후로 낮아져 소액주주가 액면분할 전 소액주주 수는 14만 4,283명이었으나 액면분할 후에는 76만 1,374명으로 증가하였다.

액면병합은 액면분할과 반대되는 개념으로, 액면가를 높여 주식의 숫자를 낮추는 것이다. 일반적으로 주가 변동 폭이 큰 기업이 한 주당 가격을 높여 기업의 가치를 올리고, 주식 거래량을 적정 수준으로 유지 및 관리하기 위해 실시한다. 액면병합을 진행하면 '싼 주식'이라는 이미지를 탈피하고 '명품주'라는 인식을 얻을 수 있으며, 주가가 싸면 유통 물량이 많아져 투자자들이 매매를 쉽게 생각하기 때문에, 기관 투자나 외국인 등으로부터 안정적인 주식이라는 이미지를 얻지 못하여 주가 상승에 악

영향을 끼치기 때문에 이를 방지하기 위해 액면병합을 실시한다. 예를 들어, 액면가 100원인 주식 10주가 액면가 1,000원인 주식 1주로 변경되면 총 자본금은 동일하지만, 상대적으로 액면가가 높아져 기업 가치가 올라간 것처럼 보이게 되며, 또한 상대적으로 투자자들이 부담을 느껴 거래량이 감소할 수 있다. 또한 액면병합을 통해 주식의 숫자를 줄이면, 지분을 높게 가지고 있는 주주들의 권리를 지킬 수 있으며, 주로 회사에서 중요한 경영의사결정을 결정하는 주주총회를 개최하기 전에 주식의 수를 줄이는 액면병합을 실시하기도 한다.

대한전선은 2023년 2월, 10대 1의 비율로 액면병합을 진행한다. 병합이 완료되면 보통주 액면가액은 현재 100원에서 1,000원으로 높아지고, 발행주식 총 수는 약 12억 4천만주에서 1억 2천4백만주로 줄어든다. 자본금은 1,244억원으로 병합 전과 동일하다. 이는 과다한 유통 주식 수를 줄여 적정 주식 수를 유지하고 주가 안정화를 도모하기 위한 목적을 두고 있다.

4. 자본금의 회계처리에 대한 사례

2024년 기말 현재 삼성전자의 정관에 의한 발행할 주식의 총수는 250억주(1주의 액면금액: 100원)이며, 삼성전자에는 보통주 외 비누적적 우선주가 있습니다. 이 우선주는 의결권이 없고 액면금액을 기준으로 보통주의 배당보다 연 1%의 금전배당을 추가로 받을 수 있다.

자본금 구성

	보통주	우선주	합계
발행할 주식총수(억주)			250
주당 액면가액(원)			100원
발행주식 액면총액(백만원)	596,978	82,289	679,267
납입자본금(백만원)	778,047	119,467	897,514

2024년 기말 현재 삼성전자가 발행한 보통주 및 우선주의 수(소각 주식수 제외)는

각각 약 5,970백만주와 약 823백만주이며, 유통주식수는 자기주식 취득으로 인하여 발행주식의 총수와 차이가 있다. 한편, 발행주식의 액면총액은 보통주 596,978백만원, 우선주 82,289백만원으로 총 679,267백만원이나 이익소각으로 인하여 납입자본금 보통주 778,047백만원, 우선주 119,467백만원으로 총 897,514백만원과는 상이하다.

제3절 자본잉여금

자본잉여금(capital surplus)은 주식에 의한 자본거래의 결과로 생겨난 잉여금을 말한다. 여기서 자본거래란 자본의 증자, 자본의 감자, 자기주식의 취득과 재발행 등을 말한다. 자본잉여금은 주식발행초과금, 감자차익, 기타자본잉여금으로 구분하여 표시할 수 있는데 상법에 의하면 자본잉여금은 주주들간의 자본거래로 발생한 것이므로 주주들에게 배당이나 상여금 등으로 처분해서는 안 되며, 무상증자를 통한 자본금의 전입이나 결손보전 이외에는 사용할 수가 없다.

자본잉여금은 기업의 재무 구조에서 중요한 역할을 하며, 자본거래의 결과로 발생하는 잉여금으로서 기업의 안정성과 성장 가능성을 나타내기 때문에 자본잉여금의 이해는 기업의 재무 상태를 분석하는 데 필수적이다.

1. 주식발행초과금

주식발행가액이 액면가액을 초과하는 경우 그 초과하는 금액으로 한다. 이때 신주발행수수료 등 신주발행을 위하여 직접 발생한 기타의 비용, 즉 신주발행비가 있는 경우 이를 차감한 금액으로 한다. 신주발행비는 증자에 따른 자본거래비용이다. 따라서 비용처리하지 아니하고 주식발행초과금에서 차감한다.

2. 감자차익

자본감소의 경우에 그 감소액이 주식의 소각, 주금의 반환에 요한 금액과 결손의 보전에 충당한 금액을 초과한 때에 그 초과금액으로 한다. 다만, 자본금의 감소액이 주식의 소각, 주금의 반환에 요한 금액에 미달하는 금액이 있는 경우에는 동 금액을 차감한 후의 금액으로 한다.

3. 기타자본잉여금

기타자본잉여금은 자기주식처분이익으로서 자기주식처분손실을 차감한 금액과 그 밖의 기타자본잉여금으로 한다. 자기주식처분이익이란 자기주식을 처분할 때 취득가액을 초과하여 처분할 경우의 처분가액과 취득가액의 차액을 의미한다.

제4절 자본조정과 기타포괄손익누계액

자본조정은 회계에서 자본의 구성 항목 중에서 가감해야 할 항목을 처리하는 중요한 개념이다. 자본조정은 자본의 특성상 소유주 지분에서 가감되어야 하거나, 최종 결과가 미확정 상태여서 자본 총계에 가감하는 형식으로 기재되는 항목을 의미한다.

자본조정에는 자본에 가산항목과 차감하는 항목으로 나누어지는데 차감항목은 주식할인발행차금, 감자차손, 자기주식, 자기주식처분손실 등이 있으며, 가산항목으로 주식선택권, 미교부주식배당금, 주식청약증거금 등이 있다.

자본조정의 구성

종류	가감	개념
주식할인발행차금	차감	주식의 액면금액 이하로 발행한 경우 차액
감자차손	차감	취득원가가 액면금액을 초과하는 자기주식을 소각한 경우의 차액
자기주식	차감	자기주식을 매입할 때 취득원가로 기록한 금액
자기주식처분손실	차감	자기주식을 취득원가 이하로 매각한 경우의 차액
주식선택권	가산	회사의 임직원 등에게 주식선택권을 부여한 금액
미교부주식배당금	가산	주주총회에서 주식배당을 결의하였으나 아직 주권을 교부하지 않은 금액

1. 주식할인발행차금

주식할인발행차금은 주식발행초과금의 반대 개념으로 주식발행가액이 액면가액에 미달하여 주식을 발행한 때에 그 액면가액에 미달한 금액으로 한다. 이때 신주발행비가 있는 경우 이를 차감한 금액으로 한다. 신주발행비는 증자에 따른 자본거래비용이다. 따라서 비용처리하지 아니하고 주식발행초과금에서 차감한다. 주식발행초과금이 없는 경우 주식할인발행차금(자본조정)계정으로 계상하였다가 이익잉여금에서 처분되어 소멸하는 것이다. 이익잉여금 처분 등으로 상각되지 않은 주식할인발행차금은 향후 발생하는 주식발행초과금과 우선적으로 상계한다.

2. 감자차손

감자차손은 감자차익의 반대되는 개념으로 유상감자(실질적 감자)를 할 때 소각된 주식의 액면가액보다 주주에게 환급되는 금액이 더 큰 경우에 그 차액을 말한다. 무상감자는 거액의 이월결손금을 보전하기 위하여 사용되기 때문에 논리적으로 감자차손이 발생하지 않는다. 감자차손도 마찬가지로 재무상태표 자본계정에 감자차익이 계상되어 있다면 우선적으로 감자차익에서 상계한다.

3. 자기주식

자기주식은 회사가 이미 발행한 주식을 매입 또는 증여에 의하여 취득한 주식 중 소각 또는 재발행하지 않고 보관하고 있는 주식을 말한다. 자기주식 취득시 회계처리하는 방법에는 원가법과 액면가액법이 있는데, K-IFRS에서는 원가법으로 처리하고 재무상태표상 자본조정의 차감항목으로 표시하도록 규정하고 있다.

자기주식 처분시 처분금액이 장부금액보다 큰 경우에는 그 차액을 자본잉여금의 자기주식처분이익으로 인식하고, 처분금액이 장부금액보다 작은 경우에는 그 차액을 자기주식처분이익이 존재하면 자기주식처분이익의 범위에서 상계하고, 남아있는 금액이 있으면 자본조정의 자기주식처분손실로 인식한다. 이익잉여금 처분 등으로 상각되지 않은 자기주식처분손실은 향후 발생하는 자기주식처분이익과 우선적으로 상계한다.

자기주식의 회계처리 관계

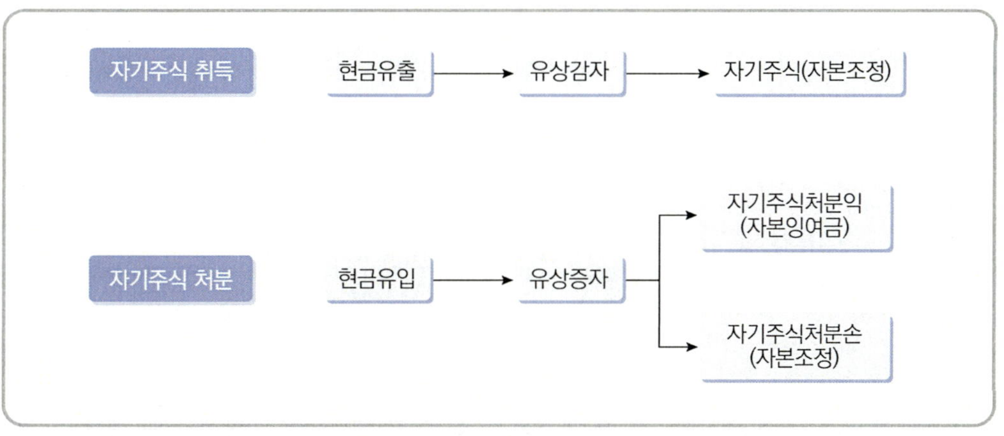

자기주식 취득은 기업의 이익을 주주에게 현금으로 돌려준다는 점에서 배당과 더불어 대표적인 주주환원 수단으로 인식되지만 우리나라의 경우 회사가 매입한 자기주식이 대주주 지배력 강화수단으로 오용되는 등 문제점이 제기되어 왔다. 따라서 정부는 자본시장 선진화를 통한 국민경제 발전을 위해 추진해온 일반주주 보호 제도개선의 일환으로 자기주식 제도개선방안을 마련하여 2025년부터 시행하고 있다. 2025년 제도개선 방안은 인적분할시 자기주식에 대한 신주배정 제한, 공시 강화, 자기주식 취득·처분과정에서의 규제차익 해소 등의 내용을 담고 있으며, 구체적인 내용은 다음과 같다.

첫째, 인적분할시 자기주식에 대한 신주배정을 제한한다. 현재 자기주식에 대해서는 의결권 · 배당권 · 신주인수권 등 거의 모든 주주권이 정지되나, 인적분할에 대해서는 그간 법령 · 판례가 명확하지 않아 자기주식에 대한 신주 배정이 이뤄져 왔다. 이로 인해 자기주식이 주주가치 제고가 아닌 대주주 지배력을 높이는 데 활용된다는 비판이 있었다. 다른 주주권과 달리 인적분할시 신주배정의 경우를 특별히 취급하는 것은 글로벌 정합성에도 부합하지 않는다는 문제가 제기되어 이를 개선하기 위해 개정 시행령은 상장법인의 인적분할시 자기주식에 대해 신주배정을 할 수 없도록 명확히 규정하였다. 또한 동일한 취지에서 상장법인이 다른 법인과 합병하는 경우에도 소멸되는 법인이 보유하는 자기주식에 대해 신주배정을 할 수 없도록 규정하였다.

둘째, 자기주식의 보유 · 처분 등 과정에서 공시를 대폭 강화한다. 자기주식 취득 이후 기업의 보유규모, 처리계획(예: 소각, 처분) 등은 주가에 영향을 미치는 중요한 정보임에도 불구하고 이에 대한 충분한 공시가 부족하다는 지적이 있었다. 개정 시행령은 임의적인 자기주식 보유 · 처분에 대한 시장의 감시와 견제기능이 작동할 수 있도록 상장법인의 자기주식 보유비중이 발행주식총수의 5% 이상이 되는 경우, 자기주식 보유현황과 보유목적, 향후 처리계획 등에 관한 보고서를 작성하여 이사회의 승인을 받아 공시하도록 하고, 모든 상장법인이 자기주식 처분시에는 처분목적, 처분상대방 및 선정사유, 예상되는 주식가치 희석효과 등을 구체적으로 공시하도록 하였다.

셋째, 자기주식 취득 · 처분과정에서의 규제차익 해소 등 제도상 미비점을 개선한다. 그간 자기주식를 신탁으로 취득할 경우, 직접 취득한 경우에 비해 규제가 완화되어 기업들이 신탁 취득방식을 악용할 우려가 있다는 비판이 있었다. 또한, 자기주식 직접 처분과는 달리 신탁계약 기간 중 이뤄진 자기주식 처분에 대해서는 공시의무가 없어 투자자 보호에 공백이 있다는 지적도 있었다.

이를 개선하기 위해 개정 규정은 신탁으로 자기주식을 취득할 경우에도 직접 취득방식과 동일하게 자기주식 취득금액이 당초 계획·공시된 자기주식 매입금액보다 적은 경우에는 사유서를 제출하게 하고, 계획된 자기주식 매입기간 종료 이후 1개월경과 전에는 새로운 신탁계약 체결을 제한하도록 개선하였다. 또한, 신탁 계약기간 중 신탁업자가 자기주식를 처분하는 경우에도 직접 처분과 동일하게 처분목적, 처분상대방 및 선정사유, 예상되는 주식가치 희석효과 등을 회사가 주요사항보고서를 통해 공시하도록 하였다.[2)]

2) 금융위원회의 상장법인 자기주식 제도개선을 위한 '자본시장과 금융투자업에 관한 법률 시행령' 개정자료 요약.

4. 주식선택권

주식선택권(stock option)은 기업이 직원에게 주식을 미리 정해진 가격에 구매할 수 있는 권리를 부여하는 제도이다. 이는 주로 인재 유치 및 보상을 위해 사용되며, 기업의 성장과 함께 직원의 이익도 증가할 수 있도록 설계되어 있다. 주식선택권은 기업과 직원 모두에게 이익이 될 수 있는 중요한 보상 체계이다. 따라서 기업은 인재를 유치하고, 직원은 회사의 성장에 따라 직접적인 이익을 얻을 수 있다. 이러한 시스템은 특히 스타트업과 같은 빠르게 성장하는 기업에서 많이 활용된다.

주식선택권은 유능한 인재를 유치하고 유지하는 데 효과적이다. 종업원은 회사의 성장에 따라 자신의 자산이 증가할 수 있기 때문에 더 큰 동기를 부여받으며, 또한 종업원과 회사가 함께 성장하는 구조를 만들어 종업원이 회사의 성공에 직접적으로 기여하도록 유도하는 장점을 가지고 있는 반면, 스톡옵션 부여와 관련된 법적 규정이 복잡할 수 있으며, 이를 준수하지 않을 경우 법적 문제가 발생할 수 있으며, 주식의 시장 가격이 하락할 경우, 스톡옵션의 가치가 감소하여 직원의 동기 부여가 약화될 수 있는 단점을 가지고 있다.

주식결제형 주식선택권의 회계처리는 즉시 가득되는 경우와 용역제공조건이 있는 경우로 구분된다. 첫째, 즉시 가득되는 경우는 총 보상원가는 부여일에 전액 인식하고, 이와 동시에 자본 항목의 증가하는 자본조정으로 인식한다. 둘째, 용역제공조건이 있는 경우는 거래 상대방이 명시된 기간에 용역을 제공해야 지분상품이 가득된다면 지분상품의 대가에 해당하는 용역은 미래 가득기간에 제공받는 것으로 본다. 따라서 당해 용역은 가득기간에 배분하여 보상원가를 인식하며, 이와 동일한 금액은 자본 항목의 증가하는 자본조정으로 인식한다.

권리행사가 이루어지면 신주교부의 경우 신주의 발행가액은 권리행사로 납입되는 행사금액과 자본조정에 계상되어 있는 주식선택권의 합계액이고, 자기주식을 교부한 경우는 권리행사로 납입되는 행사금액과 자본조정에 계상되어 있는 주식선택권의 합계액에 해당하는 금액에 자기주식을 처분한 것으로 본다.

현금결제형 주식선택권의 회계처리는 보상원가는 가득기간은 물론, 가득기간 이후 주식선택권의 소멸시까지 주가차액보상권의 공정가치를 평가하여 부채인 장기미지급비용으로 인식하고, 주가차액보상권이 행사할 때 회사는 행사시점의 주가에서 행사가를 차감한 내재가치만큼 현금을 지급하며, 행사된 주가차액보상권 평가액, 즉 장기미지급비용을 차감한다.

5. 주식청약증거금

현실적으로 주식의 대금 전액이 일시에 납입되고, 동시에 주식이 발행되는 경우는 드물고, 일반적인 유상증자의 경우는 청약(subscription)에 의해 주식이 발행된다. 청약은 주식을 인수하여 주주가 되겠다는 의사표시로 주식을 인수하고자 하는 투자자가 발행금액의 일부를 증거금으로 납부하게 되는데 이를 주식청약 대금이라 하며, 신주청약증거금으로 회계처리를 한다. 신주청약증거금은 자본조정으로 분류하고, 추후 주식을 발행할 때 주식의 발행금액으로 대체하여 신주발행에 대한 회계처리를 한다.

6. 기타포괄손익누계액

기타포괄손익누계액은 특정 회계연도에 발생한 기타포괄손익의 누적 금액을 나타내는 자본항목으로 자본잉여금이나 이익잉여금에도 포함되지 않는 기타자본구성요소이다. 이는 당기순이익에는 포함되지 않지만, 자본의 변동을 일으키는 거래나 사건으로 발생한 손익을 의미하는 것으로 기업의 자산이나 부채를 평가하는 과정에서 발생하는 장기미실현손익의 누계액이다. 그 예로는 토지 가격 상승으로 인한 재평가 잉여금, 주식가격 변동으로 인한 매도가능금융자산평가손익 등이 기타포괄손익누계액에 해당된다. 이에는 기업의 영업활동 외에 발생한 손익으로, 매도가능금융자산평가손익, 해외사업환산손익, 재평가잉여금 등이 있다.

기타포괄손익누계액의 회계처리는 발생시점, 재무상태표 표시 및 재분류조정으로 구분된다. 기타포괄손익은 특정 거래나 사건이 발생했을 때 인식한다. 예를 들어, 매도가능금융자산의 공정가치 변동, 유형자산 재평가 등으로 인해 발생할 수 있다. 기타포괄손익은 당기손익에 포함되지 않으므로 포괄손익계산서의 당기순이익과는 별도로 기타포괄손익으로 표시되며, 그 누적액은 재무상태표의 자본 항목 중 기타포괄손익누계액으로 표시된다. 기타포괄손익 항목 중 일부는 관련 자산이나 부채가 처분되거나 손상될 때 당기손익으로 재분류된다. 예를 들어 FVOCI금융자산 중 채무상품의 경우, 처분 시점에 발생한 평가손익이 당기손익으로 재분류되고, 해외 사업장의 자산과 부채를 원화로 환산하는 과정에서 발생하는 환산손익은 기타포괄손익으로 처리되지만, 해당 사업장이 청산, 매각 등으로 소멸될 때 당기손익으로 재분류될 수 있다. 또한 지분법을 적용하는 관계기업이나 공동기업의 기타포괄손익은 기타포괄손익누계액에 포함되지만, 지분법 적용을 중단하거나 처분할 때 당기손익으로 재분류될 수 있다.

제5절 이익잉여금

이익잉여금(retained earning)이란 손익거래로 발생한 이익의 유보액을 의미한다. 즉, 기업의 경영활동을 통하여 획득된 이익으로서, 배당 등을 통하여 사외로 유출되거나 자본금계정이나 자본잉여금 계정으로 대체되지 않고 기업 내부에 유보된 금액을 의미한다. 이를 구분하면 다음과 같다.

- 법정적립금: 상법상의 이익준비금 및 기타 법령의 규정에 의하여 적립된 금액으로 한다.
- 임의적립금: 정관의 규정 또는 주주총회의 결의로 적립된 금액으로서 사업확장적립금, 감채적립금, 배당평균적립금, 결손보전적립금 및 법인세 등을 이연할 목적으로 적립하여 일정기간이 경과한 후 환입될 준비금 등으로 한다.
- 미처분이익잉여금(또는 미처리결손금): 전기의 이익잉여금처분계산서의 차기이월미처분이익잉여금(또는 결손금처리계산서의 차기이월미처리결손금)에 당기순이익 또는 당기순손실을 가감한 금액으로 한다.

1. 법정적립금

가. 이익준비금

이익준비금(legal reserve)은 상법 등 각종 법령에 의하여 매 결산기에 이익의 일부를 일정한 수준에 도달할 때까지 적립하는 법정적립금으로 이익준비금이 대표적인 예이다. 이익준비금은 상법에 의하여 회사는 자본의 1/2에 달할 때까지 매 결산기의 금전에 의한 이익배당금의 1/10 이상의 금액을 이익준비금으로 적립하도록 규정하고 있다. 이는 회사의 재무 건전성을 확보하고 미래의 손실이나 배당 등에 대비하기 위해 적립하는 법정적립금으로 회사의 자본금 감소를 방지하고, 예상치 못한 손실 발생 시 이를 보전하며, 안정적인 배당 지급을 가능하게 한다.

나. 기타법정적립금

기타법정적립금(other statutory reserves)은 상법에는 규정되어 있지 않지만 각종 법령에 의하여 적립이 강제되는 적립금으로 특정 목적을 위해 회사의 이익잉여금에서 적립되는 금액을 말한다. 이는 주로 기업의 재무 건전성 확보, 손실 보전, 또는 특정 목적 달성을 위해 사용된다. 기타법정적립금으로는 선물거래법에서 규정하고 있는 선물거래책임준비금이 있다.

2. 임의적립금

임의적립금(voluntary reserves)은 법적 강제력에 의하여 적립하는 것이 아니라 정관의 규정 또는 주주총회의 결의에 의하여 기업 자체의 필요에 따라 임의로 적립하는 적립금을 말한다.

가. 적극적 적립금

기업의 자금 또는 순자산을 증대시킬 목적으로 적립하는 것으로 원래의 적립목적을 달성하더라도 적립금 자체는 소멸하지 않는 것으로 사업확장적립금, 감채적립금 등이 있다.

사업확장적립금(reserve for business expansion)은 장래에 사업을 확장하기 위한 적립금으로, 예를 들면 해외사업을 확대하거나 공장시설을 확장하는 등 광범위하게 사용될 수 있는 적립금이다. 이와 비슷한 적립금으로 신축적립금, 시설적립금이 있는데 모두 사업확장적립금에 포함시킬 수 있다.

감채적립금(reserve for sinking fund)은 사채, 장기차입금 등 부채를 상환하기 위한 적립금이다.

적극적 적립금은 적립목적을 달성한 후에도 소멸하지 않으므로 목적을 달성한 후에는 일단 별도적립금으로 대체하든가 또는 다른 목적의 적립금으로 대체하여 임의적립금 이입을 한다.

나. 소극적 적립금

기업의 자본감소를 방지할 목적으로 또는 순자산의 감소를 억제할 목적으로 적립하는 것으로서 적립목적을 달성하면 적립금 자체도 소멸하는 것이다. 소극적 적립금에는 배당평균적립금, 결손보전적립금 등이 있다.

3. 이익잉여금 회계처리에 대한 사례

2024년 기말 현재 삼성전자는 상법상의 규정에 따라 납입자본의 50%에 달할 때까지 매 결산기마다 금전에 의한 이익배당액의 10% 이상을 이익준비금으로 적립하도록 되어 있으나, 보고기간종료일 현재 회사의 이익준비금이 납입자본의 50%에 달하였으므로 추가 적립할 의무는 없어 적립하지 않고 있다.

이익잉여금 구성

(단위: 백만원)

	금액
법정적립금	450,789
이익준비금	450,789
임의적립금	217,059,556
미처분이익잉여금	16,223,971
합계	233,734,316

2024년 기말 현재 삼성전자가 적립한 적립금으로는 약 217조 5,103억이며 이중 이익준비금은 4,508억이고 연구 및 인력개발을 목적으로 적립하는 임의적립금은 217조 596억에 달하고 있다.

4. 이익잉여금의 처분

기업의 영업활동의 결과로 얻어진 이익잉여금은 주주 등에게 배당의 형태로 돌려주거나 차후의 영업활동을 위한 일정한 목적으로 회사 내에 남겨두게 되고 일부는 상법 등의 법률에 의해 일정금액을 적립하도록 되어 있는데 이와 같은 것을 이익잉여금의 처분이라 한다. 현행 기업회계기준에서는 이익잉여금의 처분상황을 이익잉여금처분계산서에 표시하도록 하고 있다.[3)]

당기에 처분가능한 이익잉여금은 전기로부터 이월된 미처분이익잉여금에 당기에 발생한 당기순손익을 가감하여 산출한다.

미처분이익잉여금 = 전기이월미처분이익잉여금 ± 당기순손익

이러한 미처분이익잉여금은 주주에게 환원하기 위한 현금배당 및 주식배당은 물

3) 「한국채택국제회계기준」과 「일반기업회계기준」에서는 이익잉여금처분계산서를 재무제표에서 제외하고 상법 등 관련 법규에서 요구하는 경우에 주석으로 공시할 수 있도록 하고 있다.

론 이익잉여금의 일부를 회사 내부에 유보함으로써 재투자 등의 목적으로 사용된다. 한편, 이익처분의 재원이 부족하게 되는 경우에는 전기에 회사 내부에 유보시킨 이익잉여금을 추가하게 되는데 이것이 임의적립금 등의 이입액이다.

반대로 결손이 발생한 경우에는 발생된 결손을 어떻게 보전하여야 할 것인가를 결정하게 되고 이러한 보전처리 상황은 결손금처리계산서에 표시하도록 하고 있다. 이 경우 결손금은 ① 임의적립금이입액, ② 기타법정적립금이입액, ③ 이익준비금이입액, ④ 자본잉여금이입액의 순으로 처리하도록 규정하고 있다.

5. 이익잉여금의 처분에 대한 사례

삼성전자의 2024년 미처분잉여금은 전기이월미처분잉여금 30천만과 당기순익 23조 5,826억을 합한 금액에서 분기배당금 7조 3,565억과 FVOCI금융자산 처분액 2억을 차감한 16조 2,240억이었으며, 이를 배당금으로 2조 4,543억, 임의적립금인 연구 및 인력개발을 위한 준비금으로 13조 7,696억을 적립하는 데 사용하였다. 따라서 차기이월미처분이익잉여금은 3천만이다.

이익잉여금 처분계산서

(단위: 백만원)

<table>
<tr><th colspan="3"></th><th>금액</th></tr>
<tr><td colspan="3">미처분이익잉여금</td><td>16,223,971</td></tr>
<tr><td rowspan="6">미처분이익
잉여금</td><td colspan="2">전기이월이익잉여금</td><td>30</td></tr>
<tr><td colspan="2">분기배당</td><td>(7,356,461)</td></tr>
<tr><td rowspan="2">분기배당</td><td>주당 배당금, 분기배당</td><td>1,083</td></tr>
<tr><td>주당 배당률, 분기배당</td><td>11</td></tr>
<tr><td colspan="2">당기순이익</td><td>23,582,565</td></tr>
<tr><td colspan="2">기타포괄손익－공정가치금융자산 처분</td><td>(2,163)</td></tr>
<tr><td colspan="3">임의적립금 등의 이입액</td><td>0</td></tr>
<tr><td colspan="3">이익잉여금 처분액</td><td>16,223,941</td></tr>
</table>

<table>
<tr><td rowspan="8">이익잉여금
처분액</td><td colspan="2">배당금</td><td>2,454,307</td></tr>
<tr><td rowspan="6">배당금</td><td>보통주에 지급될 주당배당금</td><td>363</td></tr>
<tr><td>우선주에 지급될 주당배당금</td><td>364</td></tr>
<tr><td>보통주에 지급된 주당배당금</td><td></td></tr>
<tr><td>우선주에 지급된 주당배당금</td><td></td></tr>
<tr><td>보통주 주당 배당률</td><td>4</td></tr>
<tr><td>우선주 주당 배당률</td><td>4</td></tr>
<tr><td colspan="2">연구및인력개발준비금</td><td>13,769,634</td></tr>
<tr><td colspan="3">차기이월 미처분이익잉여금</td><td>30</td></tr>
</table>

삼성전자의 배당내역을 살펴보면 분기배당은 보통주 및 우선주 모두 액면가 기준으로 주당 배당률 3.61%를 배당하여 3분기까지 배당금은 7조 3,565억이었으며 기말배당은 보통주는 액면가 기준으로 주당 3.63%로 2조 1,563억, 우선주는 액면가기준으로 주당 3.64%로 2,981억으로 총 2조 4,543억을 배당하였다.

CHAPTER 07

손익계산서 (기업의 경영성과)

제1절 수익과 비용의 의의

제2절 영업활동에 의한 수익과 비용

제3절 투자 및 재무활동에 의한 수익과 비용

제4절 중단영업손익과 주당이익

손익계산서(기업의 경영성과)

지금까지 재무상태표의 자산과 부채 및 자본에 대하여 논하였다. 본장에서는 기업의 경영성과를 표시하는 수익과 비용의 계산, 즉 손익계산서를 다루고자 한다.

손익계산서(income statement, I/S)란 일정기간 동안 발생한 경영성과를 보고하는 재무제표이다. 경영성과는 수익과 비용으로 측정이 된다. 기업의 경영성과를 측정하기 위해 한 회계기간(보통 1년)에 기업이 올린 모든 수익과 그 수익을 올리는데 들인 비용, 즉 수익에서 비용을 뺀 결과인 이익 혹은 손실을 표시한 계산서이다. 재무상태표는 일정시점을 기준으로 누적된 기업의 재무상태를 제공하는 정태적 보고서라면 손익계산서는 한 회계기간 동안의 경영성과를 제공하는 동태적 보고서이다.

제1절 수익과 비용의 의의

1. 수익의 인식

수익(income)은 기업의 경영활동과 관련하여 재화나 서비스를 제공하고 받은 돈이나 미래에 받을 권리이다. 재화나 서비스를 제공하고 수익이 발생하면 그만큼 자산이 증가한다. 예로서 책을 판매하고 현금을 받았으면 현금이라는 자산이 증가하고 외상으로 하였으면 매출채권이라는 자산이 증가한다. 또한 기업이 차입금 등의 부채를 상환하기 위하여 재화나 서비스를 제공할 수 있으며 그 결과로 부채가 감소한다.

수익의 종류

종류	개념
매출액	상품이나 서비스를 판매하여 얻는 수입액
이자 및 배당 수익	예금 이자, 대여금 이자 등 금융상품에서 발생하는 수입액
임대료	건물이나 토지 등을 임대해 주고 받는 수입액
수수료 수익	상품이나 서비스를 중개를 하고 받은 수입액

가. 발생주의와 현금주의

수익의 인식시점이란 재화나 서비스를 제공하여 경제적 효익이 기업에 유입될 가능성이 높을 때 인식된다. 즉, 현금 수취 여부와 관계없이, 거래가 완료되어 수익을 실현할 수 있게 된 시점을 기준으로 한다. 이는 발생주의 회계의 원칙에 따른 것으로, 현금주의와는 달리 현금의 유입과 무관하게 거래 발생 시점에 수익을 인식한다.

발생주의는 기업의 재무 상태와 경영 성과를 정확하게 파악하기 위해, 현금의 수수와는 상관없이 거래가 발생한 시점에 수익과 비용을 인식하는 회계 방식이다.

- 재화 판매의 경우: 상품을 인도하거나 소유에 따른 위험과 보상이 구매자에게 이전되는 시점에 수익을 인식한다.
- 서비스 제공의 경우: 용역 제공이 완료된 시점에 수익을 인식한다.
- 진행 기준 수익인식: 계약 기간이 장기간인 경우, 진행률에 따라 수익을 인식할 수 있다. 예를 들어, 건설 계약의 경우 공사 진행상황에 따라 수익을 배분하여 인식한다.

현금주의 회계는 현금 수취 시점에 수익을 인식하는 반면, 발생주의 회계는 거래 발생 시점에 수익을 인식하므로, 두 회계 방식 간에는 차이가 발생할 수 있다. 예로서 A 회사가 B 회사에 상품을 판매하고, 대금은 3개월 후에 받기로 했다면, 현금 수취 시점과 관계없이 A 회사는 상품 인도 시점에 수익을 인식하고, 또한 C 회사가 용역 제공 계약을 체결하고 1년 동안 용역을 제공하기로 했다면, 진행 기준에 따라 C 회사는 매월 용역 제공이 완료된 시점에 해당 월의 수익을 인식한다.

나. 수익의 인식요건[1)]

수익의 인식요건을 구체화하면, 수익은 다음의 요건을 모두 충족하는 시점에서 인식된다. 수익은 실현되었거나 또는 실현가능한 시점에서 인식한다. 수익은 제품, 상품 또는 기타 자산이 현금 또는 현금청구권과 교환되는 시점에서 실현된다. 수익이 실현가능하다는 것은 수익의 발생과정에서 수취 또는 보유한 자산이 일정액의 현금 또는 현금청구권으로 즉시 전환될 수 있음을 의미하고, 또한 수익은 그 가득과정이 완료되어야 인식한다. 기업실체의 수익 창출활동은 재화의 생산 또는 인도, 용역의 제공 등으로 나타나며, 수익 창출에 따른 경제적 효익을 이용할 수 있다고 주장하기에 충분한 정도의 활동을 수행하였을 때 가득과정이 완료되었다고 본다.

다. 수익의 인식기준

전통적인 수익인식기준은 위험과 효익이 고객에게 이전되는지를 중심으로 매출액 인식시점을 판단하였다. 예를 들면, 재화를 판매하는 경우에는 일반적으로 고객에게 제품을 인도하는 시점에 매출을 인식하고, 판매한 제품에 대해 기업이 더는 권리나 의무를 갖지 않기 때문에 제품에 대한 위험과 효익을 이전하였다고 판단한 것이다. 반면 서비스를 제공하는 계약이나 건설계약에는 진행기준을 적용하여 수익을 인식한다.

2018년부터 적용되는 K-IFRS '고객과의 계약에서 생기는 수익'기준서에 따르면 자산의 통제가 고객에게 이전되는 시점에 수익을 인식한다. 전통적 수익인식기준에서 위험과 효익의 이전에 따라 수익을 인식하도록 한 것과는 차이가 있다. 이 기준서에 따르면 수익을 인식하는 모형을 하나로 보고 있기 때문에 수익을 인식하기 위해 더는 재화의 판매인지 서비스의 제공인지를 구분할 필요가 없으며, 수익은 계약의 식별,

1) 재무회계개념체계 문단 144.

수행의무의 식별, 거래가격의 산정, 거래가격의 배분 및 수익인식 등 5단계로 구분하여 인식하도록 정하고 있다.

첫 번째 단계로 계약의 식별은 계약의 당사자인 기업과 고객이 계약을 승인하고, 계약에서 각자의 권리와 의무, 지급조건을 식별할 수 있으며, 당사자가 각자의 의무를 수행할 의도가 있고, 대가의 회수 가능성이 높다는 등의 조건을 충족해야 한다.

두 번째 단계로 수행의무의 식별에서 수행의무는 계약에서 기업이 고객에게 이전하기로 약속한 의무를 말한다. 이에는 구별되는 재화나 서비스(또는 재화나 서비스의 묶음)와 실질적으로 서로 같고 고객에게 이전하는 방식도 같은 일련의 구별되는 재화나 서비스로 구분한다. 구별되는 재화나 서비스의 이전에 대한 수행의무는 고객이 재화나 용역 그 자체에서 효익을 얻거나 고객이 쉽게 구할 수 있는 다른 자원과 함께하여 그 재화나 서비스에서 효익을 얻을 수 있으며, 고객에게 재화나 서비스를 이전하기로 하는 약속을 계약 내의 다른 약속과 별도로 식별해 낼 수 있을 때 수행의무로 식별한다. 또한 실질적으로 서로 같고 고객에게 이전하는 방식도 같은 일련의(연속적인) 구별되는 재화나 서비스의 이전이 연속적으로 이행되는 경우에 기간에 걸쳐 이행하는 수행의무의 기준을 충족하고, 고객에게 이전하는 수행의무의 진행률을 같은 방법을 사용하여 측정하는 경우에는 하나의 수행으로 보아 기간에 걸쳐 수익으로 인식한다.

세 번째 단계로 거래가격의 산정은 고객에게 약속한 재화나 용역을 이전하고 그 대가로 기업이 받을 권리를 갖게 될 것으로 예상하는 금액이며, 제3자를 대신해서 회수한 금액(예: 일부 판매세)은 제외한다. 고객과의 계약에서 약속한 대가는 고정금액, 변동금액 또는 둘 다를 포함할 수 있다. 계약에서 약속한 대가에 변동금액이 포함된 경우에 고객에게 약속한 재화나 서비스를 이전하고 그 대가로 받을 권리를 갖게 될 금액을 추정한다. 추정하는 방법으로는 기업에 특성이 비슷한 계약이 많은 경우에 기댓값을 사용하거나, 계약에서 가능한 결과치가 두 가지뿐일 경우(예: 기업이 성과보너스를 획득하거나 획득하지 못하는 경우)에는 가능성이 가장 높은 금액을 변동대가의 적절한 추정치로 할 수 있다. 변동대가와 관련된 불확실성이 나중에 해소될 때, 이미 인식한 누적 수익 금액 중 유의적인 부분을 되돌리지 않을 가능성이 매우 높은 정도까지는 추정된 변동대가의 일부나 전부를 거래가격에 포함한다.

네 번째 단계로 거래가격의 배분은 총거래가격을 상대적 개별 판매가격을 기준으로 계약에서 식별된 각 수행의무에 배분한다. 개별 판매가격을 직접 관측할 수 없는 경우에는 개별 판매가격을 추정해야 한다. 이때 개별판매가격을 추정할 때에는 구할 수 있는 모든 정보를 고려해야 하여 시장평가조정접근법, 예상원가이윤원가선접근법이나 잔여접근법 등에 의하여 개별판매가격을 추정한다. 거래가격에 포한된 할인액이나 변동대가는 개별판매가격을 기준으로 각 수행의무에 비례하여 배분하는 것이 원칙이지만, 할인액과 변동대가가 일부의 수행의무에만 연관되어 있다면 할인액과 변동대가는 그 수행의무에만 배분한다.

마지막 단계로 수익의 인식은 고객에게 약속한 재화나 서비스, 즉 자산을 이전하여 수행의무를 이행할 때 수익을 인식한다. 자산은 고객이 그 자산을 통제할 때 이전된다. 수익인식은 식별한 각 수행의무를 기간에 걸쳐 이행하는지 또는 한 시점에 이행하는지를 구분하여 인식한다. 기업이 재화나 용역에 대한 통제를 기간에 걸쳐 이전하는 경우 기간에 걸쳐, 즉 진행기준에 의하여 수익을 인식한다. 이는 다음 중 하나를 충족할 경우 진행기준에 의하여 인식한다. ① 고객은 기업이 수행하는 대로 기업의 수행에서 제공하는 효익을 동시에 받고 소비한다(예: 청소용역, 케이블TV 용역). ② 기업이 만들거나 가치를 높이는 대로 고객이 통제하는 자산을 기업이 수행하여 만들거나 높인다(예: 고객의 소유지에서 제작하는 자산). ③ 기업이 수행하여 만든 자산은 기업자체에는 대체 용도가 없고, 지금까지 완료된 수행분에 대해 집행 가능한 지급청구권이 기업에 있다(예: 일부 주문제작 자산). 수행의무가 기간에 걸쳐 이행되지 않았다면 고객이 약속된 자산을 통제하고 기업이 수행의무를 이행하는 시점에 수익을 인식한다. 통제란 자산의 사용을 지시하고, 자산의 효익을 얻을 수 있는 능력을 말하는 데, 이는 지급청구권, 법적 소유권, 물리적 점유 등으로 판단한다.

2. 비용의 인식

비용(expenses)은 기업의 경영활동과 관련하여 재화나 서비스를 제공하기 위하여 지불한 돈이나 미래에 지불해야 할 의무이다. 재화나 서비스를 제공하고 수익을 얻기 위해서는 이에 상응하는 비용도 발생한다. 따라서 수익과 비용은 대응되어야 한다고 한다. 즉 예로서 책의 판매되면 보유하고 있던 책이라는 재고자산이 감소하고 판매활동에 필요한 비용 즉 인건비 등이 발생하는 만큼 자산이 감소한다. 자산이 감소하면 그 금액만큼 자본이 감소한다. 비용 또한 영업활동과 관련하여 발생한 비용은 영업비용으로 이에는 매출원가와 판매관리비가 있고, 재무활동과 투자활동과 관련하여 발생한 비용은 영업비용으로 구분한다. 그 밖에 모든 경영활동의 결과로 발생하는 이익에 대하여 기업이 부담하는 법인세로 구분한다.

비용의 종류

종류	개념
매출원가	판매한 상품 또는 제품의 원가
판매비와관리비	영업활동과 관련하여 발생하는 비용으로 급여, 감가상각비 등
영업외 비용	재무활동과 투자활동과 관련하여 발행하는 비용으로 이자비용, 유형자산 처분손실 등
법인세	모든 경영활동의 결과로 발생하는 이익에 대하여 기업이 부담하는 세금

가. 비용의 인식

비용은 수익과 연관되어 발생하기 때문에 수익이 발생하는 시점에 비용도 함께 인식한다. 예를 들어, 상품을 판매하여 얻는 수익과 관련된 원가(매출원가)는 해당 상품이 판매되어 수익이 인식되는 시점에 비용으로 처리한다. 비용은 다음과 같은 경우에 인식된다.

- 수익 창출과 관련하여 발생한 경우: 앞서 언급했듯이, 수익이 발생한 기간에 관련 비용을 인식한다.
- 자산의 가치가 감소하거나 소멸하는 경우: 건물 감가상각비나 재고자산 평가손실 등이 이에 해당한다.
- 부채가 발생하거나 증가하는 경우: 퇴직급여 충당부채 증가 등이 예이다.

비용은 수익과 비용의 대응 원칙에 따라 비용을 다음과 같은 방법으로 인식한다.

- 수익과 비용의 직접대응: 수익과 관련된 비용의 직접적인 대응이 가능할 때 수익인식 시점에 비용을 인식한다. 예로서 매출원가, 판매비 등이 있다.
- 합리적이고 방법에 의한 배분: 수익과 직접적인 대응이 어렵지만 수익창출에

기여한 것을 일반적으로 인정된 회계기준 등에 의하여 합리적인 배분방법에 의하여 비용으로 인식한다. 예로서 유형자산의 감가상각비 및 무형자산의 상각비 등이 있다.

- 당기의 비용으로 인식: 당기에 발생한 원가가 미래 경제적 효익을 제공하지 못하거나 합리적으로 배분 가능한 기간이나 금액을 산정하지 못할 때, 발생 즉시 비용으로 인식한다. 예로서 임대료 지급, 공과금 지급, 경상개발비 등이 있다.

나. 비용의 측정

비용 측정 방법은 크게 역사적 원가, 현행 원가, 그리고 기타 다양한 측정 방법으로 구분할 수 있다. 역사적 원가는 취득 당시의 원가를 기준으로 측정하는 방법이고, 현행 원가는 현재 시점에서 자산이나 부채를 대체하는 데 필요한 원가를 기준으로 측정하는 방법이다. 이 외에도 대체비용, 기회비용, 매몰비용 등 다양한 방식으로 비용을 측정할 수 있다.

- 역사적 원가(Historical Cost): 자산이나 부채를 취득 또는 발생 시점의 원가로 측정하는 방법으로 가장 널리 사용되는 측정 방법이며, 객관적이고 검증 가능하다는 장점이 있다. 예를 들어 건물을 1억 원에 구입했다면, 그 건물의 비용은 1억 원으로 측정된다.
- 현행 원가(Current Cost): 자산이나 부채를 현재 시점에서 대체하는 데 필요한 원가를 기준으로 측정하는 방법으로, 과거 원가와 현재 가치를 비교하여 의사결정에 유용한 정보를 제공할 수 있다. 예를 들어 건물을 현재 시점에서 새로 구입하려면 1억 5천만 원이 필요하다면, 현행 원가는 1억 5천만 원이 된다.

기타 측정 방법으로는 대체비용, 기회비용, 매몰비용, 실현가능가치 및 현재가치가 있다.

- 대체비용(Replacement Cost): 기존 자산을 동일한 효용을 가진 자산으로 대체하는 데 드는 비용이다.
- 기회비용(Opportunity Cost): 어떤 선택을 함으로써 포기해야 하는 다른 선택의 가치이다.

- 매몰비용(Sunk Cost): 이미 지출되어 회수할 수 없는 비용이다.
- 실현가능가치(Net Realizable Value): 자산을 처분하여 얻을 수 있는 순현금유입액이다.
- 현재가치(Present Value): 미래 현금 흐름을 현재 가치로 할인한 금액이다.

측정 방법의 선택은 어떤 측정 방법을 선택할지는 상황에 따라 다르며, 각 방법의 장단점을 고려하여 결정해야 하며, 일반적으로 역사적 원가가 널리 사용되지만, 현행 원가나 다른 측정 방법을 함께 고려하여 의사결정에 필요한 정보를 얻을 수 있다.

다. 비용의 분류

기업은 비용을 기능별분류, 성격별분류 중 신뢰성 있고 더욱 목적적합한 정보를 제공할 수 있는 방법을 적용해 당기손익으로 인식한 비용을 표시한다.

기능별 분류란 비용을 매출원가와 다른 비용을 구분하여 공시하는 방법으로 매출원가법이라고 한다. 비용을 사용처별로 구분하여 공시하는 방법이다. 이는 더욱 목적적합한 방법으로 정보를 제공할 수 있으나 기능별로 분류하는 데 자의성이 개입될 여지가 존재한다.

성격별 분류 방법은 당기손익에 포함된 비용을 그 성격별로 통합하여 공시하는 방법을 말한다. 즉, 비용을 발생처별로 구분하는 공시방법이다. 이 방법은 비용을 기능별 분류로 재분배할 필요가 없기 때문에 실무적으로 적용이 간단하다. 비용을 성격별로 분류하는 것은 각 항목의 유형별로 구분 표시한다는 것으로 원재료 구입가격감가상각비, 원재료구입, 운송비, 종업원급여와 광고비 등으로 구분한다.

비용의 성격에 대한 정보가 미래현금흐름을 예측하는 데 유용하기 때문에 미래현금흐름을 예측하는 데 유용하기 때문에 비용을 기능별로 분류하는 경우에는 성격별 분류에 대한 추가 공시가 요구되고 있다.

라. 원가와 비용

원가(cost)는 특정목적의 달성을 위해 희생되거나 잠재적으로 희생될 경제적 자원을 화폐단위로 측정한 것을 말한다. 이러한 원가는 기업이 수익을 획득하기 위하여 여러 가지 경제활동을 수행하는 과정에서 발생하는데, 원가가 발생하면 이를 자산(asset) 혹은 비용(expense)으로 구분하여야 한다. 발생한 원가가 자산으로 계상되기 위해서는 원가의 발생으로 인하여 미래의 경제적 효익을 기대할 수 있어야 한다. 따라서 발생한 원가가 미래의 경제적 효익을 기대할 수 없으면 그 원가는 발생한 기간의 비용으로 인식하여야 한다. 그리고 발생한 원가로부터 미래의 경제적 효익을 기대할 수 있는 것은 자산으로 계상하였다가 수익획득에 기여한 부분은 비용으로 인식하고, 수익획득에 기여하지 못한 부분은 손실(loss)로 인식한다. 예를 들어 제조기업의 경우에 제품을 생산하기 위하여 매입한 원재료는 재고자산으로 처리하였다가 제조공정에 투입되면 원재료비로 전환되어 재공품에 포함된다. 그리고 제품이 완성되어 판매가 이루어지면 이는 매출원가로 전환된다. 즉 원재료는 소비가 되었더라도 판매되기 전까지는 재공품 및 제품인 재고자산으로 있다가 판매되면 매출원가로 전환된다.

따라서 원가, 자산, 비용, 손실의 관계를 요약하면 다음과 같다.

감가상가비의 경우는 감가상각비가 발생하면 비용으로 처리한다. 그리고 공장 건물이나 설비의 감가상각비의 경우는 제품을 생산, 즉 미래의 경제적 효익을 창출하는 과정에서 발생하는 비용이기 때문에 원재료비와 같이 재공품에 포함된다. 그리고 제품이 완성이 되어 판매가 이루어지면 이는 매출원가로 전환된다, 즉 공장의 감가상각비는 발생하면 판매되기 전까지는 재공품 및 제품인 재고자산으로 있다가 판매되면

원가, 자산, 비용, 손실의 관계

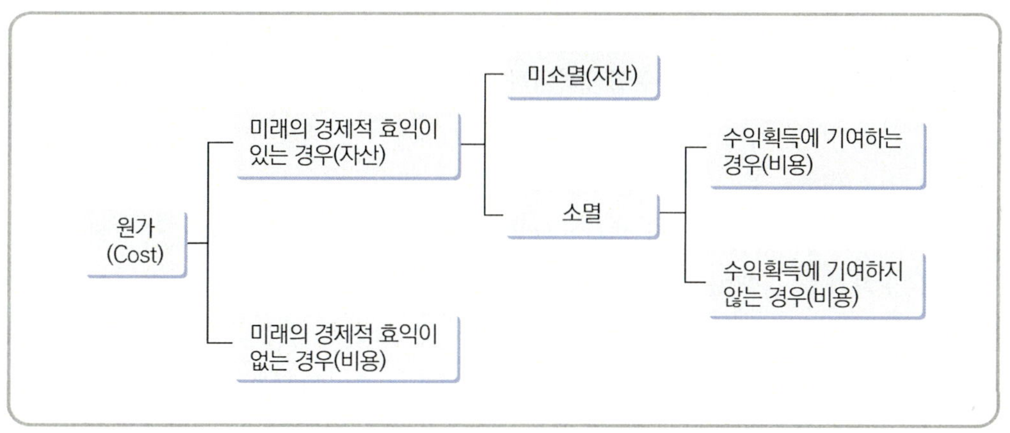

매출원가로 전환된다. 그러나 본사 건물의 감가상각비는 미래의 경제적 효익을 창출하는 과정, 즉 제품생산과 무관하게 발생하는 비용이기 때문에 바로 판매 및 일반관리비용으로 처리한다. 이를 수치로 설명하면 만약 기업의 감가상각비가 20,000원이 발생하였는데 이는 공장과 본사의 감가상각비가 각각 15,000과 5,000원이고, 공장의 감가상각비 중 재공품 및 제품에 남아있는 금액이 5,000원이라면 재고자산이 5,000원이다. 그리고 비용을 기능별로 분류하면 매출원가는 10,000원이고 판매 및 일반관리비는 5,000원이다.

3. 손익계산서 형식

손익계산서 형식도 보고식과 계정식으로 구분된다. 보고식은 정보의 이용자에게 경영활동별로 이익을 제공하는 형식으로 구분하여 단계적으로 보고한다. 대부분의 기업은 손익을 매출총이익, 영업이익, 경상이익(법인세차감전이익), 당기순이익으로 나누어 보고한다.

매출총이익 = 매출액 − 매출원가
영업이익 = 매출총이익 − 판매비와 관리비
경상이익 = 영업이익 + 영업외수익 − 영업외비용
당기순이익 = 경상이익 − 법인세

매출액은 기업의 주된 영업활동의 즉, 상품 및 제품의 매출 또는 서비스의 제공으로 인해 기업이 벌어들인 수입금액이다. 매출액은 총매출액에서 매출환입액 및 에누리를 차감하여 계산한다. 매출원가는 제품, 상품 등의 매출액에 대응되는 원가로서 판매된 제품이나 상품 등에 대한 제조원가 또는 매입원가이다. 이는 기업의 영업활동 중 구매, 생산 및 운영의 활동에서 발생하는 원가이다. 매출총이익은 매출액에서 매출원가를 차감한 금액이다. 판매관리비는 제품, 상품, 용역 등의 판매활동과 기업의 관리활동에서 발생하는 비용으로서 매출원가에 속하지 아니하는 모든 영업비용을 포함한다. 판매관리비는 영업활동 중 경영관리 활동에서 발생하는 비용이다. 영업이익은 매출총이익에서 판매관리비를 차감한 금액으로써 기업의 영업활동 성과를 측정하는 중요한 지표이다. 영업외수익은 투자 및 재무활동에서 발생하는 수익이며, 영업외비용은 투자 및 재무활동에서 발생하는 비용이다. 영업외비용에서 영업외비용을 차감한 것을 순금융비용이라고 하는데 이는 투자 및 재무활동의 성과를 평가하는 지표로도 이용된다. 그리고 경상이익에서 한 회계기간에 납부할 법인세액를 차감하여 산출한 이익이 당기순이익이다. 아는 최종적으로는 주주의 몫이 된다. 주주의 몫은 자본이므로 이 금액은 재무상태표의 자본에 포함된다.

제2절 영업활동에 의한 수익과 비용

1. 매출액: 영업활동의 총수익(외형)

가. 매출액의 종류 및 인식

매출액(Sales)은 기업이 일정기간 동안 고객에게 상품이나 제품을 판매하거나 서비스를 제공하고 그 대가로 얻은 총 금액을 말한다. 이는 기업의 수익성을 나타내는 중요한 지표이며, 매출액 증가는 기업의 성장과 시장 점유율 확대를 시사한다. 매출액의 구성요소로는 수량과 단가로 구성되는 데 수량은 판매된 상품, 제품 및 서비스의 총 수량이며, 단가는 판매된 각 상품, 제품 및 서비스의 단위당 가격을 말한다. 매출액은 일반적으로 기업의 외형이하고 하는 데 유통업의 경우는 상품의 매출액, 제조업은 제품의 매출이 이에 해당되며, 건설업은 공사수익이 이에 해당된다. 서비스업 중 은행 등과 같은 금융업의 경우는 대출금에 대한 이자수익이나 수수료 수익, 회계 및 법률 자문 등을 제공하는 자문회사의 경우는 자문료 수익, 입시학원 등의 학원의 경우는 수강료 수익, 영화관람 및 프로야구 야구장 등은 입장료 수익 등이 이에 해당한다.

상품매출은 다른 기업이 만든 제품을 구매하여 이에 적절한 이윤을 붙여서 다시 파는 활동으로 발생하는 수익을 말한다. 예를 들어, 롯데하이마트가 삼성전자에서 만든 스마트폰을 구매해서 소비자에게 판매하면, 그 판매 대금은 롯데하이마트의 상품매출이 된다. 이는 직접 만들지는 않지만, 유통을 통하여 수익을 창출하였기 때문에 기업의 핵심적인 판매활동과 관련된다.

제품매출은 기업이 직접 생산한 물건을 팔아서 얻는 수익을 말해. 예를 들어, 삼성전자가 스마트폰을 직접 만들어서 판매하면, 그 스마트폰 판매 대금이 바로 제품매출이 된다. 기업이 직접 생산하여 판매를 통하여 수익을 창출하였기 때문에 기업의 핵심적인 생산 및 판매 활동과 관련된다.

용역매출은 재화를 파는 것이 아니라, 어떤 서비스를 제공하고 그 대가로 받는 돈을 의미한다. 예를 들어, 법률 자문을 해주는 법률사무소나, 회계 서비스를 제공하는 회계법인, 혹은 교육 서비스를 제공하는 학원 등이 용역매출을 발생시킨다. 무형의 가치를 제공을 통하여 수익을 창출하기 때문에 인적 및 지적 활동과 관련된다.

기타매출 위에 언급된 제품, 상품, 용역 매출 외에 발생하는 다른 종류의 수익들을 기타매출이라고 한다. 예를 들어, 기업이 가지고 있는 건물을 빌려주고 받는 임대료 수입이나, 특허권을 빌려주고 받는 로열티 같은 것들이 여기에 해당될 수 있다.

기업이 제3의 공급자로부터 재화나 용역을 구매하고 이를 고객에게 제공하는 방식으로 영업을 하는 경우, 기업이 고객과의 거래에서 당사자로서의 역할을 수행하는지 또는 공급자의 대리인으로서의 역할을 수행하는지에 따라 매출액 인식 방법이 달라진다. 즉, 회사가 고객에게 재화나 용역을 실질적으로 제공한 것이라면 고객에게 청구한 판매가액 총액을 수익으로 인식 보고하여야 하며, 제3의 공급자에게 재화나 용역에 대한 위탁 및 중개용역을 제공한 것이라면 고객에게 청구한 금액에서 제3의 공급자에게 지급하여야할 금액을 차감한 잔액(순액)을 수수료 수익으로 인식하여야 한다. 중개업자나 오픈마켓 플랫폼 등이 대표적이 사례이다.

매출액에 대한 인식은 기업이 고객에게 재화나 서비스를 제공하고 그 대가로 받을 권리를 갖게 되는 시점에 매출액으로 기록하는 것을 의미한다. 매출액의 순액인식은 매출액 전체를 수익으로 인식하는 것이 아니라, 특정 항목들을 차감한 순수한 금액만을 수익으로 인식하는 방식을 말한다. 이는 기업이 고객에게 제공하는 재화나 서비스에 대해 받을 것으로 예상하는 대가가 변동될 수 있음을 반영하는 과정이다. 즉, 계약상 가격에서 할인, 에누리, 환입, 판매장려금 등 다양한 요인으로 인해 실제 받을 금액이 줄어들 경우, 그 감소분을 반영하여 순수한 매출액을 인식하는 것이다. 매출액을 순액으로 인식하기 위해 차감되는 주요 항목들은 부가가치세, 이연수익, 반품, 판매장려금 및 가격할인액 등이 있다.

첫째, 부가가치세는 재화나 용역의 공급에 대해 부과되는 세금으로, 기업이 고객으로부터 대신 받아 정부에 납부하는 금액이다. 따라서 부가가치세는 기업의 매출액이 아닌, 고객으로부터 받은 대가 중 정부에 납부해야 할 세금이므로 매출액에서 차감하여 예수금이라는 부채로 처리한다. 예를 들어, 상품 가격이 110,000원(부가세 포함)이고, 부가가치세가 10,000원이라면, 매출액은 100,000원으로 인식하고, 부가가치세 10,000원은 부채로 처리한다.

둘째, 이연수익 기업이 고객으로부터 미리 대가를 받았지만, 아직 재화나 용역을 제공하지 않아 수익으로 인식하지 않고 부채로 분류한 금액으로 매출액에서 차감한다. 예를 들어, 구독형 서비스 요금을 미리 받은 경우, 서비스 제공 기간에 따라 수익을 나누어 인식해야 한다. 따라서 아직 제공하지 않은 서비스에 대한 금액은 이연수익으로 처리하고, 서비스 제공이 완료될 때마다 수익으로 인식한다. 또한 반품은 반품될 것으로 예상되는 금액을 추정하여 수익인식 시점에 미리 차감하거나, 반품이 실제로 발생했을 때 이미 인식한 매출액에서 차감한다. 예를 들어, 100,000원어치 상품을 판매했는데, 이 중 10,000원 상당의 상품이 반품되었다면, 순매출액은 90,000원이 된다.

셋째, 판매장려금은 판매를 촉진하기 위해 고객이나 중간 판매자에게 지급하는 인센티브를 의미한다. 이는 현금 보조, 현금 할인, 무료 사은품, 무료 서비스 등의 형태로 제공될 수 있으며, 일반적으로 판매장려금은 기업이 고객으로부터 받아야 할 대가의 공정가액을 하락시키는 성격을 가진다. 따라서 기업회계기준에서는 이러한 현금 판매 인센티브를 매출액에서 직접 차감하도록 규정하고 있다. 예를 들어, 특정 수량 이상 구매 시 지급하는 리베이트나 캐시백 등이 이에 해당한다. 다만, 판매장려금이 판매와 관련하여 제3자와의 거래를 통해서도 획득할 수 있는 식별 가능한 효익(예: 판매 대행 용역)에 대한 대가로 지급된 것이고, 그 대가가 통상적인 수준의 공정가액이라면 비용으로 인식할 수도 있다.

넷째, 가격할인은 고객에게 재화나 용역을 판매할 때 정가에서 일정 금액을 깎아주는 것을 의미한다. 예를 들어, 대량 구매 할인, 조기 결제 할인, 특정 기간 할인 등이 있다. 가격할인은 고객으로부터 받을 대가를 직접적으로 감소시키므로, 매출액을 계산할 때 해당 할인액을 차감한 순수한 판매 대가만을 매출액으로 인식한다. 예를 들어, 10% 할인을 적용하여 100,000원 상품을 90,000원에 판매했다면, 10,000원은 매출액에서 차감된다.

나. 결합상품판매

재화와 서비스가 결합된 상품을 판매할 때는, 먼저 재화와 서비스가 각각 고객에게 독립적인 효익을 제공하는 구별되는 수행의무인지를 판단하는 것이 선행되어야 하며, 이들이 구별되는 수행의무로 판단되면, 전체 판매가격을 각 수행의무의 독립 판매가격을 기준으로 배분하고, 재화는 통제력이 이전되는 시점에, 서비스는 제공되는 기간에 걸쳐 수익을 인식한다. 예를 들어 월 100원씩 2년간 통신서비스를 제공하기로 약정하고 정가 1,600원짜리 휴대폰을 600원에 할인 판매하였다고 가정하자. 이 계약은 재화의 판매와 통신서비스의 제공이라는 결합된 상품판매에 해당한다. 따라서 전체 판매가격은 3,000원(2,400원+600원)이며 이를 각 수행의무별로 배분하면 휴대폰 판매금액은 1,200원(3,000원×1,600원/4,000원)이 되고, 2년간 통신서비스 대금은 1,800원(3,000원×2,400원/4,000원)이 된다. 따라서 휴대폰 매출액은 인도시점에 1,200원을 매출액으로 인식하고, 통신서비스 대금 1,800원은 진행기준으로 매월 75원씩 매출액으로 인식한다.

다. 반품조건부판매

반품조건부판매는 기업이 구매자에게 제품을 판매하면서, 구매자가 일정 기간 내에 제품을 반품할 수 있는 권리를 부여하는 거래 형태로서 반품 조건은 수익 인식 시점에 중요한 영향을 미친다. 반품조건부판매는 다음과 같이 회계처리 한다.

- 수익인식 금액: 기업은 고객에게 이전될 것으로 예상하는 재화에 대해서만 수익을 인식한다. 반품이 예상되는 부분에 대해서는 수익을 인식하지 않고, 환불 부채로 처리한다. 즉, 판매액에서 반품 예상 금액을 차감하여 수익으로 인식하지 않고 부채로 인식한다.

– 환불부채의 인식: 고객에게 환불해 줄 의무가 있는 금액에 대해 환불부채를 인식한다. 이 부채는 고객에게 재화를 반품할 권리가 있다는 사실에 따라 발생하며, 환불부채는 판매 시점에 반품될 가능성이 있는 금액을 합리적으로 추정하여 설정하며, 매 회기간 말마다 반품 예상량의 변동에 따라 그 측정치를 새로 수정한다.

– 반환제품회수권(자산)의 인식: 기업은 고객에게서 반품될 것으로 예상되는 재화를 회수할 권리가 있는 만큼 자산을 인식한다. 이 자산은 재화의 직전 장부금액(원가)에서 그 재화 회수에 예상되는 원가를 차감하여 측정한다.

예를 들어 기업이 100개의 제품을 개당 10원에 반품조건부판매하고, 이 중 20개가 반품될 것으로 예상된다고 가정하자. 이 경우 총매출액 1,000원, 반품예상액 200원이므로 판매시점에 판매에 대한 회계처리는 차변에 매출채권 1,000원, 대변에 매출액은 800원과 환불부채 200원을 인식하고, 재고자산에 대한 회계처리는 차변에 매출원가 800원 반환제품회수권 200, 대변에 재고자산 1,000원을 인식한다.

라. 할부판매

할부판매의 수익 인식은 원칙적으로 상품이나 제품을 인도하는 시점에 인식하지만, 대금 회수기간이 장기인 경우 회수기일 도래 기준을 적용할 수 있다. 즉, 일반매출과 동일하게 재화를 인도한 시점에 수익을 인식하지만, 장기할부판매의 경우 각 회수기일마다 수익을 인식하는 것이 허용된다. 일반적인 할부판매의 경우 상품을 인도하는 시점에 판매금액 전체를 수익으로 인식한다. 이후 대금을 분할하여 회수하며, 이 과정에서 발생하는 이자수익은 별도로 인식한다. 장기할부판매는 대금 회수기간이 1년 이상인 할부판매를 말하며, 회수기일 도래 기준을 적용할 수 있다. 회수기일 도래 기준은 각 회수기일마다 해당 회수금액에 해당하는 만큼의 수익을 인식하는 방법이다. 장기할부판매의 경우, 현재가치할인차금을 계산하여 이자수익으로 인식할 수 있다. 즉, 미래 현금흐름의 현재가치를 계산하여 현재가치와 총 판매금액의 차액을 이자수익으로 인식한다.

마. 위탁판매

위탁판매는 판매자가 자신의 상품을 다른 판매자(수탁자)에게 위탁하여 판매하는 형태로서, 상품의 소유권은 위탁자에게 있지만, 판매 및 관리 권한은 수탁자에게 있다. 따라서 수익 인식은 다음과 같다.

위탁자는 수탁자가 상품을 판매하여 판매 대금을 수령한 시점 또는 판매 대금 수령이 확실시되는 시점에 수익을 인식한다. 판매 대금에서 수탁 수수료, 판매비용 등을 차감한 순액을 수익으로 인식한다. 일반적으로 상품이 수탁자에게 인도될 때 적송품으로 처리하고, 판매 시점에 매출원가로 대체한다.

수탁자는 위탁받은 상품을 판매한 시점에 판매 수수료를 수익으로 인식하고, 수탁자는 위탁받은 상품에 대한 소유권이 없으므로, 상품 판매 자체로는 수익을 인식하지 않는다.

예를 들어 A출판사가 B서점에 도서를 위탁하고 판매를 의뢰하였다고 가정하자. 이때 A출판사는 위탁자라 하고 B서점은 수탁자이다. A는 도서를 B서점에 출고한 날이 아닌 B서점이 독자에게 도서를 판매한 시점에 도서대금에서 B서점의 판매수수료와 판매비용을 제외한 금액을 수익으로 인식하고, B서점은 판매 수수료를 수익으로 인식한다.

바. 부문별 매출

K-IFRS 1108호에 의하면 영업부문별 매출액, 이익, 자산 중 어느 하나라도 기업의 전체 합계액의 10% 이상인 영업부문은 부문별 정보를 공시하도록 요구하고 있다. 부문별 매출액 공시는 기업의 전체 매출액을 사업 부문별로 구분하여 공시하는 것을 의미하기 때문에 이를 통해 투자자들은 각 사업 부문의 매출 규모와 성장 추세를 파악하여 첫째, 각 사업 부문의 매출 비중과 성장률을 통해 기업의 사업 포트폴리오를 분석할 수 있으며, 둘째, 특정 사업 부문의 수익성을 파악하여 기업의 전반적인 수익성에 대한 통찰력을 얻을 수 있고, 셋째, 특정 사업 부문에 대한 의존도가 높을 경우, 해당 사업 부문의 위험 요소를 파악하여 투자 결정을 내릴 수 있다. 마지막으로 과거 부문별 매출 추이를 분석하여 미래 사업 전망을 예측할 수 있다.

사. 부문별 공시에 대한 사례

재무보고서가 이 기준서(K-IFRS 1108호)의 적용범위에 해당하는 지배기업의 연결재무제표와 지배기업의 별도재무제표를 모두 포함하는 경우에 부문정보는 연결재무제표에서만 요구된다. 연결회사는 전략적 의사결정을 수립하는 경영위원회에게 보고되는 사업 단위를 기준으로 보고부문을 결정하고 있으며, 경영위원회는 부문에 배분될 자원에 대한 의사결정을 하고 부문의 성과를 평가하기 위하여 부문의 영업이익을 기준으로 검토하고 있다.

삼성전자의 2024년 재무제표(연결) 공시에 제시된 매출액은 300조 8,709억으로 전년 대비 23.9% 증가하였다. 부문별로 보면 DX 부문이 174조 7,877억으로 전년 대비 2.9%, DS 부문은 110조 660억으로 전년 대비 66.8%로 증가하였으나 SDC 부문은 29조 1,578억으로 전년 대비 5.9% 감소하였으나, Harman은 14조 2,749억으로 전년 대비 0.8% 감소하였다.

삼성전자 연도별 부문별 매출액

(단위: 억원)

부문	매출유형	품 목	2022년	2023년	2024년
DX 부문	제 · 상품, 용역 및 기타매출	TV, 모니터, 냉장고, 세탁기, 에어컨, 스마트폰, 네트워크 시스템, 컴퓨터 등	1,824,897	1,699,923	1,748,877
DS 부문	제 · 상품, 용역 및 기타매출	DRAM, NAND Flash, 모바일AP 등	984,553	665,945	1,110,660
SDC	제 · 상품, 용역 및 기타매출	스마트폰용 OLED 패널 등	343,826	309,754	291,578
Harman	제 · 상품, 용역 및 기타매출	디지털 콕핏, 카오디오, 포터블 스피커 등	132,137	143,885	142,749
기타	부문간 내부거래 제거 등		(263,099)	(230,152)	(285,155)
합계			3,022,314	2,589,355	3,008,709

삼성전자의 부문의 보고부문별 정보는 감가상각비, 무형자산상각비, 영업이익의 내부거래조정이 배분된 후로 작성되었으며, 보고부문별 자산과 부채는 경영위원회에 정기적으로 제공되지 않아 공시되지 않았다.

삼성전자의 2024년 재무제표(연결) 공시된 매출실적의 비중을 살펴보면 DX 부문이 53.09%, DS 부문이 33.72%, SDC가 8.85% 및 Harman은 4.33%를 차지하고 있으며, 영업이익에서는 DX 부문이 38.19%, DS 부문이 46.34%, SDC가 11.46% 및 Harman은 4.01%를 차지하고 있음을 알 수 있다. 영업이익률은 DS 부문이 13.59%로 가장 높으며, SDC 부문은 12.80%이고 DX 부문과 Harman은 7~9%대를 유지하고 있다.

삼성전자 부문별 매출실적 내역

(단위: 억원)

	DX 부문	DS부문	SDC	Harman	계
매출액 (%)	1,748,877 (53.09)	1,110,660 (33.72)	291,578 (8.85)	142,749 (4.33)	3,293,864 (100)
감가상각비	25,764	340,976	24,323	3,426	394,489
무형자산상각비	16,340	6,749	2,336	2,076	27,502
영업이익 (%)	124,399 (38.19)	150,945 (46.34)	37,334 (11.46)	13,076 (4.01)	325,754 (100)
영업이익률(%)	7.11	13.59	12.80	9.16	9.89

2. 매출원가와 매출총이익: 구매 및 생산부문의 경쟁력

가. 매출원가

매출원가는 기업이 판매한 상품 및 제품을 구매하거나 생산하는 데 직접적으로 발생하는 모든 비용을 말하며, 손익계산서에서 매출액에서 차감되어 매출총이익을 계산하는 데 사용된다. 이는 영업활동 중 기업이 미래의 경제적 효익을 창출하는 데 직접적으로 관련된 비용이므로 원가라고 한다.

유통업의 경우 판매한 상품의 매입원가를 의미하고, 제조기업의 경우 제품 생산에 들어간 제조원가를 의미한다. 매출원가는 다음과 같이 기초재고에 당기 상품 매입액 또는 당기제품제조원가를 가산하고 기말재고를 차감하여 산정한다.

유통업의 매출원가＝기초상품 재고액＋당기상품 매입액－기말상품 재고액
제조업의 매출원가＝기초제품 재고액＋당기제품 제조원가－기말제품 재고액

유통업의 당기상품 매입액은 당기에 매입한 상품의 가격과 부대비용, 즉 운송비, 보관료 등을 포함한 금액이다. 제조업의 당기제품제조원가는 당기에 생산한 제품의 제조원가를 의미하며, 이는 기초재공품 재고액에 당기총제품 제조원가를 가산하고 기말재공품 재고액을 차감하여 산정한다. 그리고 당기총제품 제조원가는 제품생산을 위하여 소비한 금액을 포함하고 있다. 첫째로 직접원재료원가는 직접적으로 사용된 원재료를 원가를 말한다. 예를 들어, 가구를 만드는 데 필요한 목재, 나사 등이 여기에 해당한다. 이는 기초원재료 재고액에 당기원재료 매입액을 가산하고 기말 원재료 재고액을 차감하여 산정한다. 둘째, 직접노무원가는 제품생산에 직접적으로 참여한 노동자들의 급여를 의미하는 것으로 생산라인에서 일하는 직원들의 급여 등이 포함된다. 셋째, 제조간접원가는 제품생산에 간접적으로 기여하는 모든 비용을 포함한다. 여기에는 공장 임대료, 생산 설비의 감가상각비, 공장 관리자의 급여, 유틸리티 비용(전기료, 수도료 등) 등이 해당될 수 있다. 제조간접원가는 직접재료원가나 직접노무원가와 같이 특정 제품에 직접적으로 추적하기 불가능한 비용들로 구성된다.

이와 같은 정보는 제조원가명세서를 통하여 확인할 수 있었다. 그러나 2003년 이후 제조원가명세서는 공시범위에서 제외됨으로써 상세한 제조원가 내역을 알 수 없다. 그러나 제조원가명세의 내역은 '비용의 성격별 분류'와 '판매비와 관리비' 주석을 활용하여 추정할 수 있다.

매출원가는 기업의 구매 및 생산부문의 경쟁력 지표로 활용할 수 있다. 유통업의 경우는 동질의 상품을 얼마나 저렴하게 구매하였느냐가 기업의 경쟁력의 지표가 되기 때문에 이는 구매경쟁력을 평가하는 지표로 활용할 수 있다. 또한 제조업의 경우는 동질의 원재료를 얼마나 저렴하게 구매하여 효율적인 생산을 통하여 단위당 생산원가를 절감하였느냐가 기업의 경쟁력 지표가 된다. 따라서 이는 구매 및 생산의 경쟁력

을 평가하는 지표로 활용할 수 있다. 이는 기업의 규모차이 반영하여 평가하기 위하여 금액으로 평가하지 않고 매출액 대비 매출원가의 비율로 평가한다. 유통업의 경우는 매출액 대비 매출원가의 비율이나 매출액 대비 당기매입액의 비율을 경쟁사와 비교하여 이 비율이 낮으면 구매부문의 경쟁력이 있다고 평가할 수 있다. 제조업의 경우도 유통업과 마찬가지로 매출액 대비 매출원가의 비율을 경쟁사와 비교하여 이 비율이 낮으면 구매 및 생산부문의 경쟁력이 있다고 평가할 수 있다. 그러나 구매 및 생산부문 경쟁력을 분리하여 평가하고자 하면 '비용의 성격별 분류'와 '판매비와관리비'를 활용하여 추정할 수 있다. 즉, 매출액 대비 '비용의 성격별 분류'에서 원재료 등의 사용액 및 상품의 매입액 등의 금액의 비율을 경쟁사와 비교하여 구매경쟁력을 평가하고, 생산경쟁력은 '비용의 성격별 분류'에서 재고자산의 변동과 원재료 등의 사용액을 제외한 금액에서 판매비와 관리비총액을 차감한 금액이 제품생산에 소비한 비용이기 때문에 제조원가가 된다. 따라서 매출액 대비 이 금액의 비율을 경쟁사와 비교하여 생산부문의 경쟁력을 평가한다. 이에 대한 실제 사례는 제11장 ROE분석에서 제시할 것이다.

나. 매출총이익

매출총이익은 기업이 상품 및 제품을 판매하여 얻은 총매출액에서 해당 상품을 구매하고, 제품을 생산하고 판매하는 데 직접적으로 들어간 비용인 매출원가를 차감한 금액을 말한다. 이는 기업의 영업활동 중 가장 중요한 구매, 생산 및 판매활동을 통해 얼마나 효율적으로 이익을 창출, 즉 기업의 구매 및 생산부문의 경쟁력이 있는지를 나타내는 지표이다. 여기서 매출액은 상품이나 제품을 판매하여 벌어들인 총수입을, 매출원가는 해당 상품 및 제품의 구매, 생산 및 판매에 직접적으로 소요된 비용(예: 상품 매입원가, 원재료원가, 노무원가 및 제조간접원가 등)을 말한다.

매출총이익은 기업의 재무 건전성과 수익성을 평가하는 데 매우 중요한 지표이다. 이는 기업의 규모차이 반영하여 평가하기 위하여 금액으로 평가하지 않고 매출액 대비 매출총이익의 비율(매출총이익률)로 평가할 수 있다. 유통업의 경우는 매출액 대비 매출총이익, 즉 매출총이익률을 경쟁사와 비교하여 이 비율이 높으면 구매부문의 경쟁력이 있다고 평가한다. 제조업의 경우도 유통업과 마찬가지로 매출총이익률이 경쟁사와 비교하여 이 비율이 높으면 구매 및 생산부문의 경쟁력이 있다고 평가할 수 있다.

3. 매출, 매출원가 및 매출총이익 회계처리에 대한 사례

삼성전자의 2024년 별도 재무제표에 공시된 매출액, 매출원가 및 매출총이익에 대한 사례를 살펴보면 2022년 매출액은 원가는 211조 8,675억원이고 매출원가는 152조 5,894억원이며 영업이익이익 59조 2,781억원으로 매출총이익률이 27.98%이었나 2023년 매출액은 전년대비 19.58%가 감소하여 170조 3,741억원, 매출총이익률은 55.55%가 감소하여 26조 3,505억원이었다. 그러나 2024년에는 2022년 수준을 회복하여 매출액은 209조 522억원, 매출총이익은 56조 9,998억원, 매출총이익률은 27.26%를 공시하였다.

삼성전자 연도별 매출액, 매출원가 및 매출총이익

(단위: 백만원)

부문	2022년	2023년	2024년
매출액	211,867,483	170,374,090	209,052,241
매출원가	152,589,393	144,023,552	152,061,472
매출총이익	59,278,090	26,350,538	56,990,769
매출총이익률(%)	27.98	15.47	27.26

SK하이닉스의 2024년 별도 재무제표에 공시된 매출액, 매출원가 및 매출총이익에 대한 사례를 실퍼보면 2022년 매출액은 원가는 37조 8,787익원이고 매출원가는 24조 721억원이며 영업이익이익 13조 8,066억원으로 매출총이익률이 36.45%이었나 2023년 매출액은 전년 대비 27.03%가 감소하여 27조 6,640억원, 매출총이익률은 96.76%가 감소하여 4,471억원이었다. 그러나 2024년에는 2022년 대비 47.14%가 증가하여 매출액은 55조 7,363억원, 매출총이익은 99.76%가 증가하여 27조 5,801억원, 매출총이익률은 49.48%를 공시하였다.

SK하이닉스 연도별 매출액, 매출원가 및 매출총이익

(단위: 백만원)

부문	2022년	2023년	2024년
매출액	37,878,699	27,639,997	55,736,287
매출원가	24,072,129	27,192,878	28,156,175
매출총이익	13,806,570	447,119	27,580,112
매출총이익률(%)	36.45	1.62	49.48

4. 판매비와 관리비, 영업이익: 경영관리(본사)부문의 경쟁력

가. 판매비와 관리비

영업활동으로 발생하는 비용 중 매출원가는 기업이 미래의 경제적 효익을 창출하는 데 직접적으로 관련된 비용이라면, 판매비와 관리비는 기업의 본사에서 발생한 비용으로 상품, 제품 및 서비스의 판매활동과 기업의 일반관리활동에서 발생하는 비용이다. 이는 크게 판매비와 관리비로 나눌 수 있다. 판매비는 상품, 제품이나 서비스를 판매활동을 하는 본사의 영업부서 등에서 발생하는 비용으로 광고선전비, 운반비, 매출채권과 관련된 대손상각비, 판매수수료 및 판매장려금과 같은 판매촉진비 등이 있으며, 관리비는 기업의 운영 전반에 걸쳐 발생하는 비용으로 급여, 복리후생비, 감가상각비, 수도광열비, 접대비, 통신료, 여비교통비, 지급수수료 등이 있다. 그러나 실무적으로 판매활동과 기업 운영, 즉 관리활동을 명확하게 구분할 수 없으므로 이들의 합집합인 판매비와 관리비로 처리한다.

K-IFRS에서 영업활동과 관련된 비용을 크게 기능별 분류와 성격별 분류 두 가지 방식으로 구분하고 있다. K-IFRS는 기업이 두 가지 분류 방법 중 하나를 선택하여 손익계산서에 비용을 표시하도록 허용하고 있으며, 기업이 기능별 분류를 선택한 경우 성격별 분류에 의한 비용을 주석으로 공시하도록 하고 있다. 우리나라 거의 모든 기업은 손익계산서에 기능별 분류에 의하여 비용을 공시하고 있다.

비용의 기능별 분류는 기업의 주요 기능, 즉 생산, 판매, 일반관리, 연구개발 등에 따라 비용을 매출원가, 판매비와 관리비, 연구개발비 등으로 나누어 표시하는 방법으로, 이는 비용이 어떤 활동과 관련되어 지출되었는지에 초점을 두고 있다. 주요 항목으로는 상품이나 제품을 생산하거나 매입하는 데 직접적으로 소요된 비용으로 매출원가, 상품이나 서비스를 판매하고 기업을 운영 및 관리하는 데 소요된 비용으로 판매비와 관리비 및 기타 영업비용이 있다. 기능별 분류는 기업의 주요 기능별 수익성을 파악하기 용이하여 경영 의사결정이나 성과 분석에 유용하고, 동종 산업 내 다른 기업과의 비교 가능성이 높아 외부 이용자들에게 유용한 정보를 제공하는 반면 하나의 비용이 여러 기능에 걸쳐 발생할 수 있어, 각 기능별로 정확하게 배분하기가 복잡하고 어려울 수 있다.

비용의 성격별 분류는 기업이 영업활동을 하면서 발생한 비용을 그 성격에 따라 상품구입원가, 종업원급여, 감가상각비, 무형자산상각비, 기타 영업비용 등으로 나누어 표시하는 방법으로, 이는 비용이 왜 발생했는지보다는 무엇을 위해 지출되었는지에 초점을 두고 있다. 주요항목으로는 상품을 매입하거나 제품생산에 사용된 원재료 비용인 상품구입원가 또는 원재료 사용액, 급여, 상여금, 퇴직급여, 복리후생비 등 인건비 관련 비용으로 종업원급여, 감가상각비, 무형자산상각비 및 임차료, 소모품비, 광고선전비, 접대비 등과 같은 기타영업비용 등이 있다. 성격별 분류는 비용 집계가 비교적 간단하여 준비하기 용이하며, 비용의 원천, 즉 어디서 발생했는지를 명확히 알 수 있는 장점이 있는 반면 비용이 어떤 기능을 위해 사용되었는지 파악하기 어려우며, 기업의 효율성이나 수익성을 분석하는 데 한계가 있을 수 있다.

나. 영업이익

영업이익은 기업의 주요 영업활동, 즉 구매생산 및 경영관리 활동에서 발생한 이익을 의미하며, 이는 기업의 주요 영업활동이 얼마나 효율적으로 운영되고 있는지를 보여주는 지표로, 기업이 주요 영업활동을 통해 얼마나 많은 이익을 창출하고 있는지를 평가하는 근거가 된다.

영업이익은 기업의 경영진이나 투자자들에게 매우 중요한 지표로 활용된다. 첫째, 영업이익은 기업의 영업활동에서 얼마나 효율적으로 이익을 창출하는지를 나타내기 때문에 기업의 핵심 역량과 경쟁력을 평가하는 데 중요한 지표로 활용된다. 둘째,

영업이익은 기업의 지속적이고 반복적인 영업활동의 결과로 발생하기 때문에, 미래 수익성을 예측하는 데 중요한 기준이 되기 때문에 기업의 지속가능성을 평가하는 지표이다. 셋째, 투자자들은 영업이익을 통해 기업의 재무 건전성과 성장 가능성을 평가하기 때문에 투자가치 판단의 기준이 된다. 마지막으로 영업이익은 임직원들의 성과를 평가하고 보상을 결정하는 데 중요한 기준으로 활용된다.

영업이익은 오직 영업활동의 성과만을 보여주는 반면, 당기순이익은 기업의 모든 활동, 즉 영업활동, 영업활동 외 투자 및 재무활동, 일회성 이익과 손실 등을 포함한 최종적인 이익을 표시하고 있다. 따라서 기업의 본질적인 경영능력을 평가할 때는 영업이익이 더 중요한 지표로 간주된다. 예를 들어, 영업이익은 증가하는데 당기순이익이 감소하였다면, 이는 영업활동에서 발생된 이익보다 높은 이자비용과 같은 재무활동에서 발생된 비용이 더 많이 발생하였기 때문이다. 따라서 기업의 수익성을 평가 대표적인 지표로 영업이익률이 사용된다. 영업이익률은 매출액 대비 영업이익의 비율로 경쟁사와 비교하여 이 비율이 높으면 기업의 구매, 생산 및 경영관리 부문의 경쟁력이 있다고 평가한다.

5. 판매와 관리비, 영업이익 회계처리에 대한 사례

삼성전자의 2024년 별도 재무제표에 공시된 기능별 분류에 의한 판매와 관리비 및 경상연구개발비에 대한 사례를 살펴보면 2022년 판매와 관리비는 33조 9,588억원, 경상연구개발비는 20조 9,441억원을 공시하였으며, 2023년 판매와 관리비는 37조 8,768억원, 경상연구개발비는 23조 8,528억원을 공시하였다. 또한 2024년 판매와 관리비는 44조 6,297억원, 경상연구개발비는 30조 1,580억원을 공시하였다.

삼성전자 연도별 기능별 분류에 의한 판매와 관리비

(단위: 백만원)

	2022년	2023년	2024년
급여	2,308,767	2,541,935	2,521,337
퇴직급여	171,358	133,881	163,548

지급수수료	2,652,491	3,566,826	3,091,188
감가상각비	412,787	468,454	477,811
무형자산상각비	361,653	390,581	398,113
광고선전비	1,662,135	1,747,480	1,634,516
판매촉진비	1,385,835	1,298,806	1,385,627
운반비	790,774	541,902	865,698
서비스비	935,838	981,945	1,292,125
기타	2,333,072	2,352,176	2,641,755
경상연구개발비	20,944,051	23,852,849	30,158,017
합계	33,958,761	37,876,835	44,629,735

삼성전자의 2024년 별도 재무제표 주석에 공시된 성격별 분류에 의한 비용 대한 사례를 살펴보면 2022년 상품 매입 및 원재료 사용액은 107조 3,836억원, 종업원급여, 감가상각비, 무형자산상각비, 기타 영업비용 등은 89조 6,404억원을 공시하였으며, 2023년 상품 매입 및 원재료 사용액은 89조 3,508억원, 종업원급여, 감가상각비, 무형자산상각비, 기타 영업비용 등은 94조 1,071억원을 공시하였다. 또한 2024년 상품 매입 및 원재료 사용액은 87조 4,786억원, 종업원급여, 감가상각비, 무형자산상각비, 기타 영업비용 등은 109조 2,401억원을 공시하였다.

삼성전자 연도별 성격별 분류에 의한 비용

(단위: 백만원)

		2022년	2023년	2024년
	제품, 재공품 변동	(10,475,794)	(1,557,583)	(27,504)
	원재료사용 등	107,383,581	89,350,845	87,478,581
소계		96,907,787	87,793,262	87,451,077
	급여	14,861,811	13,941,832	15,247,579
	퇴직급여	974,711	736,004	915,298
	감가상각비	24,311,940	25,619,594	30,285,298
	무형자산상각비	2,605,067	2,614,189	2,432,272
	복리후생비	3,220,421	3,307,047	3,414,856

유틸리티비	3,779,467	5,051,847	5,759,175
외주용역비	3,623,225	3,791,485	4,505,891
광고선전비	1,662,135	1,747,480	1,634,516
판매촉진비	1,385,835	1,298,806	1,385,627
기타 비용	33,215,755	35,998,841	43,659,618
소계	89,640,367	94,107,125	109,240,130
성격별 비용의 합	186,548,154	181,900,387	196,691,207

삼성전자의 2024년 별도 재무제표 손익계산서에 공시된 판매와 관리비 및 영업이익 대한 사례를 살펴보면 2022년 영업이익은 25조 3,193억원이며, 영업이익률은 11.95%였으며, 2023년 영업손실은 11조 5,263억으로 영업이익률은 −6.77%였다. 2024년은 영업이익으로 전환하여 12조 3,610억원이고 영업이익률은 5.91%를 달성하였다.

삼성전자 연도별 판매와 관리비 및 영업이익

(단위: 백만원)

부문	2022년	2023년	2024년
매출액	211,867,483	170,374,090	209,052,241
판매와 관비비	33,958,761	37,876,835	44,629,735
영업이익	25,319,329	(11,526,297)	12,361,034
영업이익률(%)	11.95	(6.77)	5.91

제3절 투자 및 재무활동에 의한 수익과 비용

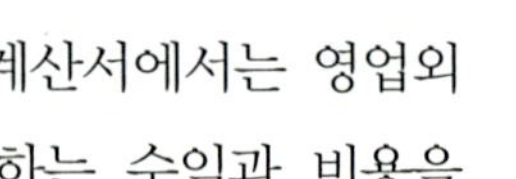

기업의 투자 및 재무활동으로 발생하는 수익과 비용을 손익계산서에서는 영업외손익으로 공시하고 있다. 실무에서는 대부분 투자활동으로 발생하는 수익과 비용을 기타의 수익과 비용으로 구분하고 재무활동으로 발생하는 수익과 비용을 금융수익과

금융비용으로 구분하고 있다. 영업외 수익과 비용을 기타의 수익과 비용, 금융수익과 비용으로 구분하여 다음과 같이 분류할 수 있다.

영업외 손익의 분류

영업외 수익	영업외 비용
[기타수익] 임대료수익 유무형자산처분이익 투자자산처분이익 유무형자산손상차손환입 법인세환급액 잡이익	[기타비용] 기타의 대손상각비 유무형자산처분손실 투자자산처분손실 매출채권처분손실 유무형자산손상차손 법인세추납액 재고자산감모손실(원가성이 없는 경우) 잡손실
[금융수익] 이자수익 배당금수익 외화환산이익 외환차익 사채상환이익 파생상품관련이익 FVPL금융자산평가이익 FVPL금융자산처분이익	[금융비용] 이자비용 외화환산손실 외환차손 사채상환손실 파생상품관련손실 FVPL금융자산평가손실 FVPL금융자산처분손실

1. 기타수익과 비용: 투자활동에 대한 진단

기타수익과 비용 중 유형자산의 처분손익은 투자활동을 진단할 수 있는 지표가 된다. 즉, 유형자산의 처분손익이 발생하였다는 것은 기업의 영업활동을 지원할 목적으로 보유하고 있는 설비 등 유형자산을 처분하는 활동에 따른 손익이므로 현금흐름표의 투자활동에 따른 현금유출입과 연계하여 살펴보아야 한다. 유형자산에 대한 처분에 대한 이유를 점검할 필요가 있다. 설비 등의 이유는 설비 등이 노후화, 고장, 성능 저하, 그리고 새로운 기술 도입으로 인한 효율성 증대 등을 들 수 있다. 이러한 이유와 현금흐름표의 투자활동에 의한 현금유출입과 함께 점검함으로써 기업의 투자활동을 진단할 수 있다.

2. 기타수익과 비용 회계처리에 대한 사례

삼성전자의 2024년 별도 재무제표 주석에 공시된 기타수익과 비용의 회계처리 대한 사례를 살펴보면 유형자산처분이익은 2023년 1,555억에서 2024년 644억원을 감소하였으며, 기타가 2023년 2,576억원에서 2024년 3,656억원으로 증가하였다. 기타비용은 유형자산처분손실은 2023년 490억원에서 2024년 999억원으로 증가하였으나, 기부금은 2023년 1,762억원에서 2024년 1,504억원으로 감소하였다.

삼성전자 연도별 기타수익과 비용

(단위: 백만원)

		2022년	2023년	2024년
기타수익	임대료수익	173,719	183,234	184,855
	유형자산처분이익	115,861	105,553	64,356
	기타	334,460	257,629	365,641
기타수익 합계		624,040	546,416	614,852
기타비용	유형자산처분손실	18,842	49,044	99,941
	기부금	220,309	176,171	150,377
	기타	57,193	150,508	290,224
기타비용 합계		296,344	375,723	540,542

3. 금융수익과 비용: 자금관리부문의 경쟁력

금융수익과 비용은 재무활동, 즉 영업활동을 지원하는 설비 등을 투자하는 설비자본 조달과 영업활동에 필요한 운전자본 조달에 필요한 자금을 조달하고 운용하고

과정에서 발생하는 수익과 비용이다. 따라서 이는 기업의 자금관리 부문의 경쟁력을 평가하는 지표로 활용할 수 있다. 즉, 매출액 대비 순금융비용(금융비용－금융수익)의 비율로 경쟁사와 비교하여 이 비율이 낮으면 기업의 자금관리 부문의 경쟁력이 있다고 평가한다.

이러한 수익과 비용의 항목을 살펴보면 다음과 같다.

- 이자수익: 예금, 대출, 채권 및 상각후원가로 측정하는 금융자산 등에서 발생하는 이자 수입액
- 배당금수익: 보유하고 있는 주식으로부터 받는 배당금
- 이자비용: 차입금, 사채 등으로부터 발생하는 이자 지급액
- 외환차손익: 외화 자산이나 부채의 환율 변동으로 인해 발생하는 손익으로, 예를 들어, 외화 자산 및 부채의 가치변동으로 발생하는 손익
- 사채상환손익: 사채를 만기 이전에 중도상환할 경우에 발생하는 손익으로 사채의 장부가액과 상환가액의 차이에서 발생하는 손익
- 파생상품관련 손익: 파생상품을 실제로 매도하거나 만기가 되어 청산할 때 발생하는 파생상품거래 손익과 결산 시점에 보유하고 있는 파생상품의 공정가치를 평가하여 발생하는 손익이 있다.
- 당기손익－공정가치금융자산처분손익: 당기손익－공정가치금융자산을 매각할 때 취득원가보다 높은 가격으로 팔아서 발생하는 손익
- 당기손익－공정가치금융자산평가손익: 보유하고 있는 당기손익－공정가치금융자산의 공정가치가 상승하여 발생하는 평가손익

4. 금융수익과 비용 회계처리에 대한 사례

삼성전자의 2024년 별도 재무제표 주석에 공시된 금융수익과 비용의 회계처리 대한 사례를 살펴보면 금융수익은 배당금 수익과 외환차이가 대부분이며 금융비용은 외환차이가 주를 이루고 있다. 특히 외환차이 손익은 거의 대등하게 발생하는 것으로 공시하였다. 이는 외환에 대한 헷징이 잘 이루어지고 있다고 평가된다.

삼성전자 연도별 금융수익과 비용

(단위: 백만원)

		2022년	2023년	2024년
금융수익	이자수익－AC금융자산	339,242	371,106	396,089
	배당금수익	3,952,338	29,096,899	9,736,333
	외환차이	9,124,484	6,652,107	7,321,600
	파생상품관련이익	270,573	365,451	0
금융수익 합계		13,686,637	36,485,563	17,454,022
금융비용	이자비용－AC금융부채	45,883	310,267	330,514
	이자비용－기타금융부채	244,200	285,498	509,097
	외환차이	9,351,659	7,002,694	7,280,623
	파생상품관련손실	0	0	19,554
금융비용 합계		9,641,742	7,598,459	8,139,788

5. 법인세비용

법인세비용은 「법인세법」 등의 법령에 의하여 각 회계연도에 부담할 당기법인세 부담액(환급액)과 전기 이전의 기간과 관련된 법인세부담액(환급액)에 이연법인세 변동액을 가감하여 산출된 금액을 말한다. 법인세비용은 손익계산서의 법인세차점전이익에서 법정세율을 곱한 금액과 손익계산서상 법인세 비용 간의 차이를 조정하는 과정으로 다음과 같이 절차로 산정된다.

첫째, 적용세율에 따른 법인세비용 산정한다. 우리나라와 같이 법인세율이 누진세율 구조인 경우에는 누진세율을 적용하여 법인세비용을 계산한다. 법인세비용차감전순이익에 따른 법인세비용은 법인세차감전순이익이 부(負)의 금액이더라도 적용세율을 곱하여 부의 법인세비용을 계산한다. 법인세비용차감전순이익이 부의 금액이라는 것은 세무상 결손금이 발생하였다는 것을 의미하고, 세무상 결손금으로 이연법인세자산이 증가하여 법인세비용이 부의 금액으로 산출될 수 있기 때문이다.

둘째, 세법상 과세되지 않는 수익과 차감되지 않는 비용을 반영한다. 세법상 과세되지 않는 수익과 차감되지 않는 비용은 세무조정 결과 파악된 영구적차이의 합계액에 적용세율을 곱한 금액이다. 대표적으로 예로는 접대비한도초과 및 대표자상여 등이 있다. 여기서 주의할 점은 당기손익에 영향을 미친 영구적차이만 가산하여야 하며, 자본손익(예: 자기주식처분이익, 매도가능증권평가손익 등)에 대한 영구적차이는 제외한다. 왜냐하면 법인세비용차감전순이익에서 손익계산서상 법인세비용을 산정하기 때문에 자본손익에 관한 조정사항은 손익계산서에 포함되어 있지 않기 때문이다.

셋째, 세액공제 및 세액감면이다. 세액공제 및 세액감면은 세액공제와 세액감면이 손익에 대한 법인세비용에 미친 효과를 반영하는 것이다. 법인세비용차감전순이익에 적용세율을 곱한 금액이 법인세비용과 동일하다는 전제가 있으므로, 세액공제와 세액감면이 법인세비용의 감소 효과가 있었다면 별도로 고려해야 한다. 여기서 조정되는 금액은 실제 공제받거나 감면받은 금액이 아니라 이연법인세자산(부채)까지 고려된 법인세효과라는 점에 유의해야 한다. 즉, 당기 세액공제(이월분포함)에 세액공제 관련 이연법인세 변동금액을 가산한다.

넷째, 세율변동효과를 반영한다. 세율변동효과는 일시적차이에 대한 세율이 변경된 경우 발생하며 다음 산식에 따라 계산한다. 나머지 절차가 제대로 산출되었다는 가정 하에 실무상 기타로 표현하고 차액을 기입한다.

세율변동효과＝소멸시기별 일시적 차이×소멸시기별 용세율
－전기말 일시적 차이의 합계×종전 세율

다섯째, 이연법인세자산 미인식 및 감액 효과를 반영한다. 이연법인세자산 미인식 효과는 차감할 일시적 차이가 증가하였으나 이연법인세자산으로 인식하지 않은 금액이며, 이연법인세자산 감액 효과는 종전에 인식한 이연법인세자산 중 향후 과세소득이 감소할 것으로 예상하여 감액한 금액을 반영한다. 전기와 당기 이연법인세로 인식하지 않은 유보 등 증감분을 반영한다.

여섯째, 과거 기간의 당기법인세액에 대한 조정 효과를 반영한다. 회계기간 중에 발생한 법인세추납액과 법인세환급액을 반영한다.

마지막으로 당기손익으로 인식된 법인세비용을 산정한다. 위의 절차에 따라 계산된 금액을 합산하여 산정한 금액을 손익계산서에 법인세비용으로 인식한다.

6. 법인세비용 회계처리에 대한 사례

삼성전자의 2024년 별도 재무제표 주석에 공시된 법인세비용의 회계처리 대한 사례를 살펴보면 세무상 과세되지 않는 수익, 즉 설비 등과 같은 유형자산 취득에 사용된 국고보조금 중 일정 요건을 갖추면 그 부분은 비과세되는 계정에 의해서 2023년과 2024년 법인세비용이 부의 금액으로 산출되었다. 또한 세액공제, 즉 기업의 투자나 연구개발, 고용 창출 등 국가적으로 장려하는 활동에 대하여 세액을 공제에 의해 법인세비용 부의금액으로 산출되었다. 그 예로는 연구 · 인력개발비 세액공제, 투자세액공제 및 고용증대 세액공제 등이 있다.

삼성전자 연도별 법인세비용

(단위: 백만원)

부문	2022년	2023년	2024년
법인세비용차감 전 순이익	29,691,920	17,531,500	21,749,578
가중평균 적용세율에 따른 법인세비용	8,165,278	4,628,316	5,741,889
세무상 과세되지 않는 수익	(47,446)	(7,340,802)	(2,696,812)
세무상 차감되지 않는 비용	507,992	6,256	10,691
세액공제	(4,133,747)	(5,082,791)	(4,936,294)
기타	(218,935)	(76,578)	47,539
법인세비용 계	4,273,142	(7,865,599)	(1,832,987)

7. 당기순이익: 경영성과

법인세비용차감 전 순이익은 기업의 경영성과를 나타내는 중요한 지표 중 하나로 이는 기업이 반복적으로 수행하는 영업활동에서 얻은 영업이익에 비반복적으로 수행하는 투자 및 재무활동에서 발생하는 손익항목을 가감하여 산출한다.

당기순이익은 기업이 특정 회계기간 동안 모든 영업 및 비영업 활동을 통해 얻은 최종 이익으로 총수익에서 모든 비용(매출원가, 판매비와 관리비, 순기타비용, 순금비용 및 법인세 등)을 차감한 후 남은 이익이다. 당기순이익은 기업의 전반적인 수익성과 재무 건전성을 파악하는 데 가장 중요한 지표이다. 손익계산서의 당기순이익은 다음과 같은 흐름으로 계산된다.

> 매출총이익 = 매출액 – 매출원가
> 영업이익 = 매출총이익 – 판매관리비
> 경상이익 = 영업이익 + 영업외 수익 – 영업외 비용
> 당기순이익 = 경상이익 – 법인세

8. 당기순이익 대한 사례

삼성전자의 2024년 별도 재무제표 손익계산서 공시된 당기순이익을 사례를 살펴보면 매출총이익률은 2023년을 제외하고 약 27% 수준이며, 영업이익률은 2022년 약 12% 수준에서 2023년 적자를 기록하고 2024년 약 5.9% 수준으로 회복하였다. 기타 및 금융수익이 기타 및 금융비용보다 커서 법인세차감전순이익은 영업이익보다 증가하였다. 또한 2023년과 2024년 법인비용이 세무상 과세되지 않는 수익과 세액공제로 인하여 부의 금액이 산출되어 당기순이익은 더욱더 증가하여 2022년 12%, 2023년 14.91% 및 2024년 11.28% 수준을 공시하였다. 주당이익은 3,472원에서 3,742원 수준으로 나타났다.

삼성전자 연도별 손익계산서

(단위: 백만원, %)

	2022년	%	2023년	%	2024년	%
매출액	211,867,483	100	170,374,090	100	209,052,241	100
매출원가	152,589,393	72.02	144,023,552	84.53	152,061,472	72.74
매출총이익	59,278,090	27.98	26,350,538	15.47	56,990,769	27.26
판매비와 관리비	33,958,761	16.03	37,876,835	22.23	44,629,735	21.35
영업이익	25,319,329	11.95	(11,526,297)	(6.77)	12,361,034	5.91

기타이익	4,576,378	2.16	29,643,315	17.40	10,351,185	4.95
기타손실	296,344	0.14	375,723	0.22	540,542	0.26
금융수익	9,734,299	4.59	7,388,664	4.34	7,717,689	3.69
금융비용	9,641,742	4.55	7,598,459	4.46	8,139,788	3.89
세전이익	29,691,920	14.01	17,531,500	10.29	21,749,578	10.40
법인세비용	4,273,142	2.02	(7,865,599)	(4.62)	(1,832,987)	(0.88)
당기순이익	25,418,778	12.00	25,397,099	14.91	23,582,565	11.28
주당이익						
기본(원)	3,742		3,739		3,472	
희석(원)	3,742		3,739		3,472	

제4절 중단영업손익과 주당이익

1. 중단영업손익

중단영업손익은 기업이 기존에 영위하던 사업 부문 중 일부를 중단하거나 매각했을 때, 해당 중단된 사업 부문에서 발생한 손익을 말한다. 중단영업손익을 계속사업손익과 구분하여 표시하는 주된 이유는 다음과 같다.

첫째, 미래 예측 가능성 향상을 들 수 있다. 기업의 재무제표를 분석하는 투자자나 채권자들은 기업의 미래 성과를 예측하는 데 관심이 많이 가지고 있다. 중단된 사업 부문에서 발생한 손익은 미래에 더 이상 발생하지 않을 것이므로, 이를 계속사업손익과 분리하여 표시함으로써 기업의 핵심적이고 지속적인 사업 활동에서 발생하는 손익을 명확히 보여줄 수 있다. 이는 정보 이용자들이 기업의 미래 현금흐름과 수익성을 더욱 정확하게 예측하는 데 도움을 준다.

둘째, 정보의 유용성을 증대를 들 수 있다. 기업의 사업 구조조정이나 전략 변경에 따라 특정 사업 부문이 중단될 수 있다. 이처럼 중단된 사업의 성과를 계속사업과 구분하여 재무제표에 포함함으로써, 정보 이용자들은 기업이 어떤 사업을 지속하고 있고 어떤 사업을 정리했는지 명확히 파악할 수 있다. 이는 기업의 경영 전략 변화를 이해하고, 그에 따른 미래의 성과를 예측하는 데 중요한 정보가 된다.

셋째, 비교 가능성 증대를 들 수 있다. 재무제표는 과거 기간의 재무 상태와 성과를 비교하여 분석하는 데 활용된다. 중단영업손익을 별도로 표시하면, 과거 재무제표를 현재 시점의 계속사업 성과와 비교할 때, 계속사업의 성과만을 기준으로 비교할 수 있게 된다. 이는 재무제표의 기간별 비교 가능성을 높여 정보의 신뢰성을 향상시킨다.

마지막으로 회계정보의 투명성 제고를 들 수 있다. 중단영업손익을 따로 구분하여 보고하는 것은 기업의 재무 보고 투명성을 높이는 중요한 방법으로, 기업이 전략적인 결정을 통해 사업 포트폴리오를 조정하는 과정을 명확히 보여주며, 정보 이용자들이 기업의 재무 상태를 보다 투명하게 이해할 수 있도록 도움을 준다.

2. 주당이익

주당이익은 보통주 1주당 이익 또는 손실이 얼마인지를 표시하는 수치로, 주식 1주에 귀속되는 이익(또는 손실)을 의미한다. 이는 기업이 경영활동을 통해 획득한 순이익을 발행 주식수로 나누어 계산하며, 투자자가 기업의 수익성을 판단하는 데 중요한 기준이 된다.

가. 기본주당이익 계산

기본주당이익은 기업의 보통주 1주당 귀속되는 기본적인 이익으로 다음과 같이 계산한다.

$$\text{기본주당이익} = \frac{\text{당기순이익} - \text{우선주배당금}}{\text{가중평균유통보통주식수}}$$

이에 대한 세부 내용을 살펴보면 다음과 같다.

첫째, 당기순이익은 기업이 일정기간 동안 벌어들인 총수익에서 총비용을 차감한 이익이다.

둘째, 우선주 배당금은 우선주는 보통주보다 배당을 먼저 받으므로, 보통주 주주에게 돌아갈 이익을 계산하기 전에 우선주 배당금을 차감한다.

마지막으로 가중평균유통보통주식수는 회계기간 동안 유통된 보통주식수를 가중평균한 것이다. 주식발행이나 자기주식 취득 등으로 인해 유통 주식수가 변동될 수 있으므로, 단순히 기말 주식수를 사용하는 것이 아니라 변동기간을 고려하여 가중평균한다. 예를 들어, 연중에 신주가 발행되었다면 해당 신주가 유통된 기간만큼만 가중치를 부여하여 계산한다.

3. 희석주당이익 계산

희석주당이익은 잠재적인 보통주(예: 전환사채, 신주인수권부사채, 주식매수선택권 등)가 보통주로 전환될 경우 주당이익이 얼마나 희석될 수 있는지를 보여주는 지표이다. 이는 미래에 주식수가 늘어날 가능성을 반영하여 주당이익을 보수적으로 평가하는 방법이다.

희석주당이익은 기본주당이익 계산 시 사용된 가중평균유통보통주식수에 희석성 잠재적 보통주를 추가하여 계산한다. 희석효과가 가장 큰 잠재적 보통주부터 순차적으로 고려하여 다음과 같이 계산한다.

$$\text{희석주당이익} = \frac{\text{당기순이익} - \text{우선주배당금} + \text{조정액}}{\text{가중평균유통보통주식수} + \text{조정주식수}}$$

희석주당이익의 예로는 첫째, 전환사채가 있다. 이는 희석효과가 있는 잠재적 보통주로 간주되어 희석주당이익 계산 시 전환된 것으로 가정하여 반영하며, 전환사채의 이자비용은 세후이자비용을 희석주당이익 계산 시 이익에 가산하여 조정한다. 예를 들어 기업이 당기순이익 100억원, 전환사채 이자비용 10억원, 법인세율 20%인 상황에서 전환사채가 100만 주로 전환되었다면, 분자는 세후 이자비용은 8억원(10억원 ×(1−0.2))이므로, 당기순이익에 8억원을 가산하여 108억원으로 조정하고, 분모는 전환사채 100만주가 추가되므로, 가중평균유통보통주식수는 기존 주식수에 100만주를 가산하여 조정한다.

둘째, 옵션과 주식매입선택권 등이다. 희석주당이익을 계산할 때 희석효과가 있는 옵션이나 주식매입권은 행사된 것으로 가정한다. 이러한 권리가 행사되었다고 가정할 때, 예상되는 현금 유입액은 보통주를 회계기간의 평균 시장가격으로 발행하여 유입된 것으로 간주한다. 이를 자기주식법이라고 하는데, 유입될 현금으로 자기주식을 취득했다고 가정하여, 권리행사로 발행될 보통주식수에서 유입되는 현금으로 취득가능한 자기주식을 차감하여 잠재적 보통주식수를 산출한다. 예를 들어 당기순이익 100,000원, 유통보통주식수 10,000주, 주식매입선택권 1,000개, 행사가격은 10원이고 회계기간 평균 시장가격이 20원이라고 가정할 경우 기본주당이익과 희석주당이익을 산정하면 다음과 같다.

$$- \text{ 기본주당이익} = \frac{\text{당기순이익} - \text{우선주배당금}}{\text{가중평균유통보통주식수}} = \frac{100{,}000}{10{,}000} = 10$$

$$- \text{ 희석주당이익} = \frac{\text{당기순이익}}{\text{가중평균유통보통주식수} + \text{조정주식수}} = \frac{100{,}000}{10{,}000 + 500}$$

$$= 9.52$$

- 행사로 유입되는 현금: 1,000주×10원(행사가격)=10,000원
- 유입된 현금으로 매입 가능한 자기주식수:
  10,000원/20원(회계기간 평균 시장가격)=500주
- 희석효과로 인한 순증가 주식수:
  1,000주(행사로 발행)−500주(자기주식 매입)=500주
- 희석 보통주식수=기본 보통주식수+순증가 주식수
  10,000주+500주=10,500주

현금흐름표 (기업의 자금사정)

제1절 영업활동의 현금흐름
제2절 투자활동의 현금흐름
제3절 재무활동의 현금흐름
제4절 외화환산에 의한 현금의 변동 및 현금의 증감

현금흐름표(기업의 자금사정)

지금까지 재무상태표의 자산과 부채, 자본 및 손익계산서의 수익과 비용에 대하여 논하였다. 본장에서는 기업의 자금사정을 평가할 수 있는 현금흐름표를 다루고자 한다.

현금흐름표(cash flow statement)는 기업의 일정기간 동안의 현금 유입과 유출을 보여주는 재무제표로서, 기업이 영업, 투자, 재무 활동을 통해 어떻게 현금을 창출하고 운용하고 있는지를 평가할 수 있다. 이는 기업의 실제 현금 흐름을 파악하고, 유동성 및 지급 능력을 평가하며, 손익계산서의 한계를 보완하여 기업의 재무 건전성을 종합적으로 평가하는 기업의 핵심재무제표이다. 특히 기업이 신규 사업에 대한 투자 의사결정시 현금흐름표는 매우 중요한 판단 기준이 된다.

현금흐름표는 다음과 같은 이유에 의하여 작성된다. 첫째, 현금 흐름을 명확히 파악할 수 있다. 현금흐름표는 현금의 변동 내용을 명확하게 보고하기 위해 작성되기 때문에 현금이 어떻게 창출되고 운용되는 지를 나타내 줌으로써 기업의 현금 흐름을 한눈에 파악할 수 있다. 둘째, 기업의 실제 현금창출 능력을 평가할 수 있다. 손익계산서는 인위적인 기간배분, 즉 발생주의에 따라 수익과 비용을 기록하지만, 현금흐름표는 실제 현금의 유입과 유출만을 기반으로 작성된다. 따라서 기업이 이익을 내고 있더라도 실제 현금이 부족할 수 있거나, 반대로 손실을 보고 있더라도 현금흐름은 좋을 수 있다. 즉, 현금흐름표를 통해 기업이 실제로 현금 가용 능력이 얼마나 되는지를 정확히 평가할 수 있다. 셋째, 투자 및 재무 활동을 평가할 수 있다. 기업의 영업활동 외에 투자활동(자산의 취득 및 처분)과 재무활동(자금 조달 및 상환)으로 인한 현금흐름을 나타내 주기 때문에 이를 통해 기업이 어떻게 자금을 조달하고 운용하는지 파악할 수 있어, 기업의 성장전략이나 재무구조를 평가하는 데 도움이 된다. 넷째, 유동성 및 지급 능력 평가가 있다. 기업이 단기적으로 부채를 상환하거나 운영에 필요한 자금을 조달할 수 있는 능력을 '유동성'이라고 하는데 현금흐름표는 기업의 유동성을 평가하고, 미래에 발생할 수 있는 현금 부족 위험을 예측하는 데 중요한 정보를 제공한다. 마지막으로 손익계산서의 한계 보완한다. 손익계산서는 기업의 수익성을 보여주지만, 실제 현금 흐름과는 차이가 있을 수 있다. 예를 들어, 매출이 발생했어도 신용으로 판매된 경우 현금이 유입되지 않았을 수 있다. 현금흐름표는 이러한 손익계산서의 한계를 보완하여 기업의 재무 상태를 더욱 포괄적으로 평가하는 데 도움이 된다.

제1절 영업활동의 현금흐름

1. 영업활동에서 창출된 현금흐름의 중요성

영업활동현금흐름(Cash Flow from Operations, CFO)은 기업의 경영활동의 핵심인 영업활동을 통해 유입되거나 유출하는 현금의 흐름을 말한다. 이는 기업의 본연의 목적인 영업활동을 통해 실제로 얼마나 많은 현금을 창출하고 있는지를 나타내 주기 때문에, 기업의 경쟁력 및 재무건전성을 단순히 손익계산서의 이익만으로 평가하는 것보다는 훨씬 더 현실적인 지표이다. 영업활동의 현금흐름은 다음과 같은 측면에서 중요하다. 첫째, 현금 창출 능력의 핵심 지표이다. 기업의 본질적인 역할은 영업을 통해 이익을 창출하는 것이다. 영업활동현금흐름은 기업이 상품을 구매하고, 제품을 생산하고 판매하는 과정에서 실제로 얼마나 많은 현금이 유입되고 유출되었는지를 보여주므로, 기업의 진정한 현금 창출 능력을 가장 잘 나타내는 지표라고 할 수 있다. 둘째로 이익유연화의 가능성 감소를 들 수 있다. 당기순이익 등과 같은 회계상의 이익은 매출채권, 재고자산, 감가상각 방법 변경 등의 회계처리방법 등을 통하여 이익을 조정할 수 있다. 반면, 영업활동현금흐름은 실제로 현금이 유출입에 대한 기록이기 때문에 이러한 조정의 여지가 보다 더 적어 기업의 재무상태를 더 투명하게 제공한다. 마지막으로 기업의 생존 및 성장기반을 평가할 수 있다. 기업이 아무리 많은 이익을 기록하더라도 실제 현금이 부족하면 도산, 즉 흑자도산에 이를 수 있다. 영업활동현금흐름이 꾸준히 양(+)의 값을 유지한다는 것은 기업이 영업을 통해 충분한 현금이 유입되고 있다는 의미이며, 이는 기업이 부채를 상환하고, 신규투자를 진행하며, 배당금을 지급하는 등 지속적인 운영과 성장을 위한 필수적인 자금을 자체적으로 조달할 수 있다고 평가할 수 있다.

2. 영업활동에서 창출된 현금흐름의 작성법

영업활동에서 창출된 현금흐름의 작성법은 간접법과 직접법으로 구분된다. 간접법은 발생주의에 따라 계산된 당기순익을 바탕으로 현금주의와의 차이를 조정해 나가는 방식으로 작성되며, 직접법은 활동별 현금유입액과 유출액을 거래별로 파악하여 직접 작성하는 방식이다.

가. 간접법

간접법은 손익계산서의 당기순이익에서 시작하여, 현금 유출입이 없는 거래나 투자활동 및 재무활동으로 인한 손익을 조정하여 영업활동에서 창출된 현금흐름을 작성하는 방식이다. 이는 당기순이익이 발생주의 회계원칙에 따라 기록되기 때문에, 실제 현금흐름과 차이가 발생하기 때문에 다음과 같이 조정한다.

영업활동에서 창출된 현금흐름 = 당기순이익 ± 비 현금수익과 비용조정
± 투자 및 재무활동 손익조정
± 영업자산 및 부채조정

첫째, 당기순이익에서 출발한다. 가장 먼저 손익계산서상의 당기순이익을 기준으로 출발한다. 당기순이익은 기업의 일정기간 동안의 경영 성과를 나타내지만, 여기에는 현금 유출이 없는 비용이나 현금 유입이 없는 수익이 포함될 수 있다.

둘째, 비현금성 항목의 조정이다. 이는 현금의 유출이나 유입이 없는 수익과 비용항목들을 당기순이익에 가감하여 조정한다. 현금유입이 이루어지지 않아 당기순이익에서 차감하는 수익항목으로는 재고자산평가손실환입, 매출채권대손충당금환입, 외환환산이익 등이 있으며, 현금유출이 수반되지 않아 당기순이익에 가산하는 비용항목으로는 감가상각비, 무형자산상각비, 퇴직급여, 외환환산손실 등이 있다.

셋째, 투자 및 재무활동 손익의 조정이다. 영업활동과 직접적인 관련이 없는 투자활동이나 재무활동으로 인해 발생한 손익은 영업활동 현금흐름에서 제외해야 합니다. 예를 들어, 유형자산처분손익, 투자자산처분손익, 사채상환손익 등이 있다.

마지막으로 영업활동 관련 자산 및 부채의 변동 조정을 들 수 있다. 기업의 영업활동과 관련된 자산과 부채, 즉 운전자본의 증감을 현금흐름을 반영하기 위해 조정한다. 예로서 매출채권이 증가하였으면 현금유입이 감소되었다는 의미이므로 당기순이익에서 차감하고, 매출채권 감소하였으면 현금유입이 증가하였다는 의미이므로 당기순이익에 가산한다. 재고자산 증가는 재고를 사들이느라 현금이 지출되었다는 의미이므로 당기순이익에서 차감하고, 재고자산 감소는 재고가 판매되어 현금이 유입되었다는 의미이므로 당기순이익에 가산한다. 또한 매입채무 증가는 신용구매가 증가하거나 매입채무 상환이 감소하여 현금 지출이 보류되었다는 의미이므로 당기순이익에 가산하고, 매입채무 감소는 신용구매가 감소하거나 상환이 증가하여 현금이 지출되었다는 의미이므로 당기순이익에서 차감한다.

나. 직접법

직접법이란 현금을 수반하여 발생한 수익 또는 비용항목을 총액으로 파악하는 방법으로 현금기준 손익계산서를 작성하는 것이다. 즉, 영업활동에서 창출되는 현금흐름을 발생원천별로 구분하여 매출액에 의한 현금유입액에서 출발하여 매출원가(상품구매 및 제조원가), 판매비와 관리비, 이자비용, 이자수익, 배당금수익 및 법인세비용으로 인한 현금유출액까지 가감하여 직접 작성하는 방법을 말한다.

매출채권계정과 현금흐름

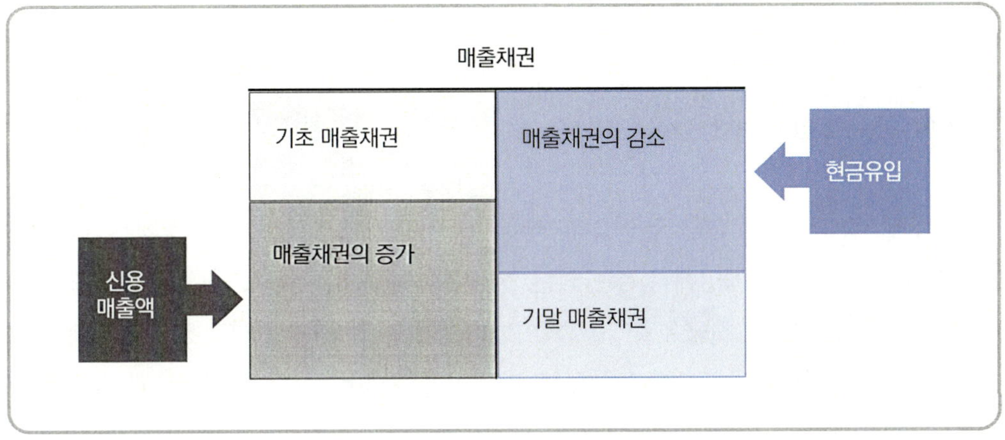

첫째, 영업활동에서 창출되는 현금기준손익계산서의 작성은 매출에 의한 현금유입액이다. 매출로 인한 현금유입은 두 가지의 상황으로 발생한다. 첫 번째는 현금매출로 인하여 현금의 유입이 나타날 수 있다. 두 번째는 신용매출, 즉 매출채권의 회수로 인하여 현금의 유입이 나타날 수 있다. 따라서 매출로 인한 현금흐름은 현금 매출액과 매출채권 회수의 합으로 계산되어야 한다.

현금매출의 경우는 따로 계산하지 않아도 바로 확인이 가능하다. 그러나 매출채권 회수와 관련된 현금 유입액을 산출하기 위해서는 다음의 상황을 고려하여야 할 것이다.

매출채권의 T계정을 살펴보면, 매출채권은 자산이므로 기초 매출채권은 차변에 기입 되어 있으며, 이후 매출채권이 증가하게 되면 차변에 증가하는 매출채권이 기입된다. 매출채권의 증가는 신용매출의 발생으로 인하여 나타나게 된 것이다. 매출채권이 감소하게 되면 대변에 감소하는 매출채권이 기입된다. 매출채권이 감소하는 이유는 매출채권이 현금으로 회수되기 때문에 매출채권은 감소하게 되고, 현금이 유입되어 현금의 증가가 나타난다. 기말까지 회수되지 않는 매출채권은 기말 매출채권으로 남게 되며, 기말 매출채권의 경우 자산이기 때문에 차변에 기입된다. 그러나 위의 그림에서는 계산의 편의를 위하여 기말 매출채권을 대변에 표기하였다. 위의 그림에 제시된 매출채권의 계정을 이용하여 등식을 나타내면 다음과 같다.

기초 매출채권+매출채권의 증가=매출채권의 감소(회수)+기말 매출채권
기초 매출채권+신용매출 발생=현금의 유입+기말 매출채권

따라서 매출에 의한 현금유입액은 모든 매출을 신용매출로 가정하여 매출액∓매출채권증감을 이용하여 산출할 수 있다.

둘째, 매출원가에 의한 현금유출액이다. 매출원가에 의한 현금유출액은 유통업의 경우 판매한 상품의 매입에서 수반되는 현금유출액을 의미하고, 제조기업의 경우 제품생산에서 수반되는 현금유출액을 의미한다. 이는 상품과 원재료에 매입에 관련된 현금유출과 노무원가, 제조간접원가 및 판매비와 관리비 등의 현금유출과 구분할 수 있다.

영업활동에서 현금유출액은 상품 및 원재료 매입으로 인한 현금유출은 두 가지의 상황으로 발생한다. 첫 번째는 현금매입로 인하여 현금의 유출이 나타날 수 있다. 두 번째는 신용매입 즉 매입채무의 지급으로 인하여 현금의 유출이 나타날 수 있다. 따라서 매입으로 인한 현금유출은 현금매입액과 매입채무 지급의 합으로 계산되어야 한다.

매출로 인한 현금 유입은 매출채권의 등식을 사용하여 계산할 수 있었던 것과 같이 매입으로 인한 현금 유출도 매입채무계정 등식을 이용하면 산출이 가능할 것이다.

매입채무계정과 현금흐름

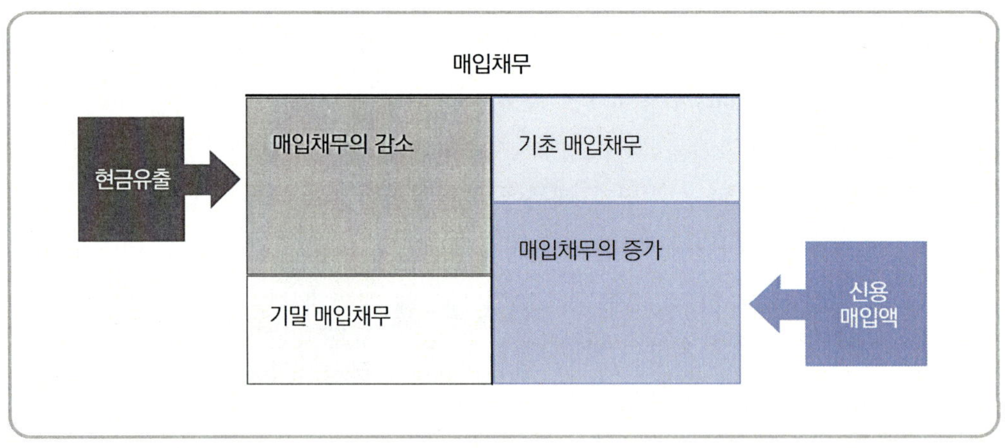

매입채무의 T계정을 나타낸 것이다. 매입채무는 부채이기 때문에 앞서 제시된 매출채권 계정과 모두 반대로 이루어져 있다. 매입채무의 계정을 이용하여 등식을 나타내면 다음과 같다.

매입채무의 감소＋기말 매입채무＝기초 매입채무＋매입채무의 증가
현금의 유출＋기말 매입채무＝기초 매입채무＋신용매입 발생

따라서 상품 및 원재료 매입에 의한 현금유출액은 모든 매입을 신용매입으로 가정하여 매입액∓매입채무증감을 이용하여 산출할 수 있다.

셋째, 영업활동에서 현금유입액은 매출외에 이자수익, 배당금수익 등의 현금수익을 포함하고, 현금유출액은 매입외에 영업비용, 즉 노무원가, 제조간접원가, 판매비와 관리비, 이자비용 및 법인세비용의 현금지급을 포함한다. 영업활동에서 이자수익과 배당금, 및 영업비용에 대한 현금유출입은 두 가지의 상황으로 발생한다. 첫 번째는 현금수입과 지급으로 인하여 현금의 유출입을 들 수 있다. 두 번째는 기말 결산수정분개에서 발생주의 회계처리를 들 수 있다.

발생주의의 기본적인 논리는 발생기준에 따라 수익과 비용을 인식하는 것이다. 발생기준은 기업의 경제적 거래나 사건에 대해 관련된 수익과 비용을 그 현금유출입이 있는 기간이 아니라 당해 거래나 사건이 발생한 기간에 인식하는 것을 말한다.

발생주의 회계는 발생과 이연의 개념을 포함한다. 발생이란 현금 유출입이 이루어지지 않았으나 당해 거래나 사건이 발생한 기간의 경우로 현금유출입이 이루어지지 않았기 때문에 인식되는 자산과 부채의 계정과목은 미(未)자가 선행된다. 즉, 미수수익과 같이 미래에 수취할 금액에 대한 자산을 관련된 부채나 수익과 함께 인식하거나, 또는 미지급비용과 같이 미래에 지급할 금액에 대한 부채를 관련된 자산이나 비용과 함께 인식하는 과정을 의미한다. 발생주의 회계에 의하면, 재화 및 용역을 신용으로 판매하거나 구매할 때 자산과 부채를 인식하게 되고, 현금이 지급되지 않은 이자 또는 급여 등에 대해 부채와 비용을 인식하게 된다.

이연이란 현금 유출입이 이루어졌으나 당해 거래나 사건이 발생하지 않은 기간의 경우로 현금유출입이 이루어졌기 때문에 인식되는 자산과 부채의 계정과목은 선(先)자가 선행된다. 선수수익과 같이 미래에 수익을 인식하기 위해 현재의 현금유입액

을 부채로 인식하거나, 선급비용과 같이 미래에 비용을 인식하기 위해 현재의 현금유출액을 자산으로 인식하는 정을 의미한다. 전자의 경우 수익의 인식은 관련 부채에 내재된 의무의 일부 또는 전부가 이행될 때까지 연기된다. 또한 후자의 경우 비용의 인식은 관련 자산에 내재된 미래 경제적 효익의 일부 또는 전부가 사용될 때까지 연기된다.

손익계산서 작성이 발생주의 회계에서는 현금 유 · 출입이 수반되지 않는 수익과 비용을 인식하고 이에 대응하여 자산과 부채 항목, 즉 선급비용, 미수수익, 미지급비용 및 선수수익으로 인식된다. 따라서 현금흐름 작성에서는 이와 같은 수익과 비용을 역산하여 산출해야 한다.

손익계산서에서 발생에 의하여 수익과 비용을 인식한 선수수익과 선급비용이 있다. 이들은 현금유출입이 이루어지 않았으나 결산기에 수익과 비용으로 인식, 즉 수익과 비용에서 차감하였기 때문에 영업활동에서 창출된 현금흐름을 작성할 때 선급비용은 기말잔액에서 기초잔액을 차감하여 그 금액이 양의 금액, 즉 증가한 경우는 그 금액만큼 영업활동 현금유출에서 가산하고, 기말잔액에서 기초잔액을 차감하여 그 금액이 음의 금액, 즉 감소한 경우는 그 금액만큼 영업활동 현금유출에서 차감한다. 그리고 선수수익의 역시 기말잔액에서 기초잔액을 차감하여 그 금액이 양의 금액, 즉 증가한 경우는 그 금액만큼 영업활동 현금유입에서 가산하고, 기말잔액에서 기초잔액을 차감하여 그 금액이 음의 금액, 즉 감소한 경우는 그 금액만큼 영업활동 현금유입에서 차감한다.

손익계산서에서 이연에 의하여 수익과 비용을 인식한 미수수익과 미지급비용이 있다. 이들은 현금유출입이 이루어지지 않았으나 결산기에 수익과 비용으로 인식, 즉 수익과 비용에서 가산하였기 때문에 영업활동에서 창출된 현금흐름을 작성할 때 미지급비용은 기말잔액에서 기초잔액을 차감하여 그 금액이 양의 금액, 즉 증가한 경우는 그 금액만큼 영업활동 현금유출에서 차감하고 감소한 경우는 그 금액만큼 영업활동 현금유출에서 가산한다. 그리고 미수수익의 역시 기초잔액과 기말잔액을 비교하여 증가한 경우는 그 금액만큼 영업활동 현금유입에서 차감하고, 기말잔액에서 기초잔액을 차감하여 그 금액이 음의 금액, 즉 감소한 경우는 그 금액만큼 영업활동 현금유입에 가산한다.

K-IFRS에서 이자와 배당금의 수취 및 지급에 따른 현금흐름의 분류에 대해 기

업의 성격과 발생 원천에 따라 회계정책을 선택할 수 있도록 허용하고 있다. 다만, 한 번 선택한 분류 방법은 계속해서 일관성 있게 적용해야 한다.[1] 첫째, 영업활동 현금흐름으로 분류할 수 있다. 이자비용과 이자수익은 대개 당기순손익에 영향을 미치므로 이를 영업활동 현금흐름으로 분류할 수 있다. 실무에서는 대부분 영업활동의 현금흐름으로 분류하고 있다, 둘째, 투자활동 또는 재무활동으로 분류할 수 있다. 이자수익과 배당금수익은 투자자산에 대한 수익으로 볼 수 있으므로, 투자활동 현금흐름으로 분류하고, 이자지급액은 재무자원을 획득하는 데 드는 원가로 간주하여 재무활동 현금흐름으로 분류할 수 있다.

3. 영업활동에서 창출된 현금흐름표의 사례

삼성전자의 2024년 별도 재무제표에 공시된 영업활동에서 창출된 현금흐름에 대한 사례를 살펴보면 삼성전자는 영업활동 현금흐름을 간접법으로 작성하고 있으며, 지난 3년간 영업활동의 현금흐름은 순유입(+)상태를 유지하고 있다. 그 금액은 2023

삼성전자 연도별 영업활동에서 창출된 현금흐름

(단위: 백만원)

	2022년	2023년	2024년
영업활동현금흐름	44,788,749	34,455,084	52,491,497
영업에서 창출된 현금흐름	49,589,897	8,088,628	44,315,608
당기순이익	25,418,778	25,397,099	23,582,565
조정	31,039,388	(4,092,924)	21,493,129
영업활동으로 인한 자산부채의 변동	(6,868,269)	(13,215,547)	(760,086)
이자의 수취	339,560	332,111	277,362
이자의 지급	(287,488)	(798,649)	(674,010)
배당금 수입	3,551,435	29,497,803	9,635,502
법인세 납부액	(8,404,655)	(2,664,809)	(1,062,965)

1) K-IFRS 제1007호 현금흐름표 문단 31.

년은 2022년 대비 감소하였으나 2024년은 2023년 대비 급격히 증가하여 2022년 보다 증가하였다. 조정의 항목은 비현금수익과 비용의 조정, 투자 및 재무활동 손익조정 항목을 포함하고 있다. 2023년 부의 금액은 배당수익금의 조정에 따른 결과이다. 지난 3년간 영업활동으로 인한 자산부채의 변동은 부의 금액을 유지하고 있다. 운전자본이 지속적으로 증가하고 있다는 의미이며, 이는 경기불안으로 인하여 매출채권 및 재고자산이 지속적으로 증가하고 있음을 알 수 있다.

제2절 투자활동의 현금흐름

1. 투자활동 현금흐름의 중요성

투자활동 현금흐름(Cash Flow from Investing Activities, CFI)은 기업이 미래의 성장을 위해 자산을 취득하거나, 물리적 혹은 기술적 기능의 저하로 현재 불필요한 자산이 된 자산을 처분하는 과정에서 발생하는 현금의 유입과 유출을 말한다. 이는 주로 유형자산, 무형자산, 유가증권 등 장기성 자산의 매입 및 처분 활동이 여기에 포함된다. 투자활동의 현금흐름은 다음과 같은 측면에서 중요하다. 첫째, 기업이 추구하는 미래의 전략 방향을 파악할 수 있다. 어떤 종류의 설비 등에 현금을 투자하고 있는지, 혹은 어떤 종류의 설비 등을 처분하고 있는지를 통해 해당 기업이 어떤 사업 영역을 강화하고 어떤 사업에서 철수하는지 등 기업의 미래 경영전략의 큰 그림을 이해할 수 있다. 예를 들어, 신기술 개발을 위한 연구개발비 등에 대한 투자가 지속적으로 증가하고 있다면 기술 혁신을 지향하는 기업임을 짐작할 수 있다. 둘째, 기업의 성장동력을 파악할 수 있다. 기업이 미래의 수익 창출을 위해 설비투자, 연구개발, 다른 기업 인수 등 활발하게 자산에 투자하고 있다면, 투자활동 현금흐름은 큰 폭의 부의 수(현금 유출)를 보일 수 있다면, 이는 기업이 성장 잠재력을 확충하고 있다는 긍정적인 신호로 해석될 수 있다. 그러나 투자활동 현금흐름이 지속적으로 양의 수(현금 유입)를 보인다면, 기업이 보유 자산을 매각하여 현금을 확보하고 있음을 의미한다. 이는 사업 구조조정이나 노후 설비 등의 교체일 수도 있지만, 신규 투자 부진이나 자금 확보를 위한 것일 수도 있어 주의 깊은 분석이 필요하다. 셋째, 미래의 현금창출 능력 예측할 수 있다. 현재의 투자활동은 미래의 영업 현금흐름에 직접적인 영향을 미치기 때문에 현재의 적절한 투자가 이루어진다면 미래에 더 많은 매출과 이익, 그리고 궁극적으로 영업 현금흐름을 창출할 수 있는 기반이 된다.

2. 투자활동의 현금흐름의 작성법

투자활동 현금흐름은 기업이 미래 성장을 위해 어떤 설비 등에 투자하고, 어떤 설비 등을 처분했는지를 나타내는 것으로 주로 장기적인 관점에서 기업의 투자 방향을 파악할 수 있게 해준다. 투자활동 현금흐름의 작성법은 영업활동의 현금흐름과 달리 직·간접법으로 구분하지 않고 직접법과 유사한 방식으로 작성된다. 즉, 각 활동에서 발생한 현금 유입과 유출 항목들을 직접적으로 기록하고 합산하는 방식이다.

현금유입을 구성하는 주요 항목들은 다음과 같다.

- 유형자산 및 무형자산 처분으로 이는 토지, 건물, 기계장치 등 유형자산이나 특허권, 개발비 등 무형자산을 매각 등이 있다.
- 장기 금융상품 처분으로 이는 정기예금 등 장기간 묶여있던 금융상품을 해지하여 현금을 회수한 경우이다.
- 관계기업투자주식 등 투자자산의 처분이다. 다른 기업의 주식 등을 투자 및 지배목적으로 보유하던 자산을 처분하여 현금이 유입되는 경우이다.
- 대여금의 회수이다. 다른 기업이나 개인에게 빌려주었던 자금(대여금)을 회수하여 현금이 들어오는 경우이다

현금유출을 구성하는 주요항목은 다음과 같다.

- 유형자산 및 무형자산 취득으로 이는 기업의 설비나 기술투자를 의미한다. 즉, 토지, 건물, 기계장치 등을 새로 구입하거나, 특허권 등 무형자산을 취득하는 데 현금을 사용한 경우이다.
- 장기 금융상품 취득으로 이는 장기간 사용하지 않을 현금을 정기예금이나 장기 채권 등 금융상품에 투자하는 경우이다.

- 관계기업투자주식 등 투자자산 취득이다. 이는 다른 기업의 지분을 투자 및 지배목적으로 취득하거나 투자목적으로 부동산 등을 매입한 경우이다.
- 대여금으로 이는 다른 기업이나 개인에게 자금을 빌려주어 현금이 나가는 경우이다.

3. 투자활동 현금흐름표의 사례

삼성전자의 2024년 별도 재무제표에 공시된 투자활동 현금흐름에 대한 사례를 살펴보면 삼성전자는 지난 3년간 투자활동의 현금흐름은 순유출(−)상태를 유지하고 있다. 그 금액은 2022년은 약 28조원에서 2023년 약 48조원 그리고 2024년 약 50조로 지속적으로 투자가 이루어지고 있음을 파악할 수 있다. 삼성전자는 거래가 빈번하며 총금액이 크고 단기간에 만기가 도래하는 단기금융상품, 단기차입금 등으로 인한 현금의 유입과 유출항목을 순증감액으로 작성하였다. 금융상품에 대한 현금흐름은

삼성전자 연도별 투자활동 현금흐름

(단위: 백만원)

	2022년	2023년	2024년
투자활동 현금흐름	(28,123,886)	(47,571,537)	(50,377,644)
단기금융상품의 순감소(증가)	15,000,439	(49,934)	(10,122,673)
기타포괄손익−공정가치금융자산 처분	10,976	15,538	2,942
기타포괄손익−공정가치금융자산 취득	0	(15,515)	0
당기손익−공정가치금융자산의 처분	1,744	243	1
종속기업 등 투자의 처분	165,089	144,292	319,965
종속기업 등 투자의 취득	(1,001,723)	(108,300)	(336,648)
유형자산의 처분	288,684	164,415	130,956
유형자산의 취득	(39,160,176)	(45,026,206)	(38,246,765)
무형자산의 처분	6,242	12,002	13,327
무형자산의 취득	(3,298,378)	(2,639,614)	(2,069,083)
기타투자활동으로 인한 현금유출입액	(136,783)	(68,458)	(69,666)

2022년 약 15조원 정도의 유입이 이루어졌으나, 2023년은 약 50억원, 2024년은 약 10조원 정도를 투자하여 유출이 발생하였다. 종속기업에 대한 현금흐름은 2022년 약 8,300억원 정도를 투자하여 유출이 이루어졌으나, 2023년은 약 360억원을 처분하여 유입이 이루어졌고, 2024년은 약 170억원 정도를 투자하여 유출이 발생하였다. 유·무형자산에 대한 현금흐름은 2022년 약 42조원, 2023년은 약 47조원, 2024년은 약 40조원 정도를 투자하여 유출이 발생하였다. 이는 삼성전자는 미래의 수익 창출을 위해 설비투자, 연구개발 등 투자가 활발하게 이루어지고 있다고 평가할 수 있다.

제3절 재무활동의 현금흐름

1. 재무활동 현금흐름의 중요성

재무활동 현금흐름(Cash Flow from Financial Activities, CFF)은 기업이 자금을 어떻게 조달하고, 그 조달한 자금을 어떻게 운용하고 있는지를 나타내는 자본 및 부채와 관련된 현금의 유입과 유출을 말한다. 이는 기업의 재무구조 변화를 직접적으로 보여주기 때문에 재무 상태를 파악하는 데 필수적이다. 재무활동의 현금흐름은 다음과 같은 측면에서 중요하다. 첫째, 기업의 자금 조달 및 운용 전략을 파악할 수 있다. 재무활동의 현금흐름은 기업이 타인자본, 즉 부채를 통해 자금을 조달하는지, 아니면 자기자본, 즉 주식발행을 통해 자금을 조달하는지를 보여준다. 따라서 이를 통해 기업이 재무적 위험을 감수하면서 성장을 추구하는지, 혹은 안정적인 자본 구조를 유지하려 하는지 그 전략을 평가할 수 있다. 둘째, 부채 상환 능력 및 재무 건전성을 평가할 수 있다. 차입금의 규모와 상환 내역을 통해 기업의 부채 상환 능력을 평가할 수 있으며, 지속적으로 차입금이 증가하거나 상환이 지연된다면 재무적으로 불안정하다고 평가할 수 있으나, 반면 차입금을 꾸준히 감소하고 있다면 그만큼 재무 건전성이 양호하다고 평가할 수 있다. 셋째, 주주가치 환원 정책 등을 확인할 수 있다. 배당금 지급이나 자기주식 취득은 주주들에게 기업 이익을 환원하는 대표적인 방법이므로, 재무활동 현금흐름을 통해 기업이 주주를 얼마나 중요하게 생각하는지, 그리고 실제로 주주에게 얼마나 현금을 돌려주고 있는지를 평가할 수 있다. 마지막으로 기업의 생존 가능성을 평가할 수 있다. 기업은 지속적인 현금 흐름을 통해 생존하고 성장하는데 재무활동 현금흐름이 긍정적인지, 즉 자금 조달이 원활한지 혹은 부정적인지, 즉 차입금 상환 부담이 큰지는 기업의 장기적인 생존 가능성과 직결된다고 평가할 수 있다.

2. 재무활동의 현금흐름의 작성법

재무활동 현금흐름은 영업활동 현금흐름과 달리, 직 · 간접법을 구분하여 사용하지 않고 각 현금의 유입과 유출 항목을 직접적으로 기록하고 합산하는 방식으로 작성된다. 즉, 발생한 거래마다 현금이 들어오고 나간 내역을 명확히 구분하여 작성한다.

현금유입을 구성하는 주요 항목들은 다음과 같다.

- 장단기 차입금 및 사채 발행에 의한 조달을 들 수 있다. 이는 은행 대출이나 채권 발행 등을 통해 기업이 자금을 조달하여 현금이 유입되는 경우이다.
- 주식발행에 의한 조달을 들 수 있다. 이는 주주로부터 신규 자금을 조달하기 위해 유상증자 등을 통해 주식을 발행하고 현금을 조달하는 방법이다.

현금유출을 구성하는 주요항목은 다음과 같다.

- 장단기 차입금 및 사채의 상환을 들 수 있다. 이는 기업이 대출한 차입금의 원금 및 사채 등을 상환하여 현금이 유출되는 경우이다.
- 배당금 지급을 들 수 있다. 주주에게 이익을 배분하기 위해 현금배당을 지급하는 경우이다.
- 자기주식 취득을 있다. 기업이 자체적으로 발행한 주식을 다시 사들이는 경우로, 현금 유출이 발생하는데 이는 주가 안정이나 주주가치 제고를 위해 이루어지기도 한다.

3. 재무활동 현금흐름표의 사례

삼성전자는 거래가 빈번하며 총금액이 크고 단기간에 만기가 도래하는 단기금융상품, 단기차입금 등으로 인한 현금의 유입과 유출항목을 순증감액으로 작성하였다. 삼성전자의 2024년 별도 재무제표에 공시된 재무활동 현금흐름에 대한 사례를 살펴보면 삼성전자는 지난 3년간 재무활동의 현금흐름은 2023년을 제외하고 순유출(−)상태를 유지하고 있다. 2023년 약 22조원을 장기차입금으로 조달하여 약 15조원을 하였으나, 2022년은 약 7조원의 단기차입금 상환과 약 10조원의 배당금지급으로 약 17조원, 2024년은 약 5조원의 단기차입금 조달과 약 10조원의 배당금지급 및 약 2조원의 자기주식 취득으로 약 7조원을 현금유출이 이루어졌다.

삼성전자 연도별 재무활동 현금흐름

(단위: 백만원)

	2022년	2023년	2024년
재무활동현금흐름	(16,665,064)	15,268,902	(6,520,814)
단기차입금의 순증가(감소)	(6,700,826)	3,274,337	5,316,919
장기차입금의 차입	0	21,990,000	0
사채 및 장기차입금의 상환	(155,264)	(185,316)	(217,305)
배당금의 지급	(9,808,974)	(9,810,119)	(9,808,653)
자기주식의 취득	0	0	(1,811,775)

4. 기업의 주요 경영활동 및 현금유출입 항목

지금까지 설명한 기업의 영업, 투자 및 재무활동과 이와 관련 주요 현금유출입 항목을 요약하면 다음과 같다.

주요 현금유출입 항목

경영활동	현금유입	현금유출
영업활동	• 매출액 수입 • 이자수입 • 배당금수입 • 발생주의 반영	• 상품(원재료) 매입 • 노무원가 및 경비 지출 • 판매비와 관리비 지출 • 이자지급 • 법인세 납부 • 발생주의 반영
투자활동	• 유무형자산의 매각 • 투자자산의 매각 • 대여금 회수 • 관계기업 등 투자회수	• 유무형자산의 취득 • 투자자산의 취득 • 대여금 지급 • 관계기업 등 투자
재무활동	• 장단기차입금 차입 • 사채발행 • 유상증자 • 자기주식 처분	• 장단기차입금 상환 • 사채상환 • 배당금 지급 • 자기주식 취득

제4절 외화환산에 의한 현금의 변동 및 현금의 증감

1. 외화환산에 의한 현금의 변동

기업이 외화로 된 현금이나 현금성자산을 보유하고 있을 때, 회계 보고 시점의 환율 변동에 따라 그 가치가 자국 통화 기준으로 달라지는 현상을 '외화환산에 의한 현금의 변동'이라고 한다. 이는 실제 현금의 유입이나 유출 없이도 보고되는 현금 잔액이 변동될 수 있음을 의미한다.

외화환산은 기업이 보유한 외화 자산이나 부채를 기업의 보고 통화(예: 대한민국 기업의 경우 원화)로 변환하여 재무제표에 기록하는 과정을 말한다. 예를 들어, 미국 달러(USD)로 예금된 돈이 있다면, 재무제표 작성 시점의 원화 대비 달러 환율을 적용하여 원화 가치로 평가하는 것이다.

기업이 외화 현금(예: 외화 보통예금, 외화 정기예금 등)을 보유하고 있다고 가정해 보면, 환율이 상승하였을 경우 기업이 보유한 달러 현금의 원화 가치는 증가하고, 환율이 하락하였다면 기업이 보유한 달러 현금의 원화 가치는 감소한다. 이러한 가치 변동은 현금의 물리적인 유입이나 유출이 없었음에도 불구하고, 재무제표에 기록되는 현금 잔액에 영향을 미치기 때문에 이 변동액을 실제 현금흐름을 수반하지 않는 항목으로 분류한다.

현금흐름표는 영업활동, 투자활동, 재무활동으로 인한 현금흐름을 모두 합산하여 해당 회계기간 동안의 순 현금 변동액을 산출하지만, 이 순 현금 변동액만으로는 보고 기간 말의 현금 잔액과 정확히 일치하지 않을 수 있다. 이는 외화환산에 의한 현금의 변동 때문이다.

따라서 현금흐름표 하단에는 이 불일치를 조정하기 위한 별도의 항목인 '외화환산에 의한 현금의 변동'으로 표시한다.

2. 현금의 증감

현금흐름표는 기업이 특정 회계기간 동안 기업이 보유하고 있던 현금의 증감을 나타내 주는 재무제표이다. 이는 단순한 현금 잔액의 변화를 넘어서, 그 변화가 기업의 경영활동, 즉 각각의 영업활동, 투자활동 및 재무활동별 현금의 흐름을 구체적으로 표시하고 있다.

현금흐름표의 궁극적인 목적은 기초현금 잔액과 기말현금 잔액의 차이, 즉 현금의 순증감액을 세 가지 기업의 영업활동, 투자활동 및 재무활동별로 설명하는 것이다.

기초 현금 및 현금성 자산+기간 중 현금의 순증감액 현금의
=기초 현금 및 현금성 자산

3. 각 활동별 현금흐름표의 사례

삼성전자의 2024년 별도 재무제표에 공시된 현금흐름표에 대한 사례를 살펴보면 삼성전자는 2022년은 영업활동을 통하여 약 45조원의 현금을 조달하여 약 42조원의 설비 등에 투자하고, 약 10조원의 배당금지금과 약 7조원의 단기차입금 상환에 현금을 사용하였으며, 부족한 현금은 약 15조원의 단기금융상품의 처분 등으로 조달하여 현금의 증가는 20억원이었다. 2023년은 영업활동을 통하여 약 34조원의 자금을 조달하여 약 47조원의 설비 등에 투자하고, 약 10조원의 배당금 지급에 현금을 사용하였으며, 부족한 자금은 약 22조원의 장기차입금 차입으로 조달하여, 현금의 증가는 2조원이었다. 2024년의 경우는 영업활동을 통하여 약 52조원의 현금을 조달하여 약 40조원의 설비 등에 투자하고, 약 10조원의 배당금지금 및 약 10조원의 단기금융상품에 투자하였으며, 부족한 현금은 약 5조원의 단기차입금의 차입으로 조달하였으나 현금이 약 4조원 감소하였다.

삼성전자 연도별 각 활동별 현금흐름

(단위: 백만원)

	2022년	2023년	2024년
영업활동현금흐름	44,788,749	34,455,084	52,491,497
투자활동현금흐름	(28,123,886)	(47,571,537)	(50,377,644)
재무활동현금흐름	(16,665,064)	15,268,902	(6,520,814)
외화환산으로 인한 현금의 변동	2,922	(12,591)	(724)
현금 및 현금성 자산의 증가(감소)	2,721	2,139,858	(4,407,685)
기초현금 및 현금성 자산	3,918,872	3,921,593	6,061,451
기말현금 및 현금성 자산	3,921,593	6,061,451	1,653,766

4. 현금흐름의 기본유형

기업의 수명주기(life cycle)는 도입기, 성장기, 성숙기, 쇠퇴기로 구분할 수 있으며, 각 단계별로 현금흐름표 분석을 통해 기업의 재무 상태와 생존 전략을 파악할 수 있다. 현금흐름표는 기업의 현금 유입과 유출을 영업활동, 투자활동, 재무활동으로 나누어 보여주는 재무제표로, 기업의 재무 상태와 전략을 평가하는 데 중요한 지표가 된다.

도입기(Introduction Stage)는 기업이 시장에 새로운 제품이나 서비스를 출시하고 진입하는 초기 단계로 매출액이 낮고, 제품 개발 및 마케팅 활동에 많은 투자가 이루어지기 때문에 이익은 거의 없거나 손실이 발생할 수 있다. 따라서 초기에는 자본 회수를 위해 고가격 전략을 사용하거나, 경쟁사 진입에 대비하여 저가격 전략으로 시장 점유율을 높일 수도 있다. 그리고 현금흐름은 대부분 아래의 승부형에 해당한다.

성장기(Growth Stage)는 도입기에 성공적으로 시장에 안착한 후 매출액이 급격히 증가하고 이익이 발생하기 시작하는 단계로 매출액이 빠르게 증가하며 이익도 동반하여 증가한다. 따라서 기업은 시장 점유율 확대를 위한 마케팅 및 유통 채널 강화하고, 경쟁 우위를 유지하기 위해 제품 차별화 전략을 활용하며, 상표 충성도를 높이는 전략을 수행할 것이다. 현금흐름은 보통 아래의 적극형이나 승부형이 나타난다.

성숙기(Maturity Stage)는 매출액 성장률이 둔화되거나 정체되고, 시장 경쟁이 심화되는 단계로 매출액 증가율이 점차 둔화되며, 이익도 정체되거나 감소할 수 있고, 가격경쟁이 매우 치열해지며, 가격 탄력성이 커져 가격이 가장 큰 영향 요인이 된다. 따라서 원가절감 및 효율성 증대에 집중하고, 새로운 제품 개발 또는 기존 제품의 개선을 통해 성숙 기간을 연장시키려는 마케팅 전략이 펼칠 것이다. 현금 흐름은 아래의 건전형에 해당한다.

쇠퇴기(Decline Stage)는 매출액과 이익이 지속적으로 감소하는 단계로 판매량이 급속히 감소하고 이익도 줄어들기 때문에 기업은 남아있는 보수적인 고객을 대상으로 제한적인 마케팅 활동을 전개한다. 현금 흐름은 아래의 개선형이나 구조조정형에 해당한다.

현금흐름의 유형과 특징

	영업 활동	투자 활동	재무 활동	기업의 상황
건전형	+	−	−	영업현금흐름은 플러스인 것은 이익이 발생하고 있어 사업은 순조로운 회사이고, 미래를 위한 적극적인 투자로 투자현금흐름이 마이너스이며, 또한 여유자금으로 차입금 등 상환으로 재무현금흐름 또한 마이너스인 건전형 기업
적극형	+	−	+	영업흐름은 플러스, 투자흐름은 마이너스이고 재무흐름이 플러스는 성장기업의 대표적인 형태로 미래를 위한 투자에 필요한 자금을 영업현금흐름으로 충당하지 못하고 외부에서 자금을 조달해야 하는 적극형 기업
안정형	+	+	+	사업은 순조로워 영업현금흐름이 플러스인 기업이 미래를 위한 투자는 적극적이지 않고 투자에 대한 재검토 등으로 자산의 매각을 행하고, 보다 많은 현금을 보유할 목적으로 자금을 조달하는 하는 안정성에 중점을 둔 기업
개선형	+	+	−	영업현금흐름은 플러스로 유입된 자금과 설비 등 자산의 매각으로 투자현금흐름이 플러스로 유인된 자금으로 차입금 등 상환으로 재무현금흐름이 마이너스가 되고 있다는 것은 재무체질 개선을 도모하고 있는 개선형 기업
승부형	−	−	+	영업흐름은 마이너스라는 것은 사업이 어려운 기업이지만, 투자흐름은 마이너스이기 때문에 적극적인 투자가 이루어지고 있으며, 재무흐름이 플러스라는 것은 필요자금을 확보해 기존사업의 개혁이나 신규사업을 전개하는 승부형 기업
구조 조정형	−	+	−	영업흐름은 마이너스라는 것은 사업이 어려운 기업이고, 투자흐름은 플러스, 재무흐름이 마이너스이기 때문에 설비 등 자산을 매각하는 것으로 차입금 등 상환을 하고 있는 구조조정인 한창인 기업
대폭 재검토형	−	−	−	영업흐름은 마이너스이고 재무흐름이 마이너스라는 것은 회사의 상황이 어려운 상태에서 투자흐름은 마이너스 이기 때문에 사업 자체를 재검토하여 다음을 위한 투자를 하고 있는 대폭재검토형 기업
구제형	−	+	+	영업흐름은 마이너스이므로 이익을 창출하지 못해 상당히 어려운 상태의 기업으로 투자흐름은 플러스이고 재무흐름이 플러스라는 것은 필요자금을 확보하지 못하면 망할 수 있는 구제형 기업

공통형 재무제표 (종합적인 경영평가)

공통형 재무제표(종합적인 경영평가)

지금까지 재무제표를 보고 그 정보를 해석하기 위하여 회계의 기본개념과 재무제표가 가지는 의미와 이들 재무제표 간의 연계관계에 대하여 논하였다. 그러나 실제로 금융감독원의 전자공사시스템에서 관심기업의 재무제표를 검색하여 다운받아 보면, 기업의 재무제표가 수많은 회계자료로 구성되어 복잡하기 때문에 재무제표를 해석하는 한계가 존재한다. 따라서 재무제표를 해석하기 위해서는 재가공할 필요가 있다. 재가공하는 방법으로는 두 가지로 나누어 볼 수 있다. 첫째, 재무제표를 단순화하여 재작성하는 방법, 즉 공동형 재무제표 및 추세형 재무제표를 작성하여 기업의 종합적인 재무상태 및 기업성과를 해석하는 방법이 있다. 둘째, 재무제표의 계정들 간의 관계비율을 산출하는 방법, 즉 재무비율분석을 통하여 기업의 안정성, 수익성 등을 통하여 기업의 세부적인 재무상태 및 재무성과를 해석하는 방법이 있다. 본장에서는 추세형 재무제표와 추세형 재무제표 및 지수법에 대하여 다루고자 한다.

제1절 공통형 재무제표

1. 공통형 재무제표의 의의

공통형 재무제표(Common-Size Financial Statements)는 기업규모가 다른 기업들의 재무상태나 경영성과를 쉽게 비교 분석할 수 있도록 재무제표의 모든 항목을 특정 기준 금액에 대한 백분율로 표시한 형태의 재무제표이다.

가. 공통형 재무제표의 장점

첫째, 규모가 다른 기업 간 비교가 용이하다. 총자산이나 매출액 규모가 크게 다른 기업들도 각 계정이 전체에서 차지하는 상대적인 비중으로 표시되기 때문에, 기업의 절대적인 규모에 관계없이 재무구조나 손익구조를 효과적으로 비교분석할 수 있다. 이는 산업 내 경쟁기업과의 비교나 벤치마킹에 매우 유용하다.

둘째, 산업 평균 또는 동종 산업 기업과의 비교분석할 수 있다. 기업의 재무구조가 산업 평균과 비교했을 때 어떠한 특성을 가지는지 파악하는 데 용이하다. 예를 들어, 특정 비용의 비중이 산업 평균보다 높다면 해당 부분에 대한 추가적인 분석이 필요하다는 단서를 획득할 수 있다.

셋째, 기업 내부의 재무구조 분석이 용이하다. 한 기업 내에서 자산의 구성, 즉 자원의 활용과 자본조달 구조 및 비용구조 등 각 항목이 전체에서 차지하는 상대적인 중요도를 파악할 수 있어 이를 통해 기업의 강점과 약점을 진단할 수 있다.

넷째, 재무구조 변화 추이분석이 용이하다. 특정 기업의 재무구조가 시간 경과에 따라 어떻게 변하는지(예: 차입금 의존도 증가, 매출원가율 변화 등)를 분석하는 데 유용하다. 이는 지수형 재무제표의 추세 분석과는 달리, 구조의 변화 추이를 보여주는 데 초점을 두고 있다.

나. 공통형 재무제표의 단점

첫째, 절대적인 금액에 대한 정보가 상실될 수 있다. 모든 항목이 백분율로 표시되기 때문에, 각 계정 과목의 절대적인 금액 규모를 즉시 알 수 없다. 예를 들어, 두 기업 모두 매출액 대비 연구개발비 비중이 5%라고 해도, 한 기업은 매출액이 1조원이고 다른 기업은 1천만원일 수 있다. 이러한 절대적인 규모의 차이는 백분율만으로는 파악하기 어렵다.

둘째, 총계 금액의 영향이 크게 나타난다. 기준이 되는 총자산이나 총매출액이 비정상적일 경우 그 백분율 또한 왜곡될 수 있다. 이는 특히 비정기적인 대규모 거래나 회계처리 방식에 따라 발생할 수 있다.

셋째, 과거 자료가 없는 신설 기업 분석에 어려움이 존재한다. 장기적인 추세 분석을 위해서는 과거 여러 연도의 공통형 재무제표가 필요하다. 따라서 신설 기업의 경우 비교할 만한 과거 데이터가 없으므로 공통형 재무제표만으로는 심도 있는 분석이 어려울 수 있다.

넷째, 기업의 수익성 및 효율성 측정에 정보부족으로 한계가 있다. 공통형 재무제표는 재무 구조와 비용 구성의 비중을 보여주지만, 기업의 수익성이나 자산 효율성을 직접적으로 측정하는 데는 한계가 있다. 이러한 분석을 위해서는 별도의 재무비율 분석이 동반되어야 한다.

다. 공통형 재무제표 작성법

공통형 재무상태는 총자산을 100%로 놓고, 각 자산, 부채, 자본 항목을 총자산에 대한 백분율로 표시하여 작성한다. 따라서 공통형 재무상태표는 재무상태표의 각 계정과목들을 총자산 금액으로 나누어 비율로 표시하면 된다. 예를 들어, 현금 및 현금성 자산, 유동자산의 비중, 유형자산의 비중 및 차입금 등의 비중 등을 알 수 있다.

공통형 손익계산서는 매출액을 100%로 놓고, 각 매출원가, 판매비와 관리비, 영업이익, 당기순이익 등을 매출액에 대한 백분율로 표시하여 작성한다. 따라서 공통형 손익계산서는 손익계산서의 각 항목들을 매출액으로 나누어 비율로 표시하면 된다. 이를 통해 매출액 대비 각 비용의 비중과 이익률 등을 파악할 수 있다.

공통형 재무제표 작성법

구분	작성법
공통형 재무상태표	총자산을 100%로 놓고 각각 자산, 부채, 자본 항목의 구성비를 백분율로 작성한다.
공통형 손익계산서	총매출액을 100%로 놓고 각각 수익과 비용의 각 구성비를 백분율로 작성한다.

2. 사례기업 선정1)

본서의 사례기업으로 우리나라의 대표적인 반도체, 전자제품, 디스플레이와 통신장비 등을 설계, 생산 및 판매하는 삼성전자(주)를 선정하였다. 삼성전자(주)는 1969년 1월 13일에 삼성전자공업주식회사로 설립되었으며, 1975년 6월 11일 기업공개를 하였다. 그리고 1984년 2월 28일 정기주주총회 결의에 의거하여 상호를 삼성전자공업주식회사에서 삼성전자주식회사로 변경하였다.

삼성전자(주)는 2021년 12월 조직개편을 통해 CE부문과 IM부문을 DX부문으로 통합하고, 추가로 삼성 갤럭시 시리즈를 DX부문으로 추가하여 현재는 제품의 특성에 따라 DX(Device eXperience), DS(Device Solutions) 2개의 부문과 패널 사업을 영위하는 SDC(삼성디스플레이㈜ 및 그 종속기업), 전장부품사업 등을 영위하는 Harman (Harman International Industries, Inc. 및 그 종속기업)으로 나누어 경영을 하고 있다.

가. DX(Device eXperience) 부문

DX 부문은 TV, 모니터, 냉장고, 세탁기, 에어컨 및 스마트폰, 태블릿, 웨어러블(Wearable) 제품, 네트워크시스템 등을 생산 · 판매하는 사업으로 구성되어 있다.

TV사업은 2006년부터 2024년까지 19년 연속 판매 1위를 지키고 있으며, 업체 간 경쟁이 심화되는 가운데, 삼성전자는 초대형 TV를 선두로 하여, 주력제품에 AI신기술을 대폭 적용하고 있으며, 가전 사업은 친환경 · 고효율 기술을 통해 제품의 기본

1) 삼성전자 2024년 사업보고서의 I-1. 회사의 개요 등을 참조하였다.

성능의 우위는 물론이고, 변화하는 라이프스타일에 대한 깊은 이해를 바탕으로 소비자의 삶을 편리하게 하는 제품과 서비스를 지속 출시하고 있다.

모바일사업은 2011년부터 2024년까지 14년 연속 글로벌 출하량 1위를 유지하고, '갤럭시(Galaxy)' 브랜드를 통해 프리미엄부터 보급형까지 다양하고 경쟁력 있는 스마트폰 라인업과 태블릿, 웨어러블, 디지털 월렛 등을 활용하여 시장 상황에 최적화된 제품 포트폴리오를 운영하고 있다.

나. DS(Device Solutions)

DS 부문은 DRAM, NAND Flash 등 제품을 생산 · 판매하는 메모리 반도체 사업과 모바일AP, 카메라 센서칩 등을 설계 · 판매하는 System LSI 사업, 반도체 제조 위탁 생산을 하는 Foundry 사업 등으로 구성되어 있다.

메모리 반도체 사업은 DRAM, NAND Flash 제품 등에 선단 공정 기술을 적용하고, 고부가 솔루션 중심의 사업 포트폴리오 운영을 통해 제품을 차별화하고 원가 경쟁력을 제고하는 등 질적 성장에 주력하여 전 세계 메모리 시장에서 선두 자리를 지속적으로 유지하고 있다.

System LSI 사업은 모바일용 반도체 사업에서 차량용 반도체 사업으로 확장을 추진 중이며, On－Device AI 적용, 고성능 IP 탑재 등 제품의 차별화를 통해 고객과 협력 강화 및 응용처를 다변화하여 시장 지배력을 확대하는 한편, 차세대 기술 개발도 지속 추진하고 있다.

Foundry 사업은 Advanced 공정에서 지속적인 기술 경쟁력 강화를 통해 중장기 수요확보에 집중하고 있으며, Mature 공정에서는 응용처를 확대하는 한편 원가경쟁력을 강화해 가고 있다.

다. SDC

SDC의 중소형 디스플레이 패널 사업은 차별화된 기술을 바탕으로 OLED 패널의 점유율을 확대하는 한편 폴더블 · IT(태블릿/노트북) · Auto 등 다양한 응용처의 제품 출시를 통해 시장 영역을 넓혀 나가고 있으며, 또한, 대형 디스플레이 패널 사업은 고화질, 초대형, 퀀텀닷(Quantum Dot) 등 프리미엄 제품 중심으로 사업을 특화하고, 기술 및 생산성 향상을 지속 추진하여 사업 경쟁력을 제고하고 있다.

라. Harman

Harman은 커넥티드카 제품 및 솔루션 등을 개발 및 공급하는 전장부품 사업과 일반 오디오 제품 및 프로페셔널 오디오 솔루션을 제공하는 라이프스타일 오디오 사업을 운영하고 있다. 또한 전장부품 시장의 선두업체로서 완성차 업체들에게 경쟁력 있는 제품을 공급하고 있을 뿐 아니라, 오디오 시장에서도 혁신 제품 판매를 통해 일반 소비자들과 음악 애호가들 사이에서 명성을 쌓아오고 있다.

마. 주요제품 매출

삼성전자(주)의 2024년 매출은 DX 부문이 174조 8,877억원(58.1%), DS 부문이 111조 660억원(36.9%)이며, SDC가 29조 1,578억원(9.7%), Harman은 14조 2,749억원(4.7%)으로 구성되어 있다.

삼성전자 주요제품 매출

(단위: 억원, %)

부문	주요제품	매출	비중(%)
DX 부문	TV, 모니터, 냉장고, 세탁기, 에어컨, 스마트폰, 네트워크시스템, PC 등	1,748,877	58.10
DS 부문	DRAM, NAND Flash, 모바일AP 등	1,110,660	36.90
SDC	스마트폰용 OLED패널 등	291,578	9.70
Harman	디지털 콕핏, 카오디오, 포터블 스피커 등	142,749	4.80
기타	부문간 내부거래 제거 등	(285,155)	(9.50)
합 계		3,008,709	100

3. 사례기업의 공통형 재무제표의 분석

공통형 재무제표의 분석은 실제 사업보고서의 토대로 설명하고자 한다. 사례기업의 대상인 삼성전자와 한국은행의 『기업경영분석』에서 분류하는 전자부품, 컴퓨터, 영상, 음향 및 통신장비에 업종에 속한 SK하이닉스의 2023년과 2024년 공통형 요약재무제표를 제시하였다. 각 기업의 공통형 재무상태표는 자산, 부채, 자본에 속한 각 계정과정을 자산총액으로 나누었으며, 공통형 손익계산서는 수익과 비용의 각 항목을 매출액으로 나누어 공통형 손익계산서를 작성하였다.

가. 공통형 재무상태표

기업의 규모 측면에서 삼성전자의 자산은 2023년 297조억, 2024년 325조억이나, SK하이닉스의 자산은 2023년 93조억, 2024년 112조원으로 삼성전자의 기업규모가 SK하이닉스의 약 3배 정도 큰 규모의 기업인 것으로 평가된다. 따라서 두 기업의 간의 비교는 금액에 의한 비교보다 자산규모를 통제한 상대적인 비율로 평가하여야 한다.

공통형 재무상태의 조달된 자본의 운영 측면을 보면 삼성전자와 SK하이닉스의 유동자산은 총자산 대비 2023년은 각각 23.1%와 19.1%이었으나, 2023년 대비 삼성전자는 2.2%포인트가 증가하여 2024년에는 25.3%였으나, SK하이닉스는 5.1%포인트가 증가하여 2024년에는 24.2%를 차지하고 있다.

세부적으로 살펴보면 삼상전자는 현금 및 현금성 자산이 2023년 2%에서 2024년 0.5%로 약 1.5%포인트가 감소하였으나, 매출채권은 전년 대비 1.2%포인트 증가하여 10.4%, 재고자산은 0.9%포인트가 감소하여 9% 수준으로 주요 유동자산은 1.2%포인트가 감소한 반면 기타유동자산에서 3.2%포인트 증가하였다. 이에 비하여 SK하이닉스는 현금 및 현금성 자산은 전년 대비 약 0.4%포인트가 감소하여 2.7%, 매출채권은 5%포인트가 증가하여 9.2%, 재고자산은 0.9%포인트가 감소하여 8.3% 수준으로 주요 유동자산은 3.7%포인트 및 기타 유동자산에서 1.3%포인트가 증가하였다. 따라서 영업활동과 관련된 매출채권과 재고자산이 삼성전자는 전년 대비 0.3%포인트가 증가한 반면 SK하이닉스는 4.1%포인트가 증가하여 SK하이닉스가 삼성전자보다 많은 운전자본의 조달이 요구된 것으로 평가된다.

공통형 재무상태표

계정과목	삼성전자				SK하이닉스			
	2023년		2024년		2023년		2024년	
	금액 (10억원)	백분율 (%)	금액 (10억원)	백분율 (%)	금액 (10억원)	백분율 (%)	금액 (10억원)	백분율 (%)
자산								
Ⅰ. 유동자산	68,548	23.1	82,320	25.3	17,751	19.1	27,210	24.2
현금 및 현금성자산	6,061	2.0	1,654	0.5	2,898	3.1	2,993	2.7
매출채권	27,363	9.2	33,840	10.4	3,899	4.2	10,343	9.2
재고자산	29,338	9.9	29,154	9.0	8,770	9.4	9,320	8.3
Ⅱ. 비유동자산	228,309	76.9	242,646	74.7	75,198	80.9	85,202	75.8
투자자산	59,247	20.0	59,604	18.3	16,460	17.7	18,756	16.7
유형자산	140,579	47.4	151,447	46.6	38,974	41.9	48,317	43.0
무형자산	10,440	3.5	10,497	3.2	2,929	3.2	3,173	2.8
자산총계	296,857	100	324,966	100	92,949	100.0	112,413	100
부채								
Ⅰ. 유동부채	41,775	14.1	80,158	24	16,198	17.4	21,578	19.2
매입채무	7,944	2.7	10,288	3.2	2,410	2.6	2,824	2.5
단기차입금	5,625	1.9	11,111	3.4	7,002	7.5	4,271	3.8
Ⅱ. 비유동부채	30,294	10.2	8,411	2.6	22,233	23.9	19,608	17.4
사채 및 차입금	22,921	7.7	810	0.2	18,423	19.8	17,060	15.2
부채총계	72,070	24.3	88,569	27.3	38,431	41.3	41,185	36.6
자본								
Ⅰ. 자본금	898	0.3	898	0.3	3,658	3.9	3,658	3.3
Ⅱ. 주식발행초과금	4,404	1.5	4,404	1.4	4,390	4.7	4,466	4.0
Ⅲ. 이익잉여금	219,963	74.1	233,734	71.9	48,735	52.4	65,289	58.1
Ⅳ. 기타자본항목	(477)	(0.2)	(2,639)	(0.8)	(2,264)	(2.4)	(2,185)	(1.9)
자본총계	224,788	75.7	236,397	72.7	54,518	58.7	71,227	63.4
부채와자본총계	296,857	100	324,966	100.0	92,949	100	112,413	100

삼성전자와 SK하이닉스의 비유동자산은 총자산 대비 2023년은 각 76.9%와 80.9%이었으나, 2023년 대비 삼성전자는 2.2%포인트가 감소하여 2024년에는 74.7%였으나, SK하이닉스는 5.1%포인트가 감소하여 2024년에는 75.8%를 차지하고 있다.

세부적으로 살펴보면 삼상전자는 2023년 대비 영업활동을 위하여 보유하는 유형자산은 0.8%포인트, 무형자산은 0.3%포인트가 감소하여 총 1.1%포인트가 감소하고, 투자 및 계열사 지배목적으로 보유하는 투자자산은 1.7%포인트가 감소한 반면 SK하이닉스는 유형자산은 1.1%포인트가 증가하고 무형자산은 0.4%포인트가 감소하여 총 0.7%포인트가 증가하였으며, 투자자산은 1%포인트가 감소하였다. 따라서 SK하이닉스가 영업지원을 위한 유형과 무형자산에 대한 삼성전자보다 증가였다고 평가할 수 있다.

공통형 재무상태의 자본의 조달 측면을 보면 먼저 운전자본의 조달목적을 가진 유동부채는 삼성전자는 2023년 대비 10.6%포인트 증가하여 2024년 24.7%였으나, SK하이닉스는 2023년 대비 1.8%포인트 증가하여 2024년 19.2%를 차지하였다. 이는 유동자산 비교분석에서와 마찬가지로 삼성전자가 영업활동에 필요한 운전자본을 SK하이닉스보다 많이 조달한 것으로 평가할 수 있다.

영업활동을 지원하는 설비자본의 조달은 비유동부채인 타인자본과 자본인 자기자본의 조달로 나누어 볼 수 있다. 타인자본인 비유동부채는 삼성전자는 2023년 대비 7.6%포인트 감소하여 2024년 2.6%였으나, SK하이닉스는 2023년 대비 6.5%포인트 감소하여 2024년 17.4%를 차지하였다. 자기자본인 자본에 있어서는 삼성전자는 2023년 대비 3%포인트 감소하여 2024년 72.7%였으나, SK하이닉스는 2023년 대비 4.7%포인트 증가하여 2024년 63.4%를 차지하였다. 삼성전자는 타인자본과 자기자본이 감소한 반면 SK하이닉스는 타인자본은 감소하고 자기자본은 증가하였다. 이는 SK하이닉스가 설비자본의 조달을 타인자본보다는 자기자본을 보다 많이 활용하고 있다고 평가할 수 있다.

나. 공통형 손익계산서

공통형 손익계산서를 통하여 두 기업의 부문별 경쟁력을 진단해 보면 첫째, 구매 및 생산부문의 경쟁력을 평가하는 매출액 대비 매출원가에서 2024년 삼성전자는

72.7%였으나, SK하이닉스는 50.5%로 삼성전자가 상당히 높아 SK하이닉스에 비하여 구매 및 생산부문에서 경쟁력이 열위에 있는 것으로 판단된다. 이러한 현상이 단지 2024년 1년만의 현상인가를 판단하기 위하여 2021년부터 진단해 보면 2023년을 제외하고는 SK하이닉스가 약 10%포인트 정도 낮아 이는 일시적인 현상이 아님을 알 수 있었다. 또한 구매부문과 생산부문의 경쟁력을 구분하여 평가가 가능하다. 이는 재무제표 주석의 비용의 성격별 분류를 활용하면 분석이 가능하다. 이에 대한 분석사례는 제11장에서 자세히 기술할 것이다.

둘째, 경영관리의 부문의 경쟁력을 평가하는 매출액 대비 판매비와 관리비에서 2024년 삼성전자는 21.3%였으나 SK하이닉스는 11.2%로 삼성전자가 약 10%포인트 정도 높아 SK하이닉스에 비하여 경영관리부문에서 경쟁력이 열위에 있는 것으로 판단된다. 지난 4년간도 매출액 대비 매출원가와 마찬가지로 동일한 현상을 나타내고 있다. 그러나 이는 다른 해석이 가능하다. 판매비와 관리비 중 연구개발비에 대한 지출을 미래를 위한 투자로 간주하여 평가할 필요도 있다. 이에 대한 분석사례는 제11장에서 자세히 기술할 것이다.

공통형 손익계산서

계정과목	삼성전자				SK하이닉스			
	2023년		2024년		2023년		2024년	
	금액 (10억원)	백분율 (%)	금액 (10억원)	백분율 (%)	금액 (10억원)	백분율 (%)	금액 (10억원)	백분율 (%)
Ⅰ. 매출액	170,374	100	209,052	100	27,640	100	55,736	100
Ⅱ. 매출원가	144,024	84.5	152,061	72.7	27,193	98.4	28,156	50.5
Ⅲ. 매출총이익	26,351	15.5	56,991	27.3	447	1.6	27,580	49.5
Ⅳ. 판매비와관리비	37,877	22.2	44,630	21.3	5,119	18.5	6,249	11.2
Ⅴ. 영업이익(손실)	(11,526)	(6.8)	12,361	5.9	(4,672)	(16.9)	21,331	38.3
Ⅵ. 금융수익(비용)	(210)	(0.1)	(422)	(0.2)	(2,944)	(10.7)	(237)	(0.4)
Ⅶ. 기타수익(비용)	29,268	17.2	9,811	4.7	37	0.1	177	0.3
Ⅷ. 경상이익	17,532	10.3	21,750	10.4	(7,579)	(27.4)	21,271	38.2
Ⅸ. 법인세비용(수익)	(7,866)	(4.6)	(1,833)	(0.9)	(2,743)	(9.9)	3,631	6.5
Ⅹ. 당기순이익	25,397	14.9	23,583	11.3	(4,836)	(17.5)	17,640	31.6

공통형 손익계산서 각 계정별 추이

계정과목	삼성전자				SK하이닉스			
	2021년	2022년	2023년	2024년	2021년	2022년	2023년	2024년
Ⅰ. 매출액	100	100	100	100	100	100	100	100
Ⅱ. 매출원가	68.0	72.0	84.5	72.7	57.0	63.6	98.4	50.5
Ⅲ. 매출총이익	32.0	28.0	15.5	27.3	43.0	36.4	1.6	49.5
Ⅳ. 판매비와 관리비	16.0	16.0	22.2	21.3	13.7	16.2	18.5	11.2
Ⅴ. 영업이익(손실)	16.0	12.0	(6.8)	5.9	29.3	20.2	(16.9)	38.3
Ⅶ. 금융수익(비용)	0.0	0.0	(0.1)	(0.2)	2.2	(0.7)	(10.7)	(0.4)
Ⅵ. 기타수익(비용)	3.3	2.0	17.2	4.7	0.1	(7.7)	0.1	0.3
Ⅷ. 경상이익	19.4	14.0	10.3	10.4	31.6	11.8	(27.4)	38.2
Ⅸ. 법인세비용(수익)	3.9	2.0	(4.6)	(0.9)	8.6	4.4	(9.9)	6.5
Ⅹ. 당기순이익	15.5	12.0	14.9	11.3	23.0	7.4	(17.5)	31.6

셋째, 자금관리의 경쟁력을 평가하는 매출액 대비 금융수익(비용)에서 2024년 삼성전자는 −0.2%였으나 SK하이닉스는 −0.4%로 삼성전자가 약 2%포인트 정도 높아 SK하이닉스에 비하여 자금관리에서 경쟁력이 우위에 있는 것으로 판단된다. 지난 4년간도 2021년을 제외하고는 매출액 대비 금융수익(비용)이 삼성전자가 높게 나타나 경쟁력이 우위를 유지하고 있는 것으로 평가된다.

넷째, 투자관리 경쟁력을 평가하는 매출액 대비 기타수익(비용)에서 2024년 삼성전자는 4.7%였으나 SK하이닉스는 0.3%로 삼성전자가 약 4%포인트 정도 높아 SK하이닉스에 비하여 투자관리에서 경쟁력이 우위에 있는 것으로 판단된다. 지난 4년간도 모두 삼성전자가 높게 나타나 경쟁력이 우위를 유지하고 있는 것으로 평가된다. 이는 삼성전자의 높은 배당수익에 기인한다고 판단된다.

다섯째, 세금관리 경쟁력을 평가하는 매출액 대비 법인세비용(수익)에서 2024년 삼성전자는 −0.9%였으나 SK하이닉스는 6.5%로 삼성전자가 약 6%포인트 정도 높아 SK하이닉스에 비하여 세금관리에서 경쟁력이 우위에 있는 것으로 판단된다. 지난 4년간도 모두 삼성전자가 높게 나타나 경쟁력이 우위를 유지하고 있는 것으로 평가된다.

마지막으로 두 기업의 수익성을 평가하는 매출액순이익률에서는 삼성전자는 2024년 11.3%였으나 SK하이닉스는 31.6% SK하이닉스가 수익성을 매우 높은 것으로 평가된다. 이는 영업활동의 핵심인 구매 및 생산부문에서 SK하이닉스가 경쟁력을 보유한 결과라고 평가된다.

제2절 지수형 재무제표

1. 지수형 재무제표의 의의

지수형 재무제표(Index-type Financial Statements)는 재무제표의 각 항목이 일정 기간에 걸쳐 어떤 변화 추이를 보이는지 파악하기 위해 작성하는 재무제표 분석 기법 중 하나이다. 지수형 재무제표는 기준연도를 정하여 기준연도의 금액을 100으로 놓고, 비교연도의 금액을 기준연도의 금액으로 나누어서 지수형태로 표시한 재무제표이다. 셋째, 자기자본이익률 등의 재무비율들이 어떠한 변화추세를 보이고 있는지를 파악하기 위해서 추세 분석을 한다. 따라서 기준연도 재무제표의 계정과목의 값은 모두 100이다. 만일 특정연도의 재무제표 항목이 기준연도의 항목보다 증가한 경우에는 지수가 100보다 크며 감소한 경우에는 100보다 낮다. 지수형 재무제표를 보면 특히 자산, 부채 및 자본의 규모나 수익과 비용 및 이익 등의 경영성과가 어떻게 변화하고 있는지를 평가할 수 있다. 이렇게 구한 지수형 재무제표는 개별 항목의 변화 추세를 용이하게 파악할 수 있으므로, 비율분석의 추세분석에서 나타나지 않은 유용한 정보를 제시한다. 재무비율의 추세분석과 마찬가지로 산업의 지수형 재무제표도 산업표준 재무제표를 이용하여 작성할 수 있으므로 개별 기업의 지수형 재무제표와 산업의 지수형 재무제표를 비교분석하면 유용하다.

가. 지수형 재무제표의 장점

첫째, 지수형 재무제표의 추세분석(trend Analysis)에 매우 효과적이다. 특정 기준 연도를 100으로 설정함으로써, 재무제표의 각 항목이 시간이 지남에 따라 어떻게 변화하고 성장 또는 감소하는지를 시계열적으로 명확하게 파악할 수 있으며, 절대적인 금액 변화보다는 상대적인 비율변화를 표시함으로써 기업의 성장동력이나 재무구조 변화의 방향성을 한눈에 평가하기가 용이하다.

둘째, 변화의 상대적 중요도를 파악할 수 있다. 단순히 금액이 커졌는지 작아졌는지를 넘어, 자산, 부채 및 자본 등의 각 계정이 전체 재무상태에서 어떤 비율로 변했는지 또는 매출액, 영업이익, 당기순이익 등의 경영성과가 어떻게 변화하고 있는지, 즉 상대적인 중요도가 어떻게 변화했는지를 쉽게 인지할 수 있다. 예를 들어, 매출액은 크게 늘었는데 영업이익은 소폭 늘었다면, 매출원가나 판매비와 관리비가 크게 증가하였음 시사하여 해당 부분에 대한 점검의 필요성을 파악할 수 있다.

셋째, 지수형 재무제표는 일반인도 용이하게 이해할 수 있다. 원래의 재무제표는 절대적인 금액이 커서 한눈에 변화 추이를 파악하기 어려울 수 있으나, 지수형 재무제표는 모든 항목을 100을 기준으로 하는 상대적인 숫자로 나타내므로, 복잡한 재무데이터를 더 간결하게 만들고 일반인도 쉽게 이해할 수 있도록 도와준다.

넷째, 장기적인 추세를 효과적으로 파악할 수 있다. 동일 기업 내에서 과거 여러 회계연도 간의 재무 상태 변화를 비교하는 데 최적화되어 있으며, 매출액 대비 매출총이익, 영업이익, 경상이익 및 당기순이익 등 수익성 지표의 장기적인 추세를 효과적으로 파악할 수 있다.

나. 지수형 재무제표의 단점

첫째, 기준연도 선정의 모호함을 들 수 있다. 지수형 재무제표는 특정 기준 연도를 100으로 삼기 때문에, 이 기준연도의 선정에 따라 분석 결과가 크게 달라질 수 있다. 만약 기준연도의 실적이나 재무 상태가 비정상적으로 좋거나 나빴다면, 이후의 지수 변화가 실제 기업의 정상적인 추세를 왜곡하여 보여줄 수 있다.

둘째, 절대적인 금액 규모 파악의 어려움을 가지고 있다. 지수형 재무제표는 변화의 추세와 상대적인 크기를 파악하는 데는 매우 효과적이지만, 이 지표만으로는 각 계정 항목의 실제 절대적인 금액이 얼마인지를 파악하기 어렵다. 예를 들어, 어떤 비용항목의 지수가 크게 증가했더라도, 원래 그 비용이 차지하는 비중이 매우 작았다면 전체 재무 상태에 미치는 영향은 미미할 수 있다. 이를 파악하기 위해서는 원본 재무제표를 다시 확인해야 하는 번거로움이 존재한다.

셋째, 기업 간 직접 비교의 어려움이 있다. 지수형 재무제표는 주로 한 기업의 시간적 변화추세를 분석하는 데 유용하지만, 여러 기업을 비교할 때는 각 기업이 서로 다른 기준연도를 사용하거나, 사업 모델이나 규모가 상이하여 지수만으로는 직접적인 비교가 어렵다. 기업 간의 비교 분석에는 공통형 재무제표가 더 적합하다.

넷째, 변화의 원인에 대한 설명이 부족하다. 지수형 재무제표는 각 계정이 어떻게 변했는지는 잘 보여주지만, 왜 그런 변화가 발생했는지에 대한 직접적인 원인까지는 설명해주지 않아, 변화의 배경이나 경영 전략, 외부 환경 요인 등 정성적인 분석은 별도로 이루어져야 한다.

2. 사례기업의 지수형 재무제표의 분석

사례기업인 삼성전자의 재무상태와 경영성과의 추이를 분석하기 위하여 2021년 기준연도를 정하고 기준연도의 금액을 100으로 놓고, 비교연도의 금액을 기준연도의 금액으로 나누어서 지수형 재무제표를 작성하였다.

가. 지수형 재무상태표

삼성전자의 지수형 재무상태표에서 기준연도에 비하여 자산은 지속적인 증가하는 추세이고, 부채는 2022년도는 12.5%포인트 감소한 후 2023년부터 2024년까지 급격히 증가하는 추세를 보이고 있다. 또한 자본은 자산과 마찬가지로 기준연도에 비해 지속적인 증가하는 추세를 보이고 있다.

세부적으로 살펴보면 유동자산은 기준연도에 비하여 2022년부터 2023년까지 지속적으로 감소하다가 2024년을 전년 대비 18.7%포인트 증가하였다. 유동자산 중 현금 및 현금성 자산과 재고자산은 기준연도에 비하여 지속적으로 증가하고 있으나, 매출채권은 기준연도에 비하여 2022년 급격히 감소한 후 2023년 역시 감소하였으나 2024년은 약간 증가하였다.

지수형 재무상태표

	2021년	2022년	2023년	2024년
자산				
Ⅰ. 유동자산	100.0%	80.3%	93.2%	111.9%
현금 및 현금성 자산	100.0%	100.1%	154.7%	42.2%
매출채권	100.0%	62.0%	82.7%	102.3%
재고자산	100.0%	175.2%	183.7%	182.5%
Ⅱ. 비유동자산	100.0%	113.2%	128.6%	136.7%
투자자산	100.0%	101.5%	102.3%	103.0%
유형자산	100.0%	118.9%	135.6%	146.1%
무형자산	100.0%	98.9%	120.6%	121.2%
자산총계	100.0%	103.6%	118.2%	129.4%
부채				
Ⅰ. 유동부채	100.0%	86.8%	78.7%	151.0%
매입채무	100.0%	75.5%	68.7%	89.0%
단기차입금	100.0%	25.9%	61.1%	120.7%
Ⅱ. 비유동부채	100.0%	94.4%	624.5%	173.4%
사채 및 차입금	100.0%	147.5%	4,972.4%	175.8%
부채총계	100.0%	87.5%	124.4%	152.9%
자본				
Ⅰ. 자본금	100.0%	100.0%	100.0%	100.0%
Ⅱ. 주식발행초과금	100.0%	100.0%	100.0%	100.0%
Ⅲ. 이익잉여금	100.0%	108.3%	116.5%	123.8%
Ⅳ. 기타자본항목	100.0%	31.0%	54.1%	299.2%
자본총계	100.0%	108.4%	116.4%	122.4%
부채와자본총계	100.0%	103.6%	118.2%	129.4%

비유동자산은 기준연도에 비하여 지속적으로 증가하고 있다. 투자자산은 기준연도에 비하여 점진적으로 증가하고 있으나, 유형자산은 급격히 증가하여 2024년은 기준연도에 비하여 46.1%포인트가 증가하였다. 무형자산은 2022년도는 약간 감소한 후 2023년부터 2024년까지 다시 지속적으로 증가하였다.

유동부채는 기준연도에 비하여 2022년부터 2023년까지 꾸준히 감소하다가 2024년 급격히 증가하였다. 매입채무는 기준연도에 비하여 2022년부터 2023년까지 지속적으로 감소하다가 2024년에는 약간 회복하였으나 기준연도에는 미치지 못하고 있다. 단기차입금은 기준연도에 비하여 2022년 급격히 감소한 후, 2023년은 약간 회복하였으나 기준연도에는 미치지 못하였다. 그러나 2024년 급격히 증가하여 기준연도에 비하여 20.7%포인트가 증가하였다.

비유동부채는 기준연도에 비하여 2022년에 약간 감소하고 2023년은 급격히 증가하였다. 그리고 2024년은 2023년에 보다는 급격히 감속하여 기준연도에 비하여 73.4%포인트가 증가하였다. 이는 사채 및 차입금의 변화에 기인한 것이다.

자본은 기준연도에 비하여 지속적으로 증가하는 추세를 유지하고 있다. 이는 이익잉여금이 기준연도에 비하여 지속적으로 증가하고 있는 데 기인하고 있다.

나. 지수형 손익계산서

삼성전자의 지수형 손익계산서에서 매출액은 2022년은 약간 증가하였으나 2023년은 다소 감소하였지만 2024년은 다소 회복하여 4.7%포인트 증가하였다. 그러나 당기순이익은 기준연도에 비하여 지속적으로 감소하여 2024년은 23.9%포인트가 감소한 76.1% 수준이다.

매출액은 지속적으로 증가하였으나 당기순이익 지속적으로 감소한 원인은 살펴보면 다음과 같다. 첫째, 금융수익이 금융비용으로 전환되고 또한 금융비용의 급격한 증가를 들 수 있다. 즉, 금융수익이 기준연도에 비하여 2022년 급격히 감소하고 2023년에는 금융비용으로 전환되었으며 2024년에는 금융비용이 급격히 증가하였다. 둘째, 판매비와 관리비의 급격한 증가와 매출원가는 점진적으로 증가하고 있다. 셋째, 기타수익은 기준연도에 비하여 2022년만 감소하고 2023년에는 급격히 증가하였으며 2024년에는 상당히 증가하여 당기순이익에 긍적적인 영향을 주었다.

지수형 손익계산서

	2021년	2022년	2023년	2024년
Ⅰ. 매출액	100.0%	106.1%	85.3%	104.7%
Ⅱ. 매출원가	100.0%	112.3%	106.0%	112.0%
Ⅲ. 매출총이익	100.0%	92.7%	41.2%	89.2%
Ⅳ. 판매비와관리비	100.0%	106.4%	118.6%	139.8%
Ⅴ. 영업이익(손실)	100.0%	79.1%	(36.0%)	38.6%
Ⅶ. 금융수익(비용)	100.0%	94.2%	(213.4%)	(429.4%)
Ⅵ. 기타수익(비용)	100.0%	64.7%	442.6%	148.4%
Ⅷ. 경상이익	100.0%	76.7%	45.3%	56.2%
Ⅸ. 법인세비용(수익)	100.0%	55.3%	(101.7%)	(23.7%)
Ⅹ. 당기순이익	100.0%	82.1%	82.0%	76.1%

제3절 종합지수법

1. 종합지수법의 의의

종합지수법(index method)은 기업의 재무상태와 경영성과를 평가하기 위해 여러 재무비율을 분석하여 종합적인 점수나 지수를 산출하는 방법이다. 이는 여러 개의 재무비율을 동시에 분석하여 기업의 전반적인 상황을 파악하고, 특정 목적에 따라 중요하다고 판단되는 비율에 가중치를 부여하여 평가하는 방법이다.

위에서 설명한 공통형 재무제표를 통하여 기업의 자원의 활용과 자본조달 구조 및 수익과 비용구조를 파악할 수 있고, 지수형 재무제표를 통하여 재무제표의 각 항목이 일정기간의 변화추이 분석을 분석하는 등 기업의 재무상태나 경영성과에 대하여 개관적인 면을 제시하고 있기 때문에 종합적인 평가를 할 수 없다.

기업의 재무건전성이나 경영성과를 단일점수로 측정하여 평가하는 종합적으로 평가하는 사례는 많다. 일례로 금융기관이 대출 여부를 결정하기 위하여 대출을 신청한 기업을 심사할 때 적용하는 신용평점제도 등이 있다. 이는 대출을 신청한 기업의 신용도를 평가하기 위하여 기업의 개별 재무비율에 가중치를 부여하여 단일점수를 산출하는 기법이다.

그 밖의 예로는 정부지원 선정을 위한 대학평가도 있다. 이는 대학의 교육, 연구, 산학협력 등 다양한 분야를 평가하여, 우수 대학에는 재정 지원을 확대하고, 미흡한 부분에 대해서는 개선을 유도하는 것을 목표로, 각 대학의 역량과 성과를 평가하여 정부의 재정지원 사업 참여 자격을 결정하는 방법이다. 또한 정부투자기관에 대한 성과보상을 위하여 실시되고 있는 정부투자기관 경영평가 등이 있다.

2. 종합지수법의 평가체계

여러 개의 재무비율을 활용하여 기업의 재무건전성과 경영성과를 종합적으로 평가할 수 있는 분석기법으로 1991년 월(A. Wall)에 의해서 제안되었다. 월에 의해서 제시된 종합지수법은 주요 재무비율로만 한정되어 있지만, 일반화된 평가체계는 다음과 같다.

첫째, 주요지표를 선정한다. 특정기관이나 기업을 평가하기 위하여 그 목적에 따라 중요한 지표들 선정한다. 예를 들어, 신용 평가나 부실 예측 등에는 특정 비율들이 중요하게 사용될 수 있습니다.

둘째, 가중치 부여한다. 선정된 주요 지표들의 중요도에 따라 가중치를 부여한다. 가중치는 경험적, 주관적인 판단에 의해 결정될 수 있다. 또한 기업을 평가하기 위해서는 동일 업종의 다수 기업의 비율을 표준 비율로 설정하여 비교하기도 한다.

셋째, 개별항목별 점수분포를 추정한다. 항목별 점수를 추정하기 위해서 두 가지 방법이 활용될 수 있다. 첫 번째 방법은 과거의 통계자료로부터 해당지표의 분포를 추출하여 구간별로 점수를 차등화하는 방법이다. 이때 구간은 보통 다섯 구간으로 구분한다. 두 번째 방법으로는 실제치와 표준치의 비율인 관계비율을 구하는 방법이다.

넷째, 항목별 점수 및 종합지수를 산정한다. 개별항목별 점수분포에서 확인된 해당등급이나 계산된 관계비율에 가중치를 곱하여 항목별로 점수를 산정한다. 그리고 항목별 점수를 합산하여 종합지수를 산출한다.

마지막으로 평가 및 활용이다. 산출된 종합지수를 통해 평가목적에 따라 종합적으로 평가하고 그 목적 등에 활용한다. 예를 들면 정부지원 선정을 위한 대학평가에서는 평가결과를 활용하여 정부지원금 배정에 활용하고, 기업의 투자 및 대출결정 등에 활용할 수 있다.

3. 월(A. Wall)과 트랜트(J. B. Trant)의 지수법

주요한 종합지수법으로는 월(A. Wall)과 트랜트(J. B. Trant)의 지수법이 있다. 두 지수법 모두 3가지 정태비율과 4가지 동태비율을 사용하고 있는데, 월의 지수법은 재무안정성에 초점을 맞추어 정태비율인 유동비율, 부채비율, 비유동비율에 65%의 높은 가중치를 부여하고 있다. 이에 트랜트의 지수법은 월 지수법과 자기자본회전율 대신에 매입채무회전율을 포함하고 있으며, 또한 영업활동 초점을 맞추어 기업의 자원을 얼마나 잘 운용하고 있는지를 평가하는 동태비율인 매출채권회전율, 재고자산회전율, 매입채무회전율 및 비유동회전율에 보다 가중치(65%)를 부여하고 있다.

월지수법과 트랜트지수법의 주요비율과 가중치

	가중치(A)	
	Wall	Trant
유동비율	25%	15%
부채비율	25%	10%
비유동비율	15%	10%
매출채권회전율	10%	10%
재고자산회전율	10%	20%
비유동자산회전율	10%	20%
자기자본회전율	5%	–
매입채무회전율	–	15%
합계	100%	100%

월지수법과 트랜트지수법은 각 재무비율별 점수분포 추정은 관계비율을 구하여 점수화하는 방법을 채택하고 있다. 즉, 분석기업의 각 재무비율의 실제비율을 동 산업의 표준비율로 나누어 관계비율을 산정하다. 관계비율이 1 이상일 경우 표준비율보다 양호하고, 반대로 1 이하인 경우는 불량을 의미한다. 단, 부채비율과 비유동비율이 낮으면 낮을수록 양호하기 때문에 관계비율 산정시 반대로 산업의 표준비율을 신제비율로 나누어 산정한다.

항목별 점수는 각 지수법의 가중치와 관계비율을 곱하여 산정하고, 종합지수는 각 재무비율의 점수를 합산하여 산정한다. 종합평가는 종합지수가 100 이상이면 양호하고 100 이하이면 불량으로 평가한다.

4. 월지수법과 트랜트지수법에 의한 사례기업 평가

월지수법과 트랜트지수법을 이용하여 2024년 삼성전자와 SK하이닉스의 재무상태와 경영성과를 종합적으로 평가하기 위하여 지수에 이용되는 각 사의 재무비율을 산출하고, 표준비율은 한국은행 『기업경영분석』에서 삼성전자가 속한 전자부품, 컴퓨터, 영상, 음향 및 통신장비에 속한 대기업 집단의 산업평균비율로 산정하였다.

삼성전자의 재무비율과 산업평균비율을 이용하여 관계비율을 산정한 결과, 삼성전자는 부채비율, 비유동비율, 재고자산회전율 및 매입채무회전율이 산업평균비율보다 높았다. 그러나 부채상환능력을 평가하는 유동비율이 산업평균비율보다 상당히 낮은 것으로 나타났다. 관계비율에 각 재무비율의 가중치를 곱하여 산정한 값을 모두 합산한 삼성전자의 월지수와 트랜트지수는 각각 99점과 110점으로 나타났다. 이는 삼성전자가 월지수가 100점 이하인 99점으로 재무안정성에서는 약간 평균 이하인 것으로 평가될 수 있으며, 트랜트지수가 100점 이상으로 영업활동에서는 양호한 것으로 평가할 수 있다.

SK하이닉스의 재무비율과 산업평균비율을 이용하여 관계비율을 산정한 결과, SK하이닉스는 매출채권회전율과 매입채무회전율을 제외한 대부분의 비율에서 산업평균비율보다 낮게 나타났다. 관계비율에 각 재무비율의 가중치를 곱하여 산정한 값을 모두 합산한 SK하이닉스의 월지수와 트랜트지수는 각각 88점과 100점으로 나타났다.

이는 SK하이닉스가 월 지수에서는 100점 이하이고 트랜트지수에서는 100 이상이므로 상이므로 재무안정성에 초점을 맞추고 있는 월 지수에 의하면 SK하이닉스는 불량이라고, 영업활동 초점을 맞추고 있는 트랜트지수에 의하며 SK하이닉스는 양호하다고 평가할 수 있다.

월지수법과 트랜트지수법에 의한 사례기업 평가

	가중치(A)		비율		관계비율	평점(E=A×D)	
	Wall	Trant	실제(B)	표준(C)	(D=B/C)	Wall	Trant
삼성전자							
유동비율	25	15	102.70	133.52	0.77	19	12
부채비율	25	10	37.47	47.34	1.26	32	13
비유동비율	15	10	102.64	105.02	1.02	15	10
매출채권회전율	10	10	6.83	6.79	1.01	10	10
재고자산회전율	10	20	7.15	7.99	0.89	9	18
비유동자산회전율	10	20	0.89	0.93	0.95	10	19
자기자본회전율	5		0.91	0.98	0.93	5	
매입채무회전율		15	22.93	11.88	1.93		29
	100	100				99	110
SK하이닉스							
유동비율	25	15	126.10	133.52	0.94	24	14
부채비율	25	10	57.82	47.34	0.82	20	8
비유동비율	15	10	119.62	105.02	0.88	13	9
매출채권회전율	10	10	7.83	6.79	1.15	12	12
재고자산회전율	10	20	6.16	7.99	0.77	8	15
비유동자산회전율	10	20	0.69	0.93	0.75	7	15
자기자본회전율	5		0.89	0.98	0.90	5	
매입채무회전율		15	21.30	11.88	1.79		27
	100	100				88	100

5. 지수법의 유용성과 한계점

지수법은 여러 재무비율을 종합하여 기업의 재무상태나 경영성과를 종합적으로 평가하는 방법으로, 다음과 같은 유용성을 가지고 있다.

첫째, 종합적인 평가가 가능하다. 지수법은 중요한 재무비율들을 동시에 고려할 수 있어, 기업의 재무상태와 경영성과를 포괄적으로 평가할 수 있다. 이는 기업의 특정 측면만이 아닌, 전반적인 건전성과 효율성을 파악하는 데 도움을 준다.

둘째, 평가가 간편하고 실무 활용성이 높다. 지수를 작성하고 해석하는 것이 비교적 용이하다. 단일지표로 압축되기 때문에 기업의 성과를 직관적으로 이해하고, 여러 기업을 비교하거나 한 기업의 시계열 변화를 파악하는 데 용이하여 실무에서 유용하게 활용될 수 있다.

셋째, 단일지표로 제공한다. 즉, 다양한 정보를 하나의 단일지표로 응축하여 제공함으로써, 복잡한 재무 데이터 속에서 핵심적인 판단 근거를 얻을 수 있게 해준다.

그러나 지수법은 다음과 같은 한계점을 지니고 있다. 첫째, 주관성이 개입될 가능성 높다. 재무비율의 선정과 각 비율에 대한 가중치 부여에 있어 체계적인 이론이나 실증적인 근거가 부족하여, 분석자의 주관이 개입될 여지가 있어, 객관성을 해칠 수 있는 요인이 된다.

둘째, 표준비율을 명확한 기준이 없다. 관계비율 산정할 때 표준비율의 명확한 기준이 존재하지 않는다는 점이다. 일반적으로 산업평균비율을 이용하지만 경쟁기업이나 초우량기업의 재무비율이 더 적절한 평가기준이 될 수 있다.

셋째, 재무비율 상호의존성을 무시하고 있다. 실제 기업의 각 재무비율은 독립적으로 존재하지 않고 서로 밀접하게 연결되어 있다. 예를 들어, 재고자산회전율이 높아지면 이는 매출 증가와 효율적인 재고 관리를 의미할 수 있고, 이는 다시 기업의 수익성에도 긍정적인 영향을 미칠 수 있다. 반대로, 유동성 강화를 위해 현금 비중을 높이면 투자 기회를 놓쳐 수익성이 낮아질 수도 있다. 이처럼 한 비율의 변화가 다른 비율에 연쇄적으로 영향을 미치는 경우가 많다.

CHAPTER 10

재무비율분석 (재무정보의 활용)

재무비율분석(재무정보의 활용)

전장에서 재무제표를 단순화하여 재작성하는 방법, 즉 공동형 재무제표 및 추세형 재무제표를 작성하여 기업의 종합적인 재무상태 및 기업성과를 해석하는 방법에 대하여 논하였다. 본장에서는 재무제표의 계정들 간의 관계비율을 산출하는 방법, 즉 재무비율분석을 통하여 기업의 안정성, 수익성 등을 통하여 기업의 세부적인 재무상태 및 재무성과를 해석하는 방법에 대하여 다루고자 한다.

제1절 재무비율분석의 의의

기업의 재무상태와 경영성과를 평가하기 위하여 기업이 공시하는 재무제표, 즉 재무상태표, 손익계산서, 현금흐름표 등을 금융감독원의 전자공시시스템을 검색하여 다운받아 보면, 기업의 재무제표가 수많은 회계자료로 구성되어 복잡하기 때문에 재무제표를 해석하는 한계가 존재한다. 그래서 재무제표가 포함하고 있는 기업의 재무상태와 경영성과를 쉽게 평가할 수 있도록 하는 지표의 필요성이 대두되었으며, 이를 해결하기 위한 대안으로 재무비율이 제안되었다. 재무비율은 재무제표에 포함된 경제적 정보를 쉽게 파악할 수 있도록 하는 재무제표나 그 밖의 재무자료를 구성하는 수

많은 계정과목 중에서 특정한 두 항목을 대응시켜 산정된 비율이다. 이와 같이 계산한 재무비율을 산업평균비율 같은 표준비율과 비교하여 그 기업의 재무상태나 경영성과를 평가하는 데 활용하고 있다.

1. 재무비율분석의 유용성

재무비율분석은 실무에 있어서 기업의 재무상태와 경영성과를 분석하는 하나의 기법으로 널리 이용되고 있다. 분석목적에 따라 여타의 경영분석기법 등이 적용되고 있지만 여전히 재무비율분석이 주로 이용되는 이유는 다음과 같은 이유이다.

첫째, 재무비율분석은 간단하며 이해가 쉬워 경영학이나 회계학을 전공하지 않은 일반 대중도 쉽게 이용할 수 있다.

둘째, 경영 및 투자의사결정 등을 위하여 자료의 수집이 쉽다. 단순히 금융감독원의 전자공시시스템에 공시된 사업보고서를 다운받아 재무제표를 사용함으로써 많은 시간과 경비를 절약할 수 있다.

셋째, 재무비율분석은 기업의 재무안정성, 수익성, 효율성, 성장성 및 생산성 등에 관한 다양한 정보를 제공하고 있기 때문에 경영 및 투자의사결정 등에 도움을 주는 풍부한 정보를 제공하고 있다.

넷째, 재무비율분석은 경영분석의 기초단계에 재무상의 문제점을 쉽게 발견할 수 있으며, 그 문제점을 평가하는 데는 보다 고차적인 분석방법을 적용함으로써 시간적 및 경제적 이점을 누릴 수 있다.

2. 재무비율분석의 문제점

재무비율분석은 기업의 재무상태 및 경영성과를 평가하는 데 유용하지만, 다음과 같은 문제점들을 내포하고 있다. 이 방법을 지나치게 의존하다 보면 잘못된 의사결정을 내릴 수 있습니다.

첫째, 질적 요인을 무시할 수 있다. 재무비율은 오직 계량화된 재무 데이터만을 사용하기 때문에, 기업가치평가에 큰 영향을 미치는 질적 요인을 반영하지 못한다. 경영진의 능력, 기술력, 브랜드가치, 직원 만족도, 노사 관계와 같은 비재무적 요소들은 재무제표에 나타나지 않기 때문에 이를 기업가치평가에 반영할 수 없다.

둘째, 과거 데이터만을 의존하고 있다. 재무비율은 과거의 재무제표를 기반으로 산출되기 때문에 현재나 미래의 경제 상황, 시장 변화, 경쟁 환경을 고려하지 못한다. 특히 급변하는 산업 환경에서 기업의 미래를 예측하는 데 한계가 될 수 있다.

셋째, 회계처리 방식의 차이를 들 수 있다. 기업마다 감가상각 방법, 재고자산 평가 방법 등 회계처리 방식이 다를 수 있다. 이러한 차이로 인해, 두 기업의 재무비율을 단순히 비교하는 것은 부적절할 수 있으며, 정확한 비교를 위해서는 각 기업의 회계정책을 이해해야 한다.

넷째, 기초자료인 재무제표에 분식이 없다는 것이 전제되어야 한다. 재무제표가 고의적으로 조작된 분식회계에 의해 작성된 경우, 비율분석 결과 또한 왜곡될 수 있으며, 잘못된 기초자료를 바탕으로 한 분석은 전혀 의미가 없을 뿐만 아니라, 왜곡된 의사결정을 초래할 수 있다.

다섯째, 표준비율 설정의 어려움이 존재한다. 즉, 한 기업의 비율을 정확히 계산하여 이를 표준비율과 비교하여 분석한다고 하여도 이 표준비율이 그 기업의 특성에 맞는 최선의 비율이라고 말할 수 없다. 따라서 산업 내에서 기업과 경쟁하고 있는 국내 우량기업이나 세계에서 초우량기업의 재무비율을 표준으로 삼는 것도 하나의 대안이 될 수 있다.

제2절 재무비율의 분류

1. 분석자료의 원천에 따른 분류

재무비율을 분류하는 방법으로 가장 쉬운 방법으로는 재무비율의 계산에 이용되는 재무제표의 종류에 의하여 분류하는 방법이다. 재무비율분석에서 가장 많이 이용되는 재무제표의 항목은 재무상태표와 손익계산서이다. 재무비율을 구성하는 분자 및 분모항목이 이들 재무제표의 어느 항목에서 나왔느냐에 따라 다음과 같이 분류할 수 있다.

가. 재무상태표

재무상태표란 일정시점에서의 기업의 재무상태, 즉 자본의 조달 및 자원의 활용을 기록하고 있는 정태적 보고서이다. 재무상태표는 기업의 활동, 즉 기업의 경영을 위하여 필요한 자본을 조달하는 재무활동, 조달된 자본을 영업활동에 필요한 설비 및 운전자본에 투자하는 투자활동, 그리고 설비 등을 활용하여 기업의 수익을 창출하는 영업활동의 결과 등을 기록한 재무제표이다.

재무비율 분석에 있어서 재무상태표는 안정성 및 유동성, 즉 상환능력을 평가하는 데 활용된다. 이는 기업의 활동을 평가하는 지표로도 이용될 수 있다. 재무활동에 대한 평가를 자본조달의 안정성으로 점검하고, 투자활동에 대한 평가 역시 설비조달의 안정으로 점검할 수 있으며, 영업활동에 대한 평가는 유동성 즉 상환능력으로 평가할 수 있다. 이러한 지표는 재무상태표의 항목으로만 구성된 비율, 즉 안정성비율 및 성장성비율이 있다.

나. 손익계산서

손익계산서는 일정기간 동안 경영성과를 요약하여 보고하는 재무제표로 거래나 사건을 통해 발생한 수익, 비용, 이익, 손실을 나타내는 동태적 보고서이다. 손익계산서에서 이익은 수익에서 비용을 차감하여 산출되므로 당기의 경영활동에 대한 기업의 성과측정치이다. 기업이 얻은 모든 수익에서 기업이 지출한 모든 비용을 차감하여 순수하게 기업에 이익으로 남은 몫을 당기순이익이라 한다. 이는 기업의 전체에 대한 경영성과를 나타내고 있다.

재무비율 분석에 있어서 손익계산서는 기업 전체의 성과, 즉 기업의 경쟁력을 평가하는 지표로도 활용될 수 있다. 손익계산서는 또한 기업의 각 부문에 대한 성과, 경쟁력 지표로도 활용될 수 있다. 이러한 지표는 손익계산서의 항목으로만 구성된 비율, 즉 수익성비율, 성장성비율 및 생산성비율이 있다.

다. 재무제표의 혼합

재무비율분석에는 투자활동을 평가하는 지표로는 효율성 및 수익성을 이용할 수 있다. 이때 투자의 효율성을 평가하기 위하여 분자의 항목으로는 손익계산서의 매출액이 이용되고, 분모항목으로는 평가하고자 하는 목적에 따라 재무상태표의 자산항목이 이용된다. 이러한 지표는 재무상태표와 손익계산서의 혼합항목으로 구성된 비율, 활동성비율이 있다. 또한 투자의 수익을 평가하기 위하여 분자항목으로는 손익계산서의 이익항목이 이용되고, 분모항목으로는 평가하고자 하는 목적에 따라 재무상태표의 자산항목이 이용된다. 이러한 지표는 재무상태표와 손익계산서의 혼합항목으로 구성된 비율, 수익성비율이 있다.

2. 이해관계자의 이용목적에 따른 분류

재무비율을 분류하는 방법으로는 기업에 관련된 이해관계자들의 이용목적에 따라 분류하는 방법이다. 재무비율은 기업에 관련된 이해관계자들의 의사결정에 유용한 정보가 될 때 의의가 있다. 그러나 이해관계자들이 필요로 하는 정보는 다양하다. 예를 들어, 투자자는 투자수익률 증가와 투자금 회수에 관심이 있기 때문에 기업의 경영성과와 관련된 수익성 및 현금흐름에 관련된 재무정보를 필요로 하고, 채권자는 이자 수취와 채권의 회수에 관심이 있기 때문에 기업의 재무상태, 즉 단기상환능력 및 부채에 관련된 재무정보를 필요로 한다. 재무비율은 기업에 관련된 이해관계자들이 이용목적에 따라 약간의 차이가 있으나, 대부분의 학자들은 ① 안정성비율(유동성비율, 레버리지비율), ② 수익성비율, ③ 활동성비율(효율성비율), ④ 성장성비율, ⑤ 자본시장비율 등으로 분류하고 있다.

3. 한국은행의 분류

한국은행은 기업의 경영실태를 파악하여 정부의 산업정책, 중앙은행의 통화신용 정책과 금융기관의 여신관리 및 기업의 경영합리화 추진 등에 필요한 기초 통계자료의 제공을 목적으로 매년 약 961,336개(2024년 기준) 기업체로부터 입수한 재무재표를 집계하여 산업별 재무제표를 작성하여 이를 토대로 재무비율을 산정하여 「기업경영분석」을 발간하고 있다. 「기업경영분석」은 ① 성장성에 관한 지표, ② 손익의 관계지표, ③ 자산 · 자본의 관계비율, ④ 자산 · 자본의 회전율, ⑤ 생산성에 관한 지표 등으로 분류하고 있다.

4. 본서의 분류

본서는 이해관계자의 이용목적에 따른 분류방법에 한국은행의 분류 중 생산성관련 지표를 포함하여 분류기준을 택하고 있다. 본서에서는 이해관계자들의 이용목적에 따른 분류 기준은 학자에 따라 약간의 차이가 있으므로 그 중에서 대표적인 분류 방법이라고 생각되는 로스 · 웨스터필드 · 죠르단(S. A. Ross, R. W. Westerfield & B. D. Jordan)[1)]의 분류를 기본으로, 우리나라의 실무계에서 중시하는 비율을 추가하였다. 본서에서 택하고 있는 분류기준은 다음과 같다.

재무비율 분류

재무비율의 분류		정보내용	주요 재무비율
기업 안정성	유동성비율	재무상태 안정성, 단기채무의 상환능력	유동비율, 당좌비율
	레버리지비율	재무상태 안정성, 장 · 단기채무의 상환능력	부채비율, 비유동비율, 비유동장기적합률
기업	수익성비율	매출에 대한 이익	매출액이익률, 총자산이익률,

1) Stephen A. Ross, Randolph W. Westerfield, and B. D. Jordan, Corporation Finance, 8th ed.(MacGraw−Hill, 2009).

수익성		투자자본에 대한 수익률	자기자본이익률
	활동성(효율성)	자산의 이용효율성 현금화 기간	총자산회전율, 매출채권회전율(평균회수기간) 재고자산회전율(평균회수기간)
기업 안정성	성장성비율	기업의 규모와 수익의 성장 정도	총사산증가율, 매출액증가률, 자본증가율, 이익증가율
	생산성비율	기업의 활동성과 및 노동 · 자본 등 생산요소의 기여도	부가가치율, 총자본추자효율, 설비투자효율, 자본집약도
	보통주평가비율	자본시장에서 평가하는 상대적 가치	주가수익비율(PER), 주당순자산비율(PBR), q비율

제3절 표준비율

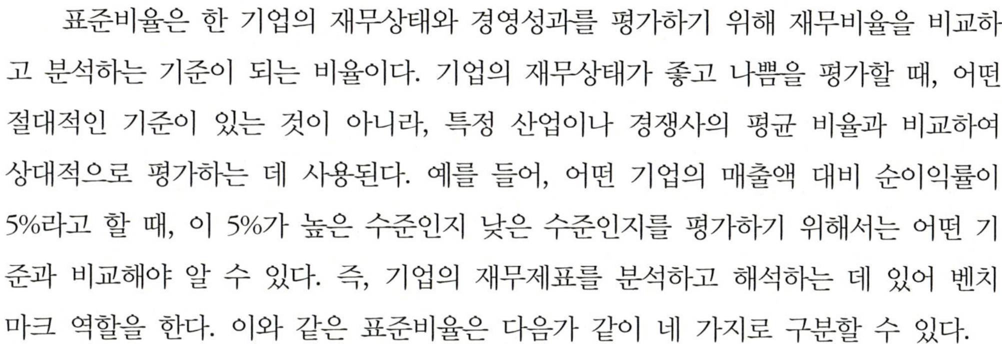

표준비율은 한 기업의 재무상태와 경영성과를 평가하기 위해 재무비율을 비교하고 분석하는 기준이 되는 비율이다. 기업의 재무상태가 좋고 나쁨을 평가할 때, 어떤 절대적인 기준이 있는 것이 아니라, 특정 산업이나 경쟁사의 평균 비율과 비교하여 상대적으로 평가하는 데 사용된다. 예를 들어, 어떤 기업의 매출액 대비 순이익률이 5%라고 할 때, 이 5%가 높은 수준인지 낮은 수준인지를 평가하기 위해서는 어떤 기준과 비교해야 알 수 있다. 즉, 기업의 재무제표를 분석하고 해석하는 데 있어 벤치마크 역할을 한다. 이와 같은 표준비율은 다음가 같이 네 가지로 구분할 수 있다.

1. 이상적인 표준

이상적인 표준비율은 기업이 속한 업종에 관계없이 어느 기업의 재무비율이 이 수준을 상회하여야 그 기업의 재무상태나 경영성과가 양호하다고 평가하는 절대적 기준으로 이는 미국의 실무계에서 경험적으로 설정한 비율이다. 예를 들어, 유동비율은 보통 200% 이상, 부채비율은 100% 이하를 이상적인 기준으로 보고 있다. 이는 기업이 달성해야 할 목표를 제시하고 있다는 장점을 가지나, 산업별 특성을 고려하지 않은 획일적인 기준이고, 현실적으로 모든 기업이 이상적인 비율을 달성하기는 어려운 단점이 있다.

2. 과거비율

과거비율은 평가대상이 되는 기업의 과거비율을 표준비율로 설정하는 방법이다. 이는 평가대상 기업의 지난해 비율을 이용하거나 과거 일정기간(예: 3년, 5년) 동안 달성했던 재무비율의 평균치를 이용할 수 있다. 기업 자체의 시간 흐름에 따른 변화를 파악하는 데 중점을 두고, 현재의 경영성과가 과거에 비해 개선되었는지, 악화되었는지, 아니면 안정적으로 유지되고 있는지를 평가할 수 있다. 또한 과거비율은 경영전략의 성공 여부를 평가하거나, 미래의 경영성과를 예측하는 데 활용될 수 있다. 기업 자체의 성장성이나 개선 정도를 파악하기에 효과적이나, 과거 데이터에 의존하므로, 현재와 같은 급변하는 산업환경이나 경영환경의 변화를 반영하지 못할 수 있다.

3. 산업평균비율

산업평균비율은 동종 산업 내 다수의 기업들이 가지고 있는 재무비율의 평균치를 사용하는 방법이다. 예를 들어, 전자제품 제조업체의 평균 부채비율, 평균 매출총이익률 등이 이에 해당한다. 이는 산업의 특성상 나타나는 재무적 패턴을 반영하므로, 개별 기업이 속한 산업 내에서의 상대적인 위치를 평가하는 데 가장 유용하게 사용될 수 있다. 기업이 산업 평균보다 높은 성과를 내고 있는지, 아니면 뒤처지고 있는지를 한눈에 파악할 수 있다. 대표적인 예로 한국은행이 발표하는 「기업경영분석」 자료에서 산업별 평균비율을 찾아볼 수 있다. 산업 전체의 동향을 파악할 수 있어, 개별 기업의 위치를 객관적으로 평가하기 용이하나, 산업 내에서도 기업규모나 사업모델에 따라 차이가 크기 때문에, 모든 기업에 획일적으로 적용하기는 어렵다.

산업평균비율을 이용할 다음과 같은 점을 유의하여야 한다. 첫째, 특정기업이 속하는 산업이라는 개념 자체가 때로는 모호할 수 있다. 4차산업혁명시대의 대부분의 기업들은 하나의 제품 혹은 하나의 산업제품을 생산하지 않기 때문에, 특정산업으로 분류하는 것이 현실적으로 불가능하다. 둘째, 산업 내에서도 기업의 규모, 비즈니스 모델, 사업구조, 제품라인업 등에 따라 재무적 특성이 크게 다를 수 있다. 단순히 평균 비율을 적용하면 개별 기업의 독특한 상황을 간과할 수 있다. 셋째, 기업마다 감가상각 방법, 재고자산 평가 방법 등 다양한 회계정책을 사용한다. 이러한 차이로 인해 재무비율이 다르게 계산될 수 있으므로, 단순 비교는 부정확한 결론을 도출할 수 있다. 넷째, 산업 평균 비율은 다양한 기관(한국은행, 신용평가사, 경제연구소 등)에서 제공되고 있다. 이들 기관마다 데이터를 수집하고 평균을 내는 방식이 다를 수 있으므로 사용하려는 산업 평균 비율 데이터가 어떤 표본 기업들을 대상으로, 어떤 기준과 시점에 산출되었는지 확인해야 한다.

4. 경쟁기업 및 초우량기업의 재무비율

경쟁기업의 재무비율은 현재 기업의 재무 상태와 경영 성과가 업계 내에서 어느 정도 위치에 있는지를 파악하는 데 매우 중요한 기준이 된다. 이를 통해 경쟁 우위나 열위 요소를 명확히 파악하고, 경영전략 수립에 필요한 실질적인 정보를 획득할 수 있다. 초우량기업의 재무비율은 단순한 수치를 넘어 기업의 탁월한 경영 능력과 안정성을 보여주는 지표라고 할 수 있다. 이들의 재무비율을 벤치마킹 대상으로 삼는 것은 기업 성장을 위한 효과적인 목표 설정방법 중 하나이기 때문에 이를 활용하는 것도 의미가 있다.

제4절 사례기업의 재무제표분석

본 절에서는 재무제표분석으로서 주요 재무비율의 계산방법과 의미를 해석하게 될 것이다. 그런데 기업의 재무정보를 활용하는 이해관계자의 입장에서 가장 중요한 것은 이해관자가 자신이 재무제표분석을 하고자 하는 목적을 명확히 인식하고 그 목적에 적합한 재무정보를 수집한 다음, 재무비율분석 통하여 자신의 의사결정에 합리적으로 활용하는 것이다. 각 재무비율이 내포하고 있는 정보의 의미를 이해하고 이를 의사결정에 활용하는 능력을 배양하는 것이 필요하다. 본 절의 접근방식은 이와 같은 능력을 배양하는 데 도움을 주는 접근이라고 생각한다.

1. 삼성전자의 재무제표

삼성전자는 한국표준산업분류(KSIC)기준을 따르는 한국은행의 「기업경영분석」 제조업 부문의 전자 · 영상 · 통신장비에 속한 대기업 집단이다. 이하에서는 삼성전자의 2022년부터 2024년까지의 재무자료를 금융감독원 전자공시시스템으로부터 다운받은 재무제표를 중심으로 재무상태와 경영성과를 평가하는 측면을 설명하기로 한다.

삼성전자 요약재무상태표(K-IFRS 별도)

(단위: 백만원)

	2022.12.31	2023.12.31	2024.12.31
자산			
Ⅰ. 유동자산	59,062,658	68,548,442	82,320,322
현금 및 현금성 자산	3,921,593	6,061,451	1,653,766
매출채권	20,503,223	27,363,016	33,840,357
재고자산	27,990,007	29,338,151	29,154,115
Ⅱ. 비유동자산	201,021,092	228,308,847	242,645,805
투자자산	58,761,857	59,246,942	59,603,542

유형자산	123,266,986	140,579,161	151,446,870
무형자산	8,561,424	10,440,211	10,496,956
자산총계	**260,083,750**	**296,857,289**	**324,966,127**
부채			
Ⅰ. 유동부채	46,086,047	41,775,101	80,157,976
매입채무	8,729,315	7,943,834	10,287,967
단기차입금	2,381,512	5,625,163	11,110,972
Ⅱ. 비유동부채	4,581,512	30,294,414	8,411,494
사채, 차입금	679,891	22,921,099	810,233
부채총계	**50,667,559**	**72,069,515**	**88,569,470**
자본			
Ⅰ. 자본금	897,514	897,514	897,514
Ⅱ. 주식발행초과금	4,403,893	4,403,893	4,403,893
Ⅲ. 이익잉여금	204,388,016	219,963,351	233,734,316
Ⅳ. 기타자본항목	(273,232)	(476,984)	(2,639,066)
자본총계	**209,416,191**	**224,787,774**	**236,396,657**
부채와 자본총계	**260,083,750**	**296,857,289**	**324,966,127**

삼성전자 요약손익계산서(K-IFRS 별도)

(단위: 백만원)

	2022년	2023년	2024년
Ⅰ. 매출액	211,867,483	170,374,090	209,052,241
Ⅱ. 매출원가	152,589,393	144,023,552	152,061,472
Ⅲ. 매출총이익	59,278,090	26,350,538	56,990,769
Ⅳ. 판매비와 관리비	33,958,761	37,876,835	44,629,735
Ⅴ. 영업이익(손실)	25,319,329	(11,526,297)	12,361,034
Ⅶ. 금융수익(비용)	92,557	(209,795)	(422,099)
Ⅵ. 기타수익(비용)	4,280,034	29,267,592	9,810,643
Ⅷ. 법인세비용차감전 순이익	29,691,920	17,531,500	21,749,578
Ⅸ. 법인세비용(수익)	4,273,142	(7,865,599)	(1,832,987)
Ⅹ. 당기순이익	25,418,778	25,397,099	23,582,565

삼성전자 요약현금흐름표(K-IFRS 별도)

(단위: 백만원)

	2022년	2023년	2024년
Ⅰ. 영업활동현금흐름	44,788,749	34,455,084	52,491,497
영업에서 창출된 현금흐름	49,589,897	8,088,628	44,315,608
이자의 수취	339,560	332,111	277,362
이자의 지급	(287,488)	(798,649)	(674,010)
배당금 수입	3,551,435	29,497,803	9,635,502
법인세 납부액	(8,404,655)	(2,664,809)	(1,062,965)
Ⅱ. 투자활동현금흐름	(28,123,886)	(47,571,537)	(50,377,644)
투자활동 현금유입액	15,473,174	336,490	467,190
투자활동 현금유출액	(43,597,060)	(47,908,027)	(50,844,835)
Ⅲ. 재무활동현금흐름	(16,665,064)	15,268,902	(6,520,814)
재무활동 현금유입액	0	25,264,337	5,316,919
재무활동 현금유출액	(16,665,064)	(9,995,435)	(11,837,733)
Ⅳ. 외화환산으로 인한 현금의 변동	2,922	(12,591)	(724)
Ⅴ. 현금 및 현금성 자산의 증가(감소)	2,721	2,139,858	(4,407,685)
Ⅶ. 기초현금 및 현금성 자산	3,918,872	3,921,593	6,061,451
Ⅵ. 기말현금 및 현금성 자산	3,921,593	6,061,451	1,653,766

2. 안정성 비율

기업의 급변하는 환경변화에 대응하여 경영활동, 즉 영업활동, 투자활동 및 재무활동을 하는데 그 활동의 결과는 재무상태표에 나타난다. 재무상태표는 다음의 표에서 보는 바와 같이 기업의 이해관계자에게 기업의 안정성을 평가하는 자료를 제공한다. 따라서 기업의 재무의 안정성은 재무상태표를 활용하는 재무비율분석을 통해서 평가할 수 있다.

기업활동에 대한 재무상태표 및 재무제표분석의 구조

기업활동	현금의 유입	현금의 유출	재무상태표 항목	재무제표분석
영업활동	매출채권 회수	재고자산 취득 및 매입채무상환	유동자산	유동성비율
투자활동	기존설비 매각	신규투자	비유동자산	레버리지비율
재무활동	자본의 증자 및 부채차입	자본의 감자 및 부채상환	자본과 부채	레버리지비율

이하에서는 재무태표를 활용을 통하여 기업의 안정성을 평가하는 재무비율인 유동성비율과 레버리지비율에 대하여 논하고자 한다.

가. 유동성비율

유동성(liquidity)이란 기업이 보유하고 있는 자산이 단기간에 확실한 가격으로 현금화될 수 있는 가능성을 의미한다. 기업이 보유하고 있는 자산 중에서 유동자산이란 1년 이내에 현금화가 가능한 자산을 말하는데, 현금 및 현금성 자산, 단기금융상품, 매출채권, 재고자산 순으로 현금화 가능성이 높다.

유동성비율은 단기채무를 상환할 수 있는 기업의 능력을 나타내는 것으로서 단기지급능력 비율이라고도 한다. 따라서 유동성비율에 대해서는 기업에 운전자금을 대출한 금융기관이나 신용으로 상품을 공급한 상품공급자와 같은 단기신용의 제공자가 큰 관심을 갖게 된다.

기업의 단기채무지급 능력 평가하는 데 있어 유동성비율과 함께 다음과 같은 재무정보도 점검하여야 한다.

첫째, 단기채무를 상환하는 데 일차적으로 사용되는 유동자산은 현금화되는 속도와 그 확실성 제각기 다르므로 이 점을 고려해야 한다. 유동자산 중에는 재고자산보다는 매출채권이 매출채권보다는 단기금융상품이 현금화 속도가 빠르고 확실성이 높다.

둘째, 유동자산의 현금화 속도는 영업활동의 영업순환과정, 즉 현금 → 재고자산(구매 및 생산활동) → 매출(판매활동) → 매출채권 → 매출채권회수 → 현금과정에서 결정된다. 따라서 각 단계에 묶여있는 기간을 파악하는 것이 필요하다. 이에 대한 자세한 활동성분석, 즉 재고자산회수기간, 매출채권회수기간 및 매입채무상환기간에서 설명하고자 한다. 이러한 점에서 유동성분석과 활동성분석의 회수기간분석을 상호보완적인 분석이다.

셋째, 유동성이 높다고 하여 반드시 지급능력이 높은 것은 아니므로 지급능력을 직접적으로 평가할 수 있는 현금흐름분석 방법도 보완적으로 점검할 필요가 있다. 단기채무를 변제하는 데 사용되는 것은 현금 그 자체이지 유동자산이 아니므로 유동성이 풍부하더라도 지급불능인 상태에 놓일 수 있고, 반대로 유동성이 낮더라도 부채차입능력이 뛰어나면 위기를 모면할 수도 있다. 따라서 단기채무 지급능력을 평가하기 위해서는 부채의 차입능력도 함께 점검하여야 한다.

(1) 유동비율

유동비율은 재무상태표 상의 유동자산을 유동부채로 나눈 것으로 단기채무를 상환할 수 있는 유동자산이 유동부채의 몇 배나 되는지를 평가하여 기업의 단기채무 지급능력을 평가하는 지표로 사용된다. 이상적인 표준에서는 200% 이상이면 기업의 유동성이 적정한 것으로 평가하고 있다.

$$\text{유동비율} = \frac{\text{유동자산}}{\text{유동부채}} \times 100 = \frac{82{,}302}{80{,}158} \times 100 = 102.7\%$$

SK하이닉스 = 126.1%, 산업평균 = 133.5%

2024년 삼성전자의 유동비율은 유동자산 82조 3,023억을 유동부채 80조 1,580억으로 나눈 비율인 102.7%이다. 이 수치는 경쟁사인 SK하이닉스의 126.1%보다 낮은 수치를 보여주고 있으며, 또한 이 비율은 한국은행「기업경영분석」전자부품, 컴퓨터 및 통신장비에 속한 대기업 집단의 산업평균비율인 132.5%보다 낮은 수치를 보여주고 있다. 이는 경쟁사와 동일산업의 다른 대기업들보다 삼성전자가 단기채무 지급능력이 떨어진다는 것을 의미한다.

그러나 2023년과 비교하면 경쟁사인 SK하이닉스 및 산업평균비율보다 높은 수치를 보이고 있었다. 이는 위에서 언급한 바와 같이 현금흐름표를 분석하면 2024년에 이와 같이 유동비율인 낮아진 이유는 2023년에 비하여 영업활동에서 현금유입이 증가하였고, 재무활동에서 2023년에는 약 22조원의 장기차입을 하였으나, 2024년에는 차입이 이루어지지 않아 현금유입에서 2024년 현금유출로 전환에 따른 현금감소에 기인한 것을 평가된다.

유동비율에 대한 평가는 분석자의 입장에 따라 다르게 내릴 수 있다. 즉, 유동비율이 높다는 것은 채권자의 입장에서는 단기채무의 상환능력이 높은 것으로 평가할 수 있지만, 경영자의 입장에서는 유동자산에 과다하게 투자함으로써, 기업이 다른 투자기회를 상실하여 수익성을 저하시키는 요인이 된다고 평가할 수 있다.

(2) 당좌비율

당좌비율은 유동자산 중에서 현금화되는 속도가 늦고, 현금화되는 과정에서 확실성이 떨어지는 재고자산을 차감한 당좌자산을 유동부채로 나눈 비율이다. 당좌자산과 유동부채를 대응시킨 것이 당좌비율인데, 이는 유동비율보다 엄격히 기업의 단기채무 지급능력을 평가하는 비율이라고 평가할 수 있다. 예를 들어 기업A는 유동비율이 210%, 당좌비율이 80%이고, 기업B는 유동비율이 150%, 당좌비율이 110%라고 가정하면, A기업의 경우 유동자산은 유동부채의 2.1배 수준이나 재고자산은 1.3배 수준이라는 의미이고, B기업의 경우는 유동자산은 유동부채의 1.5배 수준이나 재고자산은 40% 수준이라는 의미이다. 이러한 경우 A기업은 유동자산 중 현금화 속도에서 가장 늦고 처분이라는 과정을 거쳐야 하는 재고자산을 많이 보유하고 있기 때문에 즉시 현금화될 수 있는 당좌자산을 많이 부유한 B기업이 단기채무 상환능력이 높다고 평가할 수 있다. 당좌비율은 산성비율(acid−test ratio) 또는 당좌비율(quick ratio)이라고도 한다. 이상적인 표준에서는 당좌비율이 100% 이상이면 기업의 유동성이 양호한 것으로 평가하고 있다.

$$\text{당좌비율} = \frac{\text{당좌자산}}{\text{유동부채}} \times 100 = \frac{53{,}166}{80{,}158} \times 100 = 66.33\%$$

SK하이닉스=82.9%, 산업평균=96.2%

2024년 삼성전자의 당좌비율은 유동자산 53조 1,662억을 유동부채 80조 1,580억으로 나눈 비율인 66.33%이다. 이 수치는 경쟁사인 SK하이닉스의 89.9%보다 낮은 수치를 보여주고 있으며, 또한 이 비율은 한국은행 「기업경영분석」 전자부품, 컴퓨터 및 통신장비에 속한 대기업 집단의 산업평균비율인 96.2%보다 낮은 수치를 보여주고 있다. 이는 유동비율의 영향에 의한 것이다. 그러나 삼성전자는 유동부채 대비 재고자산이 36.4%, SK하이닉스는 43.2%이고 산업평균은 47.8%로 삼성전자가 재고자산의 비중인 낮아 당좌비율의 차이가 축소되었다. 당좌비율 역시 유동비율에 대한 해석과 마찬가지로 여러 가지 요소와 함께 고려되어야 한다.

나. 레버리지비율

레버리지(leverage)비율은 장기지급 능력을 평가하는 비율로 기업의 소유자로부터 조달한 자본에 대하여 채권자로부터 조달한 자본이 얼마나 되는지, 즉 기업의 타인자본의존도를 평가하는 지표이다.

일반적으로 레버리지는 기업이 자본을 조달할 때 부채의 이용 정도를 의미한다. 재무구조상 부채의 의존도는 기업의 경영자와 채권자에게 다른 정보를 제공한다. 경영자에게는 기업을 운영하는 데 필요한 자금 중 어느 정도를 타인자본에 의존할 것인가를 결정하는 것이 매우 중요한 의사결정인데, 이와 같은 의사결정에 레버리지비율이 활용된다. 또한 채권자 등에게는 부채의존도와 같은 레버리지비율이 채권회수 및 이자수령에 대한 위험도 측정과 신용평가 등에 활용된다.

레버리지비율은 타인자본의 의존도와 이자의 지급능력을 판단하는 비율이다. 경기호불황에 따른 손익확대효과(leverage effect)를 가져온다. 호황으로 기업이 수익이 증가하면 재무레버리지(financial leverage), 즉 타인자본 비중에 따른 이자비용은 일정한 고정비로 기업의 이익은 더 크게 증가하고, 수익 감소시 재무레버리지(financial leverage), 즉 타인자본 의존에 따른 이자비용 등의 고정비 부담으로 인해 기업의 이익이 감소하거나 손실이 발생하여 지급능력이 악화되고 지급불능의 위험이 높아지게 된다. 따라서 레버리지비율은 기업의 재무구조를 나타내는 비율이고 수익의 변동에 대해 채권보유자가 부담하는 위험이 어느 정도 보호되는가를 평가하는 것으로 재무위험을 평가하는 가장 중요한 요소가 된다. 레버리지비율은 크게 부채비율, 자기자본비율, 유동비율, 비유동장기적합률 및 이자보상비율로 구분할 수 있다.

(1) 부채비율

부채비율은 재무활동의 일환으로 조달한 자본 중 부채, 즉 타인자본이 어느 정도 차지하고 있는가를 나타내는 비율로, 기업의 재무구조, 특히 타인자본 의존도를 나타내는 기업의 자본조달의 안정성을 평가하는 지표이다. 부채비율은 타인자본을 자기자본으로 나눈 뒤 100을 곱해 산출한다. 이는 상환해야 할 타인자본에 대해 자기자본이 어느 정도 준비돼 있는가를 나타내는 것으로 기업의 재무건전성을 평가하는 데 주로 활용되고 있다.

부채비율은 앞서 설명한 것처럼 채권자들의 위험부담 정도와 레버리지효과 정도를 평가하는 기초정보로 중요한 의미를 가진다. 부채비율이 높을수록 기업의 재무건전성은 떨어지나, 레버리지효과는 커진다는 것을 의미한다. 부채비율을 이용하는 데 있어서 다음과 같은 측정상의 문제점을 고래하여야 한다.

첫째, 장부가치(book value)와 시장가치(market value)의 차이를 고려해야 한다. 부채비율은 재무상태표상의 부채총계와 자본총계를 이용하여 계산되는 데 역사적 원가주의에 의하여 재무상태표는 기업의 자산을 취득 당시의 장부가치로 기록한다. 그러나 시간이 지남에 따라 자산의 시장가치(예: 부동산, 투자자산)가 장부가치와 크게 달라질 수 있다는 점이다. 시장가치가 급등하면 실제 자기자본은 장부가치보다 훨씬 많아지지만, 부채비율은 여전히 장부가치 기준으로 높게 나타날 수 있고, 반대로, 자산의 가치가 하락하면 실제 부채비율은 장부가치 기준보다 더 나빠질 수 있다. 이처럼 현실적인 기업 가치를 반영하지 못하는 한계가 있다는 것이다. 이러한 문제를 줄이기 위해 부채는 장부가치로 자기자본은 시장가치로 측정하는 방법을 사용할 수 있다.

둘째, 부채의 질적 차이를 반영하지 못하고 있다. 부채비율은 모든 부채를 단순히 합산하여 계산하고 있다. 그러나 부채는 그 성격과 상환 압력에 따라 질적으로 큰 차이가 있다. 예를 들어, 차입금이나 사채와 같은 이자부 부채는 기업의 재무 부담을 가중시키지만, 선수금이나 선수수익과 같은 무이자부 부채는 이자 비용을 발생시키지 않으며 오히려 기업의 안정적인 영업활동을 보여주는 긍정적인 지표가 될 수 있다. 부채비율은 이러한 부채의 질적 차이를 구분하지 못하여, 실제 재무 위험도를 정확히 반영하지 못할 수도 있어, 이들을 제외하는 것이 타당할 수 있다. 그러나 대부분의 채권자들은 부수적으로 모든 부채를 포함하는 것을 관례로 하고 있다.

셋째, 부외거래(Off−Balance Sheet) 및 우발부채(Contingent Liabilities)을 포함하지 못하고 있다. 일부 기업은 회계상의 특정 목적(예: 부채비율 낮추기)을 위해 중요한 의무나 부채를 재무상태표상에 직접 반영하지 않는 부외거래(예: 운용리스)를 활용하기도 하고, 또한, 소송 계류 중이거나 지급 보증을 선 경우 등 미래에 현실화될 수 있는 잠재적 부채인 우발부채 역시 부채비율 계산에 즉시 반영되지 않고 있다. 이러한 부외거래나 우발부채는 기업의 실제 재무위험을 과소평가하게 만들 수 있다.

$$\text{부채비율} = \frac{\text{타인자본}}{\text{자기자본}} \times 100 = \frac{88{,}570}{236{,}397} \times 100 = 37.5\%$$

SK하이닉스=57.8%, 산업평균=47.3%

2024년 삼성전자의 타인자본(부채총계)은 88조 5,695억을 자기자본(자본총계) 236조 3,967억으로 나눈 비율인 37.5%이다. 이 수치는 경쟁사인 SK하이닉스의 57.8%보다 양호한 수치를 보여주고 있으며, 또한 이 비율은 한국은행「기업경영분석」전자부품, 컴퓨터 및 통신장비에 속한 대기업 집단의 산업평균비율인 47.3%보다 양호한 수치를 보여주고 있다. 이는 경쟁사와 동일산업의 다른 대기업들보다 삼성전자가 재무건전성이 양호하나 레버리지효과가 작다는 것을 의미한다.

(2) 자기자본비율

자기자본비율은 기업이 보유한 총자산 중에서 자기자본이 차지하는 비중을 나타내는 지표로, 기업의 자본조달의 안정성을 평가하는 하나의 지표이다. 자기자본비율은 자기자본을 총자산으로 나눈 뒤 100을 곱해 산출한다. 이는 기업의 재무건전성을 평가하는 데 주로 활용되고 있다.

자기자본비율이 비율이 높을수록 기업의 재무 구조가 건전하고 안정적이라는 것을 의미한다. 외부 차입금(부채)에 대한 의존도가 낮고, 기업이 자체 자금으로 사업을 영위할 수 있는 능력이 강하다는 뜻으로, 금융비용 부담이 적고, 외부 경제 변동이나 영업 실적 악화에도 잘 견딜 수 있는 내성을 가지고 있다고 평가할 수 있다. 은행이나 투자자들로부터 더 긍정적인 평가를 받을 수 있다. 자기자본비율이 낮으면 기업의 자기자본 비중이 낮고, 부채에 대한 의존도가 높다는 것을 의미한다. 이는 재무 구조가 불안정하고, 금융비용 부담이 커질 수 있으며, 외부 충격에 취약할 수 있음을 시사한다.

자기자본비율과 부채비율은 서로 밀접하게 연관되어 있다. 자기자본비율이 높다는 것은 상대적으로 부채비율이 낮다는 것을 의미한다. 즉, 총자산을 100%로 보았을 때, 자기자본비율과 부채비율은 상호보완적인 관계에 있다.

자기자본비율은 높을수록 좋다고 여겨지지만, 산업 특성에 따라 적정 수준은 다를 수 있습니다. 예를 들어, 자본집약적인 제조업은 자기자본비율이 상대적으로 낮을 수 있고, IT서비스업 등은 자기자본비율이 높은 경우가 많다. 따라서 이 역시 동종 산업 내의 다른 기업들과 비교하거나, 시계열적으로 해당 기업의 추이를 분석하는 것이 중요하다.

$$\text{자기자본비율} = \frac{\text{자기자본}}{\text{총자산}} \times 100 = \frac{236{,}397}{324{,}966} \times 100 = 72.7\%$$

SK하이닉스 = 63.4%, 산업평균 = 67.9%

2024년 삼성전자의 자기자본(자본총계) 236조 3,967억을 총자산 324조 9,661억으로 나눈 비율인 72.7%이다. 이 수치는 경쟁사인 SK하이닉스의 63.4%보다 양호한 수치를 보여주고 있으며, 또한 이 비율은 한국은행 「기업경영분석」 전자부품, 컴퓨터 및 통신장비에 속한 대기업 집단의 산업평균비율인 67.9%보다 양호한 수치를 보여주고 있다. 이는 경쟁사와 동일산업의 다른 대기업들보다 삼성전자가 재무건전성이 양호하다고 평가할 수 있다.

(3) 비유동비율, 비유동장기적합률

투자활동의 일환으로 조달된 자본을 영업활동을 지원하는 목적으로 보유하는 설비, 즉 비유동자산 등의 구입에 사용되면 이 자금은 장기적으로 묶이게 된다. 따라서 설비자본의 조달의 안정성을 위해서는 비유동자산 등은 장기적인 자본으로 조달하는 것이 바람직하다. 이와 같이 조달된 장기자본이 비유동자산에 어떻게 투자되고 있는지를 판단하는 비율로서 비유동비율과 비유동장기적합률이 있다.

비유동비율은 장기적으로 고착되는 비유동자산을 장기적인 자본 중 상환의무가 없는 자기자본으로 나눈 뒤 100을 곱해 산출한다. 이는 장기적으로 고착되는 비유동자산을 가급적 장기적인 자본이고 상환의무가 없는 자기자본으로 충당하는 것이 기업의 설비조달의 안정성을 위해 바람직하므로 이 비율이 낮을수록 기업의 재무안정성이 양호하다고 평가한다.

$$\text{비유동비율} = \frac{\text{비유동자산}}{\text{자기자본}} \times 100 = \frac{242{,}646}{236{,}397} \times 100 = 102.6\%$$

SK하이닉스 = 119.6%, 산업평균 = 105.0%

2024년 삼성전자의 비유동자산 242조 6,458억을 자기자본(자본총계) 236조 3,967억으로 나눈 비율인 102.6%이다. 이 수치는 경쟁사인 SK하이닉스의 119.6%보다 양호한 수치를 보여주고 있으며, 또한 이 비율은 한국은행 「기업경영분석」 전자부품, 컴퓨터 및 통신장비에 속한 대기업 집단의 산업평균비율인 105.0%보다 양호한 수치를 보여주고 있다. 이는 경쟁사와 동일산업의 다른 대기업들보다 삼성전자가 설비조달의 안정성이 양호하다고 평가할 수 있다.

비유동비율은 장기적으로 고착되는 비유동자산을 장기적인 자본, 즉 자기자본과 타인자본 중 만기가 1년 이상인 비유동부채의 합으로 나눈 뒤 100을 곱해 산출한다. 이는 장기적으로 고착되는 비유동자산을 가급적 장기적인 자본인 자기자본과 비유동부채로 충당하는 것이 기업의 설비조달의 안정성을 위해 바람직하므로 이 비율이 낮을수록 기업의 재무안정성이 양호하다고 평가한다.

$$\text{비유동장기적합률} = \frac{\text{비유동자산}}{\text{비유동부채} + \text{자기자본}} \times 100 = \frac{242{,}646}{8{,}412 + 236{,}397} \times 100 = 99.1\%$$

SK하이닉스 = 93.8%, 산업평균 = 90.8%

2024년 삼성전자의 비유동자산 242조 6,458억을 비유동부채 8조 4,115억과 자기자본(자본총계) 236조 3,967억의 합으로 나눈 비율인 99.1%이다. 이 수치는 경쟁사인 SK하이닉스의 93.8%와 한국은행 「기업경영분석」 전자부품, 컴퓨터 및 통신장비에 속한 대기업 집단의 산업평균비율인 90.8%보다 높은 수치를 보여주고 있다. 이와 같이 높은 수치를 나타나고 있지만 이 수치가 100% 이하이므로 설비조달의 안정성은 양호한 것으로 평가할 수 있다.

(4) 이자보상비율

이자보상비율은 기업이 영업활동을 통해 창출한 영업이익으로 금융비용, 즉 이자비용을 얼마나 감당할 수 있는지를 나타내는 지표이다. 기업의 채무상환 능력, 특히 이자지급 능력을 보여주기 때문에 수익성 대비 부채 부담을 평가하는 데 유용하게 활용된다.

영업이익은 매출액에서 매출원가와 판매비 및 일반관리비를 제외한 금액으로, 기업의 주된 영업활동으로 벌어들인 순수한 이익을 의미하며, 이자 비용은 타인자본, 즉 차입금이나 사채 등 기업이 차입한 자본에 대해 지급하는 이자 총액을 의미한다. 따라서 이자보상비율이 100%보다 크다는 것은 기업의 영업이익이 이자 비용을 충분히 감당하고도 남는다는 의미로, 이는 기업 재무상태가 안정적이며, 이자 지급에 문제가 없다고 평가될 수 있다. 이자보상비율이 높을수록 이자 지급 능력이 우수하다고 볼 수 있다. 이자보상비율이 100%에 가깝다는 것은 영업이익으로 이자 비용을 겨우 감당하는 수준임을 알 수 있다. 이는 재무적인 여유가 크지 않으며, 영업이익이 조금만 줄어도 이자 지급에 어려움을 겪을 수 있다는 것으로 평가할 수 있다. 이자보상비율이 100% 미만이라는 것은 가장 위험한 경우로 영업이익이 이자 비용조차 감당하지 못한다는 의미한다. 이는 기업이 본업으로 돈을 벌어서 차입금에 대한 이자도 내지 못하고 있다는 뜻이므로, 차입금을 상환하기는커녕 이자조차 제때 내기 어려운 상황에 처할 수 있으며, 이 상태가 장기화되면 자금난에 직면하거나 최종적으로 부도에 이를 위험이 매우 높다고 평가할 수 있다.

이해관계자들은 이자보상비율을 각자의 의사결정에 다음과 같이 활용하고 있다. 첫째, 채권자 및 금융기관은 대출을 심사하거나 기업의 신용도를 평가할 때 가장 중요하게 보는 지표 중 하나로, 이자보상비율이 낮으면 대출 상환 능력에 의문을 가질 수밖에 없다. 둘째, 투자자들은 기업의 영업활동으로 인한 현금 창출 능력과 재무적 안정성을 판단하는 데 중요한 근거가 활용한다. 투자자는 안정적인 기업에 투자하기를 원하므로 이자보상비율이 낮은 기업은 투자매력이 감소한다. 셋째, 기업의 경영진은 이자보상비율을 통해 자사의 재무상태를 파악하고, 과도한 차입을 줄이거나 수익성을 개선하는 등의 의사결정에 활용할 수 있다.

이자보상비율은 단기간의 급격한 영업이익 변동이나 일시적인 요인에 의해 영향을 받을 수 있으므로, 과거 여러 기간의 추이를 함께 살펴보거나, 해당 산업의 평균적인 이자보상비율과 비교하여 분석하는 것이 중요하다. 또한, 영업이익 대신 EBIT(이자 및 세금 차감 전 이익)이나 EBITDA(법인세, 이자, 감가상각비 차감 전 이익)를 사용하여 이자보상비율을 계산하기도 한다.

$$\text{이자보상비율} = \frac{\text{영업이익}}{\text{이자비용}} \times 100 = \frac{12{,}361}{8{,}140} \times 100 = 151.9\%$$

SSK하이닉스 = 419.5%, 산업평균 = 1,061.8%

2024년 삼성전자의 영업이익 12조 3,610억을 금융비용, 즉 이자비용 8조 1,3987억으로 나눈 비율인 151.9%이다. 이 수치는 경쟁사인 SK하이닉스의 419.5%보다 낮은 수치를 보여주고 있으며, 또한 이 비율은 한국은행 「기업경영분석」 전자부품, 컴퓨터 및 통신장비에 속한 대기업 집단의 산업평균비율인 1,061,8%보다 낮은 수치를 보여주고 있다. 삼성전자가 이자부담능력은 경쟁사와 동일산업의 다른 대기업들의 산업평균비율을 하회하고 있다. 이 비율이 이자보상비율이 100% 미만이라는 것은 가장 위험한 경우로 영업이익이 이자 비용조차 감당하지 못한다는 의미한다. 따라서 삼성전자의 151.9%는 기업의 이자를 감당할 수 있는 능력은 비로 경쟁사와 산업평균비율보다 낮지만 안정적인 편에 속한다고 평가할 수 있다.

다. 활동성비율

기업은 기업을 경영에 필요한 자본을 조달하는 재무활동을 수행하고, 재무활동을 통하여 조달된 자본을 영업활동을 위하여 운전자본과 설비자본에 투자하는 투자활동을 수행하게 된다. 이와 같이 투자활동에서 운전자본 및 설비자본, 즉 매출채권, 재고자산, 유형자산 등에 투자하게 된다. 이렇게 투자된 자산들은 영업활동, 즉 구매 · 생산 · 판매와 경영관리 활동을 통하여 수익인 매출액을 창출하게 된다. 기업에 따라서는 동일한 매출액을 창출하면서도 이에 필요한 매출채권, 재고자산, 유형자산 등에 과대하게 투자하는 기업이 있다. 이와 같이 설비나 운전자본에 대한 과대투자 여부 즉, 설비나 운전자본 투자의 효율성을 평가는 지표가 활동성 지표이다.

활동성비율(activity ratio)은 기업이 보유한 자산을 얼마나 효율적으로 사용하고 있는지를 측정하는 지표로, 주로 일정 기간의 매출액을 특정 자산으로 나누어 계산하며, 매출채권 회전율, 재고자산 회전율, 유형자산회전율 및 총자산 회전율 등으로 구분할 수 있다.

활동성비율은 기업의 재무정보를 이용하는 이해관계자에게 다음과 같은 유용한 정보를 제공한다.

첫째, 활동성비율은 운전자본의 활동성을 측정하는 정보를 제공한다. 현금이 영업순환주기. 즉 현금 → 재고자산매입 → 재고자산의 신용판매, 즉 신용매출 → 매출채권의 현금회수까지의 과정에서 어느 단계에 얼마나 현금이 잠겨있는 기간을 측정할 수 있는데 유용한 정보를 제공한다. 이는 운전자본이 현금화되는 회수기간 또는 현금화 속도를 제공한다.

둘째, 활동성비율은 투하한 자본의 효율성을 측정하는 정보를 제공한다. 회전율은 투자된 자본 한 단위당 연간 얼마만큼의 수익을 올렸는지를 측정하는 지표로 투자자본의 효율성을 뜻한다. 따라서 특정자산에 대한 투자의 과소 여부, 즉 자산투자의 적정성을 평가할 수 있는 정보를 제공한다.

셋째, 활동성비율은 추가 투자사업을 평가하기 위한 추정재무제표 작성시 투자사업의 유형자산 등의 투자소요액을 추정할 때 활용될 수 있다. 즉, 기업의 신규투자나 추가투자로 예상되는 매출액 증가를 뒷받침할 자산의 소요액을 추정하는 근거를 제공할 수 있다. 이는 회전율의 역산으로 산정할 수 있다. 즉, 추정 매출액을 특정 자산의 회전율로 나누면 그 특정자산에 대한 소요액을 추정할 수 있다.

넷째, 자산투자의 효율성은 자본이익률, 즉 자기자본영업이익률 및 총자산순이익률을 결정짓는 핵심요소의 하나로서 수익성과 연관관계에 대한 정보를 제공한다. 자본이익률은 마진과 회전율의 곱이 되기 때문이다.

$$\text{자본이익률} = \frac{\text{이익}}{\text{자본}} = \frac{\text{이익}}{\text{매출액}} \times \frac{\text{매출액}}{\text{자본}}$$

(1) 매출채권회전율과 평균회수기간

매출채권 회전율은 특정기간 동안 기업의 매출채권이 현금되는 속도 또는 매출채권에 대한 투자효율성을 측정하는 지표로, 매출액을 연평균 매출채권으로 나누어 산정한다. 회전율이 높을수록 매출채권이 더 빠르게 현금화되어 기업의 자금 유동성과 현금 흐름이 좋다는 것을 의미하며, 낮을 경우 현금 회수에 문제가 있거나 신용정책이 너무 느슨하다고 평가할 수 있다. 본 지표를 산정함에 있어서 매출액은 손익계산서 계정으로 이는 일정기간 동안 창출된 금액이나, 매출채권의 경우는 재무상태표 계정으로 일정시점의 금액이므로 이를 기간의 개념으로 전환하기 위하여 연평균 금액을 사용한다. 연평균을 사용하면 특정 시점의 일시적인 매출채권 금액에 영향을 받지 않고, 전체 기간에 걸쳐 매출채권이 얼마나 효율적으로 현금화되는지를 파악할 수 있기 때문이다.

$$\text{매출채권회전율} = \frac{\text{매출액}}{\text{연평균매출채권}} = \frac{209{,}052}{(27{,}363 + 33{,}840)/2} = 6.83\text{회}$$

SK하이닉스 = 7.83회, 산업평균 = 6.79회

2024년 삼성전자의 매출채권회전율은 6.83회로 경쟁사인 SK하이닉스의 7.83회보다 낮은 수치를 보여주고 있으나, 산업평균비율인 6.79회보다 높은 수치를 보여주고 있다. 이는 삼성전자의 매출채권 현금화 속도가 SK하이닉스에 비하여 상대적으로 느리게 관리하고 있다고 평가할 수 있다.

그런데 매출채권회전율은 다음과 같이 평균회수기간으로 표시하면 기업의 현금이 매출채권에 잠겨있는 정도를 명확히 평가할 수 있다. 평균회수기간은 매출채권회전율의 역수에 365일을 곱하여 산정한다. 매출채권평균회수기간은 매출채권이 발생된 후 현금으로 회수되기까지 소요되는 평균 일수를 산정하는 것이다.

$$\text{평균회수기간} = \frac{365}{\text{매출채권회전율}} = \frac{365}{6.83} = 53.4\text{일}$$

SK하이닉스 = 46.6일, 산업평균 = 53.8일

2024년 삼성전자의 매출채권평균회수기간은 53.4일로 약 2개월보다 적은 시간이 소요되고, 경쟁사인 SK하이닉스의 46.6일로 SK하이닉스 약 6일 정도 늦게 회수하고 있는 것으로 평가할 수 있으나, 산업평균보다는 거의 동등한 수준으로 회수하고 있는 것으로 평가할 수 있다.

매출채권의 효율적인 이용도에 대한 분석은 그 기업의 신용정책을 감안하여 평가해야 한다. 위 분석사례에서와 같이 삼성전자는 53일이고 SK하이닉스는 46일이라면 SK하이닉스가 매출채권관리에 있어서 양호함을 의미하나, 거래처, 즉 고객의 입장에서 보면 결제기간이 삼성전자가 SK하이닉스가보다 약 6일 정도 늦어 그 시간 정도 자금운영의 여유를 가질 수 있어 삼성전자를 높게 평가할 수 있다.

(2) 재고자산회전율과 평균보유기간

재고자산회전율은 일정기간 동안 재고가 얼마나 빠르게 판매되어, 즉 매출되어 현금으로 전환되는지를 나타내는 지표로, 매출액을 연평균재고자산으로 나누어 계산하며, 회전율이 높을수록 보유하는 재고자산의 보유기간이 짧은 결과로 재고관리가 효율적임을 의미한다. 또한 회전율이 지나치게 높게 되면 기업이 필요로 하는 적정재고를 보유하지 못하여 긴급수요에 대처하지 못하는 단점을 가지고 있다. 반대로 회전율이 낮으면 기업의 영업대상인 재고자산을 과대하게 보유하고 있어 기업의 자금이 재고자산에 잠겨있는 기간이 장기화되고 있음을 의미한다.

$$\text{재고자산회전율} = \frac{\text{매출액}}{\text{연평균재고자산}} = \frac{209{,}052}{(29{,}338 + 29{,}154)/2} = 7.15\text{회}$$

SK하이닉스 = 6.16회, 산업평균 = 7.99회

2024년 삼성전자의 재고자산회전율은 7.15회로 경쟁사인 SK하이닉스의 6.16회에 비하여 높은 수치를 보여 SK하이닉스보다는 재고자산 관리를 효율적으로 하고 있으나, 산업평균비율인 7.99회에 비하여 다소 낮은 수치를 보여주고 있어 삼성전자의 재고자산의 관리가 산업의 대기업집단보다는 다소 비효율적이라고 평가할 수 있다.

그런데 재고자산회전율은 다음과 같이 평균보유기간으로 표시하면 기업의 현금이 재고자산에 잠겨있는 정도를 명확히 평가할 수 있다. 평균보유기간은 재고자산회전율의 역수에 365일을 곱하여 산정한다. 재고자산평균보유기간은 재고자산이 판매되기까지 소요되는 평균 일수를 산정하는 것이다. 따라서 이 수치가 낮으면 낮을수록 기업의 매출이 순조롭게 이루어지고 있음을 평가할 수 있다.

$$\text{평균보유기간} = \frac{365}{\text{재고자산회전율}} = \frac{365}{7.15} = 51.0\text{일}$$

SK하이닉스＝59.2일, 산업평균＝45.7일

2024년 삼성전자의 재고자산평균보유기간은 51일이나, 경쟁사인 SK하이닉스의 59.2일 및 산업평균비율인 45.7일로 경쟁사인 SK하이닉스 약 8일 정도 보유기간이 짧고, 산업의 대기업 집단보다는 약 6일 정도 더 보유하고 있는 것으로 평가할 수 있다.

재고자산회전율을 산정할 때 고려해야 하는 것은 분자에 시장가치로 측정한 매출액을 사용하느냐 아니면 역사적 원가로 측정한 매출원가를 사용하느냐 하는 점이다. 분모의 재고자산은 역사적 원가로 측정된 것이기 때문에 논리적 일관성을 유지하기 위해서는 분자에 매출원가를 사용하는 것이 더 합리적이라고 할 수 있다. 그러나 활동성을 분석하는 데 있어서 재고자산의 효율성측정 및 평균보유기간 측정 등의 의미해석을 위해 매출액을 사용하는 경우가 많다.

또한 제조업의 경우 재고자산은 원재료, 재공품, 제품으로 구분할 수 있으므로 이들 각각에 대한 회전율이나 평균보유기간을 산정하여 특정 재고자산에 대한 관리의 효율성을 평가할 수도 있다.

(3) 매입채무회전율과 평균상환기간

매입채무회전율은 기업이 신용으로 재화를 구매하거나 서비스를 제공받은 채무를 얼마나 신속하게 상환하고 있는지를 나타내는 효율성 지표이다. 이 비율을 통해 기업의 구매전략, 자금관리 능력, 그리고 공급업체와의 관계를 평가할 수 있다.

매입채무회전율은 매출채권회전율과는 반대로, 이 회전율이 낮다는 것은 기업이 공급업체에게 지급할 대금을 더 오랜 기간 동안 보유하고 있다는 것을 의미한다. 따라서 그만큼 기업의 현금흐름에 긍정적인 영향을 미치며, 무이자 신용을 더 길게 사용하고 있다고 평가할 수 있다. 기업이 자금을 효율적으로 관리하고 있다는 신호일 수 있다. 반대로 매입채무회전율이 높다는 것은 기업이 공급업체에게 대금을 빨리 지급하고 있다는 의미이다. 이는 현금의 유출이 빠르다는 뜻이므로, 기업의 유동성에 부담을 줄 수 있다. 다만, 조기지급 할인을 받거나, 공급업체와의 강력한 관계 유지를 위해 빨리 지급할 수도 있다.

매입채무회전율이 너무 낮으면 공급업체와의 관계를 손상시키거나 신용도에 문제를 일으킬 수 있다. 따라서 적절한 수준에서 균형을 유지하는 것이 중요하다.

$$\text{매입채무회전율} = \frac{\text{매출액}}{\text{연평균매입채무}} = \frac{209{,}052}{(7{,}944+10{,}288)/2} = 22.9\text{회}$$

SK하이닉스 = 21.3회, 산업평균 = 11.9회

2024년 삼성전자의 매입채무회전율은 22.9회로 경쟁사인 SK하이닉스의 21.3회 및 산업평균이 11.9회에 비하여 높은 수치를 보여 SK하이닉스보다는 공급업체에 대금을 빨리 상환하고 있다고 평가할 수 있다.

그런데 매입채무회전율은 다음과 같이 평균상환기간으로 표시하면 기업이 신용으로 구매한 대금을 현금으로 상환하는 속도를 명확히 평가할 수 있다. 평균상환기간은 매입채무회전율의 역수에 365일을 곱하여 산정한다. 매입채무평균상환기간 신용으로 구매한 원재료 및 상품의 대금을 상환하기까지 소요되는 평균 일수를 산정하는 것이다. 따라서 이 수치가 높을 수로 기업이 현금지출을 늦추고 있다고 평가할 수 있다.

$$\text{평균상환기간} = \frac{365}{\text{매입채무회전율}} = \frac{365}{22.93} = 15.9\text{일}$$

SK하이닉스 = 17.1일, 산업평균 = 30.7일

2024년 삼성전자의 매입채무평균상환기간은 15.9일이나, 경쟁사인 SK하이닉스의 17.1일 및 산업평균비율인 30.7일로 경쟁사인 SK하이닉스 약 1일 정도 빨리 상환하고 있으며, 산업의 대기업 집단보다는 약 14일 정도 더 빨리 상환하고 있는 것으로 평가할 수 있다.

매입채무회전율을 산정할 때 고려해야 하는 것은 재고자산회전율과 마찬가지로 분자에 시장가치로 측정한 매출액을 사용하느냐 아니면 역사적 원가로 측정한 매출원가를 사용하느냐 하는 점이다. 분모의 매입채무는 역사적 원가로 측정된 것이기 때문에 논리적 일관성을 유지하기 위해서는 분자에 매출원가를 사용하는 것이 더 합리적이라고 할 수 있다. 그러나 활동성을 분석하는 데 있어서 매입채무의 효율성 측정 및 평균상환기간 측정 등의 의미해석을 위해 매출액을 사용하는 경우가 많다.

(4) 운전자본회전율과 운전자본회수기간

운전자본은 재고자산과 매출채권의 합에서 매입채무를 차감한 것으로, 영업활동의 과정에서 기업의 자금이 잠겨있는 자본을 의미한다. 운전자본회전율은 특정기간 동안 기업의 운전자본이 현금되는 속도 또는 운전자본에 대한 투자효율성을 측정하는 지표로, 매출액을 연평균 운전자본으로 나누어 산정한다. 회전율이 높을수록 운전자본이 더 빠르게 현금화되어 기업의 자금 유동성과 현금 흐름이 좋다는 것을 의미하며, 낮을 경우 현금 회수에 문제가 있거나 신용정책, 판매촉진책, 재고정책, 구매정책 등을 재검토할 필요가 있다.

$$\text{운전자본회전율} = \frac{\text{매출액}}{\text{연평균운전자본}} = \frac{209{,}052}{(48{,}757 + 52{,}707)/2} = 4.12\text{회}$$

SK하이닉스 = 4.11회, 산업평균 = 5.31회

2024년 삼성전자의 운전자본회전율은 4.12회로 경쟁사인 SK하이닉스의 4.11회와 동일한 수준으로 운전자본이 현금화 속도가 동일하나, 산업평균비율인 5.31회에 비하여 다소 낮은 수치를 보여주고 있어 삼성전자의 운전자본의 관리가 산업의 대기업집단보다는 다소 비효율적이라고 평가할 수 있다.

운전저본회전율은 다음과 같이 평균회수기간으로 표시하면 기업이 신용정책, 판매촉진책, 재고정책, 구매정책 등에 의하여 기업의 현금이 잠겨있는 정도를 명확히 평가할 수 있다. 평균회수기간은 운전자본회전율의 역수에 365일을 곱하여 산정한다. 운전자본평균회수기간은 기업이 정상적인 영업순환과정(현금 → 재고자산(구매, 생산) → 매출(매출채권) → 현금회수)을 한 번 거치는 데 소요되는 기간을 의미한다. 따라서 기업의 유동성이나 현금흐름의 건전도를 평가하는 데 유용한 정보를 제공한다.

$$\text{평균회수기간} = \frac{365}{\text{운전자본회전율}} = \frac{365}{4.12} = 88.6\text{일}$$

SK하이닉스 = 88.7일, 산업평균 = 68.7일

2024년 삼성전자의 운전자본회수기간은 88.6일이나, 경쟁사인 SK하이닉스의 88.8일 및 산업평균비율인 68.7일로 삼성전자와 경쟁사인 SK하이닉스의 운전자본의 회수기간은 89일로 약 3개월 정도 소요된다고 평가할 수 있다.

(5) 유형자산회전율

유형자산회전율은 기업이 영업활동을 지원할 목적으로 보유하고 토지, 건물, 기계장치 등 유형자산을 얼마나 효율적으로 사용하여 매출을 창출하고 있는지를 나타내는 지표이다. 이 비율을 통해 기업의 유형자산 투자에 대한 효율성과 생산성을 평가할 수 있다. 유형자산회전율이 높다는 것은 기업이 보유한 유형자산을 효율적으로 활용하여 많은 매출을 창출하고 있다는 것을 의미한다. 따라서 유형자산 투자가 수익성으로 잘 연결되고 있음을 나타내며, 자산의 활용도가 높다고 볼 수 있다. 동일한 유형자산으로 더 많은 매출을 창출하거나, 매출 증가에 비해 유형자산 투자가 상대적으로 적었다는 것을 의미하기도 한다. 반대로 유형자산회전율이 낮다는 것은 유형자산이 매출 창출에 충분히 기여하지 못하고 있다는 의미이며, 유형자산의 과잉 투자, 낮은 가동률, 비효율적인 생산 공정 또는 경기 침체로 인한 매출 부진 등을 시사할 수 있다. 새로운 설비 투자가 이루어진 초기에는 가동률이 낮아 일시적으로 회전율이 낮아질 수 있지만, 장기적으로 낮은 회전율은 문제가 될 수 있다.

$$\text{유형자산회전율} = \frac{\text{매출액}}{\text{연평균유형자산}} = \frac{209{,}052}{(140{,}579 + 151{,}447)/2} = 1.43\text{회}$$

SK하이닉스 = 1.28회, 산업평균 = 1.67회

2024년 삼성전자의 유형자산회전율은 1.43회로 경쟁사인 SK하이닉스의 1.28회에 비하여 다소 높은 수치로 삼성전자가 경쟁사인 SK하이닉스보다 영업활동을 지원하기 위하여 보유한 유형자산을 효율적으로 활용하여 많은 매출을 창출하고 있다는 것으로 평가할 수 있다. 그러나 산업평균비율인 1.67회에 비하여 다소 낮은 수치를 보여주고 있어, 이는 삼성전자가 산업의 대기업집단보다는 설비활용이 다소 비효율적이라고 평가할 수 있다.

(6) 총자산회전율

총자산회전율은 기업이 총자산을 얼마나 효율적으로 활용하여 매출액을 창출하는지를 나타내는 활동성 지표로, 매출액을 평균 총자산으로 나누어 산정한다. 총자산회전율이 높을수록 기업이 자산을 효율적으로 사용하여 많은 매출을 창출하고 있다고 평가할 수 있다. 즉, 투자된 자본 대비 생산성이 높다고 평가할 수 있다. 반대로 총자산회전율이 낮으면 낮을수록 기업의 자산 활용 효율이 낮거나, 과도한 자산, 즉 유휴설비와 재고를 보유하고 있을 가능성이 높다고 평가할 수 있다. 이는 더 많은 자산으로 같은 매출을 창출하고 있다는 의미이다.

$$\text{총자산회전율} = \frac{\text{매출액}}{\text{연평균총자산}} = \frac{209{,}052}{(296{,}857 + 324{,}966)/2} = 0.67\text{회}$$

SK하이닉스=0.54회, 산업평균=0.67회

2024년 삼성전자의 총자산회전율은 0.67회로 경쟁사인 SK하이닉스의 0.54회에 비하여 다소 높은 수치로 삼성전자가 경쟁사인 SK하이닉스보다 기업이 보유하고 있는 총자산을 효율적으로 활용하여 많은 매출을 창출하고 있다는 것으로 평가할 수 있다. 그러나 산업평균비율인 0.67회와 동일 수준으로 삼성전자가 산업의 대기업집단 총자산에 대한 활용이 동일한 수준이라고 평가할 수 있다.

라. 수익성비율

수익성비율은 기업의 일정기간 동안의 경영성과, 즉 기업이 얼마나 효율적으로 이익을 창출하고 있는지를 평가하는 재무비율이다. 이는 투자자본에 대한 경영성과와 수익 즉, 매출액에 대한 각 부문의 경영활동에서 발생하는 비용을 보전하고 이익을 창출하는 능력에 관한 정보를 제공한다. 따라서 수익성비율은 투자자, 채권자 및 경영자 등 이해관계자들의 의사결정에 중요한 정보로 활용되고 있다. 예를 들어 증권투자자의 경우는 증권시장에서 투자종목을 선택할 때, 신용공여자(채권자)의 경우는 대출한 자금의 회수 및 이자수취의 안정성 평가할 때, 경영자의 경우는 신규투자 및 기존투자의 확장할 때 수익성비율에 관한 정보를 활용한다.

투자자본에 대한 경영성과 즉, 투자수익률에서는 투자자본으로는 총자산, 자기자본, 영업자산을 기준으로 삼고 투자성과의 성과치, 즉 이익으로는 총자산의 경우에는 총자산은 타인자본과 자기자본으로 구성되어 있으므로 주주에게의 보상분과 채권자에게 귀속되는 이자비용이 계상되기 전의 이익, 즉 영업이익, 영업자산의 경우는 영업활동의 성과인 영업이익을 사용할 수 있다. 그리고 자기자본의 경우는 주주의 보상인 배당금을 지급할 수 있는 당기순이익을 사용할 수 있다.

각 부문의 경영성과는 매출액에서 기업의 주요 경영활동인 구매 · 생산, 판매 · 일반관리, 자금 및 세금관리활동에서 발생하는 비용을 차감하고 산정된 이익을 사용할 수 있다.

기업의 수익성비율을 활용할 때 다음과 같은 점들을 고려해야 한다. 먼저 기업의 경영 전략이나 비즈니스 모델에 따라 수익성 목표와 구조가 달라질 수 있다는 점을 고려해야 한다. 예를 들어, 시장 점유율 확대를 위해 초기에는 낮은 수익성을 감수하는 전략을 전개함에 따라 수익성비율이 낮을 수 있다. 따라서 단순히 숫자로만 판단하기보다 기업의 전반적인 경영 전략과 맥락을 함께 고려하는 것이 중요하다. 둘째, 수익성 비율은 주로 발생주의 회계에 기반을 두고 있다. 즉, 실제 현금 유입이 없어도 매출액으로 인식될 수 있다. 따라서 수익성비율이 높더라도 실질적인 현금흐름이 좋지 않을 수 있다. 따라서 현금 흐름표 등을 함께 분석하여 기업의 진정한 현금창출 능력을 평가해야 한다.

(1) 총자산영업이익률(ROA)

총자산영업이익률은 기업이 보유한 총자산을 얼마나 효율적으로 활용하여 얼마만큼의 영업이익을 창출하고 있는지를 나타내는 지표이다. 이는 기업의 자산운용 효율성과 기업의 핵심인 영업활동의 수익성을 동시에 평가할 수 있게 해주는 중요한 비율이다.

총자산영업이익률은 다음과 같은 중요한 정보를 제공한다. 첫째, 자산 활용의 효율성을 평가하는 지표로 활용된다. 기업이 자산을 얼마나 효과적으로 사용하여 기업의 핵심인 영업활동서 얼마만큼의 이익을 내고 있는지를 나타낸다. 이 비율이 높다는 것은 기업이 적은 자산으로도 많은 영업이익을 창출하거나, 보유 자산을 매우 효율적으로 운영하고 있다는 것을 의미한다. 둘째, 기업의 핵심활동인 영업활동의 수익성을 평가할 수 있다. 이 비율은 이자비용이나 법인세 등을 차감하기 전의 이익인 영업이익을 성과측정치로 사용하기 때문에 기업의 핵심적인 영업활동 자체의 수익성을 평가하는 데 유용하다. 즉, 재무활동이나 투자활동의 영향 없이 순수하게 영업활동을 통해 이익을 창출하고 있는지를 의미한다. 셋째, 투자결정의 참고자료로 활용할 수 있다. 투자자들은 기업이 자산을 통해 얼마나 효과적으로 수익을 창출하는지 평가하기 위해 이 비율을 활용한다. 자산 대비 영업이익 창출능력이 뛰어난 기업은 더욱 매력적인 투자처로 인식될 수 있다.

$$\text{총자산영업이익률} = \frac{\text{영업이익}}{\text{연평균총자산}} \times 100 = \frac{12,361}{(296,857 + 324,966)/2} \times 100 = 4.0\%$$

SK하이닉스 = 20.8%, 산업평균 = 6.3%

2024년 삼성전자의 총자산영업이익률은 4.0%로 경쟁사인 SK하이닉스의 20.8%와 산업평균 6.3%보다 낮아 기업의 핵심인 영업활동에서 경쟁사와 산업의 대기업 집단보다 자산의 활용의 효율성과 영업활동의 수익성이 떨어지는 것으로 평가할 수 있다. 총자산영업이익률의 과거의 추세를 살펴보면 삼성전자는 2022년 9.9%, 2023년 −4.1%였으나 경쟁사인 SK하이닉스는 2022년 8.7%, 2023년 −5.1%로 삼성전자가 약간 우위를 점하고 있었으나, 2024년 이 비율이 압도적으로 역전되었다. 따라서 미래에 이러한 결과를 초래하지 않기 위하여 그 원인을 다각적으로 분석할 필요가 있다.

(2) 자기자본순이익률(ROE)

자기자본순이익률은 기업이 주주들이 투자한 자기자본을 활용하여 얼마만큼의 당기순이익을 창출했는지를 나타내는 지표이다. 즉, 주주가 투자한 자본으로 기업이 얼마나 효율적으로 이익을 창출하고 있는지를 보여주는 비율이라고 할 수 있다.

자기자본순이익률은 다음과 같은 중요한 정보를 제공한다. 첫째, 주주 관점에서의 수익성을 평가할 수 있다. 이 비율은 주주의 관점에서 기업의 수익성을 평가하는 가장 대표적인 지표이다. 주주가 투자한 자본 대비 얼마나 많은 이익을 창출했는지를 직접적으로 보여주므로, 투자자들이 기업의 가치를 평가하는 데 매우 중요하게 활용된다. 둘째, 자본 활용 효율성을 평가할 수 있다. 기업이 주주들에게 자금을 차입하여 경영하는 것이 아니라, 주주들이 직접 제공한 자본을 얼마나 효과적으로 활용하여 순이익을 창출하고 있는지를 평가할 수 있다. 셋째, 성장성 및 배당능력을 예측할 수 있다. 자기자본순이익률이 높다는 것은 기업이 사업을 통해 창출한 이익을 재투자하여 더 많은 이익을 창출할 수 있는 잠재력이 있거나, 혹은 배당으로 지급할 수 있는 여력이 있음을 의미한다.

$$\text{자기자본순이익률} = \frac{\text{당기순이익}}{\text{연평균자기자본}} \times 100 = \frac{23{,}583}{(224{,}788 + 236{,}397)/2} \times 100 = 10.2\%$$

SK하이닉스 = 28.1%, 산업평균 = 11.6%

2024년 삼성전자의 자기자본순이익률은 10.2%로 경쟁사인 SK하이닉스의 28.1%와 산업평균 11.6%보다 낮아 주주들이 투자한 자본 활용 효율성에서 경쟁사보다는 상당히 떨어지지만 산업의 대기업 집단과는 거의 동등한 수준을 유지하고 있다고 평가할 수 있다. 총자산영업이익률의 과거의 추세를 살펴보면 삼성전자는 2022년 12.6%, 2023년 11.7%였으나 경쟁사인 SK하이닉스는 2022년 4.7%, 2023년 −8.4%로 삼성전자가 압도적인 우위를 점하고 있었다. 그러나 2024년 이 비율이 압도적으로 되었다. 이러한 결과는 2024년 영업활동뿐만 아니라 투자 및 재무활동에서도 많은 문제를 내포하고 있음을 보여주고 있다. 따라서 삼성전자는 기업 전반의 경영활동에 대하여 그 원인을 다각적으로 점검이 필요하다.

경영자의 기업의 수익성을 평가하는 가장 대표적인 지표는 자기자본순이익률이다. 따라서 경영자의 입장에서 레버리지의 활용, 즉 타인자본의 적절한 활용은 기업의 수익성을 증가를 가속화할 수 있다. 자기자본순이익은 총자산영업이익률과 부채비

율, 부채의 평균이자율 및 법인세율에 의하여 결정되고 있음을 다음의 관계식으로 알 수 있다.2)

$$ROE = (1-t)[ROA + (ROA - i)\frac{D}{E}]$$

ROE: 자기자본순이익률, t: 법인세율
ROA: 총자산영업이익률, i: 타인자본평균이자율
D: 총부채 E: 자기자본

(3) 영업자산영업이익률

기업이 투하한 자본은 핵심 경영활동에 직접 활용되는 자산인 영업자산과 직접 활용되지 않는 영업외자산으로 구분된다. 영업자산은 총자산에서 유형자산 중 건설중인 자산과 여유자금을 투자목적으로 보유하는 자산 및 계열사 지배목적으로 보유하는 관계회사 출자금 등과 같은 투자자산을 차감한 자산이다.

영업자산영업이익률은 기업의 핵심인 영업활동에 투자된 자산이 얼마나 효율적으로 수익을 창출하는지를 나타내는 지표이다. 이는 단순히 매출 대비 영업이익을 보는 것이 아니라, 투입된 영업자산이라는 자본의 효율성을 평가할 수 있다.

영업자산영업이익률은 다음과 같은 중요한 정보를 제공한다. 첫째, 기업의 핵심인 영업활동의 효율성을 측정할 수 있다. 기업이 영업활동을 위해 투자한 자산을 얼마나 효과적으로 활용하여 수익을 창출하고 있는지 평가할 수 있다. 둘째, 실질적인 수익성 분석에 활용할 수 있다. 단순히 매출액이 크다고 해서 수익성이 좋다고 평가할 수는 없는데, 이 지표는 영업자산 규모를 고려한 실질적인 영업활동의 수익성을

---

2) 이에 대한 증명은 다음과 같다.

$$\begin{aligned} ROE &= \frac{NI}{E} = (1-t)(\frac{EBT}{E}) = (1-t)[\frac{EBIT}{E} - \frac{I}{E}] \\ &= (1-t)[\frac{EBIT}{E} \times \frac{D+E}{A} - \frac{I}{E} \times \frac{D}{D}] \\ &= (1-t)[\frac{EBIT}{A} \times (\frac{D}{E} + \frac{E}{E}) - \frac{I}{D} \times \frac{D}{E}] \\ &= (1-t)[ROA \times (1 + \frac{D}{E}) - \frac{D}{E} i] \\ &= (1-t)[ROA + (ROA - i)\frac{D}{E}] \end{aligned}$$

NI: 순이익, EBT:세전이익, $EBIT$: 영업이익, I: 금융비용, ROA: 총자산영업이익률, ROE: 자기자본순이이률

평가할 수 있다. 셋째, 투자의사결정에 활용할 수 있다. 이 지표가 높으면 높을수록 기업이 영업자산을 효율적으로 활용하여 높은 수익을 창출하고 있다는 의미이므로, 투자자들에게 좋은 신호를 제공할 수 있다.

$$\text{영업자산영업이익률} = \frac{\text{영업이익}}{\text{연평균영업자산}} \times 100 = \frac{12,361}{(202,935+233,896)/2} \times 100 = 5.7\%$$

SK하이닉스＝27.3%, 산업평균＝8.5%

2024년 삼성전자의 영업자산영업이익률은 5.7%로 경쟁사인 SK하이닉스의 27.3%와 산업평균 8.5%보다 낮아 기업의 핵심인 영업활동에서 경쟁사와 산업의 대기업 집단보다 자산 활용의 효율성과 영업활동의 수익성이 떨어지는 것으로 평가할 수 있다. 영업자산영업이익률의 과거의 추세를 살펴보면 삼성전자는 2022년 14.5%, 2023년 −6.1%였으나 경쟁사인 SK하이닉스는 2022년 11.8%, 2023년 −6.6%로 삼성전자가 약간 우위를 점하고 있었으나, 2024년 이 비율이 압도적으로 역전되었다. 따라서 미래에 이러한 결과를 초래하지 않기 위하여 영업활동을 중점적으로 점검할 필요가 있다.

(4) 매출액이익률(ROS)

매출액이익률 손익계산서의 이익률로서 이를 마진 또는 매출마진이라고 한다. 이는 일정기간 경영성과를 나타내는 손익계산서의 매출액에서 각 부문의 활동에서 발생하는 비용을 차감한 이익항목들을 대비하여 산정한 비율이다. 이를 ROS(return on sales)비율이라고도 한다. 이는 기업의 경영성과를 나타내는 손익계산서를 대상으로 분석하기 때문에 기업의 수행하는 재무활동, 투자활동 및 영업활동에 대한 평가 지표로 활용될 수 있다. 즉, 영업활동을 평가하는 지표로는 매출총이익률과 영업이익률이 있으며 재무활동 및 투자활동을 평가하는 지표는 법인세차감전 이익률, 기업의 경영성과를 평가하는 지표로는 당기순이익률이 있다. 이 비율들은 모두 매출액에서 관련 활동에서 발생하는 비용을 차감한 마진으로 나타낸다. 그러나 각 부문의 활동에서 발생비용을 분자로 하고 매출액을 분모로 하여 산출된 비율은 각 부분의 비용효율성, 즉 각 부문의 경쟁력을 나타낸다.

영업활동은 크게 본원적 활동과 지원활동으로 구분되는 본원적 활동은 구매→생산(운영)→판매 프로세스로 구성되고, 지원활동은 본원적 활동이 효율적으로 운영되도록 자원, 즉 인적자원, 물적자원 등을 배분하고 관리하는 일반관리 프로세스로 구성된다.

매출총이익률은 본원적 활동의 구매 · 생산 프로세스의 발생하는 비용인 매출원가를 차감하여 산출한 매출총이익을 매출액으로 나눈 것이다. 따라서 이는 기업의 구매 및 생산 부문의 효율성, 즉 구매 · 생산부문의 경쟁력을 나타낸다.

$$\text{매출총이익률} = \frac{\text{매출총이익}}{\text{매출액}} \times 100 = \frac{56{,}991}{209{,}052} \times 100 = 27.3\%$$

SK하이닉스=49.4%, 산업평균=25.7%

2024년 삼성전자의 매출총이익률은 27.3%로 경쟁사인 SK하이닉스의 49.4%보다는 낮지만, 산업평균 25.7%보다 높아 기업의 핵심영업활동인 구매 · 생산부문에서 경쟁사인 SK하이닉스보다 효율성, 경쟁력이 떨어지는 것으로 평가할 수 있다. 매출총이익률의 과거의 추세를 살펴보면 삼성전자는 2022년 28.0%, 2023년 15.5%였으나 경쟁사인 SK하이닉스는 2022년 36.4%, 2023년 1.6%로 삼성전자가 2023년을 제외하고 모두 열위에 있다. 따라서 삼성전자의 구매 · 생산부문의 혁신이 요구되고 있다.

매출액영업이익률은 영업활동의 본원적 활동인 구매 · 생산 및 판매프로세스와 지원활동의 일반관리활동에서 발생하는 비용인 매출원가 및 판매관리비를 차감하여 산출한 영업이익을 매출액으로 나눈 것이다. 따라서 이는 기업의 영업활동의 효율성, 즉 구매 · 생산 및 경영관리(판매 및 관리)부문의 경쟁력을 나타낸다.

$$\text{매출액영업이익률} = \frac{\text{영업이익}}{\text{매출액}} \times 100 = \frac{12{,}361}{209{,}052} \times 100 = 5.9\%$$

SK하이닉스=38.3%, 산업평균=9.3%

2024년 삼성전자의 매출액영업이익률은 5.9%로 경쟁사인 SK하이닉스의 38.3%와 산업평균 9.3%보다 낮아 기업의 핵심인 영업활동의 효율성이 경쟁사와 산업의 대기업 집단보다 열위, 즉 경쟁력이 떨어지는 것으로 평가할 수 있다. 매출액영업이익률의 과거의 추세를 살펴보면 삼성전자는 2022년 12.0%, 2023년 −6.8%였으나 경쟁사인 SK하이닉스는 2022년 20.2%, 2023년 −16.9%로 삼성전자가 2023년을 제외하고 모두 열위에 있다. 따라서 삼성전자는 기업의 핵심활동인 영업활동의 혁신이 요구되고 있다.

매출액영업이익률은 다음과 같이 분해하면 기업의 영업효율성을 구매·생산의 효율성과 경영관리(판매·관리)의 효율성으로 구분할 수 있다. 이는 기업의 각 부문의 경쟁력이 어느 부문의 활동에 기인하는지를 평가할 수 있다.

$$\text{매출액영업이익률} = \frac{\text{영업이익}}{\text{매출액}} = \frac{\text{매출총이익}}{\text{매출액}} \times \frac{\text{영업이익}}{\text{매출총이익}}$$

$$(\text{영업효율성}) = (\text{구매생산효율}) \times (\text{경영관리효율})$$

2024년 삼성전자의 경우는 구매·생산의 효율성은 27.3%, 경영관리의 효율성은 21.7%로 영업효율성이 5.9%이나, 경쟁사인 SK하이닉스는 구매·생산의 효율성은 49.4%, 경영관리의 효율성은 77.3%로 영업효율성이 38.3%로 삼성전자가 열위에 있다. 이와 같은 결과는 구매생산효율 및 경영관리효율 모두에 압도적으로 열위의 결과로 나타났다.

매출액법인세비용차감전순이익(이하 매출액경상이익률)은 기업의 경영활동, 즉 영업활동, 투자활동 및 재무활동에서 발생하는 비용인 매출원가, 판매관리비, 순기타비용 및 순금융비용 차감하여 산출한 법인세비용차감전순이익을 매출액으로 나눈 것이다. 따라서 이는 기업의 영업활동, 투자활동 및 재무활동의 효율성, 즉 구매·생산, 경영관리(판매 및 관리), 투자부문 및 재무활동인 자금관리부문의 경쟁력을 나타낸다.

$$\text{매출액경상이익률} = \frac{\text{경상이익}}{\text{매출액}} \times 100 = \frac{21{,}750}{209{,}052} \times 100 = 10.4\%$$

$$\text{SK하이닉스} = 38.2\%,\ \text{산업평균} = 12.5\%$$

2024년 삼성전자의 매출액경상이익률은 10.4%로 경쟁사인 SK하이닉스의 38.2%

와 산업평균 12.5%보다 낮아 기업의 전 경영활동인 영업활동, 투자활동 및 재무활동의 효율성이 경쟁사와 산업의 대기업 집단보다 열위, 즉 경쟁력이 떨어지는 것으로 평가할 수 있다. 매출액경상이익률의 과거의 추세를 살펴보면 삼성전자는 2022년 14.0%, 2023년 10.3%였으나 경쟁사인 SK하이닉스는 2022년 11.8%, 2023년 −27.4%로 삼성전자가 지난 2년 동안은 경쟁사보다 우위에 있었다. 따라서 삼성전자가 2024년 경쟁사보다 열위가 된 원인에 대한 규명이 필요하다.

매출액경상이익률은 다음과 같이 분해하면 기업의 영업활동 효율성, 투자활동 효율성 및 재무활동 효율성으로 구분할 수 있다. 이는 기업의 경쟁력은 어느 활동에 기인하는지를 평가할 수 있다. 투자활동 및 재무활동의 효율성을 1에서 영업이익 대비 순기타비용과 순금융비용을 차감하고 있기 때문에 높은 수치가 아닌 낮은 수치가 경쟁력이 높은 것으로 평가할 수 있다.

$$\text{매출액경상이익률} = \frac{\text{경상이익}}{\text{매출액}} = \frac{\text{영업이익}}{\text{매출액}} \times \left[1 - \frac{\text{순기타비용}}{\text{영업이익}} - \frac{\text{순금융비용}}{\text{영업이익}}\right]$$

$$(\text{경영효율성}) = (\text{영업활동효율}) \times (\text{투자활동효율} + \text{재무활동효율성})$$

2024년 삼성전자의 경우는 영업활동 효율성은 5.9%, 투자활동 효율성은 −79.4%, 재무활동 효율성은 3.4%인 데 반하여 경쟁사인 SK하이닉스는 영업활동 효율성은 38.3%, 투자활동 효율성은 1.1%, 재무활동 효율성은 −0.8%로 나타났다. 삼성전자가 경영활동의 열위의 원인은 영업활동과 재무활동에 기인한 것으로 평가할 수 있다.

매출액순이익률은 기업의 성과를 나타내는 것으로 기업의 활동인 영업활동, 투자 및 재무활동에서 발생하는 비용과 세금을 차감하여 산정한 당기순이익을 매출액으로 나눈 것이다. 따라서 기업의 이익발생능력을 나타낸다. 이러한 의미에서 기업의 성과를 측정하는 비율로 이용되고 있다.

$$\text{매출액순이익률} = \frac{\text{당기순이익}}{\text{매출액}} \times 100 = \frac{23{,}583}{209{,}052} \times 100 = 11.3\%$$

SK하이닉스 = 31.6%, 산업평균 = 11.8%

2024년 삼성전자의 매출액순이익률은 11.3%로 경쟁사인 SK하이닉스의 31.6% 및 산업평균 11.9%보다 낮은 것으로 나타났다. 이는 기업의 경영성과가 경쟁사보다 열위이나 산업의 대기업 집단보다 동등한 수준으로 우위에 있다. 매출액순이익률의 과거의 추세를 살펴보면 삼성전자는 2022년 12.0%, 2023년 14.9%였으나 경쟁사인 SK하이닉스는 2022년 7.4%, 2023년 −17.5%로 삼성전자가 지난 2년 동안은 경쟁사보다 우위에 있었다. 따라서 삼성전자가 2024년 경쟁사보다 열위가 된 원인이 어느 활동에 기인하는 지를 규명할 필요가 있다.

매출액순이익은 다음과 같이 분해하면 기업의 영업활동 효율성, 투자 및 재무활동 효율성과 세금관리 효율성으로 구분할 수 있다.

$$\text{매출액순이익률} = \frac{\text{당기순이익}}{\text{매출액}} = \frac{\text{영업이익}}{\text{매출액}} \times \frac{\text{경상이익}}{\text{영업이익}} \times \frac{\text{당기순이익}}{\text{경상이익}}$$

$$(\text{경영성과}) = (\text{영업활동효율성}) \times (\text{투자/재무활동효율}) \times (\text{세금/관리효율성})$$

2024년 삼성전자의 경우는 영업활동 효율성은 5.9%, 투자/재무활동 효율성은 176.0%, 세금관리 효율성은 108.4%인데 반하여 경쟁사인 SK하이닉스는 영업활동 효율성은 38.3%, 투자/재무활동 효율성은 99.7%, 세금관리 효율성은 82.9%로 나타났다. 삼성전자가 경영활동의 열위의 원인은 영업활동과 재무활동에 기인한 것으로 평가할 수 있다.

마. 성장성비율

성장성비율은 일정기간 중에 기업이 양적으로 질적으로 얼마나 성장했는지를 나타내는 비율 재무비율이다. 기업의 양적인 성장으로 총자산 등을 의미하며, 질적인 성장은 매출액 및 이익 등을 의미한다. 기업의 이해관계자들은 이와 같이 총자산, 매출액 및 이익 등이 얼마나 증가했는지를 분석함으로써, 해당 기업의 장기적인 성장잠재력, 미래의 수익발생능력 및 이익실현능력과 기업의 경쟁력에 대하여 얼마나 역동적이고 발전적인지를 평가할 수 있다. 따라서 투자자나 채권자, 그리고 경영자 모두에게 기업의 미래를 예측하고 전략을 수립하는 데 매우 유용한 정보를 제공한다.

성정성비율은 기업의 재무정보 이용자에게 다양한 의미를 가진다. 어느 기업의 이익성장률이 높다면 투자자들에게는 미래에 더 많은 이익을 창출할 것이라는 기대를 불러일으켜 주가 상승요인이 될 수 있고, 채권들에게는 기업의 현금 흐름이 좋아져 대출 원금과 이자를 안정적으로 상환할 능력이 강화되고 있음을 의미한다. 또한 증권 분석가 등은 높은 이익성장률은 해당 기업이 속한 산업 내에서 다른 경쟁사들보다 우월한 위치에 있거나 혁신을 주도하고 있다고 평가할 수 있다.

성장성비율을 이용하여 재무비율분석을 하고자 할 때 다음과 같은 사항을 고려해야 한다. 이에는 재무적 측면과 비재무적 측면으로 구분할 수 있다. 재무적 측면에서 살펴보면 첫째, 성장의 질을 확인하여야 한다. 매출액 증가율이 높더라도 핵심 사업 부문의 성장이 아닌 일시적인 재고자산의 정리 등 비경상적인 경영활동에서 발생한 것일 수도 있다. 따라서 순이익 증가율이 함께 개선되지 않는다면, 이는 건전한 성장이 아니라고 평가할 수 있다. 둘째, 무리한 차입에 의한 과도한 성장을 확인할 필요가 있다. 높은 성장률은 긍정적으로 보이지만, 무리한 차입을 통한 성장은 오히려 기업의 재무안정성을 해칠 수 있다. 예를 들어, 총자산증가율이 높더라도 부채증가율이 더 높다면 장기적인 안정성이 불안정하다고 판단할 수 있다. 셋째, 단기적인 성장 여부를 확인할 필요가 있다. 성장률은 특정 시점 간의 변화율만 나타내기 때문에 그 기간 동안의 변동성은 반영하지 않는다. 예를 들어, 연간 성장률이 0%라도 1년 내내 큰 폭의 등락을 거듭할 수 있다.

비재무적 측면에서는 첫째, 역사적 데이터의 한계를 고려해야 한다. 성장성비율은 과거의 재무제표 데이터를 기반으로 하기 때문에 미래의 실적을 100% 보장하지 않는다. 따라서 경영환경, 경쟁환경, 규제변화 등 다양한 요인이 미래의 성과에 영향을 미칠 수 있다. 둘째 비재무적 요인을 고려해야 한다. 성장성비율은 경영진의 능력, 신제품 개발력, 브랜드가치, 고객 만족도, 직원 만족도 등과 같은 중요한 비재무적 요인을 반영하지 못하고 있다. 따라서 이들이 장기적인 성장에 큰 영향을 미치므로 반드시 함께 고려해야 한다. 셋째, 산업의 특수성을 고려하지 못한다. 산업별로 평균적인 성장률과 성장 잠재력은 크게 다르다. 기술 중심의 고성장 산업과 성숙한 제조업의 성장률을 동일한 비교대상으로 비교하는 것은 적절하지 않다.

(1) 총자산증가율

총자산은 기업의 규모를 나타내는 대표적인 항목이므로, 총자산증가율은 일정기간 동안의 총자산의 증가분을 기초의 총자산으로 나누어 산정한다. 이는 기업이 외형적으로 얼마나 빠르게 성장하고 있는지를 나타내는 지표이다.

총자산증가율은 총자산의 증가 원인을 파악할 필요가 있다. 이에는 대표적으로 영업활동에 따른 자산 증가, 즉 매출액 증가에 따라 영업용 자산(예: 현금, 매출채권 등)이 함께 증가하는 것과 기업이 성장 잠재력이 높은 사업에 투자하기 위해 생산설비나 신규 기술개발 등 유형자산 투자를 늘려 총자산의 증가하는 경우는 긍정적인 성장이라고 평가할 수 있다. 그러나 총자산은 부채와 자본의 합이므로, 차입금을 크게 늘려 총자산이 증가하는 경우는 기업의 재무안정성을 악화시킬 수 있다. 또한 수익을 유발하지 않는 불필요한 자산(예: 유휴토지, 비효율적 설비 등)이 증가하거나, 재고자산만 과도하게 쌓이는 경우는 부정적인 성장이라고 평가할 수 있다.

따라서 총자산증가율을 더 심층적으로 분석하기 위해서는 다음과 같은 비율들을 함께 살펴보아야 한다. 첫째, 매출액증가율을 검토하여야 한다. 매출액이 총자산만큼 함께 증가하는지 비교하여 자산운용의 효율성을 판단한다. 둘째, 총자산회전율을 검토한다. 총자산이 얼마나 효율적으로 매출을 창출하고 있는지를 측정하는 지표이기 때문이다. 그 밖에 자기자본증가율과 부채비율을 검토할 필요가 있다.

$$\text{총자산증가율} = \frac{\text{기말총자산} - \text{기초총자산}}{\text{기초총자산}} \times 100 = \frac{324{,}996 - 296{,}857}{296{,}857} \times 100 = 9.5\%$$

SK하이닉스 = 20.9%, 산업평균 = 9.7%

2024년 삼성전자의 총자산증가율은 9.5%로 경쟁사인 SK하이닉스의 20.9% 및 산업평균 9.7%보다 낮은 수준으로 나타나고 있다. 이는 기업의 외형의 증가율이 경쟁사 및 산업의 대기업보다 열위로 나타났다.

(2) 매출액증가율

매출액증가율은 기업의 성장성을 평가하는 데 가장 대표적인 지표 중 하나로 전년도 대비 당해 연도의 매출액이 얼마나 증가했는지를 산정한다. 이는 기업의 외형적인 성장세를 나타내고 있다. 경쟁기업들보다 높은 매출액증가율을 기록하는 것은 곧 시장 점유율이 높아지고 있다는 신호이며, 이는 해당 기업의 경쟁력이 강화되고 있다고 평가할 수 있다. 또한 매출액 증가율은 기업이 미래 전략을 수립하는 데 중요한 기반이 된다. 즉, 매출액 성장률은 연구개발, 마케팅 등에 더 많은 자원을 투자할 수 있는 근거가 될 수 있다.

그러나 매출액증가율이 높다고 해서 무조건 좋은 기업이라고 단정할 수는 없으며, 다음과 같은 점을 함께 고려해야 한다. 첫째, 매출액증가율이 높더라도 영업이익증가율이나 순이익증가율이 이에 미치지 못한다면, 매출원가 및 판매관리비의 부담이 커져 수익성이 좋지 않은 성장일 수 있다. 둘째, 매출액 증가는 단순히 판매가격을 올리거나 판매량을 늘리는 등 여러 가지 원인에 의해 발생할 수 있습니다. 어떤 요인에 의해 매출이 증가했는지 파악하는 것이 중요하다. 셋째, 단기적인 매출액 증가보다는 최소 몇 년 이상의 장기적인 추세를 분석하는 것이 기업의 지속 가능한 성장 가능성을 판단하는 데 더 중요하다. 넷째, 인플레이션이나 경기 변동과 같은 외부 환경 요인이 매출액에 미치는 영향을 고려해야 한다.

$$\text{매출액증가율} = \frac{\text{금기매출액} - \text{전기매출액}}{\text{전기매출액}} \times 100 = \frac{209{,}052 - 170{,}374}{170{,}374} \times 100 = 22.7\%$$

SK하이닉스 = 101.7%, 산업평균 = 22.8%

2024년 삼성전자의 매출액증가율은 22.7%로 경쟁사인 SK하이닉스의 101.7% 보다 낮고, 산업평균 22.8%보다는 거의 동등한 수준으로 나타나고 있다. 이는 기업의 외형의 증가율이 경쟁사보다 열위이나 산업의 대기업 집단과는 동등한 수준이다.

(3) 순이익증가율

순이익증가율은 기업의 순이익이 전년도에 비해 얼마나 증가했는지를 백분율로 나타내는 지표로서, 기업활동의 최종 성과인 당기순이익의 변화율을 보여주며, 기업의 최종적인 성장성과 수익창출 능력에 대한 중요한 정보를 제공한다. 당기순이익은 매출액, 영업이익과 달리 영업활동과 투자 및 재무활동 모두 반영한 최종적인 이익이다.

따라서 당기순이익증가율은 기업의 모든 활동을 종합적으로 고려한 최종적인 경영 성과의 변화율을 나타낸다. 더 나아가 당기순이익은 배당금의 원천이 되므로, 당기순이익이 증가한다는 것은 주주들에게 지급할 수 있는 배당 여력이 커진다는 것을 의미하며, 주가상승의 동력이 된다. 즉, 당기순이익이 증가하면 EPS도 증가하여 주주가치가 높아진다. 또한 기업의 효율성 및 재무 건전성을 평가하는 지표로 활용할 수 있다. 즉, 당기순이익은 매출액에서 모든 비용(판매관리비, 이자 비용, 세금 등)을 제외하고 남은 이익이므로, 순이익증가율이 높다는 것은 기업이 비용을 효과적으로 관리하고 있음을 나타내주며, 꾸준하고 높은 당기순이익증가율은 기업의 재무건전성을 보여주는 중요한 신호이다.

$$\text{순이익증가율} = \frac{\text{금기당기순이익} - \text{전기당기순이익}}{\text{전기당기순이익}} \times 100 = \frac{23{,}587 - 25{,}397}{25{,}397} \times 100 = -7.1\%$$

$$\text{SK하이닉스} = 464.8\%,\ \text{산업평균} = 58.9\%$$

2024년 삼성전자의 순이익증가율은 −7.1%로 경쟁사인 SK하이닉스의 464.8% 및 산업평균 58.9%보다는 낮은 수준으로 나타나고 있다. 이는 기업의 질적인 성장인 순이익증가율이 경쟁사와 산업의 대기업 집단보다 열위이다. 이는 매출액이익률에서 살펴본 봐와 2024년에 영업활동과 재무활동에서 경쟁사인 SK하이닉스보다 비효율적으로 관리되었기 때문이라고 판단할 수 있다.

(4) 삼성전자와 SK하이닉스 성장성 평가

성장성지표를 살펴보면 삼성전자는 당기순이익이 급격히 감소하였지만 대부분의 증가율이 약간 증가하였지. 2023년에는 총자산은 크게 증가하고, 자기자본은 약간 증가하였다. 그러나 매출액은 급격히 감소하였으나 이에 비하여 당기순이익은 2022년 동등한 수준을 유지하고 있었다. 2024년에는 2020년과 마찬가지로 당기순이익을 제외하고 모든 지표들이 약산 상승하였다. 반면 SK하이닉스는 2022년과 2023년 전반적으로 하락하였으나 2024년 매출액과 당기순이익은 급격히 상승하였으며 총자산과 자기자본은 크게 상승하였다. SK하이닉스의 2024년은 외형(총자산, 매출)의 신장을 하였지만 질적인 성장지표인 자기자본과 당기순이익의 지표가 급격히 상승하여 영업활동 등의 효율적인 경영의 결과라고 평가된다.

	삼성전자			SK하이닉스		
	2022년	2023년	2024년	2022년	2023년	2024년
총자산증가율(%)	3.6%	14.1%	9.5%	8.0%	1.3%	20.9%
매출액증가율(%)	6.1%	(19.6%)	22.7%	(8.9%)	(27.0%)	101.7%
자기자본증가율(%)	8.4%	7.3%	5.2%	2.4%	(9.4%)	30.6%
순이익증가율(%)	(17.9%)	(0.1%)	(7.1%)	(70.8%)	(273.3%)	464.8%

(5) 성장매트닉스분석

성장성분석을 효과적으로 분석하기 위하여 성장매트닉스분석을 부수적으로 할 수 있다. 성장매트닉스는 양적인 성장을 대표하는 매출액증가율을 Y축에 표시하고 질적인 성장을 대표하는 순이익증가율을 X축으로 표시하여 동시에 분석하는 방법이다. 매출액 증가율은 경영환경을 반영할 때의 양적인 성장, 즉 외형상의 성장을 나타내고, 순이익증가율은 각 경영활동에서 발생하는 비용통제의 효율성을 반영한 질적인 성장, 즉 효율적인 경영 측면에서 성장을 의미한다. 따라서 매출액증가율보다도 순이익증가율이 높은 것이 기업의 바람직한 방향이다.

분석대상을 기업으로 한다면 산업의 평균성장률을 기준으로 상, 하 그리고 좌, 우를 구분하여 4분면으로 나누어 기업의 상대적 지위를 평가하고, 분석대상을 기업의 사업부문으로 한다면 기업의 성장률을 기준으로 상, 하 그리고 좌, 우를 구분하여 4분면으로 나누어 사업부문의 상대적 지위를 평가할 수 있다. 1사분면은 평균 이상의 외형성장과 순이익상승률을 보이는 경우로 BCG매트릭스의 스타사업에 해당한다. 2사분면은 호의적인 경영환경이나 신제품개발 등 노력으로 외형은 평균 이상으로 상승하고 있지만, 순이익은 평균 이하의 상승률인 경우로 BCG매트릭스의 물음표사업에 해당한다. 3사분면은 평균 이하의 외형성장과 비효율적인 경영으로 순이익상승률이 평균 이하인 경우로 BCG매트릭스의 개사업에 해당한다. 4분면은 나쁜 경영환경이나 신제품개발 등의 노력이 없어 외형은 평균 이하로 상승하고 있으나 이익상승률은 평균 이상인 경우로 BCG매트릭스의 현금젖소사업에 해당한다.

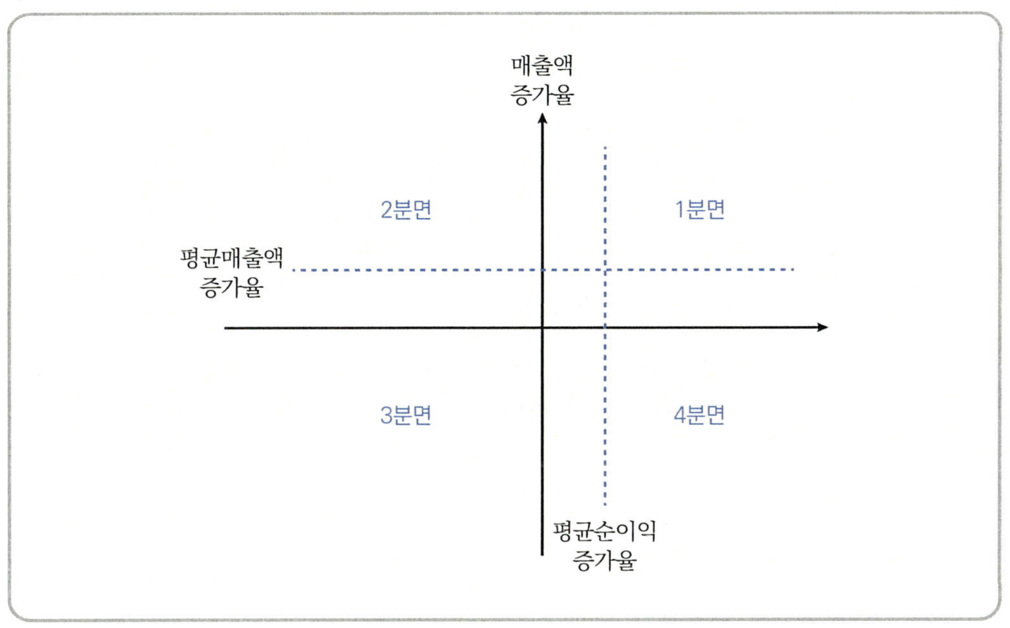

바. 생산성비율

생산성비율은 기업의 경영활동에 투입되는 생산요소(노동, 자본 등)가 달성하는 성과의 효율성을 측정하고 개별 생산요소의 기여도 및 상과배분의 합리성을 평가하는 비율이다.

생산성비율은 기업 경영에 투입된 생산요소(노동력, 자본 등) 대비 생산량 또는 성과물의 비율을 나타내는 지표이다. 즉, 투입된 자원을 얼마나 효율적으로 사용하여 성과를 창출했는지 측정하는 개념이다. 따라서 생산성향상으로 얻은 성과에 대한 분배의 기준이 되며, 또한 경영합리화의 척도로 사용된다. 대부분의 기업 생산성은 부가가치 개념으로 측정한다.

부가가치란 기업이 생산 및 판매활동의 각 단계에서 새로이 창출한 가치를 말한다. 하나의 재화나 서비스를 최종소비자에게 제공하는 데는 보통 여러 생산(운영)단계를 거치게 되는데, 부가가치란 특정 생산(운영)단계에서 새로이 창출된 가치를 말한다. 이러한 부가가치는 창출 측면과 분배의 측면에서 측정할 수 있는데, 한국은행 기업경영분석에서 사용하고 있는 부가가치[3] 계산방법은 분배 측면의 방법을 적용하고 있다. 따라서 본서는 한국은행 기업경영분석의 부가가치 계산방식을 도입하여 영업잉여, 인건비, 금융비용, 조세공과, 감가상각비 등으로 구성되고 재무제표 주석의 비용의 성격별 분류의 해당항목을 합산하여 산출한다.

영업잉여는 기업이 생산(운영)활동에 참여한 것에 대한 대가로서 영업손익에 대손상각비를 가산하고 금융비용을 차감한 잔액을 말한다. 금융비용을 차감하여 이를 구분하여 표시하는 것은 타인자본에 대한 대가를 명확히 보여주기 위한 것이다. 인건비는 피고용인이 제공한 노동력에 대한 대가로서 재무제표 주석의 비용의 성격별 분류 급여, 퇴직급여, 복리후생비 항목을 합산한 금액을 말한다. 금융비용은 외부로부터 들여온 자금에 대한 대가로서 차입금 및 회사채 등에 대해 지급하는 이자비용을 말한다. 조세공과[4]는 재무제표 주석의 비용의 성격별 분류의 세금과 공과금을 말한다. 감가상각비는 재무제표 주석의 비용의 성격별 분류의 해당항목의 금액을 말한다.

(1) 부가가치율과 노동소득분배율

부가가치율은 일정기간 중에 창출된 부가가치액를 같은 기간 중의 산출액으로 나눈 비율로서, 산출액 중에서 생산활동, 즉 가치창출활동에 참여한 생산요소에 귀속되는 소득의 비율을 나타내므로 소득률 이라고도 한다. 여기서 산출액은 매출액에 당기총제조비용을 가산하고 매출원가와 재무제표 주석의 비용의 성격별 분류 중 외주가공비를 차감하여 산출한다.

부가가치는 산출액에서 다른 기업이 생산한 중간투입물인 재료비 등을 차감한 것이므로 일반적으로 이 비율이 높다는 것은 기업의 생산효율성이 높아 근로자, 채권자, 국가 등 기업 경영활동의 이해관계자들에게 분배되는 몫이 크다는 것을 의미한다.

$$\text{부가가치율} = \frac{\text{부가가치액}}{\text{산출액}} \times 100 = \frac{58,877}{204,574} \times 100 = 28.8\%$$

SK하이닉스 = 65.8%, 산업평균 = 35.4%

2024년 삼성전자의 부가가치율은 28.8%로 경쟁사인 SK하이닉스의 65.8% 및 산업

3) 한국은행, 기업경영분석(2023년), 생산성에 관한 내용은 한국은행 기업경영분석을 참조하여 작성하였다.
4) 사례기업인 삼성전자와 SK하이닉스 모두 조세공과가 재무제표 주석의 비용의 성격별 분류에 분류되어 있이 않아 본 분석에서 조세공과를 제외하고 분석하였다.

평균 35.4% 보다 낮은 수준으로 나타나고 있다. 이는 삼성전자의 생산효율성이 경쟁사인 SK하이닉스 및 산업의 대기업 집단보다 열위 수준을 나타내고 있다. 따라서 삼성전자가 SK하이닉스 및 산업의 대기업 집단보다 생산성이 떨어진다고 판단할 수 있다.

부가가치율은 부가가치를 구성하는 요소들의 합이므로 다음과 같이 분해할 수 있다. 이는 어느 생산요소의 소득률이 높은가를 평가하는 지표로 사용할 수 있다.

$$\text{부가가치율} = \frac{\text{영업잉여}}{\text{산출액}} + \frac{\text{인건비}}{\text{산출액}} + \frac{\text{금융비용}}{\text{산출액}} + \frac{\text{조세공과}}{\text{산출액}} + \frac{\text{감가상각비}}{\text{산출액}}$$

SK하이닉스=65.8%, 산업평균=35.4%

2024년 삼성전자의 부가가치율은 영업이익 1.4%, 인건비 7.9%, 금융비용 4.7% 및 감가상각비 14.8%로 구성되어 있으나, SK하이닉스의 부가가치율은 영업이익 29.9%, 인건비 11.0%, 금융비용 9.4% 및 감가상각비 15.5%로 구성되어 있다. 따라서 삼성전자는 SK하이닉스에 비하여 모든 생산요소에서 소득률이 낮은 것으로 나타났다.

노동소득분배율은 기업이 창출한 부가가치 중에서 인건비가 차지하는 비중을 나타내는 지표로 기업이 생산활동을 통해 벌어들인 부가가치 중에서 종업원들에게 지급된 임금, 급여, 상여금, 복리후생비 등 노동에 대한 대가가 어느 정도인지를 나타내는 비율이다.

$$\text{노동소득분배율} = \frac{\text{인건비}}{\text{부가가치}} \times 100 = \frac{16{,}163}{58{,}877} \times 100 = 27.5\%$$

SK하이닉스=16.8%, 산업평균=44.6%

2024년 삼성전자의 노동소득분배율은 요소비용부가가치의 27.5%를 차지하고 있으나, SK하이닉스의 16.8%를 차지하여 경쟁사 대비 인건비보다 많은 지출이 이루어지고 있다고 평가할 수 있다.

(2) 자본생산성

자본생산성은 생산요소의 하나인 투자자본의 효율성을 측정하는 지표로, 기업이 얼마나 효율적으로 자본을 투입하여 부가가치를 창출하는지를 측정하는 지표이다. 이는 첫째, 자본 활용 효율성의 척도로 활용된다. 즉, 투입된 자본 대비 생산의 성과인 부가가치를 얼마나 많이 창하고 있는지를 나타낸다. 둘째, 투자 의사결정에 활용된다. 새로운 투자 프로젝트를 평가하거나 기존 자산의 효율성을 점검할 때 중요한 기준으로 활용된다. 셋째, 경쟁력 비교에 활용된다. 동종 산업 내 다른 기업들과 비교하여 우리 기업의 자본운용 능력이 얼마나 경쟁력이 있는지 평가하는 데 활용된다. 자본생산성 지표로 대표적으로 총자본투자효율이 있다. 이 비율은 부가가치를 총자본으로 나눈 비율로서 기업에 투자된 총 자본이 1년 동안 어느 정도의 부가가치를 창출하였는가를 나타내는 지표이다. 자본생산성이라고도 하며 이 비율이 높으면 총자본이 효율적으로 운용되었음을 의미한다.

$$\text{총자본투자효율} = \frac{\text{부가가치}}{\text{총자본(평균)}} \times 100 = \frac{58{,}877}{310{,}912} \times 100 = 18.9\%$$

SK하이닉스=34.8%, 산업평균=19.4%

2024년 삼성전자의 총자본투자효율은 18.9%이나 SK하이닉스의 34.8%를 차지하여 경쟁사 대비 자본의 생산성도 열위에 있다고 평가할 수 있다.

자본생산성의 보조지표로 설비투자효율이 있다. 이 비율은 부가가치를 건설중인 자산을 제외한 유형자산으로 나눈 비율로서 실제로 사용되고 있는 설비자산이 1년 동안 어느 정도의 부가가치를 창출하였는가를 나타내는 지표이다. 설비자산은 노동의 효율에 직접적으로 영향을 미치므로 노동생산성을 분석하는 한 요소, 즉 종업원 1인당 부가가치(설비투자효율×노동장비율)로 활용될 뿐만 아니라 자본생산성의 보조지표로도 활용된다.

$$\text{설비투자효율} = \frac{\text{부가가치}}{\text{(유형자산} - \text{건설중인 자산)의 평균}} \times 100 = \frac{58{,}877}{112{,}942} \times 100 = 52.1\%$$

SK하이닉스=97.1%, 산업평균=52.3%

2024년 삼성전자의 설비투자효율은 52.1%이나, SK하이닉스의 97.1%보다 설비

투자의 효율성도 열위에 있다고 평가할 수 있다.

(3) 노동생산성

노동생산성은 생산요소의 하나인 노동력의 효율성을 측정하는 지표로, 기업의 노동생산성은 기업이 노동이라는 투입요소를 얼마나 효율적으로 사용하여 부가가치를 창출하는지를 측정하는 지표이다. 즉, 기업이 인적 자원을 얼마나 효과적으로 활용하여 성과를 내고 있는지를 나타낸다.

이는 첫째, 기업의 효율성 및 경쟁력 평가에 활용될 수 있다. 노동생산성이 높다는 것은 기업이 적은 노동 투입으로도 많은 생산물을 만들거나 더 높은 가치를 창출한다는 의미로 기업의 경쟁 우위를 나타내는 중요한 요소이며, 효율적인 생산 시스템이나 숙련된 인력을 보유하고 있음을 나타낸다. 장기적으로 노동생산성이 향상되는 기업은 지속적인 성장이 가능하며, 근로자의 임금 상승 여력도 높아진다. 둘째, 임금 수준 결정 및 인사 전략에 활용할 수 있다. 기업은 노동생산성을 기반으로 합리적인 임금 정책을 수립할 수 있다. 생산성 향상 없이 임금만 오르면 기업의 수익성이 악화될 수 있기 때문이다. 또한 인력 충원, 교육 훈련, 자동화 도입 등 인사 및 경영 전략을 세울 때 핵심적인 지표로 활용된다. 셋째, 수익성 및 원가 구조 분석에 활용할 수 있다. 높은 노동생산성은 곧 단위 생산물당 노동 비용을 낮춰 원가 경쟁력을 확보하고, 이는 기업의 수익성 향상으로 직결된다. 넷째, 기술혁신 및 자동화의 효과 측정에 활용할 수 있다. 신기술 도입이나 자동화 설비 투자가 실제로 노동생산성을 얼마나 향상시켰는지 평가하는 데 사용된다. 자동화를 통해 투입되는 노동 시간은 줄어들면서 생산량이나 가치 창출이 늘어난다면 노동생산성은 증가한다.

노동생산성 지표로 대표적으로 종업원 1인당 부가가치가 있다. 1인당 부가가치가 높을수록 노동력이 효율적으로 운용되었음을 의미한다. 서비스업과 같은 노동집약적인 산업의 경우는 생산요소로서 인적자원이 핵심이므로 종업원 1인당 부가가치가 주요한 경영지표가 된다.

$$\text{종업원 1인당 부가가치} = \frac{\text{부가가치}}{\text{종업원 수}} \times 100 = \frac{58{,}877}{129{,}480} \times 100 = 454.7\text{백만원}$$

SK하이닉스＝1,103백만원

2024년 삼성전자의 종업원 1인당 부가가치는 약 455백만원으로 SK하이닉스의 1,103백만원보다 약 1/3 수준으로 노동생산성 역시 열위에 있다고 평가할 수 있다.

노동생산성은 자본집약도, 노동장비율 및 기계장비율과 병용하여 이용하면 의미 있는 정보를 산출할 수 있다. 자본집약도는 기업이 생산과정에서 노동 대비 자본이 얼마나 많이 투입되는지를 나타내는 지표이다. 제품이나 서비스를 생산하기 위해 얼마만큼의 자본 설비(기계, 장치, 건물 등)가 필요한지를 나타낸다. 노동장비율은 생산과정에서 노동자 한 사람이 얼마만큼의 설비자산(노동장비)을 이용하여 작업하는지를 나타내는 지표이다. 즉, 기업이 한 명의 노동자를 위해 얼마나 많은 기계나 설비, 시설 등에 자본을 투자했는지를 나타낸다. 기계장비율은 이 지표는 한 명의 종업원이 얼마만큼의 기계장치를 활용하여 생산 활동을 수행하는가를 나타낸다. 즉, 기업이 보유한 전체 기계장치(생산 설비, 장치 등)의 총가치를 총종업원 수로 나누어, 종업원 1인당 생산 활동에 동원되는 기계장치의 가치를 측정하는 것이다.

$$\text{자본집약도} = \frac{\text{총자본}}{\text{종업원 수}}$$

$$\text{노동장비율} = \frac{\text{설비자산}}{\text{종업원 수}} = \frac{\text{유형자산} - \text{건설중인 자산}}{\text{종업원 수}}$$

$$\text{기계장비율} = \frac{\text{기계장치}}{\text{종업원 수}}$$

노동생산성을 나타내는 대표적으로 종업원 1인당 부가가치는 다음과 같은 관계식으로 표시할 수 있다. 이 관계식에서 노동력이라는 생산요소의 생산성 향상은 자본집약도와 자본생산성에 의하여 결정됨을 알 수 있다. 더 나아가 노동생산성 향상을 위해서는 설비투자에 의하여 노동장비율과 기계장비율이 높였다고 하여도 그 설비를 얼마나 효율적으로 사용하지 않으면 생산성은 개선될 수 없다는 것을 알 수 있다.

$$\text{노동생산성} = \frac{\text{부가가치}}{\text{종업원 수}} = \frac{\text{총자본}}{\text{종업원 수}} \times \frac{\text{부가가치}}{\text{총자본}}$$

(자본집약도) × (총자본투자효율)

$$\text{노동장비율} = \frac{\text{부가가치}}{\text{종업원 수}} = \frac{\text{설비자산}}{\text{종업원 수}} \times \frac{\text{부가가치}}{\text{설비자산}}$$

(노동장비율) × (설비투자효율)

$$\text{노동장비율} = \frac{\text{부가가치}}{\text{종업원 수}} = \frac{\text{기계장치}}{\text{종업원 수}} \times \frac{\text{부가가치}}{\text{기계장치}}$$

(기계장비율) × (기계투자효율)

또한 노동생산성은 다음과 같은 관계식으로 표시할 수 있다. 즉, 1인당 산출액과 부가가치율 그리고 노동소득분배율 및 1인당 인건비의 관계식으로 표시할 수 있다.

$$\text{노동생산성} = \frac{\text{부가가치}}{\text{종업원 수}} = \frac{\text{산출액}}{\text{종업원 수}} \times \frac{\text{부가가치}}{\text{산출액}}$$

(1인당 산출액) × (부가가치율)

$$\text{노동장비율} = \frac{\text{부가가치}}{\text{종업원 수}} = \frac{\text{인건비}}{\text{종업원 수}} \times \frac{\text{부가가치}}{\text{인건비}}$$

(1인당 인건비) × (노동소득분배율)

인건비총액 = 산출액×부가가치율×노동소득분배율

이 관계식을 통하여 노동생산성과 임금수준의 관계를 파악할 수 있다. 인건비의 상승 여력은 산출액, 부가가치율 및 노동소득분배율의 증가에 의하여 결정된다. 인건비 총액은 산출액 · 부가가치율 · 노동소득분배율에 의하여 결정되므로 인건비 상승은 산출액 수준과 기업의 생산성 즉, 노동생산성의 증가에 의하여 결정되어야 한다.

ROE 분석 (HOB 모델을 활용한 기업의 부문경쟁력 분석)

ROE 분석(HOB 모델을 활용한 기업의 부문경쟁력 분석)

전장에서 재무제표의 계정들 간의 관계비율을 산출하는 방법, 즉 재무비율분석을 통하여 기업의 안정성, 수익성, 활동성, 성장성 및 생산성 등을 통하여 기업의 세부적인 재무상태 및 경영성과를 해석하는 방법에 대하여 논하였다. 본장에서는 수익성관계비율인 투자수익률(ROI)과 자기자본순이익율을 활용하여 사업부의 업적 및 기업의 각 부문의 경쟁력을 평가하는 방법에 대하여 다루고자 한다.

제1절 ROI 변동원인 분석

투자수익률(ROI)는 기업의 투자에 대한 수익률, 즉 기업의 투자성과를 분석하는 지표이다. 이 투자수익률(ROI)의 변동원인은 미국의 화학 회사인 듀폰사가 1910년대 당시 광범위한 사업 포트폴리오를 가지고 있었는데, 각 사업부문의 성과를 효과적으로 평가하고 비교할 수 있는 시스템이 필요하여 개발한 시스템이다. 이 분석방법은 지속적으로 개선되어 사업의 성과평가뿐만 아니라 더 나아가 자기자본순이익률(ROE)의 5분해를 활용한 기업의 각 부문의 경쟁력을 평가하는 지표로 활용되고 있다.

1. ROA 변동원인 분석

듀퐁시스템(DuPont System)의 기본체계를 활용하여 총자산순이익률(ROA)을 다음과 같이 2분해로 분해할 수 있다. 이는 분자와 분모에 매출액을 곱하여 분자에서 당기순이익과 매출액을 교체하면 총자본회전율과 매출액순이익률의 곱으로 다음과 같은 분해식으로 나타낼 수 있다.

$$\text{총자산순이익률} = \frac{\text{당기순이익}}{\text{총자산}}$$

$$= \frac{\text{매출액}}{\text{총자산}} \times \frac{\text{당기순이익}}{\text{매출액}}$$

$$(\text{총자산회전율}) \times (\text{매출액순이익률})$$

여기서 자본의 효율적인 활용 정도를 나타내는 총자산회전율과 기업이 제공하는 재화나 서비스의 순마진을 나타내는 매출액순이익률로 구성됨을 알 수 있다. 예를 들어 한 전자·통신장비회사의 A사업본부와 B사업본부의 총자산순이익률이 각각 15%라고 가정하면, 두 사업본부의 경영성과는 같다고 평가할 수 있다. 그러나 두 사업본부의 총자본회전율과 매출액순이익률이 다음과 같다면 경영성과의 원천은 크게 다름을 알 수 있다.

	총자산순이익률		총자산회전율		매출액순이익률
A사업본부	15%	=	3회전	×	5%
B사업본부	15%	=	1회전	×	15%

두 사업본부의 경영성과의 원천을 살펴보면 A사업본부의 총자산회전율은 3회전에 매출액순이익률은 5%로 높은 회전율과 낮은 수익률을 나타내고 있으나 B사업부는 총자산회전율은 1회전에 매출액순이익률은 15%로 낮은 회전율과 높은 수익률을 나타내고 있다. 이러한 결과는 A사업부의 경우는 박리다매의 경영전략을 수행한 결과이고 B사업부는 고마진의 경영전략을 수행한 결과라고 할 수 있다.

이러한 분석체계는 기간의 비교를 통하여 특정기업 및 사업부의 경영성과의 변동원인을 분석하는 데 활용할 수 있다. 예를 들어 총자산회전율은 일정한데 매출액순이익률이 하락하여 총자산순이익률이 떨어지면 경영성과의 하락의 원인이 마진율 감소에 기인하므로 수익성 악화원인, 즉 제반 원가의 발생을 등을 점검할 필요가 있다. 이와 반대로 총자산회전율의 하락하여 총자산순이익률이 떨어지면 경영성과의 하락원이 회전율 감소에 기인하므로 매출액 감소 원인, 즉 판매 및 가격정책 등을 점검할 필요가 있다.

2. 사례기업의 ROA 변동원인 분석

사례기업인 삼성전자와 SK하이닉스의 듀퐁시스템(DuPont System)의 기본체계를 활용한총자산순이익률(ROA)을 2분해로 분해하여 분석하면 다음과 같다.

	총자산순이익률		총자산회전율		매출액순이익률
삼성전자	7.6%	=	0.67회전	×	11.3%
SK하이닉스	17.2%	=	0.54회전	×	31.6%

2024년 삼성전자의 총자산순이익률은 7.6%로 자산의 투자효율성 지표인 회전율은 0.67회전이고 수익성지표인 마진율은 11.3%로 이루어졌으나, Sk하이닉스는 총자산순이익률은 17.2%로 자산의 투자효율성 지표인 회전율은 0.54회전이고 수익성지표인 마진율은 31.6%로 이루어졌다. 이는 삼성전자의 총자산순이익률이 경쟁사인 SK하이닉스보다 열위에 있는 원인은 마진율에서 열위에 기인하는 것이다. 따라서 삼성전자는 어느 부문이 경쟁력 열위에 있는지를 파악하고 이 부문의 원가절감 방안을 강구해야 한다.

제2절 HOB 모델을 적용한 가치창출 활동분석

1. 기업의 경영분석 대상

기업의 경영성과에 대한 분석은 크게 세 가지 요소, 즉 투입물, 내부 사업 프로세스, 산출물과 그 요소들 간의 상호관계를 파악하는 것이다(Vitale et al. 1994).[1] 투입물은 보통 자본과 관련된 것으로서 주주의 투자자산, 자본 혹은 납입자본금을 의미한다. 그러나 지적자본의 중요성이 부각되면서 직원들이 가지고 있는 지적 자산과 기술이 핵심 성공요인으로 부각됨에 따라 투입물에 인적자원을 포괄하는 경향이 대두되기도 한다. 산출물의 예로는 수익성, 시장점유율 등을 들 수 있다(Brown and Laverick 1994).[2]

투입물과 산출물 사이에는 수많은 활동과 프로세스가 자리 잡고 있다. 이러한 관계를 잘 설명한 것이 Porter(1992)의 가치사슬(value chain)모형이다. Porter(1992)[3]는 기업활동을 크게 본원 활동과 지원활동으로 구분하고 있다. 본원 활동에는 물류, 생산, 마케팅, 서비스 등이 포함되고, 지원활동은 기업하부구조(infrastructure)와 함께 인적자원관리 기술개발, 조달활동 등으로 구성하였다.

기업이란 이러한 활동의 집합체로서 각 활동의 유효성과 효율성이 그 기업의 최종 산출물의 가치, 즉 이윤의 크기를 결정한다고 볼 수 있다. 결국 성과분석은 투입된 물적 자원에 대한 산출물 가치의 크기를 파악되고, 이러한 가치 증대에 기여한 각 활동별, 프로세스별 기여도를 파악하는 것이라고 할 수 있다.

---

1) Vitale, Mike., Mavrinac, Sarsh C., and Hauser, Mark. 1994. New process/financial scorecard: A strategic Performance Measurement System, *Planning Review*, (July/August). p.12~16.

2) Brown, D.M., and Laverick, S. 1994. Measuring corporate performance. *Long Range Planning*. Vol.27 No.1. pp.89~98.

3) Porter, Michael E. 1992. 경쟁우위, 교보문고.

2. HOB 모델의 기본개념

앞서 지적한 바와 같이 투입물이 산출물로 전환하는 부가가치 활동에 대한 분석이 기업 가치에 미치는 영향을 파악하는 것이 매우 중요하다. 그러나 투입물과 산출물 사이에 존재하는 여러 활동이 기업성과 및 가치에 미치는 영향의 정도, 즉 인과관계를 파악하는 것이 투입물이나 산출물 간의 관계를 측정하는 것에 비해 매우 어렵다.

HOB(heart of business) 모델은 광범위하기는 하나 기업의 가치사슬을 구성하고 있는 다양한 가치창출활동과 그러한 활동들 간의 관계를 측정하기 때문에 지금까지의 성과측정방법이 가지고 있던 문제점, 즉 투입물과 산출물 간에 존재하는 인과관계를 밝힐 수 없는 한계를 어느 정도 해결해 준다.

HOB 모델은 Porter의 '가치창출활동의 흐름'(flow of business activity)을 따라 분석을 수행한다. 아래 그림의 Porter의 가치사슬 모형의 흐름을 파악해 보면, 첫 번째는 주어진 자산을 효과적으로 활용하여 최대한 많은 매출을 일으키는 마케팅, 즉 판매활동이 있고, 두 번째는 제품을 생산하는 활동이 있다. 세 번째는 본원 활동이 제대로 이루어지도록 지원하는 기업하부구조와 인력, 구매, 기술개발활동 등이 있다. 이 외에 본원적인 사업활동에 의해 창출된 이익을 최적의 자본구조와 자본조달의 최소화를 통해 적절히 관리하는 재무활동도 있다.

Porter의 가치사슬 모형

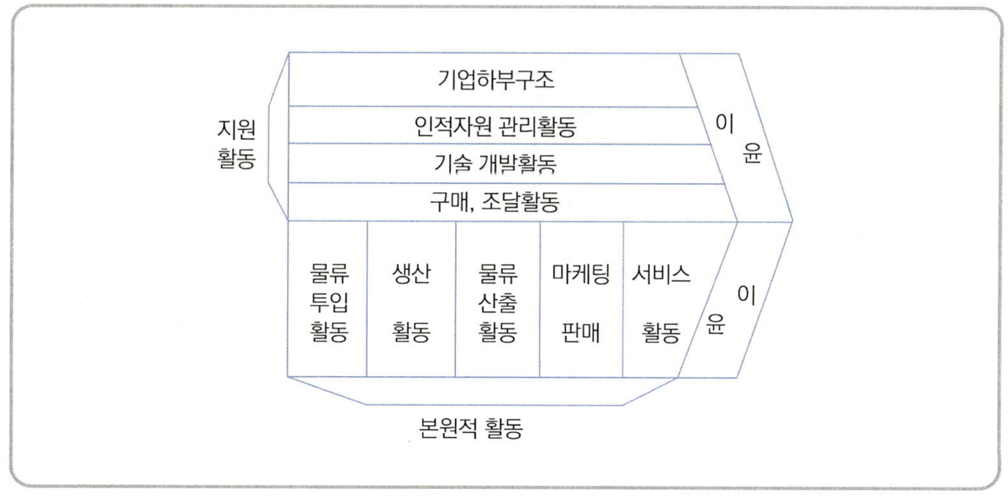

HOB 모델은 이러한 가치창출활동이 얼마나 잘 이루어지고 있는가를 파악하기 위한 모형으로서 다음과 같은 것을 측정한다. 첫째, 자산활용 측면에서 리더십을 발휘하고 있는가? 둘째, 생산 측면에서 최저원가를 달성하고 있는가? 셋째, 하부구조는 부가가치를 창출하는데 얼마나 기여하고 있는가? 넷째, 재무부문은 본원적인 활동에서 창출된 가치를 얼마나 잘 유지 내지 증대시키고 있는가?

HOB 모델은 이러한 가치창출활동 중에서도 기업의 이익 창출과 직결된 마케팅, 생산, 지원(및 하부구조)을 경영의 핵심(heart)으로 인식한다. 따라서 마케팅 혹은 생산활동의 경쟁력을 통해 지속적인 이익이 창출되지 않는 한 재무 기능만 아무리 효율적으로 운영한다 하더라도 기업의 시장가치를 제고하는 데에는 한계가 있다.

3. HOB 모델의 구성 내용

HOB 모델은 사업 활동의 흐름에 따라 경영자원의 활용방식을 단계적으로 나열하여 그 성과를 분석한다. 이러한 활동의 성과를 경쟁관계에 있는 경쟁사에 대비하여 시계열적으로 비교함으로써 실행의 유효성(proficiency)과 관련된 현재의 수준과 개선 혹은 악화의 추이를 파악할 수 있다.

제조기업이나 유통기업의 형태를 막론하고 기업의 자산은 일정 수준의 목표 매출을 통해 시장수요를 충족시키는 데 활용된다. 시장수요를 창출, 충족시킴으로써 수익을 발생시키는 자산의 활용정도는 마케팅 유효성(marketing proficiency)으로 측정하고, 그 산식은 총자산회전율(매출액/총자산) 지표로 나타낸다. 따라서 기존의 자산 회전율을 가치창출 흐름이라는 새로운 각도에서 살펴본 것이다.

제조업의 경우, '가치창출활동의 흐름'은 단위당 판매제품을 생산할 생산단계로 이동한다. 유통업의 경우는 고객에게 재판매할 제품을 구매하는 구매 단계로 초점이 맞추어진다. 두 경우 모두 매출총익률(매출총이익/매출액) 지표를 통해 생산 유효성(production proficiency) 혹은 구매 유효성(buying proficiency)을 측정할 수 있다. 왜냐하면 제품을 만들기 위한 원재료 구입이 제조업에서는 가장 큰 비중을 차지하기 때문에 생산유효성은 구매 유효성의 성과에 따라 좌우될 정도로 중요하다.

HOB 모델

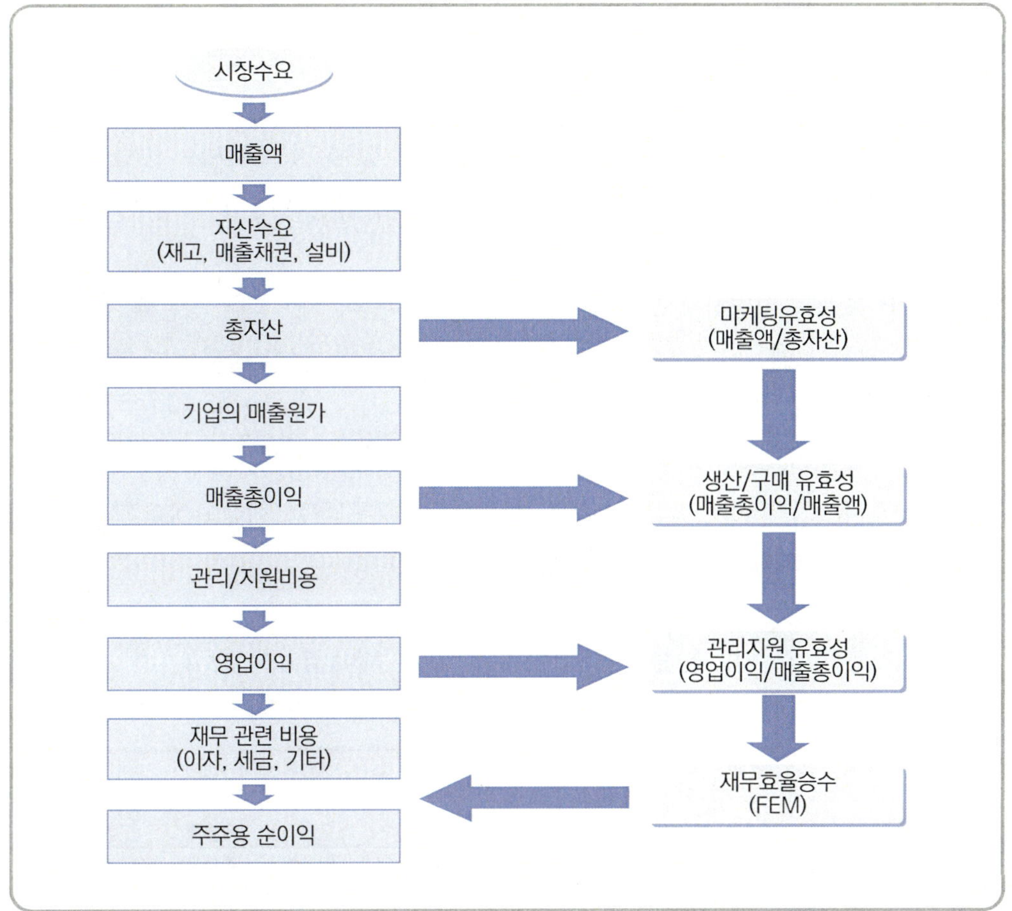

생산원가를 차감한 매출총이익에는 기업 경영에 필요한 다양한 지원기능에 대한 비용도 포함되어 있다. 어떠한 지원기능을 수행하든 가능한 최소의 비용으로 이를 수행하는 것이 바람직하다. 매출총이익에서 관리비(판매 및 일반관리비)를 차감하는 것이 영업이익이므로 기업의 전체적인 관리지원 효율성(administrative proficiency)은 영업이익을 매출총이익으로 나누어 측정한다.

'가치창출활동의 흐름'의 마지막 단계는 재무관련 활동이다. 영업이익 중 일정 부분은 재무와 관련된 비용에 배분된다. 재무관리와 관련된 유효성은 이자관리 유효성, 세무관리 유효성, 자본구조 세 가지로 구분된다. 이 세 비율을 곱한 것이 재무효율승수(FEM: financial effects multiplier)이다.

FEM만을 따로 떼어서 보면, 기업이 '재무 중립적'인 경영을 추구하는지의 여부를 알 수 있다. 재무 중립적인 경우에는 재무효율승수가 매년 거의 1에 가깝게 나타날 것이다. 이것은 자기자본수익율(ROE)이 거의 대부분 핵심 본원적인 활동에 의해 창출되었음을 의미한다. 이러한 형태는 1993~1996년간 Intel사의 성과에서 발견할 수 있다. 어떤 기업이 FEM이 1로부터 많이 떨어져 있는 경우도 재무 중립적인 경우가 있다. 즉 계속 떨어질 환경이 유지되면서 FEM의 연간 변동률이 매우 미미할 때 재무 중립적이라고 볼 수 있다.

HOB 모델을 설명하는 또 다른 형태가 아래 그림에 제시되어 있는데, 이것은 산술적인 근거를 보여 주는 것이다. ROE 비율을 분해하여 가치창출활동 흐름에 맞추어 재배열해 보면, 첫 번째는 마케팅 유효성(매출액/총자산), 그 다음은 생산/구매 유효성(매출총이익/매출액), 그리고 관리지원유효성(영업이익/매출총이익)순으로 보여준다. 이러한 세 가지 유효성 비율은 기업의 본질적인 목적을 추구하는 핵심(HOB) 활동을 구성하는 반면, 재무관리는 2차적인 지원역할로 파악된다.

ROE 분해 및 가치창출활동의 흐름에 따른 재배열

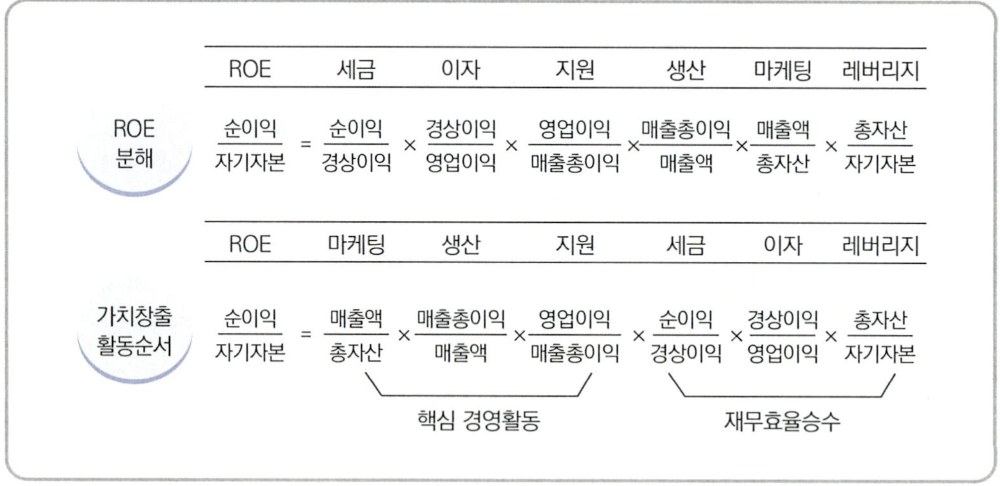

4. HOB 모델의 장점

HOB 모델의 장점 중 하나는 경영 성과를 종합적인 측면에서 바라보기 때문에 특정 비율을 담당하고 있는 관리자가 자신과 관련된 비율을 조작하기가 힘들다는 것이다. 예를 들어, 어느 기업이 생산설비를 구매에서 리스로 전환하는 경우, 총자산은 매출액과 같은 수준으로 감소하여 마케팅 유효성은 개선되겠지만, 리스 비용이 제조원가를 상승시키기 때문에 매출총이익은 오히려 감소될 것이다. 결국 생산설비 자산을 가지고 '부외자산' 게임을 시도한다 하더라도 다른 구성비율에 의해 즉각 포착된다. 더구나 이 예는 HOB 모델을 활용하면 설비를 구매할 것인지 혹은 리스할 것인지를 의사 결정하는 데 도움을 준다는 사실을 보여주고 있다.

다음으로는 HOB 모델을 활용하면 복잡한 재무제표를 일일이 살펴보지 않아도 경영자는 ① 연간 성과 변동 추이, ② 경쟁자 대비 성과비교를 손쉽게 파악할 수 있다. HOB 모델이 유효성 측정에 있어서 변동의 원인을 자세히 파악해 주지 않지만, 경영자가 향후 상세히 파악해야 할 부분이 무엇이며 경쟁사와의 격차는 어느 정도인가를 잘 보여준다.

HOB 모델의 이러한 특성을 통해 경영자는 '만약 이런 조치를 취한다면'(what-if) 형태의 사고를 촉진시킬 수 있다. 예를 들면, '우리 회사의 ROE가 20%이다. 마케팅, 지원, 재무관리 등의 유효성은 현재의 수준으로 유지시키고, 노조와의 합의 실패로 생산 유효성이 30%에서 27%로 떨어진다면, 현재 20% 수준인 ROE는 어떻게 변화될 것인가?'와 같은 사고를 할 수 있다. 다른 핵심 HOB 활동에서 상쇄적인 조정을 할 수 없는 한, ROE는 20%에서 18%로 악화된다.

전체적인 유효성에 대한 각 영역의 관계를 지속적으로 살피는 과정에서 관리자들은 학습경험을 얻을 수 있다. 스프레드 시트(spread sheet)를 통해 이러한 변화를 살펴봄으로써 경영에 대한 통찰력을 효과적으로 기를 수 있다.

이러한 상황 적응적(contingency) 사고과정을 더욱 확대시키게 되면, 복수의 유효성의 변동이 미치는 다양한 결과를 효과적으로 추적할 수 있다. 마케팅, 생산, 관리지원 유효성 각각을 모두 10% 개선시킨다면, 재무효율승수(FEM)가 일정한 경우 ROE는 20% 수준에서 26.62%로 개선된다. 이것은 ROE의 33.10%의 개선을 의미하고, 30%

를 초과하는 부문은 각 요소간의 '시너지 효과'로 인해 창출된 것이다.

HOB 모델은 경쟁사에 대한 평가에도 적용될 수 있다. 다른 내부성과지표와는 달리 경쟁사에 관한 정보 수집은 주식시장에 상장된 회사라면 매우 용이하다. 경쟁사와 잠재적인 진입자에 대해 'what-if' 모델 시나리오를 만들어서 미래 가능한 전략 조치에 맞추어서 그 영향도를 면밀히 파악해 낼 수 있다. 게다가 HOB 모델을 벤치마킹 용도로 활용할 수도 있다. 각 분야에서 동종 업계 최고수준의 유효성을 파악하고 이를 토대로 최적의 ROE 수준을 도출해 낼 수 있는 것이다.

5. 사례기업에 HOB 모델의 적용

HOB 모델의 적용을 위한 분석기간은 최근 5년간('20년~'24년)을 대상으로 하였다. 이것은 앞 장의 재무비율분석의 단점을 보완하고 기업의 장기적인 경영성과의 추세를 반영하기 위한 선택이다.

ROE 분해 및 가치창출활동 요약

구분	삼성전자						
	2020년	2021년	2022년	2023년	2024년	평균	성장률
ROE	8.6%	16.5%	12.6%	11.7%	10.2%	11.9%	4.3%
마케팅	0.75	0.83	0.83	0.61	0.67	0.74	(2.6%)
구매/생산	29.8%	32.0%	28.0%	15.5%	27.3%	26.5%	(2.2%)
경영관리	41.4%	50.1%	42.7%	(43.7%)	21.7%	22.4%	(14.9%)
재무	0.95	1.26	1.25	(2.91)	2.62	0.63	28.8%
	SK하이닉스						
ROE	8.8%	17.7%	4.7%	(8.4%)	28.1%	10.2%	33.5%
마케팅	0.50	0.56	0.43	0.30	0.54	0.47	2.1%
구매/생산	32.0%	43.0%	36.4%	1.6%	49.5%	32.5%	11.5%
경영관리	46.5%	68.1%	55.5%	(1044.9%)	77.3%	(159.5%)	13.6%
재무	1.20	1.14	0.56	1.76	1.31	1.19	2.1%

분석 방법은 각 회사별, 활동별로 5년 평균을 통해 회사 간 현재 수준을 비교하고, 5년간 연평균 성장률(compound annual growth rate)을 통해 최근 5년 동안의 개선 속도를 비교하는 방식을 선택했다.

가. ROE(순이익/자기자본)

삼성전자와 SK하이닉스의 최근 5개년 중 ROE 수준이 가장 높은 기업과 해는 SK하이닉스의 2024년으로서 28.1% 수준을 보였다. 이러한 결과는 구매/생산 활동의 유효성, 즉 구매/생산부문의 경쟁력에 기인한다. 그리고 최근 5개년 평균은 삼성전자가 11.9%로서 SK하이닉스에 비하여 높은 수준을 나타내고 있다. 이는 구매/생산을 제외한 모든 부문의 유효성, 즉 경쟁력이 우위를 점하고 있었기 때문이다.

그러나 삼성전자는 개선 속도 면에서 재무효율승수를 제외하고 모든 부문의 효율성이 (−)로 점점 악화되고 있어 그 결과가 2024년에 나타났다. 이러한 결과는 삼성전자가 핵심영업활동인 구매/생산, 경영관리의 혁신적인 개선이 이루어지지 않으면 향후 몇 년간 지속될 것으로 판단된다.

ROE 비교

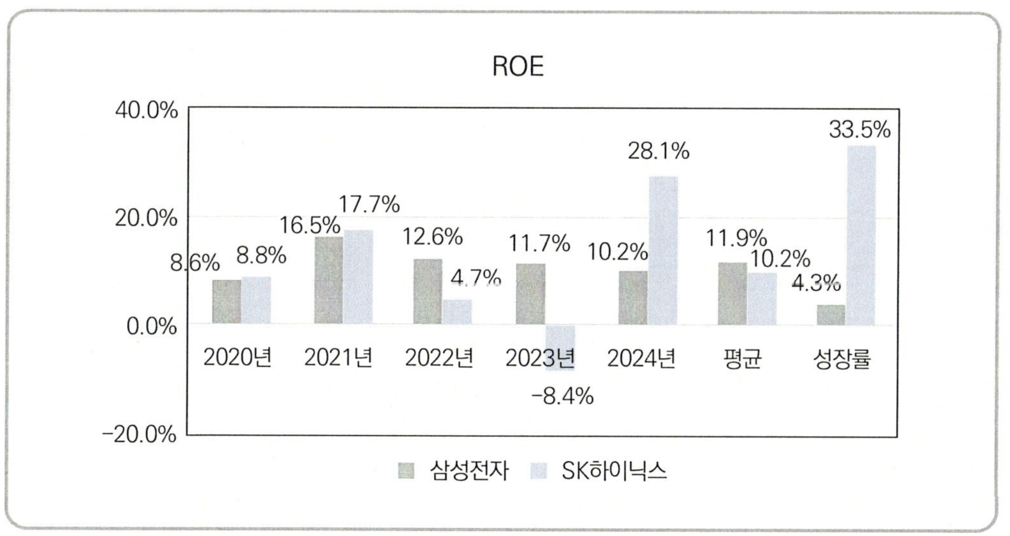

나. 마케팅활동 유효성(매출액/총자산)

마케팅 유효성은 최근 5년간 삼성전자가 SK하이닉스보다 우위를 보이고 있어, 최근 5개년 평균 0.74회로 SK하이닉스의 0.47회보다 뚜렷한 우위를 보이고 있다. 이는 효율적인 설비투자를 통한 투자비 절감 및 설비활용의 극대화가 삼성전자의 경쟁력의 원천이라는 사실을 다시 한 번 보여주고 있다.

그러나 삼성전자는 개선 속도 면에서 마케팅활동의 유효성은 −2.6%로 점점 악화되고 있는 반면 SK하이닉스는 2.1% 점점 상승하고 있다. 최근 5개년 간 삼성전자의 매출액 연평균 5.9%씩 성장하였으나 SK하이닉스는 연평균 16.2%씩 성장하고 있다. 따라서 삼성전자의 마케팅활동의 유효성 개선이 요구된다.

마케팅활동 비교

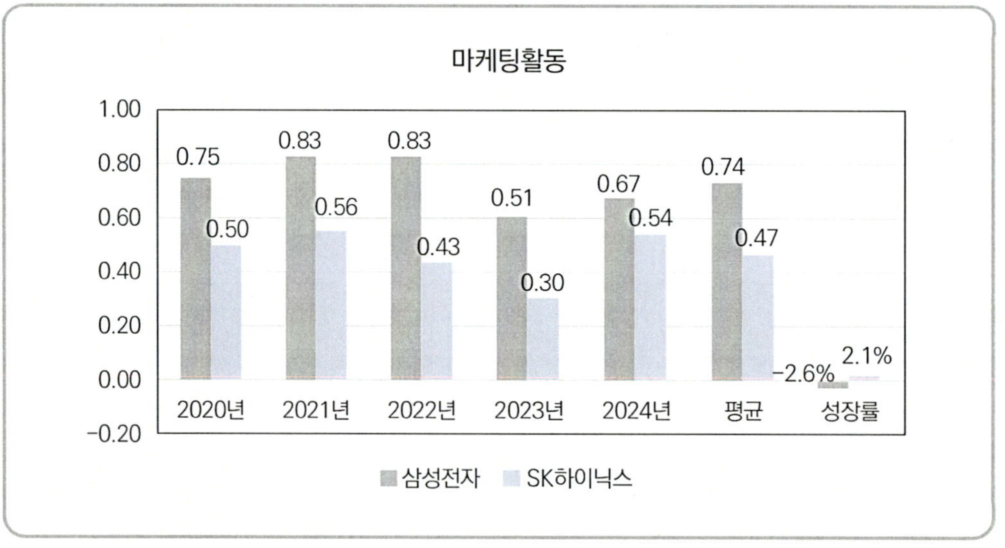

다. 구매/생산활동 유효성(매출총이익/매출액)

구매/생산활동의 유효성은 최근 5년간 2023년을 제외하고 삼성전자가 SK하이닉스보다 열위를 보이고 있어, 최근 5개년 평균 26.5%로 SK하이닉스의 32.5%보다 뚜렷한 열위를 보이고 있다. 이는 구매/생산 활동의 유효성, 즉 구매/생산 부문의 경쟁

구매/생산활동 비교

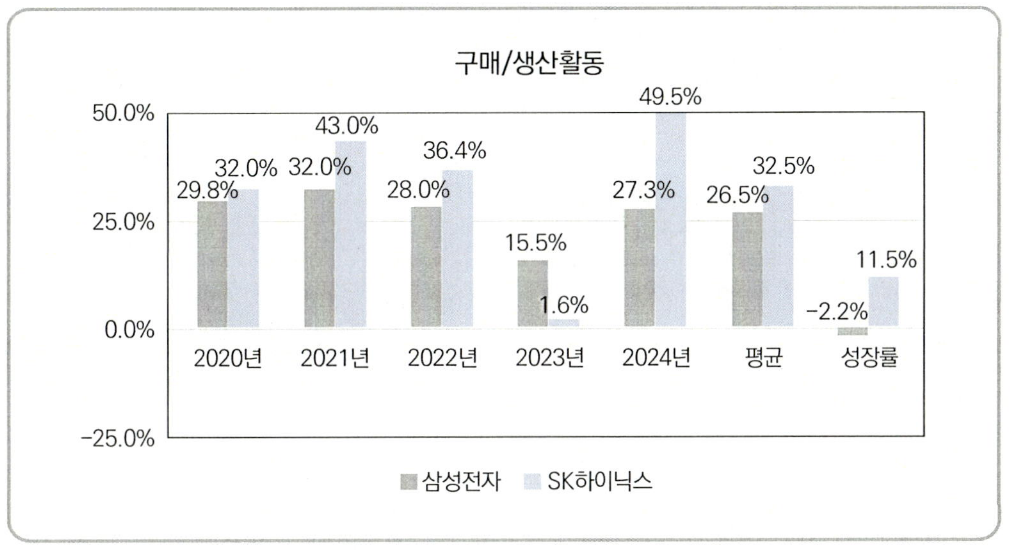

력이 떨어진다고 평가할 수 있다.

그리고 삼성전자는 개선 속도 면에서 구매/생산마케팅 활동의 유효성은 −2.2%로 점점 악화되고 있는 반면 SK하이닉스는 11.5%로 점점 상승하고 있다. 따라서 삼성전자의 구매/생산부문의 혁신적인 개선이 요구된다.

구매/생산 활동의 유효성은 구매활동과 생산활동으로 구분하여 유효성을 평가할 수 있다. 이는 재무상태표의 재고자산과 재무제표 주석에서 비용의 성격별 분류를 활용하면 구분하여 유효성을 평가할 수 있다. 이를 구분하기 위하여 첫 번째로 원재료의 매입과 원재료의 사용을 분류하여야 한다. 이를 위하여 비용의 성격별 분류에서 원재료 등의 사용과 재무상태표 재고자산을 원재료를 활용한다. 즉, 원재료의 사용액에 재고자산의 기말 원재료를 가산하고 기초 원재료를 차감하여 원재료 등의 매입을 산출한다. 두 번째는 전환원가(가공원가)의 산출인데 이는 비용의 성격별 분류 항목 중 재고자산과 관련이 없는 비용의 합에서 판매관리비의 합을 차감하여 산출한다.

매출액 대비 원재료 등의 매입은 구매의 유효성이 되며, 매출액 대비 원료재료 사용액은 생산의 원재료 유효성이며, 매출액 대비 전환원가(가공원가)는 생산의 가공 유효성이 된다. 여기서 매출액 대비 구입금액과 원가이므로 낮은 숫자가 유효성이 우위에 있는 것으로 평가할 수 있다.

구매/생산활동 유효성 분해

구분	2020년	2021년	2022년	2023년	2024년	평균	성장률
	삼성전자						
구매/생산	29.8%	32.0%	28.0%	15.5%	27.3%	26.5%	(2.2%)
구매	47.8%	45.7%	51.4%	52.3%	41.7%	47.8%	(3.3%)
생산－원재료	47.5%	45.3%	50.7%	52.4%	41.8%	47.6%	(3.1%)
생산－가공	23.4%	23.4%	26.3%	33.0%	30.9%	27.4%	7.2%
	SK하이닉스						
구매/생산	32.0%	43.0%	36.4%	1.6%	49.5%	32.5%	11.5%
구매	34.9%	23.1%	35.2%	39.1%	21.2%	30.7%	(11.7%)
생산－원재료	34.4%	23.0%	34.2%	39.4%	21.2%	30.4%	(11.5%)
생산－가공	46.2%	27.0%	41.2%	53.6%	30.3%	39.7%	(10.0%)

구매 활동의 유효성은 최근 5년간 삼성전자가 SK하이닉스보다 열위를 보이고 있어, 최근 5개년 평균 매출액 대비 원재료 매입 비율은 47.8%로 SK하이닉스의 30.7%보다 뚜렷한 열위를 보이고 있다. 이는 구매 활동의 유효성, 즉 구매부문의 경쟁력이 떨어진다고 평가할 수 있다. 그리고 삼성전자는 개선 속도 면에서 구매 활동의 유효성은 －3.3%로 약간 개선되고 있으나 SK하이닉스는 －11.7%로 보다 크게 개선되고 있다.

생산의 원재료 사용에 대한 유효성은 최근 5년간 삼성전자가 SK하이닉스보다 열위를 보이고 있어, 최근 5개년 평균 매출액 대비 원재료 사용 비율은 47.6%로 SK하이닉스의 30.4%보다 뚜렷한 열위를 보이고 있다. 이는 생산의 원재료 사용에 대한 유효성, 즉 생산의 원재료 사용 경쟁력이 떨어진다고 평가할 수 있다. 그리고 삼성전자는 개선 속도 면에서 구매 활동의 유효성은 －3.1%로 약간 개선되고 있으나 SK하이닉스는 －11.5%로 보다 크게 개선되고 있다.

생산의 가공활동에 대한 유효성은 2024년을 제외하고 최근 5년간 삼성전자가 SK하이닉스보다 우위를 보이고 있어, 최근 5개년 평균 매출액 대비 가공원가 비율은 27.4%로 SK하이닉스의 39.7%보다 뚜렷한 우위를 보이고 있다. 이는 생산의 가공활동에 대한 유효성, 즉 생산의 가공활동의 경쟁력이 높다고 평가할 수 있다. 그러나 삼성전자는 개선 속도 면에서 생산 가공 활동의 유효성은 7.2%로 점점 악화되고 있으나 SK하이닉스는 −10.0%로 보다 크게 개선되고 있다. 따라서 가공활동에 대한 대비를 하지 않으면 가공활동의 경쟁력도 추월당할 위험에 처해있다.

라. 경영관리 활동 유효성(영업이익/매출총이익)

경영관리활동의 유효성은 최근 5년간 2023년을 제외하고 삼성전자가 SK하이닉스 보다 열위를 보이고 있었으며 최근 5개년 평균 22.4%이었다. 그러나 SK하이닉스는 2023년 1.6%의 매출총이익으로 급격히 하락한 매출총이익의 영향으로 경영관리활동의 유효성이 급격한 하락으로 인한 최근 5개년 평균 역시 −159.5%를 나타내고 있다. 2023년을 제외하고는 그 외 모든 연도에서 삼성전자보다 우위를 점하고 있다고 평가할 수 있다. 따라서 삼성전자는 SK하이닉스에 비하여 2023년을 제외한 모든 연도에서 경영관리활동의 경쟁력이 떨어지는 것으로 판단할 수 있다.

그리고 삼성전자는 개선 속도 면에서 경영관리활동의 유효성은 −14.9%로 점점 악화되고 있는 반면 SK하이닉스는 13.6% 점점 상승하고 있다. 따라서 삼성전자의 경영관리 부문의 혁신적인 개선이 요구된다.

경영관리활동 비교

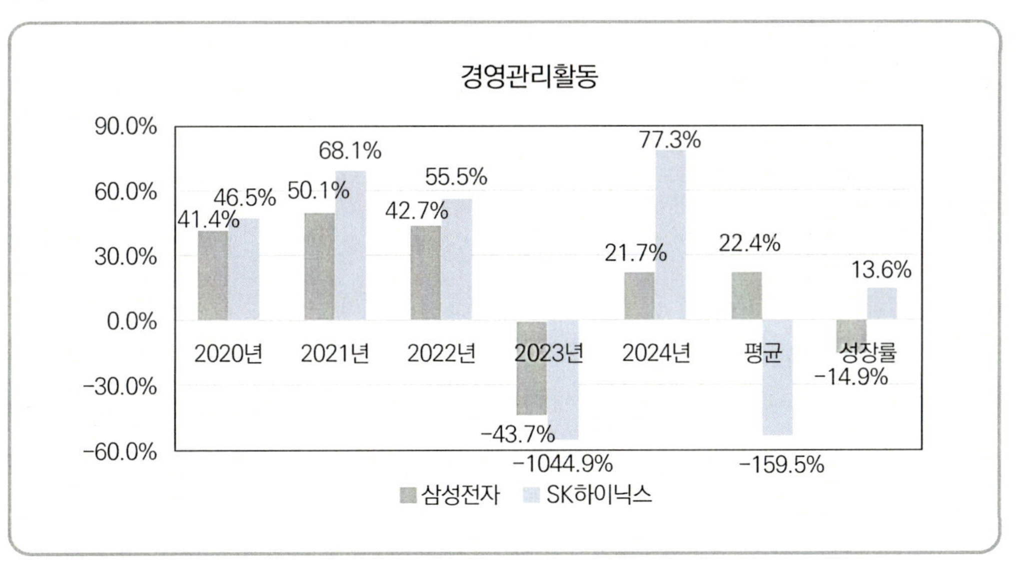

인적자원 및 연구개발에 대한 투자활동 유효성 분해

구분	삼성전자						
	2020년	2021년	2022년	2023년	2024년	평균	성장률
투자활동	18.7%	17.3%	17.4%	22.6%	22.2%	19.6%	4.4%
인적자원	8.0%	7.9%	7.5%	8.6%	7.7%	7.9%	(0.9%)
연구개발	10.6%	9.4%	9.9%	14.0%	14.4%	11.7%	7.9%
	SK하이닉스						
투자활동	25.7%	16.7%	22.7%	25.1%	18.6%	21.8%	(7.8%)
인적자원	14.3%	7.4%	12.1%	11.9%	10.5%	11.2%	(7.4%)
연구개발	11.5%	9.3%	10.7%	13.2%	8.1%	10.5%	(8.3%)

경영관리 유효성에서 비용의 성격별 분류에서 인건비와 연구개발비에 대한 지출은 비용의 측면에서 평가할 수 있지만, 이를 미래를 위한 인적자원 및 연구개발에 대한 투자로 평가할 수 있다. 따라서 매출액 대비 인건비와 연구개발비의 비중을 활용하여 미래를 위한 투자활동의 유효성을 평가하면 다음과 같다.

미래에 대한 투자활동은 삼성전자가 2021년과 2024년은 우위를 점하고 그 밖의 연도에는 열위를 나타내 최근 5년의 평균은 19.6%로 SK하이닉스의 21.8%보다 열위인 것으로 평가되고 있다. 개선속도 면에서는 삼성전자는 최근 5년 연평균 성장률이 4.4%로 점점 개선되고 있으나, SK하이닉스는 최근 5년 연평균 성장률이 −7.8%로 악화되고 있다.

이에 대한 세부적으로 살펴보면 인적자원에서는 2021년은 동등한 수준을 유지하고 있으나 나머지 연도에서 열위를 나타내 최근 5년의 평균은 7.9%로 SK하이닉스의 11.2%보다 열위인 것으로 평가되고 있다. 개선속도 면에서는 삼성전자는 최근 5년 연평균 성장률이 −0.9%로 약간 악화되고 있으나, SK하이닉스는 최근 5년 연평균 성장률이 −7.4%로 악화되고 있다. 빠른 시일에 인적자원에 대한 투자는 회복될 것으로 평가될 수 있다.

연구개발투자에서는 2024년을 제외하고는 모든 연도에서 삼성전자가 약간 열위를 차지하고 있으나 2024년 크게 우위를 차지하여 최근 5년의 평균은 11.7%로 SK하이닉스의 10.5%보다 약간 우위인 것으로 평가되고 있다. 개선속도 면에서는 삼성전자는 최근 5년 연평균 성장률이 7.9%로 점점 개선되고 있는 반면 SK하이닉스는 최근 5년 연평균 성장률이 −8.3%로 악화되고 있다. 따라서 미래의 매출 등에 영향을 미칠 연구개발 투자의 지속적인 성장으로 경쟁력 회복이 기대된다.

마. 재무효율승수(경상이익/영업이익×순이익/경상이익×총자산/자기자본)

재무효율승수는 최근 5년간 두 기업의 일관성을 유지하지 않고 변화하고 있다. 따라서 최근 5년간의 평균으로 평가하면 삼성전자는 0.63으로 1 이하이나 SK하이닉스는 1.19로 1 이상으로 삼성전자가 열위를 나타내고 있다.

재무효율승수의 삼성전자는 개선 속도 면에서 재무효율 승수가 28.8%로 점점 개선되고 있는 반면 SK하이닉스는 2.1%로 약간 상승하고 있다. 따라서 이러한 추세를 유지하면 삼성전자의 재무효율 승수는 경쟁력을 회복될 것으로 평가된다.

재무효율승수는 자금관리, 세금관리 및 레버리지로 구성되어 있다. 재무효율 승수를 이 3가지로 분해하여 경쟁력을 평가할 필요가 있다.

재무효율승수의 구성요소인 자금관리는 최근 5년간 두 기업의 일관성을 유지하지 않고 변화하고 있다. 따라서 최근 5년간의 평균으로 평가하면 삼성전자는 72.4%

재무효율승수 비교

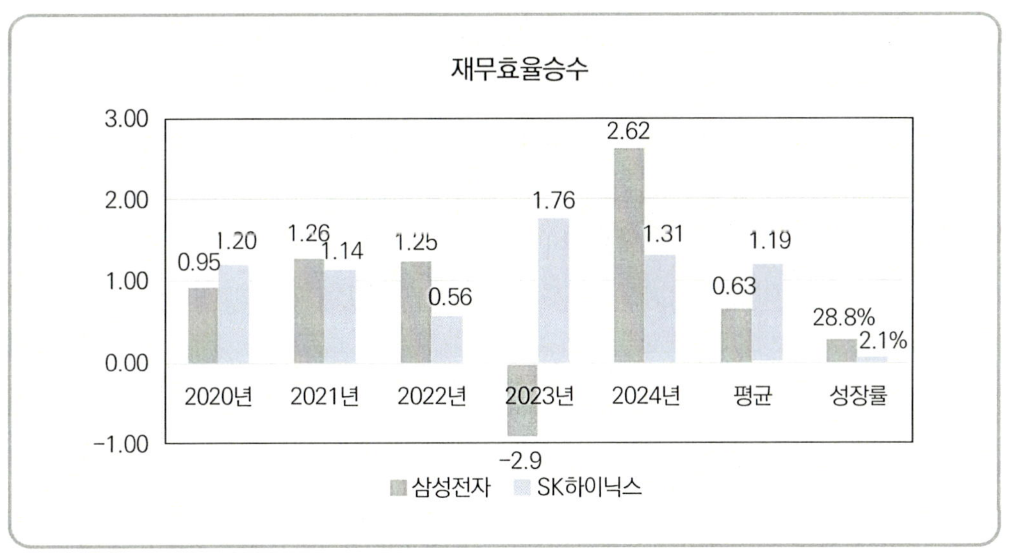

재무효율승수 분해

구분	삼성전자						
	2020년	2021년	2022년	2023년	2024년	평균	성장률
재무효율승수	0.95	1.26	1.25	(2.91)	2.62	0.63	28.8%
자금관리	99.7%	121.0%	117.3%	(152.1%)	176.0%	72.4%	15.3%
세금관리	76.3%	80.0%	85.6%	144.9%	108.4%	99.1%	9.2%
레버리지	1.25	1.30	1.24	1.32	1.37	1.30	2.3%
	SK하이닉스						
재무효율승수	1.20	1.14	0.56	1.76	1.31	1.19	2.1%
자금관리	124.3%	107.8%	58.3%	162.2%	99.7%	110.5%	(5.4%)
세금관리	74.7%	72.9%	62.5%	63.8%	82.9%	71.3%	2.7%
레버리지	1.29	1.45	1.53	1.70	1.58	1.51	5.1%

로 SK하이닉스는 110.5%보다 열위에 있으며, 개선속도에 있어서는 삼성전자는 최근 5년 연평균 성장률이 15.3%로 크게 상승하고 있으며 SK하이닉스의 연평균 성장률 −5.4%보다 크게 개선되어 자금관리 경쟁력은 회복될 것으로 평가된다.

재무효율승수의 구성요소인 세금관리는 최근 5년간 삼성전자가 우위를 차지하여 최근 5년간의 평균이 99.1%이었으며, SK하이닉스는 71.3%로 삼성전자가 우위를 차지하고 있다. 또한 개선속도에 있어서도 삼성전자는 최근 5년 연평균 성장률이 9.2%로 점점 개선되고 있으며 SK하이닉스의 연평균 성장률 2.7%로 약간 개선되고 있는 것으로 평가할 수 있다.

레버리지는 최근 5년간 삼성전자가 열위에 놓여 있어 최근 5년간의 평균이 1.30이었으며, SK하이닉스는 1.51로 삼성전자가 열위에 있다. 또한 개선속도에 있어서도 삼성전자는 최근 5년 연평균 성장률이 2.3%로 약간 개선되고 있으나, SK하이닉스의 연평균 성장률 5.1%로 삼성전자보다 크게 개선되고 있는 것으로 평가할 수 있다.

CHAPTER 12

레버리지분석 (영업레버리지와 재무레버리지 분석)

레버리지분석(영업레버리지와 재무레버리지 분석)

지금까지는 재무제표의 기본개념과 이들 간의 관계 및 기업의 재무건전성 및 경쟁력 평가에 대하여 논하였다. 본장부터는 경영분석의 이슈인 레버리지분석, 추정재무제표 작성 및 기업가치평가 방법에 대하여 다루고자 한다. 따라서 본장에서는 경영분석의 하나인 레버리지분석으로 기업의 위험인 영업위험, 즉 영업레버리지와 재무위험, 즉 재무레버리지에 대하여 다루고자 한다.

제1절 레버리지분석의 의미

1. 기업의 위험

기업의 위험이란 기업이 목표를 달성하는 데 방해가 되거나, 기업의 가치 또는 생존에 부정적인 영향을 미칠 수 있는 모든 불확실성과 사건의 가능성을 의미한다. 이는 예상치 못한 손실이나 기회 상실로 이어질 수 있다.

기업 위험을 이해하기 쉽게 핵심적인 분류로 나누어 살펴보면 다음과 같다.

첫째, 사업운영 및 전략 관련 위험으로 이는 기업의 핵심 사업 활동과 장기적인 방향 설정에서 발생하는 위험이다.

- 영업 위험: 매출액 변동이 영업이익에 미치는 영향의 변동성을 의미하며, 주로 고정원가 비중이 높을수록 커진다(예: 시장 수요 감소로 인한 생산량 저하).
- 전략적 위험: 잘못된 사업 모델 선택, 시장 변화에 대한 부적응, 경쟁 우위 상실 등 기업의 장기적인 방향성이나 경쟁력 저하와 관련된 위험이다(예: 기술 트렌드를 따라가지 못해 시장 점유율 하락).

둘째, 재무 및 시장관련 위험으로 이는 기업의 자금 조달, 운용, 그리고 외부 금융 시장 환경과 관련된 위험이다.

- 재무 위험: 기업이 자금을 조달하고 운용하는 과정에서 발생하는 재무적 손실 가능성을 의미한다(예: 과도한 차입금으로 인한 이자 비용 부담, 부채 상환 능력 부족).
- 시장 위험: 금리, 환율, 주가, 원자재 가격 등 외부 시장 가격 변동이 기업의 가치나 수익성에 미치는 부정적인 영향이다(예: 환율 상승으로 인한 원재료 수입 비용 증가).
- 유동성위험: 기업이 만기가 도래하는 채무를 상환하거나 예상치 못한 지출에 대응할 충분한 현금을 확보하지 못할 위험이다(예: 갑작스러운 자금 인출 요청에 대응 불가능).

기업의 위험분류

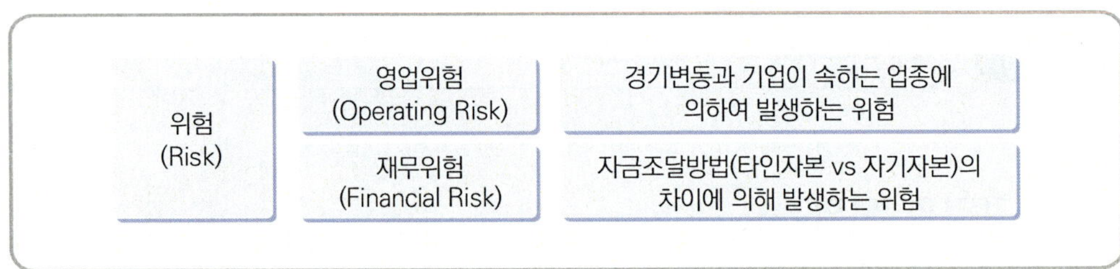

2. 영업위험(operating risk)

영업위험은 기업의 매출액 변동이 영업이익에 얼마나 큰 영향을 미치는가와 관련된 위험으로 이는 주로 기업이 속한 산업의 특성과 사업운영 방식에 의한 영업위험과 기업의 원가구조에 따른 영업위험이 있다.

산업의 특성과 사업운영 방식에 의한 영업위험은 다음과 같이 구분할 수 있다. 첫 번째, 경기 민감도에 의한 영업위험이다. 이는 자동차, 전자·통신장비, 철강 및 조선업등과 같은 자본집약적인 산업은 경기에 민감하기 때문에 기업은 영업위험이 높다. 두 번째, 산업의 경쟁강도에 의한 영업위험이다. 경쟁이 치열한 산업에서는 가격경쟁 등으로 인해 마진이 줄어들거나 시장 점유율이 쉽게 변동될 수 있어 영업이익의 변동성이 커진다. 세 번째, 제품의 수명주기에 의한 영업위험이다. 이는 IT 산업과 같은 제품 수명 주기가 짧거나 기술 변화가 빠른 산업은 막대한 신제품 개발 및 마케팅 비용에 의하여 시장 변화에 대한 적응 실패 시 큰 손실을 입을 수 있다. 네 번째, 수요 변동성에 의한 영업위험이다. 제품이나 서비스에 대한 수요가 계절적이거나 예측하기 어려운 경우, 생산량 및 판매량 관리가 어려워 영업이익 변동성이 커진다.

기업의 원가구조에 의한 영업위험은 기업의 원가구조(고정원가와 변동원가의 비중)가 영업위험을 결정하는 가장 중요한 요소이다. 매출액과 관계없이 지출되는 임차료, 감가상각비, 정규직 직원의 급여, 연구 개발비 등과 같은 고정원가의 비중이 높을수록 영업위험은 커진다. 이는 매출액이 감소할 때 고정원가는 줄어들지 않으므로 영업이익 감소폭이 더 커지기 때문이다. 또한 단위당 변동원가가 낮으면 제품 한 개당 공헌이익이 커지지만, 이는 곧 고정원가 부담이 상대적으로 크다는 의미가 될 수 있어, 매출액 변동 시 영업이익 변동 폭이 커진다.

3. 재무위험(financial risk)

재무위험은 기업의 자금 조달 및 운용 활동과 관련하여 발생하는 재무적 손실 가능성을 의미한다. 주로 부채의 사용 및 금융 시장의 변동성과 밀접하게 연관된다.

시장위험으로 시장 가격 변동으로 인해 기업의 금융 자산/부채의 가치가 변동되거나 현금 흐름에 영향을 미쳐 손실이 발생할 수 있는 위험이다. 이에는 첫째, 금리위험으로 이는 시장 금리 변동으로 인해 변동금리 부채의 이자 비용이 증가하거나, 보유 채권의 가치가 하락할 위험이다. 둘째, 환율위험으로 이는 환율 변동으로 인해 외화 표시 자산(예: 해외 매출채권)의 가치가 하락하거나, 외화 표시 부채(예: 해외 차입금)의 원화 환산액이 증가할 위험이다. 셋째, 주식가격 위험이다. 보유하고 있는 주식(유가증권)의 가격 변동으로 투자 손실이 발생할 위험이다. 넷째, 상품가격 위험으로 이는 원유, 구리, 곡물 등 원자재 가격 변동으로 인해 원가 상승 또는 재고 가치 하락 위험이 발생할 수 있다.

신용위험은 거래 상대방이 계약상의 의무(원금 또는 이자 상환, 대금 결제 등)를 이행하지 못하여 기업이 손실을 입을 위험이다. 이에는 첫째, 고객 신용위험으로 이는 고객(거래처)의 부도나 지불 지연으로 인해 매출채권 등을 회수하지 못할 위험이다. 둘째, 금융기관 의 신용위험으로 이는 은행 등 금융기관의 부실로 예금이나 투자 자금을 회수하지 못할 위험이다. 셋째, 투자신용 위험으로 이는 기업이 투자한 채권 등의 발행 주체가 부도나 신용등급 하락으로 채무상환 능력을 상실할 위험이다.

유동성 위험은 기업이 만기가 도래하는 채무를 상환하거나 예상치 못한 지출에 대응할 충분한 현금성 자산을 확보하지 못하는 위험이다. 이에는 첫째, 자금조달 유동성 위험으로 이는 필요한 자금을 적시에, 그리고 합리적인 비용으로 조달하기 어려운 상황을 의미한다. 둘째, 시장유동성 위험으로 이는 보유하고 있는 자산(예: 부동산, 특정 금융상품)을 시장에서 신속하게, 합리적인 가격에 매각하여 현금화하기 어려운 상황에 처하는 위험이다.

4. 레버리지분석의 의의

레버리지분석(Leverage Analysis)은 기업의 원가구조와 재무구조를 분석하여, 매출액이나 영업이익의 변화가 순이익(주당순이익)에 미치는 영향을 분석하는 방법이다. 즉, 고정원가나 차입금과 같은 레버리지요소가 기업의 수익성에 미치는 변화폭 효과를 측정하는 것이다.

기업이 사업을 운영하고 자금을 조달하는 과정에서 고정적으로 지출해야 하는 원가와 이자비용이 존재한다. 이 고정적인 원가와 이자비용이 기업의 이익 변동성을 증폭시키는 역할을 하는데, 레버리지분석은 바로 이 증폭 효과를 측정하여 기업의 위험과 수익성을 이해하는 데 도움을 준다.

레버리지분석의 주요 유형은 다음과 같다. 첫째, 영업레버리지(Operating Leverage)는 매출액의 변화가 영업이익에 미치는 영향력을 분석한다. 앞서 설명한 영업위험과 직결되는 개념으로 기업의 고정원가(감가상각비, 임차료, 관리직 급여 등)가 높을수록 영업레버리지가 크다. 이는 매출액이 증가하면 영업이익이 더 큰 폭으로 증가하지만, 반대로 매출액이 감소하면 영업이익은 더 큰 폭으로 감소할 위험(영업위험)을 파악하는 데 활용된다. 둘째, 재무레버리지(Financial Leverage)는 영업이익의 변화가 당기순이익이익(또는 주당순이익)에 미치는 영향력을 분석한다, 이는 기업이 타인 자본(부채)을 사용하여 조달 비용(이자비용)을 고정적으로 지출할 때 발생하는 것으로 부채 사용으로 인하여 이자 비용이 고정적으로 발생하는데, 이자 비용은 영업이익의 규모에 따라 상대적인 부담이 달라진다. 영업이익이 증가하면 이자 비용을 제외한 당기순이익은 더 크게 증가하지만, 영업이익이 감소하면 당기순이익은 더 큰 폭으로 감소할 위험(재무위험)을 파악하는 데 활용된다. 셋째, 결합레버리지(Combined Leverage)는 매출액의 변화가 당기순이익(또는 주당순이익)에 미치는 총체적인 영향력을 분석한다. 아는 영업레버리지와 재무레버리지를 합한 개념으로 기업의 전체적인 위험과 주주 수익률의 변동성을 파악하는 데 활용된다. 즉, 매출액이 변할 때 주주들이 얻는 이익이 얼마나 변동하는지를 통합적으로 나타내 준다.

레버리지분석은 기업의 이익 변동성이 얼마나 큰지 파악하여 위험을 관리하고 예측하는 데 활용되며, 투자자들은 기업의 레버리지 정도를 분석하여 투자 위험과 기대수익률을 평가한다. 레버리지효과가 큰 기업은 더 큰 수익을 기대할 수 있지만, 동시에 더 큰 손실을 볼 위험도 안고 있기 때문이다. 그리고 경영진은 레버리지분석을 통해 원가구조(고정원가 대 변동원가)와 자본구조(자기자본 대 타인자본)를 최적화하여 기업가치를 극대화하는 전략을 수립할 수 있다.

제2절 손익분기점분석

1. 원가형태 및 원가추정

손익분기점(breakeven point)은 총수익과 총원가가 같게 되는 조업(활동)수준을 말한다. 따라서 손익분기점에서는 이익도, 손실도 발생하지 않는다. 기업이 궁극적으로 손익분기점에 관심을 두는 것은 아니지만 손익분기점 분석을 통해 경영자들은 기업운영을 보다 현명하게 하여 궁극적으로 이익을 벌어들일 수 있다. 또한 손익분기점은 조직 전체에만 적용되어야 하는 것은 아니다. 오히려 제품 또는 제품군별, 사업부문별, 또는 그 밖의 원가대상별 손익분기점이 많이 활용된다.

가. 원가의 형태

손익분기점분석을 위하여 기업에서 발생하는 원가의 형태를 파악하여야 한다. 원가행태(cost behavior)는 조업(활동)수준이 변화함에 따라 원가가 어떻게 변화하는지를 나타내 준다. 조업(활동)수준의 측정치로는 매출액, 생산량, 기계사용시간, 원재료 소모량, 서비스를 제공받은 고객수 등이 있다. 보통 원가행태는 다양한 조업(활동)수준에서의 총원가를 분석하여 다양한 조업(활동)수준에서 총원가가 어떻게 변화하였는지를 확인함으로써 결정된다. 가령 회계담당자가 월별로 광열비와 생산량을 기록하였다고 하자. 이때 회계담당자는 월별 광열비의 변화를 월별 생산량의 변화와 비교해봄으로써 생산량의 변화에 따른 광열비의 원가행태의 패턴이 어떠한지를 알게 될 것이다.

기본적인 원가행태의 패턴은 크게 변동원가, 고정원가, 준변동원가 및 준고정원가로 구분할 수 있다.

(1) 변동원가

변동원가(variable costs)는 조업(활동)수준의 변화에 따라 총액이 비례적으로 변화

변동원가

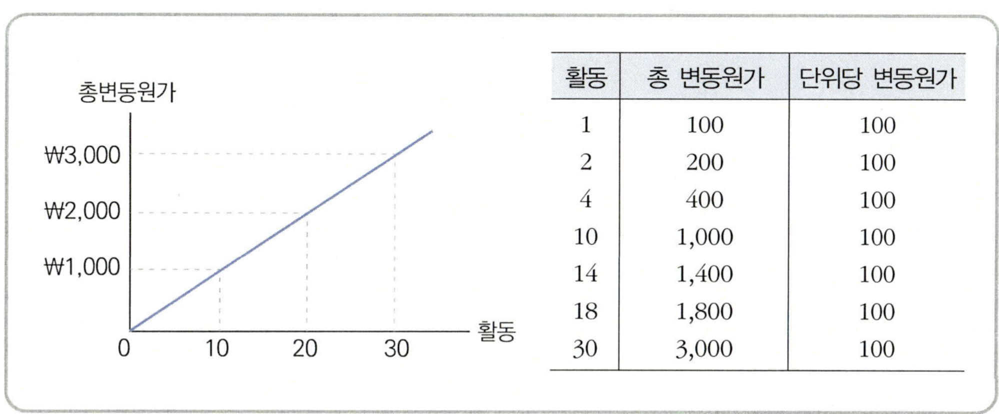

활동	총 변동원가	단위당 변동원가
1	100	100
2	200	100
4	400	100
10	1,000	100
14	1,400	100
18	1,800	100
30	3,000	100

하는 원가이다. 만약 활동이 10% 상승하면 총변동원가는 또한 10%까지 상승한다. 예를 들어 철강회사의 철강재 생산량이 약 5% 증가하면, 철강생산에 사용되는 철광석의 원가도 5%까지 상승할 것이다. 변동원가의 예로는 직접재료원가, 판매수수료, 직접노무원가 등을 들 수 있다.

총변동원가 그래프에서 보는 바와 같이 활동이 증가하면 총변동원가는 비례적으로 증가한다. 즉, 활동이 10에서 20으로 배가 증가하면 총변동원가도 1,000원에서 2,000원으로 배가 증가한다. 그러나 단위당 변동원가는 활동의 증가와 관계없이 일정하다는 것을 알 수 있다. 총변동원가표에서 보는 바와 같이 활동의 단위당 원가는 100원이다. 이를 요약하면 활동의 변화에 관련하여 총 변동원가는 비례적으로 증가하거나 혹은 감소한다. 그러나 단위당 변동원가는 일정하다.

(2) 고정원가

조업(활동)수준의 변화에도 불구하고 총원가가 전혀 변화하지 않는 원가를 고정원가(fixed cost)라 한다. 조업(활동)수준이 증가함에도 총고정원가는 증가하지 않기 때문에 총고정원가선은 수평선인 조업도축과 평행을 이루고 있다. 고정원가의 예로는 감가상각비, 세금과공과, 임차료, 관리직 종업원의 급여, 연구개발비, 광고비 등이 있다. 한 가지 주의할 점은 고정원가 일정한 관련범위가 유지되는 일정기간을 전제로 분석한다는 것이다. 여기서 관련범위(relevant range)란 현실적으로 달성가능한 최소조

고정원가

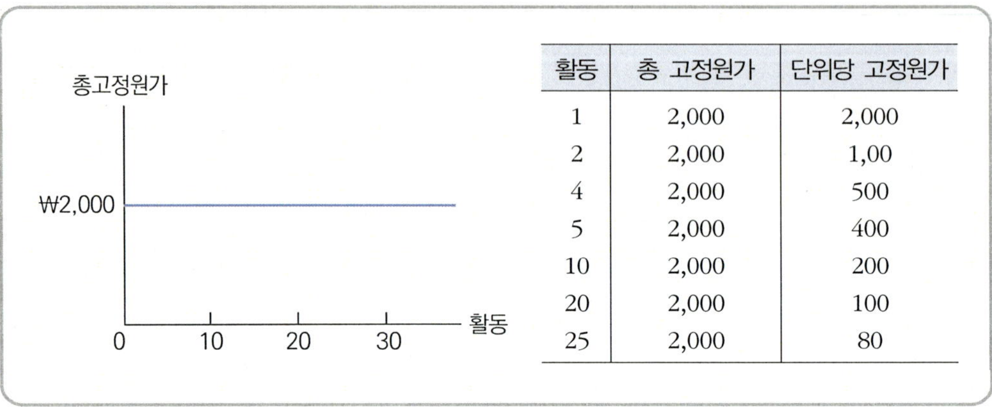

활동	총 고정원가	단위당 고정원가
1	2,000	2,000
2	2,000	1,00
4	2,000	500
5	2,000	400
10	2,000	200
20	2,000	100
25	2,000	80

업도와 최대조업도 사이의 범위를 의미한다. 따라서 우리가 분석하고자 하는 관련범위를 벗어나면 총고정원가도 변동될 수 있다.

총고정원가는 활동에 관계없이 일정하다. 활동이 10에서 30으로 3배가 증가해도 총고정원가는 2,000원으로 일정하다. 그러나 단위당 고정원가는 활동이 증가함에 따라 점점 감소하고 있음을 알 수 있다. 만약 활동수준이 1일 때 단위당 고정원가는 2,000원이고 활동수준이 10일 때 단위당 고정원가는 200원으로 감소한다. 이를 요약하면 활동수준이 증가할 때 총 고정원가는 일정하나, 단위당 고정원가는 감소한다.

(3) 준변동원가

준변동원가(semi-variable costs)는 변동원가와 고정원가의 두 요소를 가지고 있는 원가로 혼합원가(mixed costs)라고도 한다. 활동이 0인 경우에 고정원가와 같이 일정하고, 활동이 증감함에 따라 변동원가와 같이 총원가가 비례적으로 증가한다. 예를 들어 핸드폰요금, 수도요금 및 가스요금 등이 준변동원가에 해당된다.

준변동원가

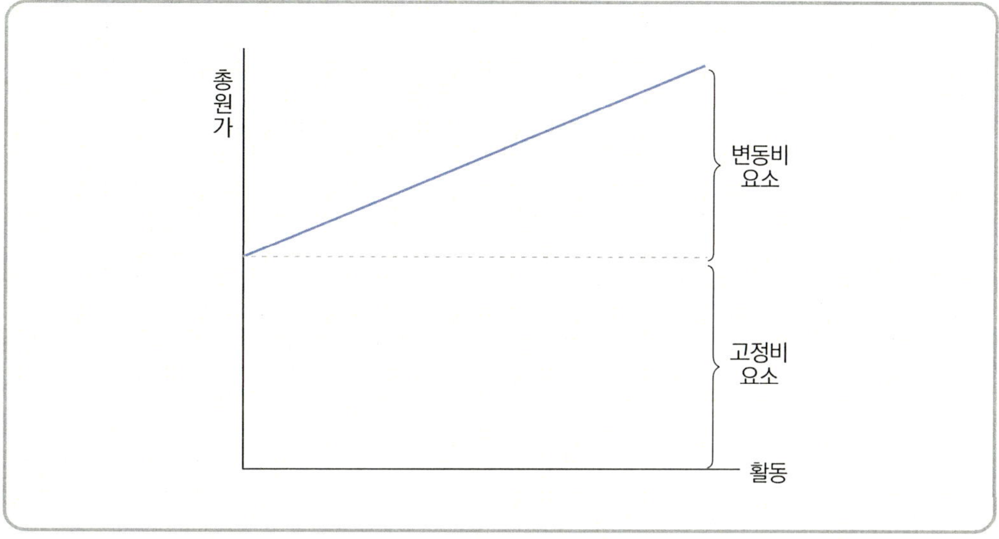

(4) 준고정원가

준고정원가(semi−fixed costs)는 계단원가(step costs)라고도 하며 일정한 관련범위 내에서 활동이 변화하여도 총원가가 일정하지만, 그 관련범위를 벗어나면 총원가 달라지고 새로운 관련범위 내에서 총원가가 일정한 원가를 말한다.

준고정원가

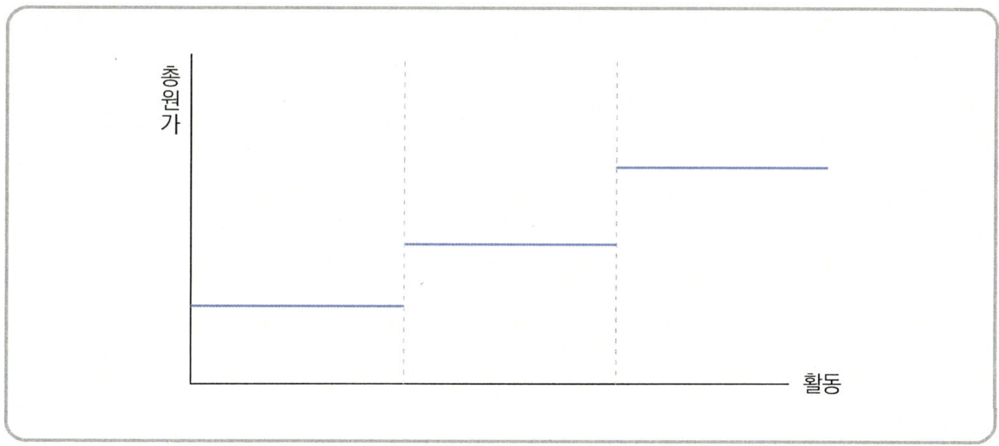

나. 원가의 추정

손익분기점분석을 위하여 기업에서 발생하는 모든 원가는 고정원가와 변동원가로 분리될 수 있다고 가정한다. 따라서 고정원가와 변동원가로 추정할 수 있어야 한다. 이를 구분하기 위하여 개별원가법과 총원가법으로 나누어 볼 수 있다.

(1) 개별원가법

개별원가법은 한국은행 「기업경영분석」의 분배방법에 따라 재무제표 주석의 비용의 성격별 분류 및 손익계산 비용항목을 토대로 분류한다.

한국은행[1)]에 따르면 고정원가는 손익계산서의 판매관리비에 영업외비용(금융비용과 기타비용)을 가산한다. 그리고 비용의 성격별 분류에서 총액 중에서 전환원가(가공원가)에서 판매관리비를 차감하여 당기총제조원가을 산출하고, 이 원가 중 급여 및 퇴직급여의 1/2에 전환(가공)원가를 가산하여 외주가공비는 차감하고, 마지막으로 재고조정 중의 고정원가를 가산하여 산출한 금액을 가산한다. 여기서 재고조정 중의 고정원가는 매출원가에 당기총제조원가를 차감한 금액의 당기총제조원가에서 고정원가(급여 및 퇴직급여의 1/2+정환(가공)원가−외주가공비)의 비중을 곱하여 산출한 금액이다. 변동원가는 총비용(매출원가+판매관리비+영업외비용)에서 고정원가를 차감한 금액으로 산출한다.

(2) 총원가법

총원가법은 총원가를 수학적 또는 통계적 방법으로 고정원가와 변동원가를 분해하는 방법이다. 이에는 고점도법, 산포도법 및 회귀분석법이 있다.

고저점법(high−low method)은 추정선을 그리는 데 두 개의 관찰치를 사용한다. 그러나 효과적으로 이 방법이 사용되기 위해서는, 상한값과 하한값이 무조건적으로 선택되어서는 안 될 것이다. 만일 이 두 극한값이 어느 하나가 예외적인 항목으로 판단된다면 이를 대표치로 사용할 수 없으므로 제외되어야 한다. 고저점법에서는 원가

1) 한국은행 「기업경영분석」의 분류기준
고정비=판매비와관리비+영업외비용+(노무비의 1/2+제조경비−외주가공비+재고조정중의 고정비)
변동비=총비용−고정비
※ 재고조정중의 고정비=(매출원가−당기총제조비용)×$\frac{(\text{노무비의 } 1/2+\text{제조경비}-\text{외주가공비})}{\text{당기총제조비용}}$

가 활동수준과 선형의 관계 갖고 있는 것으로 가정한다. 고정원가와 변동원가를 분해하는 방법은 이때 각각 선정된 고·저점 하에서의 원가와 조업(활동)으로 놓은 다음 고점에서 저점을 원가와 조업수준을 차감하여 원가 및 조업수준을 산출한다. 이와 같이 산출된 원가를 조업수준으로 나누어 산출된 원가를 단위당 변동원가라 하고, 고점이나 저점의 원가 중 하나를 선정하고 이 조업수준에 산출된 단위당 변동원가를 곱하여 원가(총변동원가)를 산출한다. 이때 총원가에서 총변동원가를 차감하여 고정원가를 산출한다.

산포도법은 수집된 실제관찰치를 그래프로 표시하고 시각적으로 그 행태를 추정하는 방법이다. 예를 들어 A기업의 지난 5개월 동안의 조업수준(직접노동시간)과 제조원가에 대한 자료를 수집하였다. 아래 그림에서의 선은 적당한 선을 찾기 위해서 자의적으로 그은 것이다. 관찰치들이 선의 위·아래에 골고루 있으므로 이 선의 y절편은 일단은 합리적이라고 할 수 있다. 이때 원가용축과 만나는 절편이 약 ₩12,000임에 주의하라. 이 직선의 기울기를 정하기 위해서 (0, ₩12,000)과 다른 한 점 (2,354, ₩30,057)을 잡을 수 있다. 이때 다른 한 점은 선상에 가장 밀접해 있다.

물론 그림과 같이 합리적인 선들이 자료에 맞게 그어질 수 있지만, 산포도는 단지 원가행태의 개략적인 추정에 불과하며 가장 적합한 선을 구하고자 하는 것은 아니

제조원가의 산포도

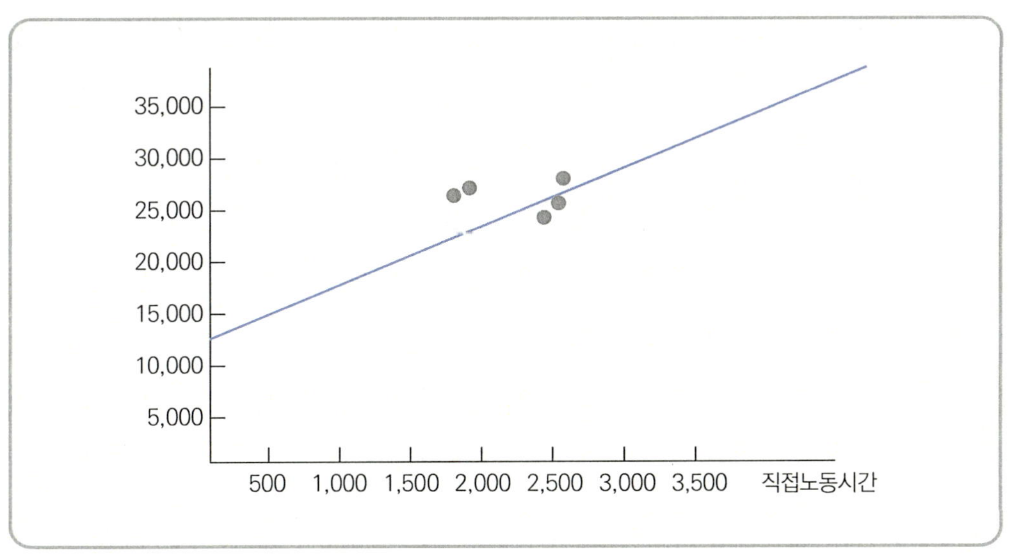

다. 그러나 이 방법은 몇 가지 면에서 유용하다. 자료를 점으로써 표시하는 것이 관계가 거의 선형에 가까운지의 여부를 알려준다. 물론 앞의 예에서는 표본이 너무 작아 그 관계가 선형임을 가정하는 데에는 다소 무리가 따른다. 그러나 우리는 설명목적으로 그러한 가정을 한 것이다. 또한 산포도는 우리의 표본에서 불규칙한 관찰치가 있는지를 알려준다. 불규칙한 관찰치란 선 밖으로 많이 벗어난 것들이다. 예를 들면 앞의 경우에서 (2,100, ₩50,000)이라는 관찰치가 있었다면, 무엇이 발생하였는지에 대한 면밀한 검토를 필요로 하게 된다. 이는 측정상의 오차로 인하여 생긴 것일 수도 있고 어떤 원가가 정상적이거나 드물게 발생하는 현상일 수도 있다. 어찌되었건, 우리는 우리의 추정식에 영향을 미치는 관찰치는 원치 않으므로 불규칙한 항목은 표본에서 제외되어야 한다. 원가추정을 위한 방정식의 모수를 결정하기 위해서 어떤 기법을 사용하든지, 자료를 도면 위에 점으로써 표시하여 볼 것을 권한다. 그렇게 함으로써 특정한 관계식의 사용이 정당화될 수 있고 적절한 표본의 구성이 가능해질 것이다.

회귀분석(simple linear regression)은 고저점법의 경우처럼 추정선이 $y=a+bx$의 관계를 가지고 있는 것으로 가정한다. 말하자면 하나의 유일한 독립변수만이 존재하고 그 독립변수와 종속변수와의 관계는 선형이라는 것이다. 회귀분석(regression analysis)의 기본적인 아이디어는 매우 단순하다. 즉, 산포도법이나 고저점법의 경우처럼, 목적은 표본의 자료를 이용해서 가장 적합한 추정선을 그리는 데 있다. 그러나 다른 방법과는 달리 최선의 추정선을 보장할 수 있는 몇 가지 수학적 원리에 기초를 두고 있다.

2. 손익분기점분석과 미래의 경영성과

가. 손익분기점의 계산

손익분기점분석은 실제의 복잡한 현상을 단순화시킨 것이기 때문에 다음과 같은 가정들이 설정되어 있다. 이러한 가정을 살펴보면 다음과 같다.

첫째, 수익과 원가는 조업도와 선형적 관계를 지니고 또한 원가는 변동원가와 고정비로 분리된다고 가정한다. 이러한 가정 하에 혼합원가 또한 변동원가와 고정원가로 분류할 수 있다.

둘째, 조업도가 관련범위 내에 있을 경우에만 선형적 가정이 실질적이다. 즉, 관련범위 내에서 단위당 판매가격, 단위당 변동원가 및 총고정원가가 조업도에 관계없이 일정하다는 것이다. 여기서 단위당 변동원가가 일정하다는 가정은 능률과 생산성, 생산요소의 가격이 일정하다는 가정을 내포하고 있다.

셋째, 단일제품만 생산, 판매한다고 가정한다. 여러 제품을 생산, 판매하는 경우에는 매출배합이 일정하다고 가정한다. 여기서 매출배합이란 여러 가지 제품을 판매하는 경우 총판매량 중에서 각 제품의 판매량이 차지하는 상대적 비율을 말한다.

넷째, 제조업의 경우 기초재고와 기말재고 수준이 동일하다고 가정한다. 즉, 생산량과 판매량이 일치한다는 의미이다.

다섯째, 분석기간이 단기이므로 화폐의 시간가치가 중요하지 않다.

이와 같은 가정 하에서 손익분기점(break-even point: BEP)이란 기업의 영업활동 결과로 수익과 비용이 일치하여 이익이 0이 되는 판매량 또는 매출액을 말한다. 손익분기점을 구하는 방법에는 등식법과 공헌이익법 및 도표법 등이 있다.

다음의 예제를 통해 손익분기점을 계산하는 방법을 살펴보자.

예제 ❶

(주)서울은 핸드폰을 생산·판매하고 있다. 핸드폰의 가격은 대당 ₩160,000이고, 대당 변동원가는 ₩100,000이며, 총고정비는 ₩4,800,000이다.

(1) 등식법

등식법(equation method)은 매출액(total revenue: TR)과 총비용(total cost: TC)에 관한 등식을 이용하여 손익분기점을 구하는 방법이다. 회사의 영업활동 성과를 나타내는 영업이익은 다음과 같다.

$$\text{매출액(TR)} - \text{총원가(TC)} = \text{영업이익}(\pi)$$

손익분기점분석 첫 번째 가정에 의해 총원가를 변동원가 고정원가로 분리하면 위의 식은 다음과 같이 나타낼 수 있다.

$$매출액-(변동원가+고정원가)=영업이익(\pi)$$

손익분기점분석 두 번째 가정에 의해 관련범위 내에서 단위당 판매가격, 단위당 변동원가 및 총고정비가 조업도에 관계없이 일정하기 때문에 위 식을 다음과 같이 정리할 수 있다.

매출액(TR)은 단위당 판매가격(price: P)에 판매량(quantity: Q) 혹은 생산량을 곱한 것이다. 이는 다음과 같다.

$$TR=P\times Q$$

총비용(TC)은 변동원가와 고정원가로 구성되고, 변동원가는 단위당 변동원가(variable cost: V)에 생산량을 곱한 것이며, 고정원가는 한 기간 동안의 고정원가(fixed cost: F)이다. 이는 다음과 같다.

$$TC=V\times Q+F$$

따라서 이익 등식은 다음과 같다.

$$TR-V\times Q-F=\pi$$
$$P\times Q-V\times Q-F=\pi$$
$$(P-V)\times Q-F=\pi$$

따라서 손익분기점의 정의에 따라 이익을 0으로 놓으면 손익분기점에서는 다음의 등식이 성립한다.

$$(P-V)\times Q-F=0$$

이 등식을 활용하여 예제 1의 손익분기점은 다음과 같다.

(₩160,000 − ₩100,000) × Q − ₩4,800,000 = 0
60,000Q = 4,800,000
Q = 80대

여기 손익분기점 판매량은 80대이고 매출액은 ₩12,800,000(₩160,000×80대)이다.

(2) 공헌이익법

공헌이익법(contribution margin method)은 등식법을 수식으로 변형하여 손익분기점을 구하는 방법이다. 공헌이익(contribution margin)이란 매출액에서 변동원가를 차감한 금액을 말하며, 매출액 중에서 고정원가를 회수하고 영업이익을 획득하는 데 공헌하는 금액을 의미한다. 이를 수식으로 표현하면 다음과 같다.

공헌이익 = 매출액 − 변동원가 = $P\times Q-V\times Q=(P-V)Q$

단위당 공헌이익(unit contribution margin)은 단위당 판매가격에서 단위당 변동원가를 차감한 금액으로, 판매한 제품 1단위가 고정원가를 회수하고 영업이익을 획득하는 데 얼마나 공헌하였는가를 나타내는 금액이다. 이를 수식으로 표현하면 다음과 같다.

단위당 공헌이익 = 단위당 판매가격 − 단위당 변동원가 = $(P-V)$

공헌이익률(contribution margin ratio)이란 매출액에 대한 공헌이익의 비율로 매출액 중에서 몇 %가 고정원가를 회수하고 이익을 획득하는 데 공헌하는가를 나타낸다. 공헌이익률은 다음과 같이 공헌이익을 매출액으로 나누어 계산할 수도 있고 단위당 공헌이익을 단위당 판매가격으로 나누어 구할 수도 있다.

$$공헌이익률 = \frac{공헌이익}{매출액} = \frac{단위당\ 공헌이익}{단위당\ 판매가격}$$

공헌이익률법을 이용하여 손익분기점 판매량을 구하기 위해 등식법의 등식을 이용하면 다음과 같다.

$$(P-V)Q-F=0$$
$$(P-V)Q=F$$
$$\because Q = \frac{F}{(P-V)} = \frac{고정원가}{단위당\ 공헌이익}$$

공헌이익률법을 이용하여 손익분기점 매출액을 구하기 위해 손익분기점 판매수량을 구하는 수식을 활용하면 다음과 같다.

$$\because Q = \frac{F}{(P-V)} = \frac{고정원가}{단위당\ 공헌이익}$$

양변에 단위당 판매가격 P를 곱하여 정리하면

$$PQ = \frac{F}{(P-V)} \times P$$
$$PQ = \frac{F}{\frac{(P-V)}{P}}$$
$$\because PQ = \frac{고정원가}{공헌이익률}$$

예제 1의 단위당 공헌이익은 ₩60,000(₩160,000 − ₩100,000)이고, 공헌이익률은

37.5%(₩60,000/₩160,000)이다. 따라서 손익분기 판매수량과 매출액은 다음과 같이 계산된다.

$$\text{손익분기 판매량} = \frac{\text{고정원가}}{\text{단위당 공헌이익}} = \frac{₩4,800,000}{₩60,000} = 80\text{대}$$

$$\text{손익분기 매출액} = \frac{\text{고정원가}}{\text{공헌이익률}} = \frac{₩4,800,000}{37.5\%} = ₩12,800,000$$

(3) 도표법

도표법에서는 좌표에 수익과 원가선을 그리면 그 두 직선 간의 교차점이 손익분기점이 된다. 이는 다음과 같은 단계로 작성된다.

첫째, 좌표를 그리고 수평축에는 조업도를 표시하고, 수직축에는 수익과 원가를 금액으로 표시한다.

둘째, 고정원가선을 그린다. 고정원가는 조업(활동)수준도의 변동에 따라 변하지 않기 때문에 수평축과 평행하게 그린다. 예로서 고정원가를 ₩4,800,000이라고 가정한다.

셋째, 어떤 조업도에서의 총비용을 산출한다. 예로써 단위당 변동원가가 ₩100,000원의 90대 판매량에 대한 총원가는 ₩13,800,000(₩100,000×90+₩4,800,000)이다.

넷째, 일정한 절편(고정원가)에서 세 번째에서 산출한 조업(활동)수준에서의 총원가를 지나는 총 원가선을 그린다. 이때 그 기울기는 단위당 변동원가를 의미한다.

다섯째, 어떤 조업도에서의 매출액을 산출한다. 예로써 단위당 판매가격은 대당 ₩160,000이라고 가정하면 90대 판매량에 대한 매출액은 ₩14,400,000이다.

여섯째, 위 단계에서 산출한 매출액과 원점을 지나는 총수익선을 그린다. 그 기울기는 단위당 판매가격을 의미한다.

이러한 내용을 그림으로 나타내면 아래 그림과 같다. 여기서 수익선과 원가선이 만나는 점은 손익분기점을 의미하며, 손익분기점보다 낮은 조업도에서는 손실이 발생하고 손익분기점보다 높은 조업도에서는 이익이 발생함을 알 수 있다. 예제 1의 손익분기점은 80대이고 90대를 판매한 경우 영업이익은 ₩600,000이다.

손익분기도표

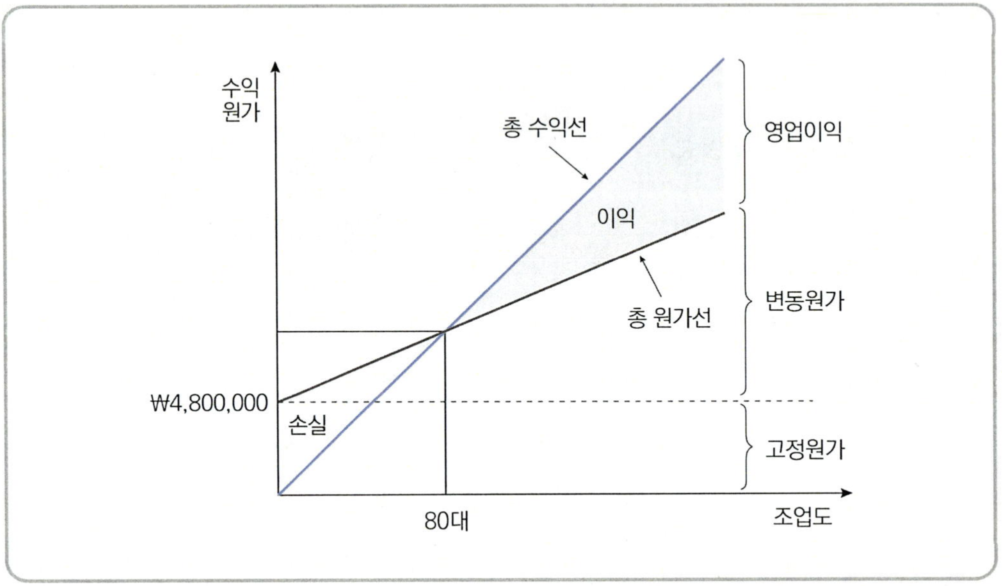

나. 목표이익분석

손익분기점분석은 목표이익(target income)을 달성하는 데 필요한 판매량이나 매출액을 결정하는 의사결정에도 활용할 수 있다. 목표이익을 달성할 수 있는 판매수량과 매출액을 산출하기 위하여 손익분기점 등식에 목표이익을 포함하면 된다.

예제 ❷

(주)서울은 영업목표이익을 ₩1,200,000으로 설정하고 있다. 이때 대당 판매가격은 ₩160,000, 단위당 변동원가 ₩100,000, 그리고 고정원가는 ₩4,800,000으로 예상한다고 하자.

이 경우 목표이익에 대한 목표수량을 파악하기 위하여 등식은 손익분기점을 구하기 위한 공헌이익법의 공식을 이용하면 다음과 같이 나타낼 수 있다.

$$목표판매수량 = \frac{고정원가 + 목표이익}{단위당\ 공헌이익}$$

그러므로 (주)서울의 정보를 위 식에 대입하면 목표이익 ₩1,200,000을 달성하기 위한 목표판매수량은 100대가 된다.

$$목표판매수량 = \frac{고정원가 + 목표이익}{단위당\ 공헌이익} = \frac{₩4,800,000 + ₩1,200,000}{₩160,000 - ₩100,000} = 100대$$

목표이익을 이익을 달성하기 위한 목표매출액은 목표판매수량에 대당 판매가격을 곱하여 계산한다. 그러나 목표판매수량을 알지 못할 경우는 공헌이익률법을 활용하여 다음과 같이 계산한다.

$$목표매출액 = \frac{고정원가 + 목표이익}{공헌이익률}$$

따라서 예제 2의 목표판매수량이 100이므로 단위당 판매가격 ₩160,000을 곱하면 목표매출액은 ₩16,000,000이다. 만약에 목표판매수량을 알지 못한다고 가정하면 공헌이익률법의 공식을 활용하면 다음과 같다.

$$목표매출액 = \frac{고정원가 + 목표이익}{공헌이익률} = \frac{₩6,000,000}{37.5\%} = ₩16,000,000$$

다. 법인세를 고려한 이익계획

법인세는 기업이 회피할 수 없는 비용이기 때문에 과세후의 이익계획을 수립하려면 법인세를 고려하여야 한다. 과세후 이익은 과세전 이익에서 법인세를 차감한 금액이다. 손익분기점분석에서는 일반적으로 매출액=변동원가+고정원가+영업이익의 관계가 성립한다. 따라서 영업이익을 과세전 이익 즉 과표로 가정하면 이 식은 다음과 같이 표시할 수 있다.

$$\text{매출액} = \text{변동원가} + \text{고정원가} + \text{세전이익}$$

세전이익과 법인세관계를 살펴보면 다음과 같다.

$$\text{세전이익} - \text{법인세} = \text{세후이익}$$
$$\text{법인세} = \text{세전이익} \times \text{세율}$$
$$\text{세전이익} - \text{세전이익} \times \text{세율} = \text{세후이익}$$
$$\text{세전이익} \times (1 - \text{세율}) = \text{세후이익}$$
$$\text{세전이익} = \frac{\text{세후이익}}{1 - \text{법인세율}}$$

따라서 $\text{세전이익} = \frac{\text{세후이익}}{1 - \text{법인세율}}$이므로 위 식은 다음과 같이 나타낼 수 있다.

$$\text{매출액} = \text{변동원가} + \text{고정원가} + \frac{\text{과세 후 이익}}{1 - \text{법인세율}}$$

따라서 법인세를 고려한 이익계획에서 세후 목표이익을 달성하기 위한 목표판매수량과 목표매출액은 다음과 같다.

$$\text{목표판매수량} = \frac{\text{고정원가} + \dfrac{\text{세후목표이익}}{1 - \text{세율}}}{\text{단위당 공헌이익}}$$

$$\text{목표매출액} = \frac{\text{고정원가} + \dfrac{\text{세후목표이익}}{1-\text{세율}}}{\text{공헌이익률}}$$

예제 ❸

(주)서울은 순이익을 ₩900,000으로 설정하고 있다. 이때 대당 판매가격은 ₩160,000, 단위당 변동원가 ₩100,000, 그리고 고정원가는 ₩4,800,000으로 예상한다고 하자. 그리고 법인세율이 40%이다.

예제 3에서 목표이익으로 순이익 ₩900,000을 설정하고 법인세율이 40%인 경우 목표판매수량과 목표매출액은 다음과 같다.

① $\text{목표판매수량} = \dfrac{₩4{,}800{,}000 + ₩900{,}000/(1-0.4)}{₩60{,}000} = 105\text{대}$

② $\text{목표매출액} = \dfrac{₩4{,}800{,}000 + ₩900{,}000/(1-0.4)}{0.375} = ₩16{,}800{,}000$

라. 안전한계

안전한계(margin of safety)란 실제 또는 예상매출액이 손익분기점매출액을 초과하는 금액으로 현재 매출액과 손익분기점 매출액과의 차이를 말한다. 이를 수식으로 표현하면 다음과 같다.

$$\text{안전한계} = \text{매출액} - \text{손익분기점매출액}$$

안전한계율(margin of safety ratio: M/S비율)은 실제매출액과 손익분기점매출액과의 차이를 나타내는 안전한계를 매출액으로 나누면 안전한계의 비율이 계산된다. 이를 수식으로 표현하면 다음과 같다.

$$안전한계율 = \frac{안전한계}{매출액} = \frac{매출액 - 손익분기점매출액}{매출액}$$

예제 ❹

(주)서울은 실제 110대의 핸드폰을 판매하였다. 이때 대당 판매가격은 ₩160,000, 단위당 변동원가 ₩100,000, 그리고 고정원가는 ₩4,800,000으로 예상한다고 하자.

(주)서울의 손익분기점판매수량이 80대이고, 손익분기점매출액이 ₩12,800,000이다. 따라서 (주)서울은 실제 110대를 판매하였기 때문에 안전한계 수량은 30대(110대−80대)이고, 안전한계매출액은 ₩4,800,000(₩17,600,000−₩12,800,000)이 된다. 그리고 안전한계율은 27.27%이다. 따라서 미래에 판매량이 30대 이상 감소하거나 매출액이 ₩4,800,000 이상 감소하거나 또한 현재의 매출액이 27.27% 이상 감소하면 (주)서울은 손실이 발생하게 된다.

안전한계는 기업의 안전성(safety)을 측정하는 지표로서 손실이 나타날 때까지 감소될 수 있는 매출액의 여유금액을 의미한다. 즉, 안전한계가 낮은 기업은 불황으로 매출액이 조금만 감소하여도 곧 손실이 발생하게 되므로 안전성이 낮다고 할 수 있으며, 반대로 안전한계가 높은 기업은 불황에도 상대적으로 잘 대처할 여유가 있으므로 안전성이 높다고 할 수 있다. 따라서 안전한계가 낮다면 미래의 불황에 대비하여 공헌이익과 고정원가를 검토해야 한다. 공헌이익이 적을 경우 변동원가를 줄이거나 단위당 판매가격을 높이는 방법을 강구하여야 하고, 고정원가가 많은 경우 고정원가를 낮추는 방법을 고려해야 한다.

3. 복수제품의 손익분기점분석

지금까지 한 제품을 대상으로 손익분기점분석을 살펴보았다. 그러나 기업은 복수의 제품을 생산 판매하고 있다. 따라서 복수제품의 손익분기점분석을 살펴보기로 한다. 여기서 먼저 알아두어야 할 개념은 제품수량에 의한 매출배합과 매출액에 의한 매출배합이다.

제품수량에 의한 매출배합(sales mix)이란 총판매수량 중에서 각 제품의 판매수량이 차지하는 상대적인 비율을 말한다. 예를 들어 제품 A, B, C의 판매량이 각각 200톤, 300톤, 500톤이라면 매출배합은 2 : 3 : 5이다. 또한 매출액에 의한 매출배합은 총매출액 중에서 각 제품의 매출액이 차지하는 상대적인 비율을 가리킨다. 예를 들어 제품 A, B, C의 매출액이 각각 ₩6,000, ₩3,000, ₩1,000이라면 매출액구성비는 6 : 3 : 1이다.

복수제품의 손익분기점분석에서 매출배합이 제품수량으로 주어지면 이를 이용하여 복수제품의 손익분기점 매출수량을 구하고 각 제품별 수량을 구해야 한다. 이때 손익분기점 매출수량은 평균 공헌이익에 의하여 산정하다. 그리고 매출배합이 매출액으로 주어지면 이를 이용하여 복수제품의 손익분기점 매출액을 구하고 매출액 비율에 의하여 각 제품별 손익분기점 매출액을 산정한다. 이때 손익분기매출액은 평균공헌이익률에 의하여 산정한다.

복수제품의 손익분기점을 구하는 방법에는 꾸러미법과 가중평균공헌이익법이 있다.

예제 ⑤

(주)서울은 제품 A, B, C를 생산, 판매하는 데 20X1년 영업활동에 관한 자료이다.

	제품 A	제품 B	제품C	합 계
판매량	5,000단위	2,000단위	3,000단위	10,000단위
단위당 판매가격	₩240	₩600	₩200	
단위당 변동원가	150	360	80	
단위당 공헌이익	90	240	120	
고정원가				₩645,000

가. 꾸러미법

꾸러미법은 매출배합을 반영하여 복수의 제품을 하나의 꾸러미에 묶어 판매한다고 가정하고 꾸러미 단위당 공헌이익이나 꾸러미 공헌이익률을 이용하여 손익분기점을 구하는 방법이다. 이를 수식으로 표현하면 다음과 같다.

$$\text{손익분기점 꾸러미 판매수량} = \frac{\text{고정원가}}{\text{꾸러미 단위당 공헌이익}}$$

$$\text{손익분기점 꾸러미 매출액} = \frac{\text{고정원가}}{\text{꾸러미 단위당 공헌이익률}}$$

예제 5에서 제품 A, B, C의 제품수량에 의한 매출배합이 5 : 2 : 3이므로 제품 A 5개와 제품 B 2개 및 제품 C 3개를 하나의 꾸러미에 묶어 판매한다고 가정하면, 꾸러미 단위당 공헌이익과 손익분기 꾸러미 판매수량은 다음과 같다.

꾸러미 단위당 공헌이익 = 5단위 × ₩90 + 2단위 × ₩240 + 3단위 × ₩12
= ₩1,290/꾸러미

$$\text{손익분기점 꾸러미 판매수량} = \frac{\text{₩}645{,}000}{\text{₩}1{,}290} = 500\text{꾸러미}$$

따라서 손익분기점 판매량은 제품 A 2,500단위(500꾸러미×5단위), 제품 B 1,000단위(500꾸러미×2단위), 제품 C 1,500개(500꾸러미×3단위)는 총 5,000단위이다.

나. 가중평균공헌이익법

가중평균공헌이익법은 매출배합을 반영한 단위당 가중평균공헌이익이나 가중평균공헌이익률을 이용하여 손익분기점을 구하는 방법이다. 단위당 가중평균 공헌이익과 가중평균 공헌이익률은 다음과 같이 계산한다.

$$단위당\ 가중평균\ 공헌이익 = \frac{총공헌이익}{총판매량}$$

$$가중평균\ 공헌이익률 = \frac{총공헌이익}{총매출액}$$

이를 이용하여 손익분기점 총판매수량과 손익분기점 총매출액을 공헌이익률법에 적용하면 다음과 같은 식을 유도할 수 있다.

$$손익분기점\ 총판매수량 = \frac{고정원가}{단위당\ 가중평균공헌이익}$$

$$손익분기점\ 총매출액 = \frac{고정원가}{가중평균공헌이익률}$$

예제 5에서 제품 A, B, C의 공헌이익률 및 매출액에 의한 매출배합은 다음과 같이 정리할 수 있다.

	제품 A	제품 B	제품 C	합계
매출액	₩1,200,000	₩1,200,000	₩600,000	₩3,000,000
매출액기준 매출배합	40%	40%	20%	
공헌이익	₩450,000	₩480,000	₩360,000	₩1,290,000
공헌이익률	37.5%	40%	60%	

예제 5에서 제품 A, B, C의 매출액에 의한 매출배합이 4 : 4 : 2이므로 이에 의한 가중평균공헌이익률은 다음과 같다.

$$가중평균\ 공헌이익률 = \frac{총공헌이익}{총매출액} = \frac{₩1,290,000}{₩3,000,000} = 43\%$$

따라서 손익분기점 총매출액은 고정원가 ₩645,000을 가중평균공헌이익률 43%로 나누어 산정하면 ₩1,500,000이다.

$$\text{손익분기 총매출액} = \frac{\text{고정원가}}{\text{가중평균공헌이익률}} = \frac{₩645,000}{43\%} = ₩1,500,000$$

매출액에 의한 매출배합이 4 : 4 : 2이므로 제품별 손익분기점 매출액은 제품 A ₩600,000, 제품 B ₩600,000, 제품 C ₩300,000을 구성된다.

기업은 자원이 한정되어 있기 때문에 생산하는 제품 중 기업이 집중해야 할 제품을 선정하는 의사결정문제에 직면하게 된다. 이때 다양한 매출배합 중에서 이익을 극대화하는 최적의 매출배합은 판매량이 일정할 경우 단위당 공헌이익이 큰 제품을 판매하는 것이고, 매출액이 일정할 경우 공헌이익률이 큰 제품을 판매하는 것이다. 왜냐하면, 공헌이익은 판매량×단위당 공헌이익 또는 매출액×공헌이익률로 결정되기 때문에 판매량이 일정하면 단위당 공헌이익을, 매출액이 일정하면 공헌이익률을 크게 하여야 공헌이익이 증가한다.

제3절 영업레버리지분석

1. 원가구조

원가구조(cost structure)란 기업의 변동원가 고정원가의 구조를 말한다. 기업은 그가 속한 업종이나 특성에 따라 다양한 원가구조를 갖는다. 즉, 섬유 및 신발산업같이 노동력에 의존하는 노동집약적 산업에 속한 기업은 변동원가의 원가중이 크며, 철강업과 같이 설비투자가 큰 자본집약적 산업에 속한 기업은 고정원가의 원가중이 크다. 일반적으로 변동원가의 비중이 큰 기업은 공헌이익률이 낮고, 고정원가 비중이 큰 기업은 공헌이익률이 높게 나타난다.

예제 ❻

(주)서울과 (주)안산은 2005년 영업활동에 관한 자료는 다음과 같다.

	(주)서울	(주)안산
매출액	₩300,000	₩300,000
변동원가	90,000	180,000
공헌이익	₩210,000	₩120,000
고정원가	180,000	90,000
영업이익	₩30,000	₩30,000

두 기업의 공헌이익률을 살펴보면 다음과 같다.

$$(주)서울의\ 공헌이익률 = \frac{₩210,000}{₩300,000} = 70\%$$

$$(주)안산의\ 공헌이익률 = \frac{₩120,000}{₩300,000} = 40\%$$

예제 6에서 (주)서울은 (주)안산에 비하여 고정원가가 많고 변동원가는 적기 때문에 공헌이익률이 더 크다. 따라서 (주)서울과 같이 공헌이익률이 큰 기업은 매출액이 증가하면 (주)안산의 이익보다 커질 것이고, 매출액이 감소하면 (주)안산의 이익보다 적게 나타날 것이다. 따라서 고정원가의 비중이 큰 원가구조를 갖는 기업의 공헌이익률이 크다고 해서 항상 유리하다고는 말할 수 없다.

2. 영업레버리지 의의

영업레버리지란 기업이 영업활동 과정에서 발생하는 고정원가의 비중으로 인해 매출액의 변화율보다 영업이익의 변화율이 더 크게 나타나는 현상을 의미한다. 고정원가는 매출액과 관계없이 일정하게 발생되므로 매출액이 증가하면 개당 고정원가 부담이 감소하여 영업이익 증가 폭이 매출액 증가 폭보다 확대된다. 반면 매출액이 감소하면 고정원가 부담이 상대적으로 커져 영업이익 감소 폭이 매출액 감소 폭보다 더 확대되어 나타난다. 또한 위에서 살펴본 봐와 같이 원가구조에 영향을 많이 받는다. 고정원가 비중이 높고 변동원가 비중이 낮은 기업은 영업레버리지가 높다. 이는 대규모 설비투자가 요구되는 전자 · 통신, 자동차 및 철강산업과 같은 제조업이 대표적이다. 반면, 고정원가 비중이 낮고 변동원가 비중이 높은 기업은 영업레버리지가 낮다. 이는 인건비나 판매수수료가 주된 원가인 서비스업 등이 해당한다.

또한 기업의 영업레버리지 수준은 기업의 성과와 위험을 분석하는 데 중요한 역할을 한다. 높은 영업레버리지 기업은 매출액이 증가할 때, 즉 호황기에 이익이 급증하므로 큰 폭의 성장을 기대할 수 있으며, 매출액이 감소할 때, 즉 불황기에 이익이 급감하거나 손실이 커질 위험이 있어 재무적으로 더 취약해질 수 있다.

3. 영업레버리지도

영업레버리지는 매출액의 변화가 영업이익에 미치는 영향을 나타내기 때문에 매출액의 변화에 따른 손익의 확대효과는 영업레버리지도(degree of operating leverage: DOL)를 이용하여 측정하고 있다. 영업레버리지도는 다음과 같이 측정할 수 있다.

$$DOL = \frac{\text{영업이익의 변화율}}{\text{매출액(량)의 변화율}} = \frac{\Delta EBIT/EBIT}{\Delta S/S}$$

여기서 DOL: 영업레버리지도, $\Delta EBIT$: 영업이익의 증가분, $EBIT$: 영업이익,
ΔS: 매출액 증가분(P*ΔQ), S: 매출액(P*Q)

위 식에서 S, ΔS, EBIT 및 ΔEBIT의 관계를 정리하면 영업레버리지도는 다음과 측정할 수 있다.

$$DOL = \frac{\frac{\Delta Q(P-V)}{(P-V)Q-FC}}{\frac{\Delta Q}{Q}} = \frac{(P-V)Q}{(P-V)Q-FC} = \frac{\text{공헌이익}}{\text{영업이익}}$$

예제 6에서 매출이 ₩300,000이고 영업이익이 ₩30,000일 때 (주)서울과 (주)안산의 영업레버리지는 7(₩210,000/₩30,000)과 4(₩120,000/₩30,000)이다. 영업레버리지도를 이용하여 영업이익 증가율을 산정할 수 있다. 영업레버리지도에서 매출액의 변화율×영업레버리지도=영업이익의 변화율의 관계가 성립함을 알 수 있다. 따라서 영업이익증가율은 다음과 같다.

영업이익 증가율 = 매출액 증가율×영업레버리지도

이 식을 이용하여 (주)서울과 (주)안산의 자료를 적용하여 영업이익의 증가율을 계산하면 다음과 같다.

(주)서울의 영업이익증가율=7×10%=70%
(주)안산의 영업이익증가율=4×10%=40%

예제 6에서 매출액이 10% 증가하였다고 가정하였을 때 두 기업의 손익계산서를 작성하면 다음과 같다.

	(주)서울	(주)안산
매출액	₩330,000	₩330,000
변동원가	99,000	198,000
공헌이익	₩231,000	₩132,000
고정원가	180,000	90,000
영업이익	₩51,000	₩42,000

따라서 매출액 신장률이 10%일 때 (주)서울의 영업이익은 ₩30,000에서 70%가 성장하여 ₩51,000이 되었고, (주)안산의 영업이익은 ₩30,000에서 40%가 성장하여 ₩42,000이 되었다. 따라서 영업레버리지도가 클수록 매출액의 변화율보다 영업이익의 변화율이 확대된다.

영업레버리지도는 기업이 생산하는 방식에 영향을 많이 받는다. 생산방식은 기업의 고정원가와 변동원가 비율에 직접적인 영향을 미치며, 이는 곧 영업레버리지의 크기를 결정하는 핵심요소가 된다. 자본집약적인 생산방식일수록 고정원가가 높고, 노동집약적인 생산방식일수록 변동원가가 높은 경향을 보인다.

자본집약적 생산방식은 대규모의 설비 투자나 기술 개발에 많은 비용을 지출한다. 따라서 이러한 원가는 생산량 변동과 관계없이 일정하게 발생하는 고정원가의 비중이 높기 때문에 영업레버리지도가 높게 나타난다. 자본집약적인 생산방식은 막대한 초기 투자비용이 들고, 고정원가(감가상각비, 임대료 등) 부담이 큰 반면, 일단 생산이 시작되면 추가적인 생산량에 드는 변동원가는 상대적으로 적기 때문에 매출액이 손익분기점을 넘어서면, 판매량 증가에 따라 영업이익이 급격히 증가하는 경향을 보인다. 하지만 매출이 감소하면 이익도 더 큰 폭으로 줄어들어 수익 변동성이 높아진다. 예로서 소프트웨어 개발, 제약회사의 신약 개발, 반도체 제조 산업 등이 이에 해당하며, 초기 연구개발(R&D)에 많은 고정원가가 들지만, 제품이 성공적으로 출시되면 추가 생산원가는 적고 매출 증가에 따른 이익 증가는 크게 나타난다.

노동집약적 생산방식은 자본 투자보다는 인건비와 같은 노동비용의 비중이 높다. 따라서 이러한 비용은 생산량에 비례하여 변동하는 변동원가의 성격이 강하므로 영업레버리지도가 낮게 나타난다. 노동집약적인 생산방식은 생산량에 따라 노무원가나 재료원가 같은 변동원가가 함께 증가하고 감소한다. 따라서 고정원가 비중이 상대적으로 낮기 때문에 매출액이 증가하더라도 변동원가 또한 비례하여 늘기 때문에, 영업이익의 증가 폭은 자본집약적 생산방식보다 완만하고, 매출이 감소할 때도 이익 감소폭이 상대적으로 적어 안정적이다. 예로서 컨설팅회사, 소매업, 요식업 등이 여기에 속한다. 컨설팅 회사는 프로젝트별로 인력을 투입하고, 소매업은 매출 증가에 따라 상품 매입원가가 늘기 때문에 변동원가 비중이 크게 나타난다.

영업레버리지도는 $\frac{\text{공헌이익}}{\text{영업이익}}$이기 때문에 손익분기점에서의 영업레버리지도는 ∞이다. 따라서 손익분기점에서의 판매량이 증가할수록 영업레버리지도는 낮아진다. 이는 판매량이 증가하면 단위당 고정원가가 감소하기 때문에 영업레버리지 효과가 감소하기 때문이다. 따라서 매출액이 감소할 것으로 예측되면 영업레버리도가 낮은 것이 유리하고, 매출액이 증가할 것이라고 예측이 되면 영업리버리지도가 높은 것이 유리하다. 이에 따라 매출액이 증가할 것으로 예측되는 성장기업은 설비 등 유형자산에 대한 투자를 확대하여 높은 영업레버리지도를 유지하는 것이 영업이익의 확대하는 방안이 된다. 반면 매출액이 감소할 것으로 예측되는 사양 기업은 설비투자를 억제하여 낮은 영업레버리지도를 유지하는 것이 손실 폭을 줄일 수 있는 방안이 된다.

제4절 재무레버리지분석

1. 재무레버리지의 의의

재무레버리지란 기업이 타인자본을 활용하여 기업의 이익을 높이는 전략을 말한다. 지렛대라는 뜻의 레버리지(leverage)처럼, 적절한 부채 사용을 통해 더 큰 수익을 창출하는 효과를 기대할 수 있다. 재무레버리지는 기업의 영업이익이 일정 수준 이상일 때 타인 자본에 대한 고정적인 이자비용을 지불하고 남은 이익은 모두 자기자본 투자자의 몫이 되기 때문에 영업이익이 상승하면 주주에게 돌아가는 주당순이익은 이자비용으로 인해 더 크게 증가한다. 반면 기업의 영업이익이 일정 수준 이하일 때 영업이익이 감소하면 고정적인 이자비용을 먼저 지불해야 하므로, 주주에게 돌아가는 주당순이익은 더 큰 폭으로 감소하는 원리이다.

기업이 설비투자 및 사업 확장에 재무레버리지를 활용할 수 있다. 기업은 차입한 자금으로 유형자산을 취득하거나 사업을 확장을 통하여 얻는 수익률이 차입금에 대한 이자비용보다 높다면, 그 차액만큼 자기자본에 대한 이익이 증폭된다. 즉, 영업이익이 변할 때 주주에게 돌아가는 순이익의 변동률이 더 커지게 된다. 자기자본만으로는 자금조달의 한계가 있는 기업이 재무레버리지를 활용하면 기업은 주식발행 없이 더 많은 자본을 확보하여 신규 설비투자, 인수 · 합병 등 성장을 위한 대규모 투자를 실행할 수 있다. 재무레버리지는 수익을 극대화할 수 있는 강력한 도구이지만, 그만큼 위험도 커집니다. 만약 투자 수익이 이자비용을 감당하지 못할 경우, 오히려 순이익은 감소하고 심하면 재정난이나 파산에 이를 수도 있다. 따라서 레버리지의 정도가 높을수록 재무위험도 커지게 된다. 이러한 특성 때문에 재무레버리지는 양날의 검으로 불린다. 경기가 호황일 때는 효과적인 전략이 될 수 있지만, 경기가 불황일 때는 기업에 막대한 위험을 초래할 수 있다.

2. 재무레버리지도

재무레버리지는 영업이익의 변화가 보통주에 귀속되는 주당순이익에 미치는 영향을 나타내기 때문에 매출액의 변화에 따른 손익의 확대효과는 재무레버리지도(degree of financial leverage: DFL)를 이용하여 측정하고 있다. 재무레버리지도는 다음과 같이 측정할 수 있다.

$$DFL = \frac{\text{주당순이익의 변화율}}{\text{영업이익의 변화율}} = \frac{\triangle EPS / EPS}{\triangle EBIT / EBIT}$$

여기서 DFL: 재무레버리지도, $\triangle EPS$: 주당순이익의 증가분, EPS: 주당순이익,
$\triangle EBIT$: 영업이익의 증가분, $EBIT$: 영업이익

위 식에서 EBIT, △EBIT, EPS 및 △EPS의 관계를 정리하면 재무레버리지도는 다음과 측정할 수 있다.2)

$$DFL = \frac{EBIT}{EBIT - I} = \frac{\text{영업이익}}{\text{경상(세전)영업이익}}$$

예제 ❼

예제 6에서 (주)서울의 경우 (매출액이 ±10% 변화가 예상되는 경우) 영업이익은 ₩30,000 수준에서 7% 증가하여 ₩51,000으로 증가하거나, 역으로 ₩9,000으로 감소한다. 이때 이자비용이 ₩10,000인 경우와 ₩5,000인 경우 영업이익의 변동이 주당순이익의 변동에 미치는 영향을 분석하시오(단, 보통주 발행주식수는 1,000주).

---

2) 위 식에서 주당순이익은 경상(세전)이익에서 법인세를 차감 후 발행주식수로 나누어 준 식으로 표시할 수 있다.

$EPS = \frac{(EPIT - I)(1-t)}{N}$ 여기서 N은 발행주식수

한편 주당이익의 변화분(△EPS)은 다음과 같이 표시할 수 있다.

$\triangle EPS = \{(EBIT - I + \triangle EBIT)(1-t) - (EBIT - I)(1-t)\}/N = \triangle EBIT(1-t)/N$

$EPS\text{변화율} = \frac{\triangle EBIT(1-t)/N}{(EBIT - I)(1-t)/N} = \frac{\triangle EBIT}{EBIT - I}$ 이므로

따라서 $DFL = \frac{EBIT}{EBIT - I}$ 로 정리할 수 있다.

예제 7에서 (주)서울의 이자비용이 ₩10,000일 때 재무레버리지는 1.5(₩30,000/₩20,000)로 이때 (주)서울은 ₩10,000의 이자비용으로 인하여 영업이익 10%의 변동이 있다면 이의 1.5배인 15%의 순이익 또는 주당순이익이 변동이 있게 된다.

만약 이자비용이 ₩5,000일 때 재무레버리지는 1.2(₩30,000/₩25,000)로 이때 (주)서울은 이자비용 ₩5,000이 감소로 인하여 영업이익 10%의 변동이 있다면 이의 1.2배로 감소할게 될 것이다. 재무레버리지도를 이용하여 순이익 또는 주당순이익 증가율을 산정할 수 있다. 재무레버리지도에서 영업이익의 변화율×재무레버리지도=순이익(주당순이익)의 변화율의 관계가 성립함을 알 수 있다. 따라서 순이익(주당순이익)증가율은 다음과 같다.

순이익(주당순이익) 증가율 = 영업이익 증가율×재무레버리지도

예제 7에서 영업이익이 ±10% 변화하였다고 가정하였을 때 두 경우의 주당순이익은 산출하면 다음과 같다.

	이자비용이 ₩10,000인 경우			이자비용이 ₩5,000인 경우		
	영업이익이 ±10% 변화			영업이익이 ±10% 변화		
영업이익	27,000	30,000	33,000	27,000	30,000	33,000
이자비용	10,000	10,000	10,000	5,000	5,000	5,000
순이익	17,000	20,000	23,000	22,000	25,000	28,000
발행주식수	1,000주			1,000주		
주당이익	17	₩20	23	22	25	28
	주당순이익이 ±15% 변화			주당순이익이 ±12%		
	$DFL = \frac{\Delta 15\%}{\Delta 10\%} = 1.5$			$DFL = \frac{\Delta 12\%}{\Delta 10\%} = 1.2$		

영업이익 ±10% 변화할 때 이자비용이 ₩10,000인 경우는 ±15%로 ₩17과 ₩23으로 변화하고 이자비용이 ₩5,000인 경우는 ±12%로 ₩22과 ₩28으로 변화한다. 따라서 재무레버리지도가 클수록 영업이익의 변화율보다 순이익(주당순이익)의 변화율이 확대된다.

재무레버리지는 기업이 타인자본을 활용하여 자기자본이익률(ROE)을 높이려는 전략으로 재무레버리지 수준을 파악하여 기업의 수익성, 위험, 자본구조 효율성 등을 종합적으로 평가하는 데 활용된다.

첫째, 수익성 분석에 활용될 수 있다. 기업이 투자한 총자산에서 창출하는 영업이익률(ROA)이 이자율보다 높으면, 타인자본을 증가할수록 자기자본이익률(ROE)이 더 크게 상승한다. 반대로 영업이익률(ROA)이 이자율보다 낮을 경우, 타인자본을 증가 할수록 ROE는 더 크게 하락한다. 따라서 높은 ROE가 단순히 재무레버리지에 의한 것인지, 혹은 실제 경영활동의 성과에 따른 것인지 면밀히 분석해야 한다

둘째, 위험분석에 활용할 수 있다. 재무레버리지가 높다는 것은 기업이 자본 조달을 위해 타인자본에 크게 의존하고 있음을 의미한다. 이는 기업의 재무위험(파산 위험)이 높다는 시그널로 해석된다. 또한 재무레버리지가 높은 기업은 시장이자율 변동에 매우 민감하다. 금리 상승기에는 이자 비용 부담이 급격히 늘어나 수익성이 악화될 수 있다. 그리고 경기 불황으로 영업이익이 줄어들면, 고정된 이자 비용 때문에 순이익은 더 큰 폭으로 감소하여 기업의 재무적 취약성을 드러낼 수 있다.

셋째, 자본구조분석에 활용될 수 있다. 경영진은 타인자본 활용에 따른 세금 절감 효과와 재무위험 증가라는 두 가지 요소를 고려하여 기업가치를 극대화하는 최적의 자본 구조를 결정해야 한다. 따라서 재무레버리지 수준은 경영진이 기업의 성장 전략과 위험 감수 정도에 대해 어떤 판단을 내렸는지 평가할 수 있다. 공격적인 투자 전략을 가진 기업은 높은 재무레버리지를 활용할 수 있지만, 안정성을 중시하는 기업은 부채를 적게 사용한다.

3. 자본분기점

자본분기점(financing Break−Even Point)은 여러 자금조달 방안에 대해 주당순이익(EPS)이 같아지는 특정 영업이익(EBIT) 수준을 의미한다. 즉, 타인자본(회사채 등 발행)을 활용하는 방식과 자기자본(보통주식 등 발행)을 활용하는 방식 중 어떤 것을 선택하더라도 주주가 얻는 이익이 동일해지는 영업이익을 찾는 것이다.

아래의 그림에서 보는 바와 같이 자본을 타인자본으로 조달하는 것이 자기자본

자본분기점

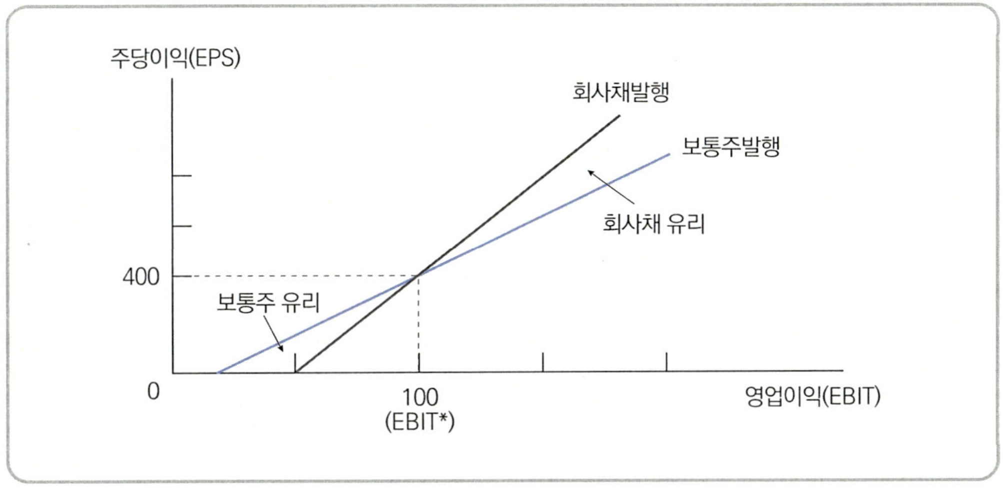

으로 조달하는 것보다 기울기가 크게 나타나고 있다. 따라서 기업의 예상 영업이익의 수준이 동일한 주당순이익(EPS)를 가져오는 영업이익(EBIT*)수준, 즉 자본분기점보다 클 것으로 예측되면 타인자본을 조달하면 더 큰 주당순이익을 얻을 수 있어 더 유리하다. 반대로 예상영업이익의 수준이 EBIT*보다 작으면 자기자본을 조달하는 것이 더 유리하다.

이와 같이 타인자본과 자기자본의 조달방법에 관계없이 동인한 주당순이익을 얻을 수 있는 영업이익, 즉 EBIT*수준을 자본조달분기점이라고 한다.

자본분기점은 다음과 같이 측정할 수 있다. 자기자본을 활용하여 자본을 조달하는 경우 주당순이익을 EPS_S라 하고, 타인자본을 활용하여 자본을 조달하는 경우 주당순이익을 EPS_B라 하면, EPS_S와 EPS_B가 같아지는 EBIT*수준은 다음과 같다.

$$EPS_S = EPS_B$$

$$\frac{(EBIT^* - I_S)(1-t)}{N_S} = \frac{(EBIT^* - I_B)(1-t)}{N_B}$$

여기서 $EBIT^*$: 자본조달분기점 영업이익 수준,

I_S: 자기자본 조달하는 경우 이자비용, I_B: 타인자본 조달하는 경우 이자비용

N_S: 자기자본 조달하는 경우 총발행주식수, N_B: 타인자본 조달하는 경우 총발행주식수, t: 법인세율

위 식에서 EBIT*, EPS_S, EPS_B, N_S, N_B 및 t의 관계를 정리하면 자본분기점은 다음과 측정할 수 있다.

$$EBIT^* = \frac{N_S * I_B - N_B * I_S}{N_S - N_B}$$

예제 ❽

(주)안산의 현재 자본조달 상황은 타인자본 5백만원(이자율 10%)과 자기자본 5백만원(주당 500원으로 보통주 발행주식수 10,000주)이다. 신규 설비투자에 필요한 자금 3백만원을 조달하는 데 주식을 발행하는 경우 6,000주를 주당 500원에 조달할 수 있고, 회사채를 발행하는 경우 이자율 10%(연 30만원의 추가 이자부담)로 조달할 수 있다.

예제 8에서(주)안산의 자본분기점은

$$\frac{(EBIT^* - 50\text{만원})(1-t)}{16{,}000\text{주}} = \frac{(EBIT^* - 80\text{만원})(1-t)}{10{,}000\text{주}}$$

$$\therefore EBIT^* = \frac{16{,}000 * 800{,}000 - 10{,}000 * 500{,}000}{16{,}000 - 10{,}000} = 1{,}300{,}000$$

따라서 (주)안산의 예상 영업이익이 ₩1,300,000을 상회할 가능성이 높은 경우 회사채를 발행하는 것이 유리하고, 예상 영업이익이 ₩1,300,000에 이르지 못하면 보통주를 발행하는 것이 유리하다. 이와 같이 재무레버리지를 활용하여 자본분기점을 산출함으로써 예상되는 영업이익의 수준에 따라 자본조달방법을 선택할 수 있다.

자본분기점은 기업의 자본구조, 재무레버리지 효과, 위험 및 수익성 등을 종합적으로 평가하는 데 활용된다.

첫째, 자본구조 결정에 기준을 제공한다. 자본분기점 분석은 기업의 최적 자본구조를 결정하는 중요한 기준을 제공한다. 영업이익(EBIT)이 자본분기점보다 높을 경우 차입을 통한 자금조달(타인자본 사용)이 보통주 발행보다 주당순이익을 더 높게 만들 수 있다. 즉, 이자 비용이 고정되어 있어 영업이익 증가분이 주주 몫으로 더 많이 돌아오기 때문이다. 반대로 영업이익(EBIT)이 자본분기점보다 낮을 경우에는 부채 사용에 따른 고정 이자 부담이 커져 보통주 발행보다 주당순이익이 더 낮아질 수 있다.

둘째, 재무레버리지 효과분석에 활용될 수 있다. 자본분기점은 재무레버리지의 효과를 분석하는 핵심 지표이다. 기업은 자본분기점 영업이익을 기준으로, 부채를 통한 레버리지효과가 긍정적일지 부정적일지를 예측할 수 있으며, 자본분기점 분석을 통해 영업이익 변동에 따라 주당순이익이 얼마나 크게 변화하는지 파악할 수 있다. 이는 곧 기업이 감수해야 할 재무적 위험을 평가할 수 있게 한다.

셋째, 위험 및 수익성 평가에 활용할 수 있다. 경영진은 기업의 현재 및 예상 영업이익이 자본분기점보다 높을지 낮을지를 평가하여, 부채를 활용한 투자결정이 주주에게 어떤 영향을 미칠지 예측할 수 있다. 예를 들어 영업이익이 불안정하거나 불황기에 처한 기업은 부채비율을 낮추는 것이 재무위험을 줄이는 데 더 유리하며, 반대로, 영업이익이 꾸준히 성장하는 기업은 부채를 활용해 주주가치를 높일 수 있는 기회를 포착할 수 있다.

넷째, 자금 조달전략 수립에 활용할 수 있다. 자본분기점은 기업이 특정 영업이익을 달성하기 위해 어떤 자금 조달 방안을 선택해야 할지 전략적으로 판단하는 데 사용된다. 예상 영업이익에 따라, 기업은 주식시장의 상황이나 이자율 등을 고려하여 최적의 자본조달 방안을 결정하는 데 활용한다.

4. 결합레버리지분석

결합레버리지 분석은 영업레버리지와 재무레버리지를 결합하여 매출액 변동이 주당순이익(EPS)에 미치는 총체적인 영향을 분석하는 기법이다. 기업이 영업활동을 수행함에 있어서 영업고정원가를 유발하는 설비를 보유하고, 자금조달과 같은 재무활동을 수행함에 있어서 타인자본을 조달하는 경우 매출액이 일정수준으로 변화할 때 주당순이익의 변화율이 확대되어 나타나는 손익확대효과를 결합레버리지효과라고 한다.

이와 같은 결합레버리지 효과는 결합레버리지도(degree of combined leverage: DCL)를 이용하여 측정하고 있다. 결합레버리지도는 다음과 같이 측정할 수 있다.

$$DCL = \frac{\text{주당순이익의 변화율}}{\text{매출액(량)의 변화율}} = \frac{\Delta EPS/EPS}{\Delta S/S}$$

$$= \frac{(p-v)Q}{(p-v)Q - FC - I} = \frac{TR - VC}{TR - VC - FC - I}$$

결합레버리지도(DCL)는 다음 관계가 성립하므로 영업레버리지도(DOL)와 재무레버리지도(DFL)의 곱으로 측정할 수 있다.

$$DCL = \frac{\Delta EPS/EPS}{\Delta S/S} = \frac{\Delta EPS/EPS}{\Delta EBIT/EBIT} \times \frac{\Delta EBIT/EBIT}{\Delta S/S}$$

$$= DFL \times DOL$$

예제 ❾

앞의 예제 6과 7에서 (주)서울의 고정원가가 ₩180,000과 이자비용이 ₩10,000인 경우 매출액이 ±10% 변화가 예상되는 때 매출액의 변동이 주당순이익의 변동에 미치는 영향을 분석하시오(단, 보통주 발행주식수는 1,000주).

예제 8에서 (주)서울의 결합레버리지도는 다음과 같이 산출할 수 있다.

$$DCL = \frac{TR - VC}{TR - VC - FC - I} = \frac{300,000 - 90,000}{300,000 - 90,000 - 180,000 - 10,000}$$

$$= \frac{210,000}{20,000} = 10.5$$

(주)서울의 DCL이 10.5라는 것은 두 고정원가로 인하여 매출이 ±10% 변화할 때, 주당 순이익은 이의 10.5배인 ±100.5% 손익확대효과가 있음을 나타낸다.

예제 9에서 매출액이 ±10% 변화하였다고 가정하였을 때 주당순이익은 산출하면 다음과 같다.

<table>
<tr><td></td><td colspan="3">매출액이 ±10% 변화</td><td colspan="2"></td></tr>
<tr><td>매출액</td><td>270,000</td><td>300,000</td><td>330,000</td><td rowspan="4">$DOL=\frac{70\%}{10\%}=7$</td><td rowspan="8">$DCL=\frac{105\%}{10\%}=10.5$</td></tr>
<tr><td>변동원가</td><td>81,000</td><td>90,000</td><td>99,000</td></tr>
<tr><td>공헌이익</td><td>189,000</td><td>210,000</td><td>231,000</td></tr>
<tr><td>고정원가</td><td>180,000</td><td>180,000</td><td>180,000</td></tr>
<tr><td>영업이익</td><td>9,000</td><td>30,000</td><td>51,000</td><td></td></tr>
<tr><td>이자비용</td><td>10,000</td><td>10,000</td><td>10,000</td><td rowspan="4">$DFL=\frac{105\%}{70\%}=1.5$</td></tr>
<tr><td>순이익</td><td>(1,000)</td><td>20,000</td><td>41,000</td></tr>
<tr><td>발행주식수</td><td colspan="3">1,000주</td></tr>
<tr><td>주당이익</td><td>(1)</td><td>₩20</td><td>41</td><td></td></tr>
<tr><td rowspan="2"></td><td colspan="3">주당순이익이 ±105% 변화</td><td colspan="2" rowspan="2"></td></tr>
<tr><td colspan="3">$DCL=\frac{\triangle 105\%}{\triangle 10\%}=10.5$</td></tr>
</table>

매출액이 ±10% 변화할 때 이자비용이 ₩10,000인 경우 ±105%로 ₩−1과 ₩41으로 변화한다. 따라서 결합레버리지도가 클수록 매출액의 변화율보다 순이익(주당순이익)의 변화율이 확대된다.

결합레버리지 분석은 기업의 영업활동과 재무활동이 주주 이익에 미치는 영향을 총체적으로 보여주는 중요한 도구입니다. 이를 통해 경영진은 전략적 의사결정을, 투자자는 기업의 위험−수익 프로필을 종합적으로 평가할 수 있으며, 결합레버리지분석은 영업레버리지와 재무레버리지의 상호작용을 고려하여, 단순히 개별적인 레버리지 분석만으로는 파악할 수 없는 기업의 총체적인 위험과 수익성을 파악하는 활용할 수 있다.

첫째, 기업의 총체적 위험 평가에 활용할 수 있다. 결합레버리지 분석은 기업의 영업위험(매출 변동에 따른 영업이익 변동성)과 재무위험(영업이익 변동에 따른 주당순이익 변동성)을 종합하여 측정한다. 이를 통해 투자자와 경영진은 기업이 감수하는 총 위험 수준을 파악할 수 있으며, 결합레버리지분석을 통해 높은 고정원가구조(높은 결합 레버리지)가 호황기에는 높은 주당순이익을 가져오지만, 불황기에는 큰 손실을 초래할 수 있음을 파악할 수 있다. 이는 위험과 수익성 사이의 균형점을 찾는 데 도움을 준다.

둘째, 주당순이익(EPS) 변동성 예측에 활용할 수 있다. 결합레버리지도(DCL)를 통해 매출액 변화율에 대한 주당순이익의 변화율을 측정할 수 있다. 따라서 이를 통해 매출액의 작은 변화가 최종 주주 이익에 미치는 영향을 예측할 수 있으며, 또한 기업의 미래 매출액 변동성을 예상하고, 결합레버리지분석을 적용하여 미래 주당순이익의 변동성을 예측함으로써 보다 현실적인 경영 목표를 설정할 수 있다.

셋째, 최적의 전략적 의사결정 활용할 수 있다. 결합레버리지분석은 기업의 자본구조(부채와 자본의 비율)를 결정하는 데 중요한 정보를 제공하여 기업이 이미 높은 영업레버리지를 가지고 있다면, 추가적인 재무레버리지(부채) 사용은 위험을 지나치게 높일 수 있음을 시사한다.

넷째, 운영 구조개선에 활용할 수 있다. 경영진은 영업 고정원가와 이자비용 사이의 균형을 조절하여 전체 레버리지도를 관리할 수 있다. 예를 들어, 시장 변동성이 큰 산업에 속한 기업이라면, 결합레버리지를 낮추어 위험을 줄이는 전략을 선택할 수 있다.

투자계획 수립 (재무예측)

투자계획 수립(재무예측)

지금까지는 재무제표의 기본개념, 기업의 재무건전성 및 경쟁력 평가와 경영분석 이슈의 하나인 레버리지분석에 대하여 논하였다. 기업의 미래 경영성과에 관심이 있는 이해관계자들이 최종적으로 필요로 하는 것은 기업의 질적 정보가 반영된 예측치이다. 즉, 미래 해당기업의 재무성과(매출액, 원가, 순이익, 현금흐름 등)에 대한 정보가 필요한 것이다. 따라서 본장에서는 투자계획 수립, 즉 매출예측, 생산 및 재료구매 예측, 판매관리비예측 등의 영업예측과 자금조달 및 상환 현금흐름에 대한 재무예측 및 등의 재무예측 및 설비투자 등의 투자예측에 대하여 다루고자 한다.

제1절 재무예측의 의의와 방법

1. 재무예측의 의의

재무예측은 기업의 과거와 현재 상황을 바탕으로 미래의 재무상태와 경영성과를 전망하는 과정을 말한다. 이는 단순히 숫자를 예측하는 것을 넘어, 재무제표를 기반으로 향후 사업이 어떻게 전개될지 예상하고, 수익과 비용을 추정함으로써 경제적 의